医学文献查询与利用

YIXUE WENXIAN CHAXUN YU LIYONG

主　编·李勇文
副主编·龙兴跃　伍　利　刘　娟
编　者·曾满江　胡　臻　丘　琦
　　　　冉　黎　张　容　夏　莹
　　　　吴丽娟

四川大学出版社

责任编辑:梁　平
责任校对:田凤桢
封面设计:璞信文化
责任印制:王　炜

图书在版编目(CIP)数据

医学文献查询与利用/李勇文主编. —成都：四川大学出版社，2017.2
ISBN 978-7-5690-0371-0

Ⅰ.①医…　Ⅱ.①李…　Ⅲ.①医学文献-情报检索　Ⅳ.①G257.36

中国版本图书馆 CIP 数据核字（2017）第 036518 号

书　名	医学文献查询与利用
主　编	李勇文
出　版	四川大学出版社
地　址	成都市一环路南一段24号(610065)
发　行	四川大学出版社
书　号	ISBN 978-7-5690-0371-0
印　刷	郫县犀浦印刷厂
成品尺寸	185 mm×260 mm
印　张	19.25
字　数	470千字
版　次	2017年2月第1版
印　次	2021年12月第5次印刷
定　价	42.00元

◆ 读者邮购本书，请与本社发行科联系。
电话:(028)85408408/(028)85401670/
(028)85408023　邮政编码:610065

◆ 本社图书如有印装质量问题,请
寄回出版社调换。

◆ 网址:http://press.scu.edu.cn

版权所有◆侵权必究

前　言

在人类社会已进入信息时代的今天，信息资源在日常生活和经济社会发展中扮演着越来越重要的角色。其中，文献信息资源是当今社会人们学习、工作和生活不可或缺的重要组成部分。

以人类的疾病谱及健康观念的变化为依据，医学模式由传统的生物医学模式向生物－心理－社会－环境医学模式转变，新医学模式的研究对象不仅是自然人，还要研究人的状态和所处的环境。这种模式的转变，对医学生的信息素养提出了更高要求，要求医学生必须具有敏锐的信息意识、娴熟的信息能力和良好的信息道德。

《医学文献查询与利用》主要面向高等医学院校学生，是一门关于如何查询、获取和利用医学文献信息的工具性课程，旨在培养医学生的信息素养和独立学习的能力。当学生初入医学院校大门时，面对图书馆的海量馆藏文献资源，他们对于如何快速有效找到自己所需要的知识往往束手无策，《医学文献查询与利用》就是他们开启知识宝库的金钥匙，是他们通往成才之路的好帮手。

本教材以原教育部于1985年9月印发的《关于改进和发展文献课教学的几点意见》和原国家教委于1992年5月印发的《文献检索课教学基本要求》为基本指导，结合现代信息技术发展趋势以及《全球医学教育最低基本要求》中对医学生的信息能力要求，强调以下编写原则：以"实用、够用"为原则，以医学院校学生的自主学习和临床医疗信息需求为出发点设计内容体系，深浅、详略得当；注重学生自主学习、协同学习和协同科研能力的培养；基础知识和检索技能相结合，以提升检索技能为主；便于医学文献检索课程教学的实施，既是课堂教材，也是自主学习和开展科研活动的重要参考工具书；根据不同的专业和学历层次可对内容进行灵活调整；注重培养学生的综合信息素质；适应信息技术飞速发展的客观实际，内容体系具有前瞻性。

本教材共10章，第1章概述文献信息资源和信息素养，以及检索原理、技术与策略；第2章讲解如何查找和利用馆藏文献资源；第3章主要讲解各类网络医学信息资源和搜索引擎；第4~8章，分别介绍中文医学文献检索工具、外文医学文献检索工具、引文数据库、特种文献数据库以及循证医学信息的检索与利用；第9章的主要内容为综合检索及各学科的检索案例分析；第10章的主要内容为医学文献评价与利用。

李勇文设计本教材内容体系架构，完成60%以上内容编写，并对全书进行统稿；龙兴跃参编第2章、第3章和第10章；伍利参编第5章和第9章；刘娟参编第6章和第9章；曾满江参编第3章、第10章；胡臻参编第2章和第7章；丘琦参编第3章、第9章和第10章；冉黎参编第5章、第7章、第8章和第9章；张容参编第4章；夏莹参编第4章；吴丽娟参编第7章。

本教材在编写过程中得到了成都医学院卯辉副校长的多方面指导。四川大学出版社为该教材的审稿、出版提供了帮助。在此向卯辉副校长、各位参编人员、被引文献作者、被引网站等表示衷心的感谢!

囿于编者的学识与水平,书中难免有不足之处,敬请读者批评指正!

编 者

2016 年 12 月

目 录

第一章 绪论 …………………………………………………………………（1）
  第一节 医学教育与信息素养 ……………………………………………（1）
  第二节 文献信息资源的类型与特点 ……………………………………（3）
  第三节 信息检索原理 ……………………………………………………（8）
  第四节 检索技术与策略 …………………………………………………（14）

第二章 图书馆信息资源利用 ……………………………………………（22）
  第一节 馆藏目录查询系统（OPAC）……………………………………（22）
  第二节 数据库导航 ………………………………………………………（27）
  第三节 移动图书馆 ………………………………………………………（29）

第三章 网络医学信息资源 ………………………………………………（33）
  第一节 网络医学信息资源概述 …………………………………………（33）
  第二节 搜索引擎 …………………………………………………………（36）
  第三节 开放获取资源 ……………………………………………………（48）
  第四节 医学站点 …………………………………………………………（55）

第四章 中文文献检索工具 ………………………………………………（65）
  第一节 中国知网（CNKI）………………………………………………（65）
  第二节 维普期刊资源整合服务平台（VIP）……………………………（86）
  第三节 万方数据知识服务平台 …………………………………………（92）
  第四节 中国生物医学文献服务系统 ……………………………………（100）
  第五节 中文资源整合检索平台 …………………………………………（109）

第五章 外文文献检索工具 ………………………………………………（122）
  第一节 MeSH 与 PubMed ………………………………………………（122）
  第二节 Elsevier 数据库 …………………………………………………（138）
  第三节 其他外文数据库 …………………………………………………（145）

第六章 引文检索 …………………………………………………………（154）
  第一节 引文检索概述 ……………………………………………………（154）
  第二节 Web of Science …………………………………………………（155）
  第三节 中文引文检索 ……………………………………………………（164）

第七章 专类文献检索 ……………………………………………………（168）
  第一节 专利文献检索 ……………………………………………………（168）
  第二节 学位论文检索 ……………………………………………………（175）

第三节　会议文献检索……………………………………………………………（180）
　　第四节　标准文献检索……………………………………………………………（187）
　　第五节　生物信息检索……………………………………………………………（193）
第八章　循证医学检索…………………………………………………………………（208）
　　第一节　循证医学基础知识………………………………………………………（208）
　　第二节　循证医学的检索资源……………………………………………………（211）
　　第三节　基于PICOS原则的循证医学检索 ……………………………………（215）
第九章　检索实例分析…………………………………………………………………（220）
　　第一节　综合检索分析……………………………………………………………（220）
　　第二节　学科案例分析……………………………………………………………（223）
第十章　医学文献管理与利用…………………………………………………………（243）
　　第一节　文献管理软件……………………………………………………………（243）
　　第二节　医学科研论文写作………………………………………………………（254）
　　第三节　科研评价…………………………………………………………………（260）
　　第四节　信息道德与学术规范……………………………………………………（267）
附录一　《中国图书馆分类法》（第五版）R类简表 ………………………………（275）
附录二　MeSH范畴表主要类目（2017） ……………………………………………（280）
附录三　MeSH副主题词等级表（2017） ……………………………………………（284）
附录四　副主题词适用范围说明（2017） ……………………………………………（288）
附录五　ICD-10常用编码表（Version：2016） ……………………………………（293）

第一章 绪论

第一节 医学教育与信息素养

一、信息素养的概念与内涵

信息素养（Information Literacy）是人们能够判断确定何时需要信息，并能够对信息进行检索、评价和有效利用的能力。信息素养包括信息意识、信息技能和信息伦理三方面。

信息意识指人的信息敏感程度，是人们对自然界和社会的各种现象、行为、理论观点等，从信息角度的理解、感受和评价。通俗地讲，面对不懂的东西，能积极主动地去寻找答案，并知道到哪里、用什么方法去寻求答案，这就是信息意识。信息时代处处蕴藏着各种信息，能否很好地利用现有信息资料，是人们信息意识强不强的重要体现。使用信息技术解决工作和生活中问题的意识，是信息素养教育中最重要的一点。

信息能力是指能够有效地获取、加工和利用信息的能力，包括信息系统的基本操作能力，信息的采集、传输、加工处理和应用的能力，以及对信息系统与信息进行评价的能力等。这也是信息时代重要的生存能力。身处信息时代，如果只是具有强烈的信息意识和丰富的信息常识，而不具备较高的信息能力，还是无法有效利用各种信息工具去搜集、获取、传递、加工、处理有价值的信息，不能提高学习效率和质量，无法适应信息时代对未来医务工作者的要求。信息能力是信息素质诸要素中的核心，医学生必须具备较强的信息能力，否则难以在信息社会中生存和健康发展。

信息伦理是指个人在信息活动中的道德情操，能够合法、合情、合理地利用信息解决个人和社会所关心的问题，使信息产生合理的价值。培养学生具有正确的信息伦理道德修养，要让学生学会对媒体信息进行判断和选择，自觉地选择对学习、生活有用的内容，自觉抵制不健康的内容，不组织和参与非法活动，不利用计算机网络从事危害他人信息系统和网络安全、侵犯他人合法权益的活动。

二、医学文献检索课程与信息素养

彼德·德鲁克在《后资本主义社会》中说："对于任何一个人、组织、企业和国家，获取和应用知识的能力是竞争成败的关键。"也就是说，在现代信息数字化时代，生存的基本技能是终身学习的技能，即具有较强的信息发现、吸收、创新能力，信息素质的提高成为信息社会的根本。信息素质的提高既包含个体的提高也包含群体的提高。在知识经济时代,学习观念所发生的这种根本改变对学校教育提出了更高的要求,同时也对个人的学习提出了挑战。为了有效解决信息总量剧增与个人学习能力有限之间的矛盾,信息数量激增与信息质量无保证之间的矛盾,网络共享的公平和开放原则与信息壁垒、数字鸿沟之间的矛盾,必须依靠人们信息素养的提高。

信息素养的提高不是一蹴而就的事情,必须接受专业的教育和经过专门的训练才能实现。英国作家、批评家赛缪尔·约翰逊(Samuel Johnson)曾将知识分成两类:一类是我们要掌握的学科知识,另一类是要知道在哪儿可以找到有关知识的信息。对信息素养的培养首先起始于我们对于"知道在哪儿可以找到有关知识的信息"能力的培养,即检索能力的培养。开设医学文献检索课程的目的就在于在适当的时候将适当的信息传递给适当的人,让读者知道"在哪儿可以找到有关知识的信息",同时讲述检索方法与技巧,帮助读者循序渐进地培养自己发现、吸收、整理、评价与重组信息的能力。

对于医学生而言,在校学习期间不可能学到将来工作中所需的全部知识,因此,最重要的是培养独立获取知识的能力。文献检索就是培养学生这种能力的一门重要课程。通过学习掌握文献检索的基本知识和方法,学生不仅能在浩瀚的知识海洋里准确、迅速、全面、系统地找到所需要的文献资料,而且能掌握自我学习的方法和技术,提高终身学习的能力。这对于医学生增强信息意识和形成合理的知识结构、提高文化素养和专业本领,都具有深远的意义。

三、医学生信息素养能力标准

1999年6月9日,受美国纽约中华医学基金会(简称CMB)资助,国际医学教育组织(Institute for International Medical Education,以下简称IIME)在纽约成立,其主要工作是在定义"全球医学教育最基本要求"方面发挥领导作用。通过"最基本要求",使在任何国家培养的医生都能达到在医学知识、技能、职业态度、行为和价值观等方面的最基本要求。

GMER是Global minimum essential requirements in medical education的缩写,中文意思为"全球医学教育最基本要求"。IIME(国际医学教育组织)将"最基本要求"归纳为7个领域和具体的60条标准。其中第6大项为"信息管理"能力,指出医疗实践和卫生系统的管理有赖于有效的源源不断的知识和信息,计算机和通信技术的进步对教育和信息的分析和管理提供了有效的工具和手段,使用计算机系统有助于从文献中寻找信息,分析和联系病人的资料,因此,毕业生必须了解信息技术和知识的用途和局限性,并能够在解决医疗问题和决策中合理应用这些技术。本项设5条标准:从不同的数据库和数据源中检索、收集、组织和分析有关卫生和生物医学信息;从临床医学数据库中检索特定病人的信息;运用信息和通信技术帮助诊断、治疗和预防,以及对健康状况的调查和监控;懂得信息技术的运用及其局限性;保存医疗工作的记录,以便进行分析和改进。

2000年,ACRL(美国大学与研究图书馆协会)通过的"美国高等教育信息素养能力标准"(Information Literacy Competency Standards for Higher Education),是世界

上影响最大的信息素养标准，为全球高等教育提供了讨论信息素养的概念框架，被世界各国广泛采纳使用。该标准描述了具备较高信息素养的个体应具备的能力，包括5个指标，并更进一步细分为22个能力指标，具有很强的可操作性。标准的引言部分介绍了信息素养的概念并阐述了信息素养与信息技术、高等教育、标准利用以及评估之间的关系。

"美国高等教育信息素养能力标准"的5个大指标分别为：有信息素养的学生有能力决定所需信息的性质和范围；有信息素养的学生可有效地获取所需信息；有信息素养的学生能评价信息及其来源，并能把所选择的信息与原有的知识背景和评价系统结合起来；有信息素养的学生无论是个体还是团队的一员，都能有效利用信息实现特定的目标；有信息素养的学生懂得有关信息技术的使用所产生的经济、法律和社会问题，并能合理合法地获取信息。

教育部、卫生部于2008年9月印发了《本科医学教育标准：临床医学专业（试行）》。在基本要求中，对医学生的信息素养提出了明确要求。在思想道德与职业素质目标部分，提出了"树立终身学习观念，认识到持续自我完善的重要性，不断追求卓越"的信息素养要求；在技能目标部分，提出了"运用循证医学的原理，针对临床问题进行查证、用证的初步能力""结合临床实际，能够独立利用图书资料和现代信息技术研究医学问题及获取新知识与相关信息""具有自主学习和终身学习的能力"等信息素养要求。

在当今的信息社会，以计算机和网络为核心的信息技术已逐渐渗透到社会的各个层面，深刻地影响和改变着人们的生活，信息和信息技术日益成为社会各个领域中最活跃、最具有决定意义的因素。医药卫生人才结构需求的重大变革对传统的高等医学教育标准和医学生信息素养提出了新的挑战。信息素养作为一种获取、评价和利用信息资源解决问题的能力，也是临床医疗工作的必要条件和必备素质。对于医学生与医务工作者而言，信息素养不仅指平时必须具备的关于信息方面的一般观念、意识、知识与技能，还包括在从事医疗工作中所具备的信息处理技能，对信息进行筛选、鉴别和利用的能力，以及进行医学科学研究所应具备的获取、分析、利用和创造信息的综合能力。

第二节 文献信息资源的类型与特点

一、文献信息资源类型的划分

1. 按载体进行划分

（1）书写型。

该类型一般以纸张或竹简为载体，用人工抄写而成，如手稿、书法作品、医生写的病案记录、各种原始记录和档案等。

（2）印刷型。

该类型是指以纸张为载体印刷而成的文献，目前仍是出版物的主要形式，也是馆藏文献的主要类型，如图书、期刊、特种文献等。

（3）缩微型。

该类型以感光材料为载体，用摄影的方法把文献记录在胶卷或胶片上，如缩微胶卷、缩微平片等。

（4）视听型。

该类型即视听资料或声像资料，包括唱片、录音带、录像带、电影片、幻灯片等。这种文献直接记录声音和图像，如心脏病变的杂音、外科手术过程，可给人以具体的视觉形象和听觉感受，犹如身临其境。

（5）机读型。

该类型是指以数字化技术将文献贮存在磁带、磁盘、磁鼓或光盘上，通过计算机阅读的文献。这种文献的存储容量大，检索速度快，使用方便，在文献检索和全文存储方面显示出特殊的优越性，如电子图书、电子期刊、文献数据库等。

2. 按出版形式进行划分

（1）图书。

图书是现代印刷出版最常见的一种，内容广泛，系统地论述一个专题，是掌握一门学科的基本资料。在每一种正式出版的图书的版权页或其他明显部位都有一个由 13 位（2007 年 1 月 1 日前为 10 位）数字或字母组成的国际标准书号（ISBN），这是一种国际通用的出版物代码，代表某种特定图书的某一版本，具有唯一性和专指性，读者可借此通过某些文献信息系统查询某种特定图书。图书根据其内容、作用可分为一般性图书和工具书。

①一般性图书是图书馆的主要藏书之一，其共性是全面、系统地论述某一方面或专题内容的文献。常见的图书有：

A. 教科书及其教学参考书（Textbook），反映本学科的基本知识，是教学的基本用书，其内容比报刊成熟、定型。

B. 图谱（Atlas），是学习有关学科知识重要的参考书，如《正常人体解剖学图谱》。

C. 专著（Monograph），内容精、深，专业性强，往往是科学研究某一课题的总结或某一领域的历史发展、成果内容的集合。

D. 著作集或选集（Selection），是为纪念某名人或著名科学家，出版其生平所著的论文或记录其科学成就。

E. 丛书（Series），是成套的图书，按专题分册单独出版或成套发行。

②工具书（Reference Book），是广泛收集某一范围的知识或资料，并按特定体例或方式编排，能提供资料或资料线索而不是供系统阅读的图书。其特点是内容广泛、信息量大、概括性强、可信度高、便于检索。工具书主要有：

A. 字典、词典（Dictionary），是主要用于解释字的形、音、义，事物及术语的工具书，如《汉语大词典》《实用医学词典》等。

B. 百科全书（Encyclopedia），是综合性工具书，通过收集自然科学、社会科学、科学史以及名人传记等而成，按学科分册，一般卷册数多，从几册到上百册，如《中国大百科全书》《中国医学百科全书》等。

C. 年鉴（Yearbook），是概括评述一年中某学科或分支学科资料的参考书，每年出版一次，如《中国百科年鉴》《中国卫生年鉴》等。

D. 手册（Handbook），是汇编某一学科专业的基础知识、基本资料或数据供读者查阅用的工具书，如诊疗手册，内容包括常见病诊断和治疗原则、临床检验正常数值、常规操作方法等。

E. 指南（Guide），为一般性工具书，有参考图表、科技数据、工作方法、步骤、过程等。

F. 目录（Bibliography），又称书目，是以文献的自然出版形式为单位来记录文献，只供检索，主要报道实用的文献或收藏文献的情况，如《全国总书目》《科技新书目》等。

（2）期刊。

期刊是定期或不定期的连续出版物，有固定的刊名和出版形式，有年、卷、期号。期刊具有内容新颖、出版周期短、刊载论文速度快、品种多、涉及面广等特点，能及时反映科技水平、科研动态，是科技情报的主要来源。核心期刊，指的是刊载与某一学科（或专业）有关的信息较多且水平较高、能够反映该学科最新成果和前沿动态、受到该专业读者特别关心的那些期刊。同图书的ISBN号一样，每种期刊均有一个由8位数字组成的国际标准连续出版物号（ISSN），ISSN同样具有唯一性和专指性，因而成为读者查询某种刊物的一个检索途径。期刊种类众多，主要有：

A. 专业期刊/杂志（Journal），有专业性、综合性的杂志，医学各学科的杂志属于医学专业杂志，如《中华医学检验杂志》。

B. 学报（Acta），是水平较高的科学杂志，由专业学会或高等院校出版，主要刊登学科的原始学术论文，如《第三军医大学学报》。

C. 通报（Bulletin），是综合报道性期刊，主要报道各学科的现状，如《中国药理学通报》。

D. 综述或述评（Review），是对某一专题进行综合概括、深入评论叙述的期刊，如《眼科新进展》。

E. 文摘（Abstract），是用文摘形式报道的期刊，如《中国医学文摘》系列和《健康文摘》等。

F. 索引（Index），是以题录形式报道的期刊，如美国《医学索引》（Index Medicus，IM）和《传染病专题索引》等。

（3）特种文献。

特种文献为非书非刊的文献，包括专利文献、科技报告、学位论文、标准文献、技术档案、政府出版物、会议录等，举例如下：

A. 专利文献（Patent Document），是由国家专利局公布或正式归档的与专利有关的文献，包括专利说明书、专利公报、专利分类表、专利索引以及从专利申请到批准全过程的一切文件和资料等。

B. 科技报告（Scientific & Technical Report），是某项科研项目提出的正式报告或进展情况的报告，内容具体、专深，反映新的科研课题和高科技方面的信息。

C. 学位论文（Dissertation），是学术界培养的博士、硕士生，通过科学研究、实验研究及论文答辩，取得学位资格的论文。这些论文有很好的参考价值，但大多不公开出版发行，属图书馆特藏。

D. 标准文献（Standard Document），是指对产品或工程质量所作的技术规定，具有一定法律效力，很多标准是从事生产建设和科研工作的依据。

E. 技术档案（Technical Archives），是科技工作中形成的技术性文献，如科研规划、设计方案、工程图表、实验记录、病案记录等。这类资料由专业人员整理，可靠性强，具有较大的使用价值。

F. 政府出版物（Government Publication），是指各国政府及其所属机构出版的文献资料，内容广泛，有行政和科技之分，包括政府法规、方针政策、统计资料等。

G. 会议录（Proceeding），是综合报道学术会议讨论交流的论文、报告及情况的一种出版物。

二、文献的级别

医学文献根据其内容、结构、性质及加工程度不同可分为一次文献、二次文献、三次文献和零次文献四个级别。

（1）一次文献（Primary Document），一次文献又称原始文献，是作者以生产和科研成果为依据而创作的原始论文。其特点是含有前所未有的发明创造，或者新的见解和理论。专题著述、期刊论文、科技报告、专利文献、学位论文、会议资料等均属一次文献，是科技文献的主体。但由于其量大、分散而无序，给读者的查找与利用带来极大的不便。

（2）二次文献（Secondary Document），是将分散无组织的一次文献进行收集、整理、压缩、加工，并按一定的顺序组织编排而成的检索工具，包括目录、题录、文摘、索引等。二次文献通常由图书情报机构组织编辑出版，是对一次文献进行加工，如著录文献特征、摘录内容要点、标引文献主题、按学科进行分类等，使之成为有组织、有系统的检索工具。

从上述定义的引申来看，二次文献信息是关于文献的文献、关于信息的信息。因此，现在网上的百度、谷歌等主题指南、搜索引擎，都是关于数据库和网页的信息集合，其功能作用等同于上述二次文献，所以称其为网络检索工具。相对于一次文献而言，二次文献是从分散到集中、从无序到有序、从繁杂到简约，因而具备了可查检的便捷性，用以解决读者查阅所需特定文献线索的问题。正因为如此，包括网上检索工具在内的二次文献及其利用也就成为文献信息检索的核心内容。

（3）三次文献（Tertiary Document），是对一、二次文献进行综合分析研究，作出系统整理和概括的论述文献。三次文献是对知识、情报的第三次加工，是利用二次文献收集大量相关一次文献，对其内容进行分析综合、重新组织加工而成。属于三次文献的有综述、述评、进展、现状、发展趋势等期刊文献和百科全书、年鉴、手册等参考工具书。三次文献具有信息量大、综合性强和参考价值大等特点，可使读者不必大量阅读一次文献，就可比较全面地了解某一专题、某一领域当前的研究水平、动态。

（4）零次文献（Zero Document），指未经信息加工，直接记录在载体上的原始信息，如实验数据、观测记录、调查材料等。这些未融入正式交流渠道的信息，往往反映的是研究工作取得的最新发现，或是遇到的最新问题，或是针对某些问题的最新想法等，而这一切无疑是启发科研人员的思路，形成创造性思维的最佳思维素材。

此外，学术界还常将通过非正式交流渠道获得的非正式出版物称作灰色文献（Grey Literature）。灰色文献和零次文献的概念内涵有一定程度的重叠，但作为一般的专业人员可不必严格区分这两个概念。

三、医学文献信息的特点

随着生命科学世纪的到来，医学科学技术迅速发展，作为记录医学信息知识的载体和保存、传播医学知识的医学文献，表现出以下发展特征和趋势。

1. 文献数量庞大，增长速度加快

科技文献中，医学及生物科学文献总量非常庞大，增长速度占各学科之首。以占文献总量70%的期刊为例，全世界期刊总数有14万余种，其中生物医学期刊已超过21000种，约占1/7。美国《科学引文索引》（SCI）按引文数量排列的前500种期刊中，医学期刊176种，约占1/3。其他各类文献中，医学类文献所占比例基本相似。

2. 学科交叉渗透，内容分散重复

现代科学技术发展的一种趋势是科学门类高度分化又高度综合，新的分支和边缘交叉学科不断产生，学科之间互相渗透，致使文献分散，在内容与结构上又产生交叉。医学论文不仅刊载在医学专门期刊上，还大量地刊载在一些综合性期刊和其他相关科学领域的期刊上。近年来，由于多种因素的影响，文献重复发表的现象屡见不鲜，出现一文多刊、转载互译等现象。如此分散、交叉、重复，明显增加了查寻搜集文献的难度，而且大大增加了文献量的冗余。

3. 知识更新频繁，文献发表滞后

科学技术的发展，对科学奥秘的探索和认识不断深化，知识更新愈来愈频繁，导致记录知识的文献老化速度加快。19世纪老化速率为50年左右，而如今已缩短到5～10年。国外研究发现，生物医学文献的半衰期为3年，物理学为4.6年，化学为8.1年，植物学为10年，数学为10.5年，地理学为16年，可见生物医学文献的老化速率较快。此外，医学文献的发表速度比医学文献增长的速度要慢得多，原因是大量的文献不能及时发表。论文从编辑部收到稿件至正式发表可长达一两年之久，使得一些文献正式发表时已失去了某些应有的价值。为此，科技人员之间往往采取直接交换手稿复本、参观访问、会议交流等有效途径获取未发表的文献。

4. 语种不断增多，交流传播加速

20世纪初，只要掌握英、德、法三种语言，就可阅读全世界92%以上的科技文献，如今全世界的科技期刊涉及的文种已达70～80种之多。医学文献涉及的文种也相当多，如PubMed报道了55种语言的文献。文种增加，造成了读者阅读文献的障碍，影响了信息情报的交流与传递。

由于现代交通、通讯和印刷技术的发展，情报信息载体的磁性化、机读化以及多媒体和国际互联网的广泛应用，为情报信息的快速传递和交流提供了非常便利的条件，医学文献信息的用户，可以通过互联网在瞬间获取所需要的文献。

5. 文献信息向数字化方向发展

随着计算机、数据存储、数据传输以及通信技术的发展，文献信息由传统的纸质印刷向电子化、网络化、数字化方向发展。20世纪60年代，美国国立医学图书馆首创"医学文献分析和检索系统"（MEDLARS）。1989年中国医学科学院医学信息研究所建成《中国生物医学文献数据库》，向全国医学相关机构提供光盘数据检索服务。

Internet是将各个国家、各个部门、各个领域的不同信息、资源连成一个整体的超级信息资源网络，用户可以通过各种信息查询工具访问所有的信息资源。1996年美国国立医学图书馆免费开放该馆的MEDLINE（即PubMed）等15个数据库。我国2000年4月正式启动"中国数字图书馆"工程，将浩如烟海的、各种形式的文献资料加以数字化处理，并使之流通于全球信息网络。它与Internet上的网页信息资源也有区别，即是经过分类、编辑、整理、加工而成的有序文献资源。目前，数字资源已成为读者利用文献信息资源的主要类型。

第三节 信息检索原理

一、信息检索概述

信息检索是指利用一定的检索算法，借助于特定的检索工具，并针对用户的检索需求，从结构化或非结构化的数据中获取有用信息的过程。我们可以把整个信息检索过程划分为三个方面：信息的存储与组织、信息的检索、信息的展示。图1-3-1给出了信息检索三个方面衔接的原理示意图。

最早的计算机情报检索的试验是美国海军兵器中心于1954年完成的，它主要将文献号以及文献的索引词输入计算机，检索采用对索引词检索获取文献号。这虽然是一个试验性的项目，但它无疑开创了计算机信息检索的先河。20世纪90年代以来，特别是Internet的发展，人们所面对的检索对象更加复杂，检索的需求更加强烈，能够获得的信息类型也是丰富多彩，人们解决各类问题都希望在数据库或互联网中寻找答案。

信息检索对象包括文献、数据、事实等，在学习、工作乃至日常生活中，凡同信息需求有关的问题，均可通过检索各类信息系统来达到获取相应信息的目的。检索方式一般分为手工检索和计算机检索。计算机检索经历了联机检索、光盘检索、网络检索几个阶段，现在人们基本都通过网络检索来获取相应信息。

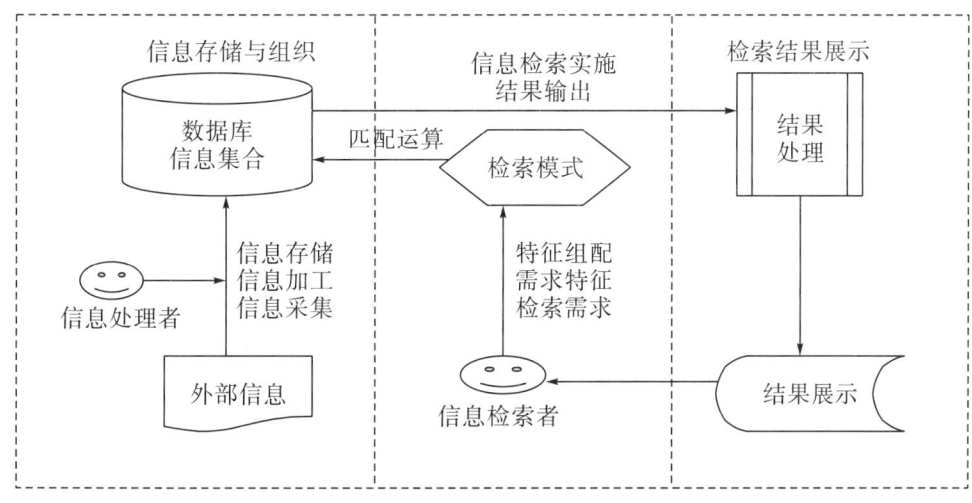

图 1-3-1 信息检索原理示意图

二、信息的组织

从图 1-3-1 可以看出，信息检索全过程包括信息存储组织与信息检索两个过程，信息存储组织是基础，信息组织得越科学、规范，信息检索的质量和效率就越高。信息组织是一种普遍的社会行为，是一切人类活动有条不紊地运行的前提。信息组织是将无序的信息按其外部特征和内容特征有序化，然后进行重新控制，其目的在于提供可控性的高效信息服务。

分类法、主题法以及书目控制是传统信息组织的重要方法，网络环境下，传统分类法既受到挑战，也面临着新的发展机遇。传统分类法的知识系统性和标识语言的通用性及其族性检索能力，是其他情报检索语言所不具备的，也是无法取代的，因此，它在新的信息环境下也仍然得到广泛使用。使用分类法组织网络分类目录并提供浏览方式进行查询，具有直观、信息质量高等优点，也为信息的浏览检索提供了技术保障。用主题词组织与揭示信息具有直接和直观的特点，在网络环境下有相当一部分网络资源浏览器与引擎都以主题词为组织与揭示信息的重要用途与方法。由此可见，分类法与主题法是各种网络信息资源最基本、最主要的组织法与检索法。在下一部分的信息检索语言部分，将对分类法和主题法进行更详细的介绍。

目录组织向来都是信息组织的重要组成部分，在网络环境下，其重要性仍然是非常突出的。人们普遍认为网络信息资源急需像传统文献资源一样进行编目，并提供目录检索。目前网络资源编目模式分为介入与不完全介入两种。前者完全由编目人员提供对信息源的书目描述数据，后者的描述数据可由信息提供者、信息源的管理维护人员等多种途径提供。也就是说，一种方法是由编目工作者进行书目控制，另一种方法则是由信息提供者在提供信息的同时提供信息的描述数据。前者主要以 USMARC 格式的研究为主体，而后者则主要以元数据的研究为主。

信息组织技术包括搜索引擎、元数据、数据挖掘、数据仓库、知识发现、标记语言、数据库技术、自动跟踪技术、机器翻译技术、信息检索的推拉技术、虚拟图书馆技术、专业指引库技术、智能代理技术、多媒体技术、人工智能技术等。搜索引擎作为网络环境下重要的信息组织工具，自它出现之日起就备受人们的关注，包括图书情报界和计算机界以及信息产业界在内的众多学者对此展开了深入而有效的研究。我们将在第三章给大家讲解搜索引擎在信息检索中的应用技术。

三、信息检索语言

检索语言是用于描述信息系统中信息的内容特征或外表特征和表达用户信息提问的专门语言，是人与信息系统对话的媒介。在各种信息检索系统中，信息都必须被标引或赋予某种简洁的含义，大多数还具有唯一性、科学性、实用性及一定权威性和标准化的标识或编码，既便于计算机处理，又有利于信息的广泛交流与共享。

虽然检索语言主要是信息专业工作者在自然语言基础上创建并使用的，但是由于检索语言是检索者与检索系统之间达到共同理解的基础，检索者有必要学习其中的主要规则、基本原理，才能达到理解一致，减少漏检和误检，提高检索效率。同时，许多医学信息系统，特别是临床信息系统的建设过程中还离不开临床医生的密切合作和参与。

1. 信息检索语言的种类

从表现形式上看，信息检索语言就是文献信息检索系统中的标识系统，能提供多种多样的检索点，如著者、分类号、主题词、关键词等。信息检索语言在各种文献检索系统中无处不在，它种类繁多，各具特点，各有优势又或多或少存在缺陷。在实际应用中常有两种或多种检索语言用于同一检索系统以供选择使用或者相互取长补短。近年来，在强大的计算机信息技术支持下研制和开发的新型检索语言集成系统，已使网络文献信息智能化检索初见端倪，用户的检索提问可以用短语甚至句子等自然语言形式输入，系统能够进行自动分析形成检索策略并进行检索。检索技术的进步，很大程度上得益于检索语言研究成果的应用。

（1）文献外表特征检索语言。

这是依据文献的外表特征，如文献题名、著者等作为标识和检索点而设计的检索语言。

①文献题名索引系统，以书名、刊名等作为标识的字顺索引系统，如书名目录、引用期刊一览表等；

②以文献上署名的个人作者、译者、编者或学术团体名称作为标识的字顺索引系统，如著者索引、专利权人索引等；

③文献序号索引系统，以文献特有序号为标识的索引系统，如专利号索引、技术标准号索引等；

④引文索引系统，这是利用科学文献末尾所附引用文献、参考文献目录，揭示科学论文系统之间引证和被引证关系而编制的索引系统，如 SCI、SSCI、CSCI、CSSCI 等，第六章第一节将对此作详细介绍。

（2）文献内容特征检索语言。

描述文献内容特征的检索语言主要有分类检索语言和主题描述语言两大类。

2. 分类检索语言及其应用

分类检索语言是将各种知识领域（学科及其研究问题）的类目按照知识分类原理进行系统排列，以代表类目的分类号（字母、数字等）作为文献标识的一类检索语言。

在分类检索语言中，应用比较普遍的是传统的等级体系图书分类法，它以科学分类为基础，结合文献特征，采用概念逻辑分类的一般规则，层层划分，构成具有上位类和下位类隶属、同位类并列的概念等级体系。它直接体现知识分类的概念等级系统，其主要特点是按学科、专业集中文献，从知识分类的角度揭示文献在内容上的区别与联系，提供从学科分类为出发点的检索途径。

国内外有多种广泛使用的著名等级体系分类法，如我国的《中国图书馆分类法》、美国的《国会图书馆分类法》(LCC)、《杜威十进分类法》(DDC)、《美国国立医学图书馆分类法》(NLMC)等。

在我国，《中图法》不仅广泛应用于各类型图书馆的藏书排架和组织目录体系，还较多地应用于文献数据库，如中国生物医学文献数据库（CBM）、维普中文科技期刊全文数据库、全国报刊索引数据库、中国学术期刊全文数据库等大型的中文文献数据库等，同时还应用于一些数字图书馆，如"超星数字图书馆"，提供了电子图书的中图法浏览检索。国际比较著名的图书分类法 LCC、DDC、UDC（国际十进分类法）等也用于联机信息检索系统和网络信息资源的组织与检索。

但是传统图书分类法毕竟是为图书、期刊等文献而设计的，很难完全适应网络动态信息，并且类目体系庞大，分类规则和技术复杂不易掌握。所以，目前传统图书分类法的应用还比较有限，绝大多数网络信息资源的分类目录使用自创的分类法。例如，在搜狐的分类体系结构中有 18 个大类，涵盖了 50000 多个不同层次的子类目，形成了一个十分庞大的树状结构，几乎涉及所有的行业或者领域。它采用了"纵向成枝、横向成网""主题法与分面组配法结合"的分类方式，根据网站的主题，首先把网站分为 18 个大类，再按细分主题层层分下去。然后，再根据不同用户的使用习惯，以及不同的分类标准，把不同类目下"相关"的类目"链接"起来，从而形成搜狐的"网状"分类体系。Yahoo 把网络信息资源划分为 14 个基本大类，根据大类拥有的信息量及知识组织的需要，每一个基本类目又细分为不同层次的次一级类目，形成"树状"分类结构，级别越低的类目中的网站，其主题越明确。尽管如此，搜索引擎公司的自创分类法仍存在许多缺陷和不足，还算不上真正意义上的分类法，还有很多需要完善的地方。

(1)《中国图书馆分类法》（简称《中图法》）。

1981 年，国家标准总局转发了"关于《中图法》作为国家试行标准草案的建议"，《中图法》从而成为我国各类型图书馆应用最广泛的分类法，我国绝大多数大学图书馆、专业图书馆、公共图书馆都使用《中图法》进行馆藏文献的分类排架和编制分类目录。同时，《中图法》在我国的图书发行、数据库的论文标引以及网络信息资源组织与检索等多领域也有广泛应用。目前《中图法》的最新版是 2010 年出版的第五版。

①基本大类。

《中图法》分为 22 个基本大类，见表 1-3-1。

表1-3-1 《中图法》基本大类

A 马克思主义、列宁主义、毛泽东思想、邓小平理论	N 自然科学总论
B 哲学、宗教	O 数理科学和化学
C 社会科学总论	P 天文学、地球科学
D 政治、法律	Q 生物科学
E 军事	R 医药、卫生
F 经济	S 农业科学
G 文化、科学、教育、体育	T 工业技术
H 语言、文字	U 交通运输
I 文学	V 航空、航天
J 艺术	X 环境科学、安全科学
K 历史、地理	Z 综合性图书

②医药、卫生大类下的二级类目。

"R 医药、卫生"大类下再分二级类目17个，见表1-3-2。

表1-3-2 《中图法》医学、卫生大类下的二级类目

R1 预防医学、卫生学	R74 神经病学与精神病学
R2 中国医学	R75 皮肤病学与性病学
R3 基础医学	R76 耳鼻咽喉科学
R4 临床医学	R77 眼科学
R5 内科学	R78 口腔科学
R6 外科学	R79 外国民族医学
R71 妇产科学	R8 特种医学
R72 儿科学	R9 药学
R73 肿瘤学	

③层累标记制。

类目按照概念之间的逻辑隶属关系，再往下逐级展开，划分出更专指、更具体的类目。如"R363.15 精神因素"，它的上级类目从上至下依次是：

R 医药、卫生

R3 基础医学

R36 病理科学

R363 病理生理学

R363.1 病因学

R363.14 生物因素

R363.15 精神因素

《中图法》的分类号采用字母与阿拉伯数字相结合的混合制号码，用一个字母标志一个大类，以字母的顺序反映大类的序列，在字母后用数字表示大类下的类目的划分。数字的编号制度使用小数制，即首先顺序字母后的第一位数字，然后顺序第二位，以下类推。

④复分号。

复分是增加类目的细分化程度、提高类目专指度的分类措施，是图书分类法的重要组成部分。《中图法》的复分表有通用复分表和专用复分表两大类，这些复分表的号码不能单独使用，只能加在主分类号后面作为共性区分的标识。《中图法》通用复分表有8个，如总论、地区、时代、民族和种族等。专用复分表专供某些类目的进一步细分之用。

（2）国际疾病分类法（ICD）。

疾病分类就是根据疾病的病因、病理、临床表现和解剖位置等特性，将疾病分门别类，把同类疾病分在一起，并使其成为一个有序的组合。其目的是为了系统地记录、分析、解释和比较来自于不同国家和地区以及在不同时间段的死亡和疾病数据。

《国际疾病分类法》的全称是《国际疾病及相关健康问题统计分类法》（The International Statistical Classification of Diseases and Related Health Problems，ICD），它是一种能够让使用者按照既定标准将疾病单位纳入类目的系统，通过这个系统可以将疾病诊断和许多健康问题的词句转换成数字编码，从而易于对数据进行贮存、检索和分析。学习疾病分类法是临床工作的需要，既可以提高医学生信息素质，也可扩展医学视野。

ICD是国际上统一使用的疾病分类法，由世界卫生组织（WHO）编撰，其网址是：http://apps.who.int/classifications/icd10/browse/2016/en。目前最新版本是2016年的ICD-10，详细类目表见附录五。

3. 主题描述语言及其应用

主题描述语言是用于表达文献主题内容的词语标识系统，应用较多的是主题词法和关键词法。

（1）主题词法。

主题词（Subject Headings）又称叙词（Descriptor），是来自文献、用户及医学专家并经严格控制，用以表达文献主题或信息需求的单义词或代码。主题词语言是在吸取了多种检索语言优点的基础上形成的一种检索语言，具有较优越的检索功能，适用于计算机化的文献检索，是发展最快、应用最广的检索语言。

采用主题词法编制的索引称为主题索引（Subject Index）。美国国立医学图书馆（NLM）编制的《医学主题词表》（Medical Subject Headings，MeSH）是使用最多的一种主题检索语言。它用于标引、揭示每一篇文献的主题内容，可提高检索的准确率。

主题词具有以下特点：采用指定的词语——"主题词"，来专指或网罗相应的概念，也就是适当归并某个概念的同义词、近义词、拼法变异词及缩写等，以保证这个"主题词"与这个概念唯一对应；采用参照系统将某些非主题词指向主题词或者显示相关主题词间的词义相关关系；采用类似分类的方法编制主题词分类索引（范畴表）和等级索引

（树状结构），采用类似关键词法编制主题词（词素）轮排索引，以从多方面显示词间关系并便于查找主题词；以上的内容和规则构成一部主题词表，其中的主题词还随着科学的发展及文献中用词的变化而不断有增删修订并定期更新。

在第五章第一节讲述 MeSH 与 PubMed 时，将专门讲述 MeSH 词表的使用。中国生物医学文献数据库以 MeSH 词表为基础，编制了 CMeSH 词表，在第四章第四节也将讲解 CMeSH 词表的使用。

（2）关键词法。

关键词（Key Words）是直接从文献的篇名、摘要和正文中选出具有实质意义并能代表文献主题内容的名词术语。由关键词组成的索引标识系统，称关键词索引。它是一种未经规范化的自然语言，比较适应计算机自动编制索引的需要。出现在文献题录、文摘或全文中的关键词，通常称为文本词（Text Terms），都被纳入索引，提供了更多的检索入口。从某个关键词出发可能查出成千上万篇文献，其中误检率高，必须再通过其他途径修饰检索。

关键词的缺陷表现在以下方面：关键词通常取自文献或网页原文，用词不规范或稍作规范，对自然语言中大量存在的同义词、近义词、拼法变异词等未标明其等同关系，从而导致同一主题的文献信息因为用词不同而分散，容易造成漏检；若平均每篇文献信息标引的关键词较多，虽然能减少漏检，但是误检可能增加；关键词法不对文献的实质主题内容进行分析，关键词难以准确揭示文献实质内容，检索的准确性较差。

第四节 检索技术与策略

20 世纪 80 年代，光存储技术的应用促进了传统信息检索系统模式的改观。20 世纪 90 年代，Internet 的普及与应用彻底改变了人类的生活和工作方式。在信息检索领域，传统检索的中介代理服务功能逐步减弱，成千上万各行各业的人成为计算机网络系统的最终用户。Internet 系统中存储的信息除传统检索工具的内容外，已出现越来越多的全文本数据、事实数据、数值、图像和其他多媒体信息资源。计算机及其网络环境和各种先进技术使信息的可获得性和传递速度大大增强。跨文件、跨文档、跨数据库以及在多媒体数据库中自由查询已成为现实。在这种情况下，传统的检索方式，用同一界面应付不同水平和不同要求的用户，用静态的同一标准去衡量检索效果等技术已是远远不够的。全文检索、多媒体检索、超媒体及超文本检索、联机检索、光盘检索、网络检索等先进的检索技术迅速发展起来。本小节从文本信息检索技术、多媒体信息检索两方面给大家讲解最基本的检索技术，更多的检索应用技术将在后续检索系统的实例部分给大家逐步介绍。

一、文本信息检索技术

文本，即文字信息，是数字化信息资源中最常见的形式，主要包括二次文献数据库和全文数据库。前者仅能检索文献的线索（即题录）和文摘，而后者是将文献全文的全部内容转换为计算机可以识别、处理的信息单元而形成数据集合，并进行全文本的词

(字)、句、段落等深层次的编辑、加工以及标引、抽词、排序、索引编制。因而全文检索可以直接根据文献资料的内容进行检索，支持多角度、多侧面的信息综合利用。由于全文数据库同时利用了出版业计算机应用的先进成果，使这些信息的范围日益广泛拓展，从早年出现的法律文本到愈来愈多的文献资源，如科技期刊、报纸新闻、词典、参考书、百科全书、文学作品等。

文本信息检索是一种较为简单的准确匹配模式，其具体检索技术主要有以下几方面。

1. 布尔检索

布尔检索是检索系统中应用最广泛的检索技术，即用布尔逻辑运算符来表达检索词与检索词之间的逻辑运算关系。三个基本的布尔逻辑运算符是 AND、OR、NOT，分别表示逻辑与、逻辑或、逻辑非三种逻辑运算关系，如图 1-4-1 所示。

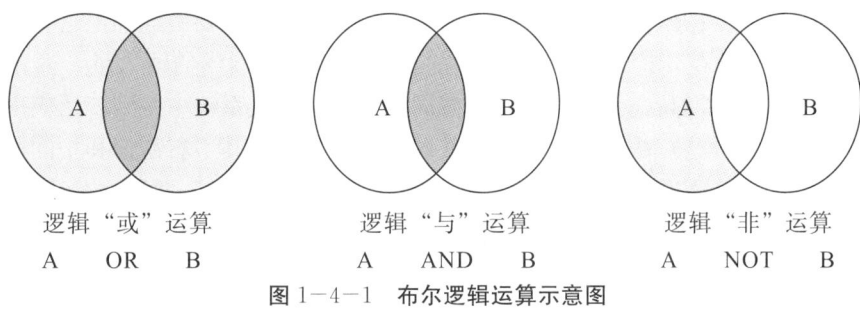

图 1-4-1　布尔逻辑运算示意图

(1) AND：要求被检索文献记录中，既论及 A 概念又论及 B 概念，即同时出现有 A 和 B 的记录（即两圆相交部分），其作用是缩小检索范围，提高查准率。例如，查有关"心脏瓣膜疾病并发症"的文献，其逻辑表达式为心脏瓣膜疾病 AND 手术后并发症，表示文献必须同时涉及心脏瓣膜疾病和手术后并发症两个概念才被命中检出。

(2) OR：要求被检索文献记录中，检索论及 A 概念或者论及 B 概念的文献（即两圆所有部分），当然也包括那些同时含有 A 概念和 B 概念的文献（即两圆相交部分），其作用是扩大检索范围，提高查全率。例如查找有关"心脏瓣膜疾病或心力衰竭"方面的文献，其逻辑表达式为心脏瓣膜疾病 OR 心力衰竭。

(3) NOT：要求被检索文献记录中，检索论及 A 概念的文献，但不包括涉及 B 概念的文献，也就是在含有 A 概念的文献中去除含有 B 概念的文献（即去除两圆相交部分），其作用是缩小检索范围，提高查准率。例如，查找"除锌之外的其他微量元素"的有关文献，其逻辑表达式为 trace elements NOT zinc；查找"非心律失常的心脏瓣膜疾病"，其逻辑表达式为心脏瓣膜疾病 NOT 心律失常。

(4) 布尔逻辑运算的优先顺序：当一个检索提问式含有多个布尔算符时，执行的顺序为 NOT 优先运算，AND 其次，OR 最后。如要改变，可用圆括号改变运算顺序，将需要优先运算者置于圆括号中。例如，查找"维生素 C 或维生素 E 对糖尿病患者肾脏的保护作用"，提问式为（维生素 C OR 维生素 E）AND 糖尿病 AND 肾。

几乎所有的光盘检索系统、联机检索系统、网络信息检索工具都提供布尔逻辑运算检索，但它们在布尔逻辑检索功能的实现与使用上有所不同。

表示布尔逻辑关系的方式：有的检索系统（工具）以符号形象地代表布尔逻辑关系，如用符号"+""&"表示 AND，"－""!"表示 NOT，"｜"表示 OR；有的默认值为 AND，其他布尔逻辑关系必须输入，如 PubMed、Google；有的默认值为 OR。

部分支持布尔逻辑运算：绝大多数搜索引擎均提供 Advanced Search 功能，其中支持布尔逻辑检索，如 Lycos、Excite。较多的搜索引擎尚不支持由布尔逻辑运算符及圆括号组成的复杂检索式。

2. 截词检索

截词（Truncation）检索，就是把检索词截断，取其中的一部分片段，再加上截词符号一起输入检索，系统按照词的片段与数据库里的索引词对比匹配，凡是包含这些词的片段的文献均被检索出来。

截词检索主要用于检索词的单复数、词性的词尾变化、词根相同的一类词，以及同一词的拼法变异等。在作自由词检索时，为了避免漏检，常常要考虑到把这些词都包括进去（并用 OR 布尔逻辑检索）。截词检索的功能是减少检索词的输入量，简化检索步骤，扩大检索范围，提高查全率。目前，截词检索已在检索系统中得到广泛应用。

截词方式有右（后）截词、左（前）截词、中间截词，其中右截词和中间截词使用较多。截词符号（又称通配符），常见的有星号"*"、问号"?"两种。"*"常用于无限截词（*＝0－n 个字母），"?"常用于有限截词（?＝0－1 个字母）。例如，输入 flavor*，可同时检出 flavored、flavorful、flavoring 等；输入 cat?，可同时检出 cat 和 cats；输入 wom?n，可同时检出 woman 和 women，等等。但不同的检索系统采用的截词符号及用法可能有所不同。

使用截词符号做替代符进行截词检索是一种有效检索方式，目前的检索系统多使用下列表框来实现截词检索功能。通常选项包括前方一致、后方一致、中间一致，或用选中"模糊匹配"来替代前三种截词方式。

3. 位置检索

位置检索技术常用于自由词检索。它是用位置算符（又称邻近算符）如 near、with、（W）、（N）等连接两个检索词，表示要求两个检索词必须同时出现在同一记录（或指定某一字段）中，并且两词的相互位置必须符合规定的相邻度才能被命中检出。

在 MEDLINE 检索系统中，可通过位置算符提高检索准确度。同字段检索 A with B，使 A、B 二个检索词同时出现于一个字段中；相邻检索 A near4 B，使 A、B 二个检索词出现于同一句子中，两词间最多相隔 4 个单词。使用邻近检索比使用布尔逻辑算符 AND 检索的结果更能达到所要求的准确度。

4. 字段限定检索

文献数据库的每条记录通常由多个代表不同信息内容的字段组成，在一般情况下，系统在默认的若干基本字段或全部字段中检索。但是几乎所有文献数据库检索系统中均设置了字段限定检索功能，用户可以指定检索某一字段或某几个字段以便检索结果更为准确，减少误检。如 MEDLINE 检索系统中字段限定符主要有［AU］（著者）、［AD］（著者机构）、［MeSH Terms］（主题词）、［MAJR］（主要主题词）、［PT］（文献类型）、

[TI]（题名）等。例如，（hepatitis and human）in TI 表示限定检索题名包含人类肝炎的那些文献。

5. 其他网络检索技术

许多网络信息检索工具根据 Web 特点开发了一些新型检索技术。

（1）包含或排除检索（加减检索）：几乎所有搜索引擎技术均支持该功能。检索式中设定所检信息中包含该词或不包含该词，符号分别为"＋"和"－"。

（2）词组检索：限定所输入的两个或两个以上单词为词组时，搜索引擎一般要求加引号（""），如"Computer aided diagnosis"；否则，系统将所输入多个单词按逻辑"或"的关系检索，即网页中只要出现任一输入单词就算命中。

（3）模糊检索：允许被检索信息与检索提问之间存在一定的差异。如果所输入的检索提问在执行模糊检索后仍无法获取相应的检索结果，系统还提供自动提示功能，提醒用户是否输入有误或进一步提供相关信息供用户选择。有些检索工具甚至还能够进行纠正输入错误的模糊检索。

（4）检索结果翻译与多语种检索：例如 Google 在推出西文语种自动翻译的基础上，又推出中文简繁体的转换。

（5）类似字段检索：虽然网络信息不分字段，但是搜索引擎设计了类似于字段检索的功能。依据这种功能，用户可以把检索范围限定在标题（Title）、域名（Domain）、统一资源定位符（URL）或者链接（Link）等部分，有助于提高查准率。如 Google 目前提供 site：（表示将检索词限定在特定站点中）等字段限定符检索。

二、多媒体信息检索技术

对于数字化信息中的图形、图像、视频、音频等，它们与文本信息一起被称为多媒体信息。早年对于这些信息的处理是转化为基于文本描述的检索。一是作为外部特征描述，如名称、著者等；二是内容特征描述，如关键词。显然，文本信息检索技术无法充分揭示和表达多媒体信息中有代表的特征以及其实质内容和语义关系。

近年来出现的一个新的研究领域是基于内容的检索（Content Based Retrieval），主要是对多媒体对象的语义、媒体的视觉特征或听觉特征进行检索。它利用图像处理、模式识别、计算机视觉、图像理解等学科中的一些方法作为部分基础技术，直接对图像、视频、音频内容进行分析，抽取特征和语义，建立内容特征索引以供检索。

多媒体信息检索技术与传统的文本检索技术所不同的显著特点是：①利用反映图像、视频、音频内容的特征检索；②采用示例查询（Query by Example）的提问方式，例如图像检索的颜色、形状、纹理的示例，视频检索的镜头中关键帧的颜色、形状、纹理的示例，音频检索的声音示例等；③相似检索，即对数据库中的被检索单元（图像、镜头、旋律等）与检索提问要求进行相似程度的比较匹配之后返回命中结果，并按相似度大小排列，实为一种非准确匹配模式；④逐步求精的检索过程。用户通过浏览初始结果，可以从中挑选最为相似者作为示例，进行提问示例的特征调整，再次检索，最终得到较为理想的查询结果。

在许多情况下，文本信息与其他多媒体信息是紧密关联的。例如，把医学图像组成一个拥有大量像素的大型关系型数据库。除了大量的图片之外，还有涉及与图像相关联的其他信息，如许多极难自动识别的图像特征，则采用医生直接输入的文字描述。因此，对这些医学图像特征的提取，既可以满足对一幅脊椎照片执行诸如"第3尾椎下凹变形的病例""中部椎骨外曲15°者"等基于内容的检索要求，也可以执行特定图像特征，如肋骨间距离的准确匹配检索。

三、检索步骤

信息查询与利用是从确立查询的需求到信息需求满足的全过程，这一过程是对我们的信息意识、信息查询的基础知识、查询工具和查询方法的综合运用与掌握程度的检验，体现出对信息的分析、收集、整理、加工、组织并创新利用的能力，是信息素质水平的综合体现。

1. 分析课题需求，提取检索词

分析课题是检索的准备阶段，是为了确立查询需求，是整个查询过程的出发点，包括了对课题类型、背景知识、概念及知识体系的分析，并提出拟解决的问题，分析课题要求仔细、全面。可以利用"5W提问法"，即对课题提出"是什么、为什么、怎么做、有谁在做、在什么时间做、在什么地点做、做的数量和程度是怎样"等7个问题，从而达到对课题类型、背景和需要解决问题的准确分析。对于检索词的提取可以利用题名内关键词直接作检索词，也可利用"词间关系分析法""词表和目录树"和"索引工具"来帮助确定。

2. 明确查询需求，确定查询方法

信息检索在实施过程中要受到很多客观因素的影响，检索方法有助于改善检索效率与质量，但同一检索方法并非对各种用户、各种检索需求适用，每一种方法都有其使用的范围与优势，要提高检索的效率与质量，检索用户需要在遵循一些基本检索方法与技巧的基础上养成良好的检索习惯与方法。归纳信息查询过程中经常使用到的一些方法主要有常规法、追溯法、二次检索法、访谈法及综合法。

3. 依据查询目标，选择检索工具

学科属性是考察检索工具是否适用的首选因素，第一要保证所选择的检索工具与查询课题的学科一致，应考虑所选检索工具在该学科领域的权威性，尽量使用权威性的专业数据库作为检索工具。第二要做到四个了解：了解检索工具收编的范围和特色收藏，包括资源收录的资料跨越的历史年代、覆盖的地理范围、是单语种还是多种语言、信息类型是什么等；了解工具的检索方法、检索功能及延展性、检索结果输出与处理及服务功能；了解界面的友好性；了解并有效利用检索系统的辅助检索手段和辅助工具。第三，要熟悉资源与工具的特点。第四，要考虑查询者的自身条件，如你所能利用到的、会用的工具有哪些，这些工具是免费还是付费的，需要付费获得结果吗，能支付的最多费用是多少，你知道的网络上类似于此工具的免费工具有多少，等等。最后，要根据查询主题内容来确定检索工具。

4. 确定查询途径，构造检索式

在没有计算机检索系统的情况下，检索表达式的构成是由人工写出来的，但在利用计算机和网络查询的现在，检索式的构造可由计算机系统辅助完成，人所需要做的是对多种检索途径、检索功能与检索技术进行选择、组配。而检索途径的确定需要与检索工具所提供的检索方式与功能相配合选择，检索表达式的构成则需要通过检索途径、检索技术和检索方式与功能三者的共同协作选择来实现。

检索途径包括文献外表特征检索途径和文献内容特征检索途径，文献外表特征检索途径一般又包括题名和著者途径，文献内容特征检索途径一般又包括分类和主题检索途径。检索式是指计算机信息检索系统中用来表达检索提问的逻辑表达式，由检索词和表达检索技术的各种运算符及系统规定的其他组配符构成。编制检索表达式要综合、灵活地运用计算机检索系统提供的组配、限定、加权、扩展、截词等多种检索功能构造表达式。目前数据库中最为常用的检索技术有布尔逻辑检索技术、截词检索技术和位置检索技术。检索表达式同时要与字段限定检索功能紧密结合。

5. 评估查询效果，优化查询过程

经过上述的四个环节，我们可以开始查询并获得一批检索结果，这批结果可能让你满意，也可能有许多的不满意，这就需要在对结果做出评估的基础上进行查询策略的调整。

影响检索速度的因素主要有检索系统本身的运行速度、用户的检索技能水平和网络通信传输速度等，当然造成查询结果不满意的因素也来自查询系统本身和用户检索水平两方面。针对检索结果过少的情况，分析原因后可采取扩大检索范围的方法，来提高文献查全率；针对检索结果过多的情况，分析原因后可采取缩小检索范围的方法，来提高文献查准率。

6. 判断分析结果，整理分类信息

传统的检索过程在获得一批相关检索结果后便算检索任务完成，而现代信息查询强调的不只是对查询结果信息的获得，更注重对结果的分析、整理、组织与重组，文献的整理包括对文献的阅读、记录、判断、分类处理、获取和制定文献综述。

阅读文献时我们可以遵循"先读主题内容相同的中文文献，后读外文文献；先读文摘，后读原文；先粗读，后精读；先读综述性文献，后读专题性文献；先读现刊文献，后读过刊文献；优先阅读专科期刊和核心期刊"的原则进行。在阅读的基础上对文献的内容进行鉴别。

通过分类归类将与主题相关的信息内容集中，将不相关信息作记录备用或舍去；将论点与论据信息分别汇总，便于调用信息；将马上要用到的信息与以后可能用到而现在作为备用的信息分开，这样分类的同时可以作相关的记录，形成检索结果资料的汇编、检索资料笔记、文摘卡片、剪报、专题文档等，并附以简要说明，以备调用。

7. 获取结果原文，组织应用创新

原文的获得有助于从中提取更多对检索课题作深入分析时所需要的信息。获取原文的途径有：一是利用全文数据库可直接下载全文；二是通过图书馆馆藏查找原文；三是可借助图书情报部门的馆际互借与文献传递服务，从更大范围内获得原文；四是有一些外文检索结果中提供了著者或出版机构的 E-mail 地址，可与之联系获取原文。

文献组织是用科学方法把收集到的杂乱无序的文献进行加工处理，使之有序化，以便于利用。组织查询文献不是简单拼凑或剪裁，也不是内容重抄。而是在对各篇文献精读的基础上，对其内容的整理、加工、管理与提炼。内容的整理包括对文献数据、情况和观点的整理。数据整理是数据的统计、换算、订正、补遗等。情况整理是对不同情况进行列举，对相近情况进行合并，对重复情况进行剔除。观点整理是列举不同观点、合并相同观点和归纳相近观点。整理文献是一个准备性的环节，它为撰写论文提供研究的基础，也为论文写作提供方便。在没有计算机辅助的情况下，对文献的整理是由手工完成的，现在有专门的文献管理软件组织、整理查询的结果文献，中文如 E-Study，外文如 EndNote、Biblioscape、NoteExpress 等。

四、检索效果评价

文献信息检索一般要求做到比较全面、准确、快速、节省的效果。所谓文献检索效果评价，实际上就是对文献存贮与检索两方面的评价，既是对文献检索工具和文献数据库编辑质量的评价，又是对文献检索检出效率的评判，见表 1-4-1。

查全率及查准率是衡量检索效果最重要且最常用的指标。查全率是指系统在进行某一检索时，检索出的文献与系统文献库中的相关文献总量之比率。查准率是指系统在进行某一检索时，检索出的相关文献量与检索出的文献总量之比率。

表 1-4-1　文献检索效果评价

用户相关性判断 系统匹配性判断	相关文献	非相关文献	总计
被检出文献	a（命中）	b（误检）	$a+b$
未检出文献	c（漏检）	d（正确拒绝）	$c+d$
总计	$a+c$	$b+d$	$a+b+c+d$

根据表 1-4-1，查全率及查准率的计算公式为：

$$查全率(R) = a/(a+c) \times 100\%$$
$$查准率(P) = a/(a+b) \times 100\%$$

查全率与查准率之间存在着矛盾的关系。在同一个检索系统中，查全率提高，查准率就会降低；而查准率提高，查全率必须减低。在现代大型数据库检索系统中，相关文献与非相关文献总量几乎是一个未知数，查全率与查准率只能相对反映检索的效果。一般说来，都是先扩大检索范围，提高查全率，再以此为基础，提高查准率，从而最终达到用户检索目标。

查全率与查准率作为评价信息检索系统对用户检索请示的响应能力指标，是通过检索系统的查询表达式和信息指标方式在系统内进行匹配得到的结果来体现的，一定程度上是检索策略与检索质量的综合体现。

检索提问式是信息检索中用来表达用户检索提问的逻辑表达式，由检索词和各种布尔逻辑运算符、位置算符、截词符以及系统规定的其他组配连接符号组成。检索提问式构建得是否合理，将直接影响查全率和查准率。构建检索提问式时，应正确运用逻辑组配运算符：

使用逻辑"与"算符可以缩小命中范围，起到缩检的作用，得到的检索结果专指性强，查准率也就高；

使用逻辑"或"算符可以扩大命中范围，得到更多的检索结果，起到扩检的作用，查全率也就高；

使用逻辑"非"算符可以缩小命中范围，得到更切题的检索效果，也可以提高查准率，但是使用时要慎重，以免把一些相关信息漏掉。

另外，在构建检索提问表达式时，还要注意位置算符、截词符等的使用方法，以及各个检索项的限定要求及输入次序等，从而达到最佳的查全率与查准率。

参考文献

[1] 苏新宁. 信息检索理论与技术 [M]. 北京：科学技术文献出版社，2004.
[2] 方平. 医学文献信息检索 [M]. 北京：人民卫生出版社，2005.
[3] 杨耀防，陈先平. 医学文献检索与论文撰写 [M]. 南昌：江西高校出版社，2009.
[4] 董建成. 医学信息检索教程 [M]. 南京：东南大学出版社，2009.
[5] 赵静. 现代信息查询与利用 [M]. 2版. 北京：科学出版社，2008.
[6] 仇晓春，张文浩. 医学文献检索 [M]. 2版. 北京：科学出版社，2006.
[7] 焦丽. 我国信息组织研究述评 [J]. 农业图书情报学刊，2008，20（4）：59-62.
[8] 仇晓春，张文浩. 医学文献检索 [M]. 2版. 北京：科学出版社，2006.
[9] 彭骏，等. 基于"美国高等教育信息素养能力标准"的"医学信息检索与利用"课程改革 [J]. 中华医学图书情报杂志，2009，18（5）：48-51.
[10] Information Literacy Competency Standards for Higher Education [EB/OL]. [2016-04-20]. http://www.ala.org/ala/mgrps/divs/acrl/standards/informationliteracycompetency.cfm.
[11] Global minimum essentialrequirements in medical education [EB/OL]. [2016-04-20]. http://www.iime.org/documents/gmer.htm.
[12] 黄晴珊. 全媒体时代的医学信息素养与信息检索 [M]. 广州：中山大学出版社，2014.

第二章 图书馆信息资源利用

第一节 馆藏目录查询系统（OPAC）

馆藏目录是记录、报道和检索图书馆馆藏文献，帮助读者获取和利用馆藏文献的检索工具，通过该目录不仅可以向读者揭示馆藏文献的内容，还可以向读者反映藏书的数量和藏书地点，便于读者查找。

用于检索图书馆馆藏文献的机读目录主要是联机公共检索目录（Online Public Access Catalog，简称 OPAC）。20 世纪 90 年代初，随着互联网的迅速发展，特别是 www 服务的广泛普及，出现了用户界面更加友好的 WebPAC，这就是第三代 OPAC 系统。第三代 OPAC 系统的服务对象，从单一的馆内读者扩大到全球的网络用户，并能进行跨平台检索，可以同时检索图书和期刊。目前，国内外大多数图书馆的 OPAC 系统都采用这种方式。

一、WebPAC 基本功能

（1）可为读者提供多种检索途径，包括题名、作者、分类号、主题词、关键词、ISBN/ISSN、丛书名等，并在此基础上支持多种检索策略，如布尔逻辑检索、截词检索和全文检索等，在相同书名很多时可用这种方法，如"书名 AND 作者"组配；当读者不熟悉分类法或者查较小类目时可采用"分类 AND 主题"或者"主题 AND 分类"组配。

（2）能够实时显示文献资料的准确信息，如借还流通情况、馆藏地点等。

（3）具有友好的用户界面，一般采用由简到繁逐步展开的形式显示结果。

（4）能够与本地局域网或广域网相连接。用户检索某馆的 OPAC，只需直接登录到这些图书馆的网站，进入"联机公共书目查询""馆藏书目"或"书目检索"即可。

二、OPAC 查找书刊资料示例

读者可以在任何时间、校内外任何一台联网计算机上查询成都医学院图书馆的馆藏。OPAC 书目检索分基本检索、组合检索和分类检索三种检索方式。

（1）OPAC 系统提供题名检索、作者检索和出版社检索三种检索途径，题名、责任者、索书号、标准编码、主题词等五个检索字段。

如查找有关外科护理学方面的资料，可在"查询"选项中按"题名"输入"外科护理学"，如图 2-1-1 所示。

图 2-1-1　馆藏图书查找界面

（2）点击"检索"，找到符合条件的记录 55 条，如图 2-1-2 所示。

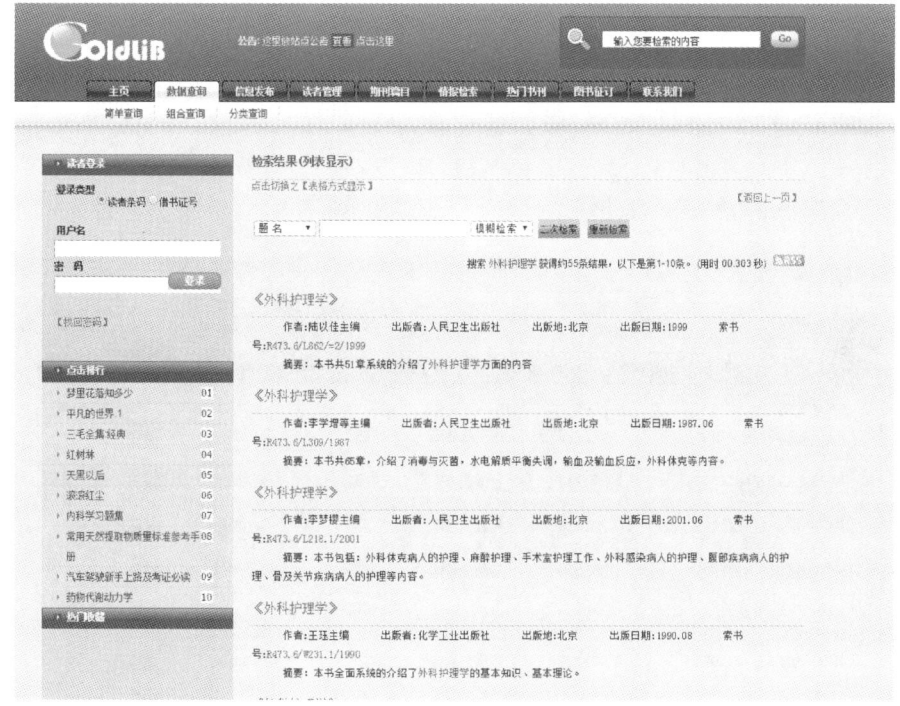

图 2-1-2　书目记录检索结果界面

（3）单击任意一条查阅记录，就可以看到该书的著者、出版社、出版时间、馆藏信息等具体内容，如图 2-1-3 所示。读者只需记住该书的书名、索书号及馆藏地点，就可去相应的地点借阅了，如图 2-1-4 所示。

（4）如果想借阅特定的某本书，或者想缩小查找范围，可以利用组合检索，以提高检索结果的精确度。

图 2-1-3 书目详细记录页面

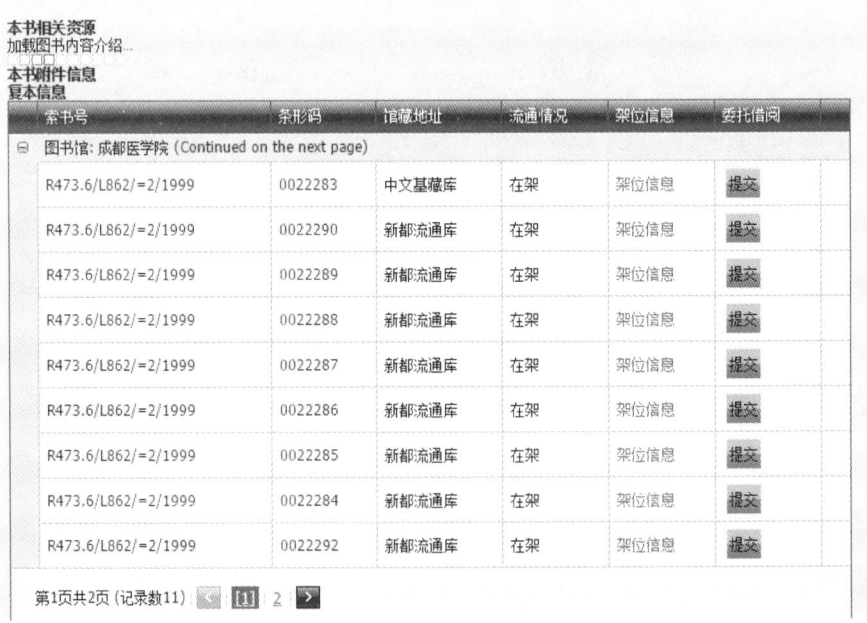

图 2-1-4 书目馆藏状态信息页面

三、随书光盘下载

读者可以在任何时间、校内任何一台联网计算机上查询成都医学院图书馆的馆藏，在"馆藏查询"中点击"查找馆藏书刊"，如图 2-1-5 所示。

图 2-1-5　书目数据检索入口界面

以"大学英语四级"为检索词进行检索，找到符合要求的书目，检索结果为 301 条，如图 2-1-6 所示。

图 2-1-6　书目记录检索结果页面

从符合条件的检索结果中，选择所需书目，点击了解详细信息，如图 2-1-7 所示。

图 2-1-7　书目详细信息页面

若该书附有随书光盘，会在书目信息中显示"随书光盘下载"，点击进入，可选择"整盘下载"或按章节播放学习，如图 2-1-8 所示。

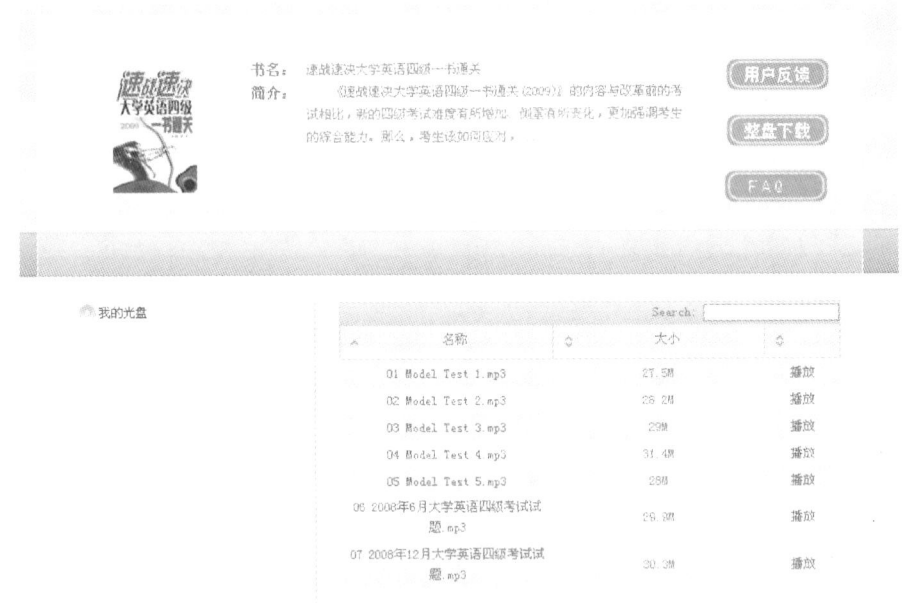

图 2-1-8　随书光盘下载页面

第二节 数据库导航

图书馆的数据库导航是指搜集、整理、序化已购买或拥有的数据库、网络资源，形成统一的界面，按照数据库字母顺序、关键词、学科分类、文献类型等实行分类，通过网络方式，方便用户查询检索学术资源的系统工具。一般来说，它是复合型系统，包括文摘索引与评论、学位论文、报纸、专利、标准、多媒体资源、参考工具、电子期刊与会议录、电子图书和教学参考等方面的内容。

一、数据库类型和数量

各高校图书馆所拥有的电子资源的数量和质量与各高校自身的学术影响力、发展水平和经济实力有直接关系。原"985"高校的图书馆，90%以上拥有100个以上的数据库，个别"明星馆"拥有200个以上的中外数据库，如浙江大学图书馆拥有255个中外数据库。这些数据库基本可分为中、外文数据库和自建数据库，含试用数据库，但不包括免费资源。常用中文数据库主要集中在中国知网、万方数据资源系统、维普知识资源系统、人大复印资料、超星数字图书馆等。外文数据库则根据高校的各自发展情况，酌情购买。

大部分高校图书馆有自建的馆藏书目数据库或特色数据库。自建特色数据库整合了自身馆藏纸质图书、购买的数据库和因特网上的免费信息等多种类型的资源，它再现馆藏特色或学科特色或地方特色，具有一定的学术和社会影响力。

二、数据库导航的学科分类及文献类型

数据库导航的学科可依据所在高校所具有优势的学科文献的收藏进行分类，例如清华大学图书馆提供40种学科分类浏览数据库；也有部分高校依托CALIS重点学科网络资源导航门户实现，如厦门大学图书馆。图书馆的数据库按文献出版类型可分为期刊、图书、科技报告、会议论文、学位论文、专利、标准、政府出版物、档案、参考工具、多媒体资源、文摘索引、全文或摘要等。在常用数据库中，提供可检索的文献类型有9个，其中有文摘索引与评论、电子期刊与会议录等常见的文献类型。

三、数据库导航的检索项及资源整合

现阶段，图书馆对数字资源的整合方法主要有基于OPAC的数字资源整合、通过数字资源的URL建立导航系统的整合、基于数字图书馆应用系统的整合、基于链接系统的数字资源整合、基于跨库检索系统的数字资源整合等5种。这5种整合方式可根据需要组合使用。其中OPAC的数字资源整合是最主流的整合方法，并在此基础上建立了面向用户提供跨平台、跨数据库、跨内容的新型检索平台。

四、数据库导航方式

1. 层级菜单式导航

该方式通过树形结构，层层展开各类型数据库，并提供检索入口，如图 2-2-1 所示。

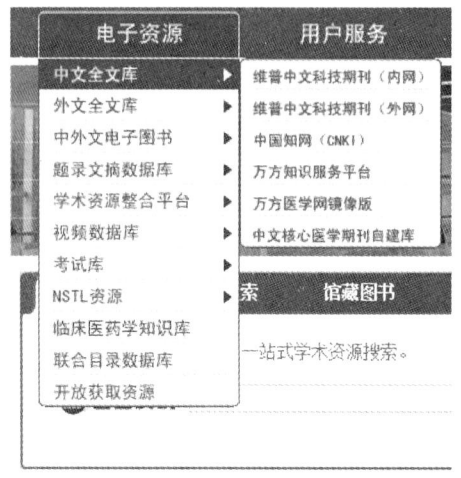

图 2-2-1　数据库层级导航示意图

2. 快速入口式导航

在主页上通过直接提供数据库名称及链接地址方式导航，如图 2-2-2 所示。

图 2-2-2　数据库快速入口导航示意图

3. 整合检索式导航

通过字母、学科或语种等方式选择数据库，然后对所选数据库进行整合检索，返回检索结果，如图 2-2-3 所示。

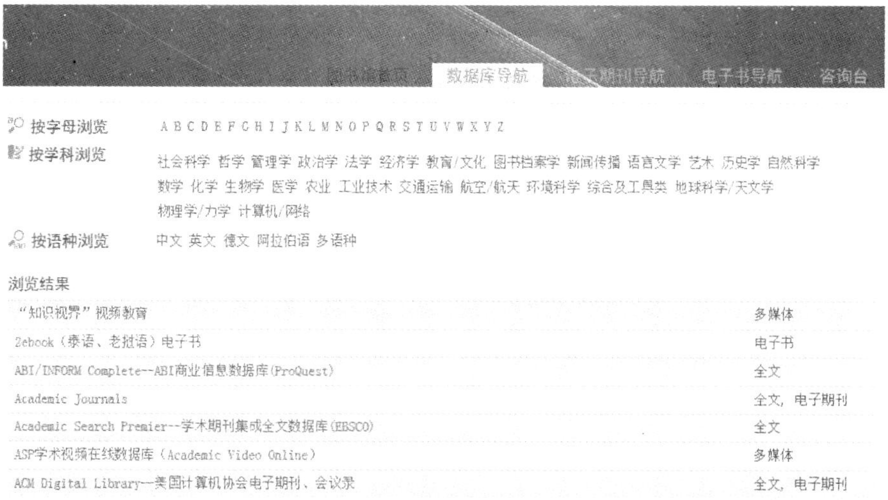

图 2-2-3 数据库整合检索式导航示意图

第三节 移动图书馆

一、移动图书馆基本情况介绍

移动图书馆译自英文中的"mobile library",美国图书馆协会的下设机构 Country Libraries Group 早在 1949 年就将其定义为"设计、配备和运作一种运载工具以提供比临时图书馆分馆更加合理的实用服务",因此通常也被称作汽车图书馆或流动书车(book mobile)。移动图书馆起初作为公共图书馆的一个服务功能单元,其目的是服务于更多分散的偏远地区和群体,以弥补由于区域限制而造成的服务功能缺陷。但由于受到时空约束,这种流动性的图书馆还难以提供全方位的服务。随着远程网络通信的发展,传统意义上的移动图书馆又增添了新的内容。1990 年,美国圣路易斯公共图书馆专家 Alloway 提出"电子流动图书"(electronic bookmobile),即通过电子传输把图书馆的信息服务直接送到用户家中、学校、办公室,由此打破了馆藏资源的有形障碍,在更大程度上拓宽了图书馆信息服务的方式和范围,后来逐步演变为数字图书馆(digital library),即用户可以通过互联网远程在线访问图书馆的数字化馆藏资源。1993 年,美国南阿拉巴马大学图书馆牵头发起了"无屋顶图书馆"(The Library Without a Roof)项目,对使用具备蜂窝通信能力的手持 PDA 访问图书馆电子资源的可行性和前景进行测试,后由于技术不成熟等原因未能普及,不过这是移动访问图书馆这一服务的一次突破性尝试。直到 20 世纪末,伴随无线通信网络和移动接入技术的逐渐成熟,读者在移动情境下接受或访问图书馆这一服务才得到可靠保证,传统移动图书馆的概念也因此被彻底颠覆,取而代之的是用户通过手持移动设备(PDA、手机等)随时随地接受或访问图书馆信息服务,进而跨越物理与数字边界,实现移动阅读和参考咨询的一种新型移动图书馆服务范式。它将无线接入技术应用于数字图书馆而实现移动范围数字化馆藏资源，促成由流动的实体图书馆向移动的虚拟图书馆的进阶转变。进入21世纪后，新型移动图书馆取得长足发展，理论与实践齐头并进，国内外的高校图书馆和公共图书馆相继开展模式和内容丰富多样的移动服务，逐渐迎来移动服务中图书馆事业的革命性阶段。

移动图书馆服务是指移动用户通过移动终端设备（如手机、PDA等），以无线接入方式接受图书馆提供的服务。这种服务模式强调在用户随时随地地需要帮助时为其提供服务，既能满足用户需求，又能提高馆藏资源的利用率，有利于改善图书馆在用户和馆员心中的形象。移动图书馆服务模式主要有以下三种：

（1）短消息服务（short message service，SMS）是率先被普遍应用的移动图书馆服务模式，特点是速度快、效率高、费用低以及操作简便。主要有两种服务形式：①信息推送服务，如新书推介、讲座通知、欠费提醒、逾期催还等；②短信咨询服务，如资料预约、图书续借、借阅查询、参考咨询等。目前SMS应用相对比较成熟，可作为传统参考咨询服务的有效补充。

（2）移动网站服务模式是继SMS后逐渐兴起和推广的，是对SMS的一种拓展和补充，尤其在信息查询和交互功能上的优势更加明显，这种很大程度上弥补了短信服务的不足。

（3）移动应用服务（application，APP）是一种移动增值服务模式，具有功能丰富、可定制、趣味性强等特点，目前在国外图书馆事业中逐渐普及，而国内图书馆引进较晚，只有少数尝试了利用APP新技术提供服务，而且其中大多数服务只是传统服务的延伸，内容、形式比较单一。目前移动图书馆APP服务逐渐整合二维码（quick response，QR）、简易信息聚合（really simple syndication，RSS）、基于位置服务（location based service，LBS）、增强实境（augmented reality，AR）等移动应用技术，为用户创造全新的信息服务体验。因为具有独特优势，APP自被运用到图书馆以来一直备受关注。

二、成都医学院移动图书馆简介

成都医学院图书馆联合超星公司，为学校广大读者推出了成都医学院移动图书馆服务。用户可以通过各种手持移动设备，在任何地方、任何时候，方便地利用图书馆的资源和服务，其中包括个人借阅信息查询、在线各种资源信息查阅、全文阅读、图书馆最新消息、短信提醒（如图书到期催还、讲座通知）等。

通过手机浏览器输入地址即可访问超星移动图书馆：http://m.5read.com/cmc。

移动图书馆可以使读者无论在任何地点都可以实现快速查询的功能，它可以具有PC机客户端的大部分功能，比如查询资源、阅读全文、修改账户密码等，同时还拥有独有的提示书籍阅读期限到期等提醒功能。

1. 在线一站式检索图书馆书、刊、论文等文献信息的功能

移动图书馆的功能主要是通过手机等设备查找并且获取图书馆资源。在图书馆数字资源应用中需要解决的数据库资源统一整合的问题在移动图书馆中依然存在。如果有一

个基于元数据一站式的搜索引擎，就可以为用户提供方便的检索体验，帮助用户轻松获取资源，也可以避免在 WAP 服务中实施跨网关检索的新的技术难点。

超星将读秀、百链这样的元数据检索引擎运用到移动图书馆，将会使移动查找资源、移动获取资源更快被用户接受。

2. 解决了本馆资源与本馆没有资源的获取

在全文资源获取方面，超星移动图书馆通过代理服务器的方式实现了用户通过手机等移动终端访问、获取到所有图书馆已经购买的资源全文。

同时，通过图书馆购买的百链具有的文献传递功能，用户能够通过超星移动图书馆检索到全国 700 多家图书馆的全文资源，在这些资源中，本馆没有的就可以通过文献传递的方式获得。读者只需要通过手机发送一条文献传递的请求，填写自己的电子邮箱，申请的全文资源就会被发送到用户的电子邮箱当中。

3. 可以提供大量的中文电子图书和学术视频

图书馆目前的资源主要是书、报、刊，其文件格式主要有 pdf、html、txt 等，这些格式很容易移植到手机上。电子图书一般情况下都是加密格式的，想通过手机阅读不同厂商的书必须得到各个厂家的许可，而超星作为最大的电子图书和学术视频提供商，就有着他人不可比拟的电子资源与版权资源优势。

4. 资源导航模块

（1）热门书推荐功能：与 OPAC、网站对接，提供热门书排行榜。

（2）图书分类导航功能：提供馆藏图书馆分学科导航。

（3）期刊分类导航界面：提供馆藏图书馆分学科导航。

5. 我的中心（空间）模块

通过移动图书馆平台与图书馆集成管理系统的对接，提供借阅证挂失、馆藏查询、预约借书、个人借阅历史查询、图书续借、咨询、移动图书馆检索历史记录、浏览历史记录等个性化自助服务。但目前此功能需要本单位使用的 OPAC 系统供应商提供相应的接口。

（1）借阅证挂失功能：用户可登录图书馆借阅系统完成借阅证挂失。

（2）馆藏查询与预约借书界面：用户可登录图书馆 OPAC 系统查询馆藏信息，如要借书已不在馆，用户可在 OPAC 系统预约某一特定图书。

（3）个人借阅历史查询与图书续借界面：用户可登录图书馆 OPAC 系统查询本人借阅状况及历史，并可将即将到期图书续借。

（4）咨询界面：用户可向图书馆咨询服务平台发出咨询请求。

（5）移动图书馆检索历史记录：查询本人检索的记录情况。

（6）浏览历史记录：查询本人浏览的记录情况。

6. 信息发布模块

自主完成移动图书馆提供的新闻、图书馆通告、新书推荐、借书到期提醒、预约到书通知等信息服务订阅与取消操作。

（1）新闻发布功能：发布图书馆的新闻报道稿。

（2）图书馆通告界面：发布闭馆、开馆、放假、讲座、会议等工作通知、通告等信息。

（3）新书推荐界面：发布新到图书推荐书目，可按学科定制。

（4）借书到期提醒界面：与OPAC对接，每天通过短信向即将到期图书的用户提前发出归还提醒短信。

（5）预约到书通知界面：与OPAC对接，当用户预约的图书归还时，通过短信向用户发出取书提醒短信。

参考文献

[1] 穆安民. 科技文献检索实用教程［M］. 重庆：重庆大学出版社，2015.

[2] 毕玉侠，于占洋. 药学文献检索［M］. 沈阳：东北大学出版社，2014.

[3] 谢德体，等. 信息检索与分析利用［M］. 北京：清华大学出版社，2007.

[4] 姜振儒. 医学信息检索教程［M］. 北京：中国环境科学出版社，2006.

第三章 网络医学信息资源

第一节 网络医学信息资源概述

一、医学信息

医学信息涉及的学科包括基础医学、临床医学、预防医学和生物医学等。

(1) 基础学科,包括解剖学、组织胚胎学、生物化学、遗传学、细胞及分子生物学疫学、微生物学、病理生理学、药理学、寄生虫和神经生物学等。

(2) 临床学科。

内科:肾脏病学、心血管病学、感染与传染病学、老年病学、呼吸病学、内分泌病学、免疫与风湿病学、血液病学、神经病学、消化病学和儿科学等。

外科:普通外科学、整形外科学、烧伤外科学、胃肠外科学、胸外科学、心脏外科学、创伤及骨科学、麻醉学。

其他:妇产科学、眼科学、耳鼻喉科学和移植学等。

(3) 预防医学,包括营养食品卫生学、毒理学和劳动与环境保护学等。

(4) 临床专科与辅助学科,包括放射诊断学、超声诊断学、急诊医学、肿瘤学、口腔医学、护理学、中医学、皮肤病学等学科。

(5) 生物医学,包括遗传学、发育生物学、细胞生物学等。

每个学科的信息表达与传输处理都离不开计算机技术、数字化技术、网络技术和通信技术。这些信息与其他信息一样,经过计算机对信息加工处理、分类汇总和存储传送等操作过程变成有用的信息资源。

二、医学信息学

医学信息学(Medical Information Science)是在信息论、控制论、计算机技术、仿生学、人工智能和系统工程基础上发展起来的多边缘交叉学科。医学信息学是医学领域的一门学科,其任务是使医疗卫生领域中的信息处理计算机化、智能化和网络化。

医学信息学是研究医学信息的性质,研究机器、生物和人类关于信息的采集、存储、转换、加工、传递、利用和控制的一门新学科。

医学信息学可分成以下分支学科:医院管理信息学、医学情报学、医学影像信息学、医学遗传信息学、医学文献检索学、卫生信息学、护理信息学、生物信息、生命信息学和牙科信息学等。

医学信息学随着计算机技术的兴起而发展，在半个多世纪的发展中渗透到医疗领域的各个方面：电子病历、生物信号分析、医学图像处理、临床支持系统、医学决策系统、医院信息管理系统和卫生信息资源等。医学信息学为提高医疗效果、效率、效力和降低医疗支出，合理配置医学资源做出了杰出的贡献。

三、网络医学信息资源的分类

医学信息的获取方式发生了转变，由图书馆转变为网上资源。医学信息资源通过Internet传播、交流和共享已经成为时尚，以前医学资源只有在收藏丰富的图书馆、资料室里，甚至是国外的图书馆、资料室才能获取；而今在Internet上可以轻松地获取，比以前依靠手工的文献检索和阅读书籍的方式要方便、快捷、准确和全面。而且今天图书馆的概念也发生了重大变化，呈现在我们面前的是传统与数字相结合的崭新形式的现代化图书馆。

1. 按信息服务方式分类

（1）WWW医学信息资源。

WWW是当前因特网上最受欢迎和最新的基于Internet/Web结构的信息检索服务系统。WWW利用超文本标记语言（HTML）和"统一资源定位器"（URL）来描述和定位存于网络上某台计算机上的信息资源，方便用户查询。如果用户对于某一部分感兴趣，只需用鼠标点击该部分内容的链接，系统就能自动获取URL中的信息，利用超文本传输协议（HTTP）和TCP/IP协议向URL对应的服务器发送和调用特定的信息资源，并在浏览器中显示出来。

（2）FTP医学信息资源。

FTP称为文件传输协议，是历史悠久和应用广泛的网络工具，允许人们通过协议连接到网络上的一个远程主机上读取所需文件，并下载到自己的计算机上。传送的文件可以是文本、图像、声音、多媒体、数据库和可执行的二进制代码。

FTP仍是互联网上重要的信息源之一，目前有大量的FTP资源库。但要查找所需文件和主机地址、目录路径和具体文件名，就需要特定的检索工具。

（3）Telnet医学信息存源。

Telnet是计算机网络的远程登录协议，允许用户将自己的计算机作为某一网络主机的远程终端与该主机相连，从而使用该主机的硬件、软件和信息资源。许多机构都建立了可供远程登录的信息系统，如各类图书馆的公共目录系统、信息服务机构的综合信息系统、政府和公共事业部门的信息系统、商业化数据库系统等。用户可以通过Telnet进行查询，如通过远程登录检索美国MEDLARS系统数据库等。

（4）USENET/Newsgroup医学信息资源。

USENET是一种网络应用软件，用于提供新闻组（newsgroup）服务。在这个服务体系中，有众多的新闻服务器，它们作为主机运行的服务器软件，接收和存储有关主题的消息，供自己的用户查阅。用户在自己的主机上运行新闻组阅读软件（newsreader），申请加入某个新闻组，并从服务器中读取新闻组消息或将自己的意见发送到新闻组中。用户可查阅别人的意见并予以回复,而且可以进行反复讨论,所以新闻组又称"电子论坛"。

(5) Listserv/Mailing list 医学信息资源。

网上进行交流和讨论的工具主要有三种:USENET/Newsgroup(新闻组)、Listserv(电子邮件群)和 Mailing list(用户邮件群)。这三种工具的原理和使用方法非常相似,均用于网络用户间的信息交流。

2. 按信息内容表现形式和用途分类

(1) 网络数据库。

网络数据库是网络医学信息资源的主要形式之一,主要是指出版商和数据库生产商在网络上发行的数据库。它可以是电子图书、电子期刊、电子报纸等一次文献数据库,也可以是文摘、索引、目录等二次文献数据库。

网络数据库经过订购后直接通过 Internet 或以本地镜像站点访问检索,同时依托网络发行传递的快捷方便,逐渐将信息检索、原文传递和最新文献报道等服务融为一体。

(2) 电子出版物资源。

电子出版物主要包括电子期刊、电子报纸、电子图书、电子法规等,在网上浏览、订购该类出版物已成为一种发展趋势。与印刷型的图书、参考工具书的相比,网络上的图书和参考工具书的内容更丰富,使用更方便,数据更新颖。

(3) 网络医学信息资源搜索引擎和馆藏联机目录。

搜索引擎自动搜索采集网页信息,自动标引,提供布尔逻辑检索、自然语言检索等多种查询方式。除了常规的综合性搜索引擎,如 Google、AltaVlsta、InfoSeek、Lycos 等外,还有多元搜索引擎、医学专业搜索引擎,如 Medical Matrix、MedWebPlus、MedFinders 等。多数的网络检索工具同时具有关键词检索和目录检索功能。

馆藏联机目录是各图书馆馆藏文献的检索系统,在揭示馆藏文献内容和提供检索、馆藏利用和馆际互借、资源共享等方面发挥着非常重要的作用。

(4) 网络医学教育信息资源。

医学教育资源包括针对医学从业人员的职业教育资源和针对普通大众及患者的普及教育资源。前者主要为医学院校网站中的继续教育内容,以及分散在各类网站上的医学教育资源。如想详细了解整个医学继续教育情况,可登录医学继续教育联盟网站(Alliance for CMC),获得医学继续教育机构信息、适用对象、教育专题以及所提供的资源类型等。美国医学教育资格认证委员会(ACCME,http://education.accme.org/)网站可浏览全美多个获认证资格的教育机构的详细信息。目前许多生物医学网站都专门设有针对患者及普通大众的医学信息,如美国癌症学会、美国内科医师学会、美国癌症研究所的 PDQ 都提供丰富可靠的病人教育资源。一些权威协会、期刊的网页中也提供病人教育信息,包括各种疾病的病因、诊断、治疗标准、预后等详细易懂资料。

(5) 网络循证医学资源。

循证医学(Evidence-Based Medicine,EBM)是遵循科学证据的临床医学。1979年英国 Archie Cochrane 提出以系统综述来总结和更新医学各科临床随机对照实验结果,并于 1993 年成立世界 Cochrane 中心协作网(http://www.cochrane.org/)。

Cochrane 协作网是一个国际性的非营利的民间学术团体,旨在通过制作、保存传播和更新系统评价提高医疗保健干预措施的效率,帮助人们制定遵循证据的医疗决策。从 1992 年到 1997 年,Cochrane 协作网的主要任务是收集、整理研究依据,尤其是临床治疗的证据,建立 Cochrane 图书馆,以光盘形式一年四期向全世界发行,并已成为公认的有关临床疗效证据最好的二次加工信息源,是循证医学实践的可靠证据来源之一。从 1998 年起,Cochrane 协作网同时更加深入地进行方法学研究,以提高研究依据的质量,将研究依据应用于临床实践及医疗决策。目前正在加强与循证医学、卫生技术评估、上市药物后效评价等组织和研究项目的合作与相互渗透,更注重系统评价对临床实践、政府卫生决策产生的影响,因而对循证医学的作用更加深入广泛。

(6) 其他网络医学信息资源。

网络医学信息几乎囊括了医学科研、临床、商务和学习的各个方面。其他医学信息资源主要包括:医药市场信息资源,生物医学软件资源,医院、医学院和医生信息资源,科研基金申请,求职信息,等等。

3. 按医学信息专业内容分类

大多数医学信息的组织管理者按照医药卫生的学科属性进行分类,将网络医学信息资源分为基础医学、临床医学、传统医学、预防医学、护理学、药学等。许多网站使用自创的分类体系,如 Medical Matrix 将各种医学信息分为专业(Specialties)、疾病(Diseases)、临床实践(Clinical Practice)、文献(Literature)、教育(Education)、卫生保健和职业(Healthcare and Professionals)、医学计算和互联网技术(Medical Computing & Internet Technology)、市场(Marketplace)等八大类。此外,一些网站使用传统的图书分类法,如《美国国会图书馆图书分类法》(LC)、《杜威十进分类法》(DC 或 DDC)、《国际十进分类法》(UDC)等已经被应用于网络信息资源的组织和检索。此外还有一些网站应用主题词表构建主题目录。

第二节 搜索引擎

一、搜索引擎概论

Internet 上蕴藏着非常丰富的信息资源,从电子期刊、电子工具书、商业信息、新闻、大学和专业机构介绍、软件、数据库、图书馆资源、国际组织和政府出版物,到娱乐性信息等。它已经成为全球范围内传播科研、教育、商业和社会信息的最主要渠道。但要从这个信息的海洋中准确迅速地找到并获得自己所需的信息,却往往比较困难。正是为了解决这个问题,搜索引擎(Search Engine)应运而生。

1. 搜索引擎概念

搜索引擎既是检索软件,又是提供查询和检索的网站。与普通网站不同的是,搜索引擎网站的主要资源是描述互联网资源的索引数据库和分类目录,为人们提供一种搜索因特网信息资源的途径。

搜索引擎通过网络机器人（网络信息挖掘系统）在网际某一空间、某一领域中寻找和发现有用或相关的信息，并在此基础上建立检索数据库，通过简单友好的界面提供给用户查询。搜索引擎的索引数据库，以网页资源为主，有的还包括电子邮件地址、新闻论坛文章、FTP、Gopher 等因特网资源。

2. 搜索引擎的类型

（1）按信息覆盖范围及适用用户群分。

①综合类搜索引擎。

目前 Internet 上使用的搜索引擎大多数是综合类搜索引擎。这类搜索引擎涉及的内容极其广泛，涵盖了各学科各专业的各种各样的信息，因此这类搜索引擎的规模通常比较大，适合于各个主题的信息查询，能满足各类用户的检索要求。尤其是对于查询跨学科主题，有较好的查全率。但是，在检索某一特定领域、特定专业的信息时，效率比较低，查准率不太理想。如：Yahoo!、AltaVista、Infoseek 等均属于综合性搜索引擎。

②专业类搜索引擎。

针对特定用户群推出的搜索引擎，也称专题搜索引擎，可供查找某一特定领域的信息。专业类搜索引擎只涉及本领域、本学科专业的信息，因此规模通常比较小。由于这类搜索引擎通常由专业人员编制而成，而且某一学科专业的信息相对集中，因此它具有"小而精"的特点。在查询特定领域的信息时，使用专业类搜索引擎不但可以提高检索速度，还可以提高专指度，加大检索的深度和力度，最终提高查全率和查准率。如：Softseek 提供软件查找，MapBlast 查找地图信息。

（2）按信息的组织方式分。

①全文搜索引擎（Full Text Search Engine）。

全文搜索引擎中在国外具代表性的有 Google、AltaVista 等，国内著名的有百度（Baidu）。它们都是通过从互联网上提取各个网站的信息（以网页文字为主）而建立的数据库中，检索与用户查询条件匹配的相关记录，然后按一定的排列顺序将结果返回给用户。

从搜索结果来源的角度，全文搜索引擎又可细分为两种。一种是拥有自己的检索程序（Indexer），俗称"蜘蛛"（Spider）程序或"机器人"（Robot）程序，并自建网页数据库，搜索结果直接从自身的数据库中调用，如上面提到的三种引擎；另一种则是租用其他引擎的数据库，并按自定的格式排列搜索结果，如 Lycos 引擎。

②目录索引（Search Index/Directory）。

目录索引虽然有搜索功能，但在严格意义上算不上是真正的搜索引擎，仅仅是按目录分类的网站链接列表而已。用户完全可以不用进行关键词查询，仅靠分类目录也可找到需要的信息。目录索引中最具代表性的莫过于久负盛名的 Yahoo（雅虎）。其他著名的还有 Open Directory Project（DMOZ）、LookSmart、About 等。国内的搜狐、新浪、网易搜索也属于这一类。

③元搜索引擎（Meta Search Engine）。

元搜索引擎在接受用户查询请求的同时，在其他多个引擎上进行搜索，并将结果返回给用户。著名的元搜索引擎有 InfoSpace、Dogpile、Vivisimo 等。中文元搜索引擎中具代表性的有搜星搜索引擎。在搜索结果排列方面,有的直接按来源引擎排列搜索结果,如 Dogpile;有的则按自定的规则将结果重新排列组合,如 Vivisimo。

3. 搜索引擎工作原理

搜索引擎并不真正搜索互联网,它搜索的实际上是相关的网页索引数据库。真正意义上的搜索引擎,首先通过网络自动索引程序收集信息,建立网页索引数据库;当用户提交搜索关键词后,所有在页面内容或 HTML 代码中包含了该关键词的网页都将作为搜索结果被搜索出来,再经过搜索引擎网站自身的算法进行排序后,这些结果将按照与搜索关键词的相关度高低,依次排列,返回给用户,其工作原理如图3-2-1所示。一般分为四个步骤:①信息的采集存储;②索引数据库的建立;③检索界面的建立;④检索结果的相关性处理。

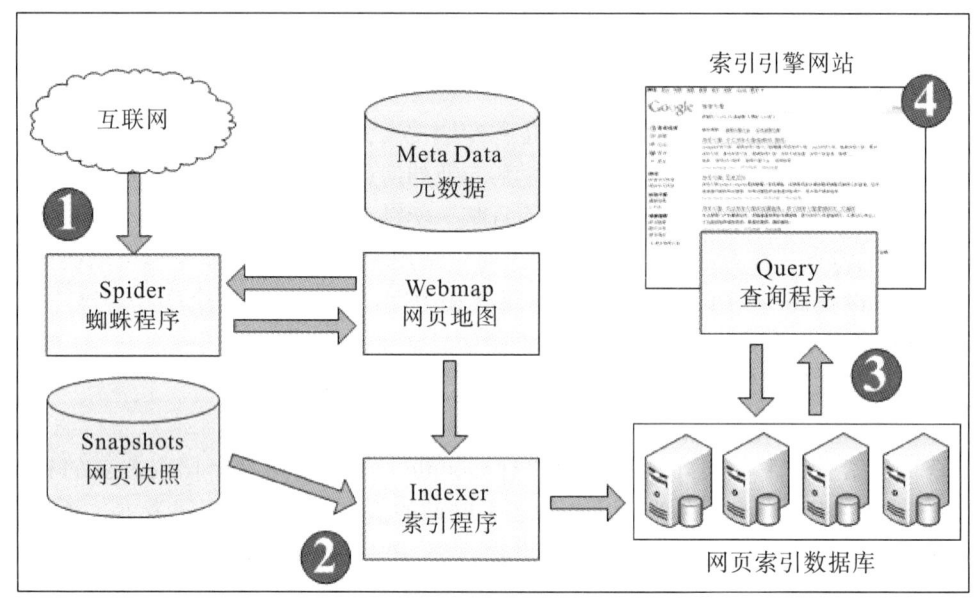

图3-2-1 搜索引擎工作原理

搜索引擎对网络资源的收集和整理主要有两种方式:一是图书馆和信息服务专业人员通过对因特网信息资源进行筛选、组织和评价,编制描述网络资源的主体目录,不过,其编制速度无法适应因特网资源增长变化的速度;二是计算机人员设计开发巡视软件和网络机器人等,对因特网资源进行自动搜集、整理、加工和标引。这一方式省时、省力,加工信息的速度快、范围广,可向用户提供关键词、词组或自然语言的检索。

由于计算机软件在人工智能方面与人脑的思维还有很大的差距,检索的准确性和相关性的判断上质量不高。现在很多搜索引擎则是把人工编制的主体目录和搜索引擎提供的关键词检索结合起来,充分发挥两者的优势。但因特网本身的特点,任何一种搜索引擎都不可能做到对因特网信息资源的全面检索。

二、通用搜索引擎

通用搜索引擎是包罗万象的一类搜索引擎，此类搜索引擎的特点是检索范围广泛，不受任何学科限制。因而，它们是我们日常生活和学习中使用最多的搜索引擎。

1. Google

（1）Google 简介。

Google（http://www.google.com/）是通用搜索引擎里最优秀的搜索引擎之一。Google 自己提出的使命是：整合全球信息，使人人皆可访问并从中受益。完成该使命的第一步始于 Google 创始人 Larry Page 和 Sergey Brin 在斯坦福大学的学生宿舍内共同开发了全新的在线搜索引擎，然后迅速传播给全球的信息搜索者。Google 目前被公认为全球规模最大的搜索引擎，它提供了简单易用的免费服务，用户可以在瞬间得到相关的搜索结果，它可让你使用 100 多种语言查找信息，查看股价、地图和要闻，查找美国境内所有城市的电话簿名单，搜索数十亿计的图片并详读全球最大的 Usenet 信息存档：超过 10 亿条帖子，发布日期可以追溯到 1981 年……Google 的实用性及便利性赢得了众多用户的青睐，而它的不断创新更是给用户带来无尽的惊喜。

Google 界面简洁（图 3-2-2），一般的用户都会使用，但是如果能够更多地了解它，掌握它的检索技巧，其检索效率将会大大提高。

图 3-2-2　Google 主页

（2）基本检索。

Google 的搜索界面很简单，用户只需在检索框中输入检索词，点击"Google 搜索"或按回车，即可得到相应的结果。如果点击的是"手气不错"，查询结果将只显示第一条最为相关的结果，而看不到其他的搜索结果。基本检索的相关规则如下：

①Google 对英文字母大小写不敏感，"AIDS"和"aids"搜索的结果是一样的。

②Google 对通配符支持有限，它目前只可以用"＊"来替代字符，而且包含"＊"必须用""引起来。比如，"放射＊治疗"，就可以检索到"放射介入治疗""放射免疫治疗"等。

③检索词如为短语，则必须用英文引号引起来，"Hepatitis Diagnosis"为一个整体，且次序不能变。

④Google 搜索提示，这是 2007 年 1 月 Google 新增加的一个功能，就是当用户在搜索框中输入关键字的同时，下拉框中就出现以这个关键字开头的热门搜索词。这个功能可以帮助用户更准确地选择检索词。

(3) 高级检索。

Google 提供高级检索，其界面同样简洁易用（图 3-2-3）。用户可以通过高级检索界面，简单地实现逻辑检索，同时对结果的语言、文件格式、日期、检索词出现的位置、网域、使用权限做相应的限制。用户只需按照界面的文字提示，即可轻松完成高级检索。建议用户，即使是初学者，也多使用高级检索，这将提供更为准确的搜索结果。

高级检索除了用高级检索页面来完成外，也可以直接在主页的检索框里用相应的检索指令来完成，这是高级用户喜欢的一种方式。以下是一些常用的高级检索语法（指令）。

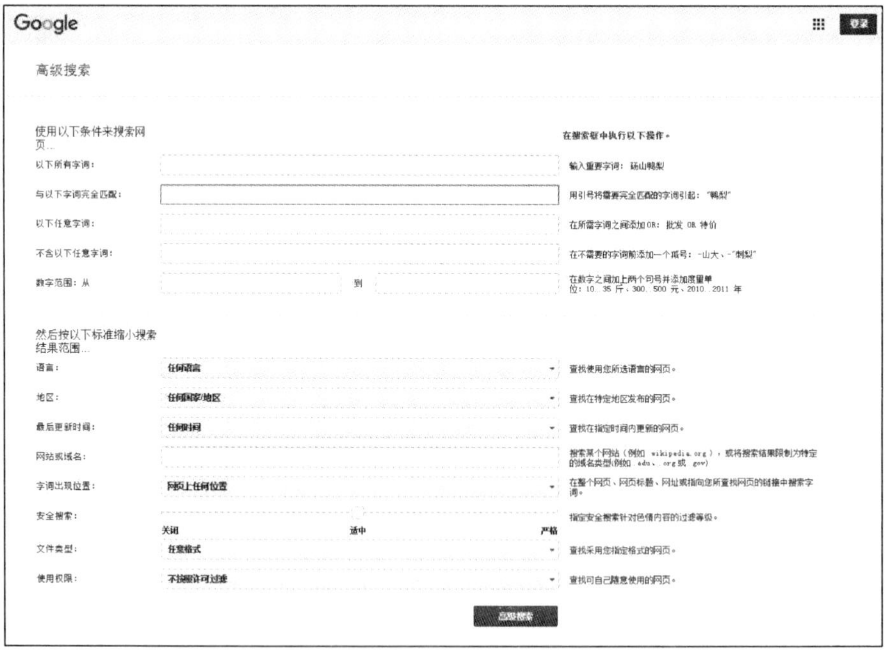

图 3-2-3 Google 高级检索界面

①逻辑检索。

逻辑与：Google 用空格来表示逻辑与，即搜索结果同时包含 2 个或 2 个以上的关键词。如输入"Hepatitis Diagnosis"，即搜索到的网页包含有"Hepatitis""Diagnosis"

2个关键字。

逻辑或：Google用OR来表示逻辑或，即搜索结果至少包含多个关键字中的任意一个，如输入"Hepatitis OR Diagnosis"，即搜索到的网页包含有"Hepatitis"和"Diagnosis"中的一个关键字。

逻辑非：Google用减号来表示逻辑非，表示检索结果不包含某些特定信息，如"Hepatitis -Diagnosis"，则搜索结果是有关"Hepatitis"而不包含"Diagnosis"的信息。

②对文件类型进行限定查找。

"filetype"是Google开发的非常强大实用的一个搜索语法。也就是说，Google不仅能搜索一般的文字页面，还能对某些二进制文档进行检索。目前，Google已经能检索的文件类型有超文本标记语言（html）、Adobe可移植文档格式（pdf）、Adobe PostScript（ps）、Microsoft Excel（xls）、Microsoft PowerPoint（ppt）、Microsoft Word（doc）、Microsoft Works（wks、wps、wdb）、Microsoft Write（wri）、Rich Text Format（rtf）、Shockwave Flash（swf）、纯文本（ans、txt）等。

例1：检索有关信息检索的课件。

检索式为：信息检索 filetype：ppt。

例2：检索有关循证医学的pdf文档。

检索式为：循证医学 filetype：pdf。

③对搜索网站进行限定查找。

"site"表示搜索结果局限于某个具体网站或者网站频道，如"www.sina.com.cn"、"edu.sina.com.cn"；或者是某个域名，如"com.cn""com"等。如果是要排除某网站或者域名范围内的页面，只需用"-网站/域名"。

例：查找成都医学院网站上有关本科教育水平评估的事宜。

检索式为：本科教育水平评估 site：cmc.edu.cn

④搜索的关键字包含在URL链接中。

"inurl"语法返回的网页链接中包含第一个关键字，后面的关键字则出现在链接中或者网页文档中。有很多网站把某一类具有相同属性的资源名称显示在目录名称或者网页名称中，比如"mp3""pdf"等，于是，就可以用inurl语法找到这些相关资源链接，然后，用第二个关键词确定是否有某项具体资料。inurl语法和基本搜索语法的最大区别在于，前者通常能提供非常精确的专题资料。

例：查找中华人民共和国国歌的mp3曲。

检索式为：中华人民共和国国歌 inurl：mp3。

⑤搜索的关键字包含在网页标题中。

"intitle"语法搜索的关键字包含在标题中，用法与"inurl"相似。

⑥搜索所有链接到某个URL地址的网页。

如果你拥有一个个人网站，估计很想知道有多少人对你的网站做了链接。而"link"语法就能让你迅速达到这个目的。

例：查找成都医学院被链接的情况。

检索式为：link：www.cmc.edu.cn。

⑦查找与某个页面结构内容相似的页面。

"related"用来搜索结构内容方面相似的网页。

例：搜索所有与中文新浪网主页相似的页面（如网易首页、搜狐首页、中华网首页等）。

检索式为：related：www.sina.com.cn。

⑧从Google服务器上的缓存页面中查询信息。

"cache"用来搜索Google服务器上某页面的缓存，通常用于查找某些已经被删除的死链接网页，相当于使用普通搜索结果页面中的"网页快照"功能。

其他一些语法平时用得比较少，在此不一一介绍，有兴趣的读者可以参阅Google大全（http://www.google.com/intl/zh-CN/about.html）。

（4）学术搜索。

Google于2004年11月推出了免费学术搜索工具——Google Scholar（http://scholar.google.com/），其将网上繁杂的学术信息整理成可以方便使用的学术信息资源，用户就像使用学术数据库一样，这无疑对研究者们来说是一个福音。2006年1月，Google扩展至中文学术领域，名为"Google学术搜索"，其首页如图3-2-4所示。

图3-2-4　Google学术搜索首页

Google学术搜索来源于众多学科和资料，包括学术著作出版商、专业性社团、预印本、各大学及其他学术组织的经同行评论的文章、图书和摘要等。例如，中文Google学术搜索在索引中就涵盖了万方数据资源系统、维普、公开的学术期刊、中国大学的论文以及网上可以搜索到的各类文章。Google学术搜索提供用户方便地搜索各种学术资源，查找报告、摘要及引用内容，并提示用户通过图书馆或在Web上查找完整的论文。

Google 学术搜索与其他搜索不同，最显示其"学术性"的莫过于搜索结果的显示和链接。Google 学术搜索的每一个搜索结果都代表一组学术研究成果，其中可能包含一篇或多篇相关文章甚至是同一篇文章的多个版本。例如，某项搜索结果可以包含与一项研究成果相关的一组文章，其中有文章的预印版本、学术会议上宣读的版本、期刊上发表的版本以及编入选集的版本等。将这些文章组合在一起，可以更为准确地衡量研究工作的影响力，并且更好地展现某一领域内的各项研究成果。

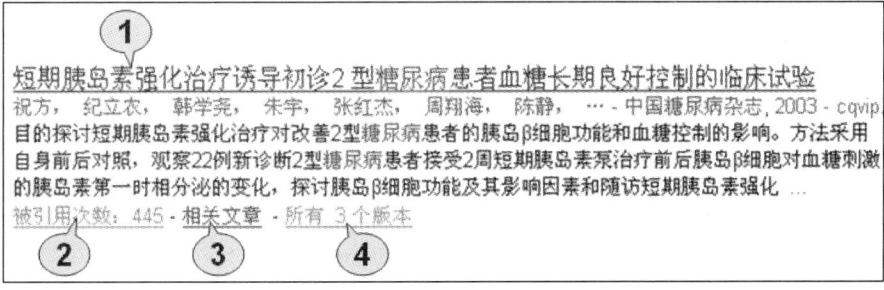

图 3-2-5　Google 学术搜索结果

Google 学术搜索结果见图 3-2-5，其说明如下：

①标题——链接到文章摘要或整篇文章（如果文章可在网上找到）。

②被引用次数——链接到引用该篇文章的其他论文。

③相关文章——查找与本组文章类似的其他论文。

④所有版本——查找可能看到的同属这组学术研究成果的其他文章，可能是初始版本，其中有预印本、摘要、会议论文或其他改写本。

Google 学术搜索为广大学术研究者带来了巨大的资源获取的方便性和公平性，而且它还具有以下优点，甚至连专门的数据库都无法比拟：①相关性，对于 Google 学术搜索的每个搜索结果，Google 都设法自动确定其索引中哪些文章与其最密切相关。"相关文章"链接的文章列表，相关文章进行排名时主要依据的是这些文章与原始结果的相似程度，但也考虑每篇论文的相关性。找到一系列相关的论文和书籍通常是新手熟悉某个主题的最佳方法。即使是专家，有时也会对所找到的自己专业领域的相关著作感到惊讶。②全文搜索，在可能的情况下，Google 学术搜索会搜索全文，而不仅仅只是摘要部分。③非在线文章搜索，Google 学术搜索涵盖的许多著作中包括了没有在线发布的学术研究结果。比如爱因斯坦很多著作并未在线发布，但 Google 学术搜索可以通过引用信息使搜索者了解到这些重要的未在线发布的论文和书籍。

（5）其他功能。

Google 的强大功能也许是超过我们想象的，对于搜索，它几乎无所不能。

①网页特色搜索可以帮助用户方便地查找股票信息，进行快速的货币转换，查找相关网页等。

②图书搜索。Google 图书搜索是一种图书内容的全文索引目录，它能够帮助用户进行图书全文检索并且迅速找到他们希望购买的图书。

③大学搜索。用户能够将搜索限定在某个大学的网站内，从中搜索录取信息、课程

信息或者校友信息。

④地图搜索可以查询详细地址、寻找周边信息，并规划点到点路线。

⑤工具栏。不需要登录 Google 网站，安装 Google 工具栏，用户在网络的任何位置都可利用 Google 的强大功能。

⑥资讯具有大量有价值的新闻信息。Google 还提供多语种翻译、手机查询、日历等大量功能。而其实验室带来不断的创新功能又给用户带来无尽的惊喜。

大家只有不断地实践操作，不断地总结经验，才能更有效率地利用好 Google，也才能给自己不断地带来惊喜。

2. 其他通用搜索引擎

(1) 百度。

百度（http://www.baidu.com/），在 2000 年 1 月创立于北京中关村，是全球最大的中文搜索引擎。2000 年 1 月 1 日，公司创始人李彦宏、徐勇携 120 万美元风险投资，从美国硅谷回国，创建了百度公司。创立之初，百度就将自己的目标定位于打造中国人自己的中文搜索引擎，并为此目标不懈地努力奋斗。多年来，百度一直孜孜不倦地追求技术创新，依托于博大精深的中文智慧，致力于为用户提供"简单、可依赖"的互联网搜索服务。百度每天响应来自全世界 100 多个国家超过数亿次的搜索请求。用户可以通过百度主页，在瞬间找到相关的搜索结果，这些结果来自于百度超过 10 亿的中文网页数据库，并且，这些网页的数量每天正以千万级的速度增长。百度除网页搜索外，还提供 mp3、文档、地图、影视等多样化的搜索服务，率先创造了以贴吧、知道、百科、空间为代表的搜索社区，将无数网民头脑中的智慧融入了搜索。百度是中国人的搜索引擎，它为中国网民最便捷地获取信息、找到所求、公平地获取信息做出了不懈的努力。

百度的搜索方法主要为关键词法，分为基本检索和高级检索两种形式，方法和指令与 Google 类似，在此不再赘述。

(2) Ask Jeeves。

Ask Jeeves（http://www.ask.com）是人工操作目录索引，规模不大，但很有特点。与其他关键词搜索引擎不同，Ask Jeeves 被设计成回答用户提问的自然语言引擎。搜索时，它首先给出的是数据库中可能存在的答案，然后才是网站链接。

Ask Jeeves 曾是著名搜索引擎 DirectHit（2002 年 4 月被关闭）的母公司，在 2001 年年末收购了全文搜索引擎 Teoma 并与之进行整合后，其搜索能力得到了进一步的加强，是拥有自主技术的独立一线全文搜索引擎。

(3) Yahoo。

Yahoo（http://www.yahoo.com/）是最早最著名的搜索引擎。Yahoo 最早以其全面的分类体系著称，目前倾向于全文搜索引擎发展。现今，其全文搜索界面和 Google、百度相似。

三、医学搜索引擎

虽然信息技术和网络检索技术迅速发展，自动分类、智能概念抽取（ICE）、相关排序技术等已经在大型通用搜索引擎 Google、Yahoo 等得到较广泛的应用，但对医学专业人员而言，由于这些通用搜索引擎没有对医学专业信息进行优化处理，检索时返回的信息数量大，重复过多，相关性不强，利用率低，因此，检出的信息不能充分满足医学用户的查询需求。医学专业搜索引擎的出现，有力地避免了上述弊端，给网络医学信息检索带来了革命性的变化。

1. MedHunt 和 HONselect

瑞士日内瓦国际非营利组织 HON（Health On the Net Foundation，健康在线基金会，http://www.hon.ch/）于 1996 年 3 月建立了 HON 网站（法语与英语），其任务是为执业医师和普通用户提供实用的、可靠的网上医药卫生信息资源。HON 有两个被广泛使用的搜索引擎 MedHunt 和 HONselect，其数据组织合理严谨、检索功能十分强大。

（1）MedHunt。

MedHunt（http://www.hon.ch/MedHunt/）是一个专业的智能全文医学搜索引擎，它使用机器人 Marvin 自动采集网页，同时利用人工筛选、整理和分类网页，人工处理每日更新，因此保证了其信息的有效和可靠。目前提供英语、法语、西班牙语和汉语 4 种语言界面。

①检索方法：MedHunt 的检索界面如图 3－2－6 所示。这是一个非常友好的检索界面，它按步骤提示检索者如何检索：首先在搜索栏中输入要查询的词，并选择查询方式；然后通过选项细化，限制 HONoured 数据库的显示；最后点击"提交"。

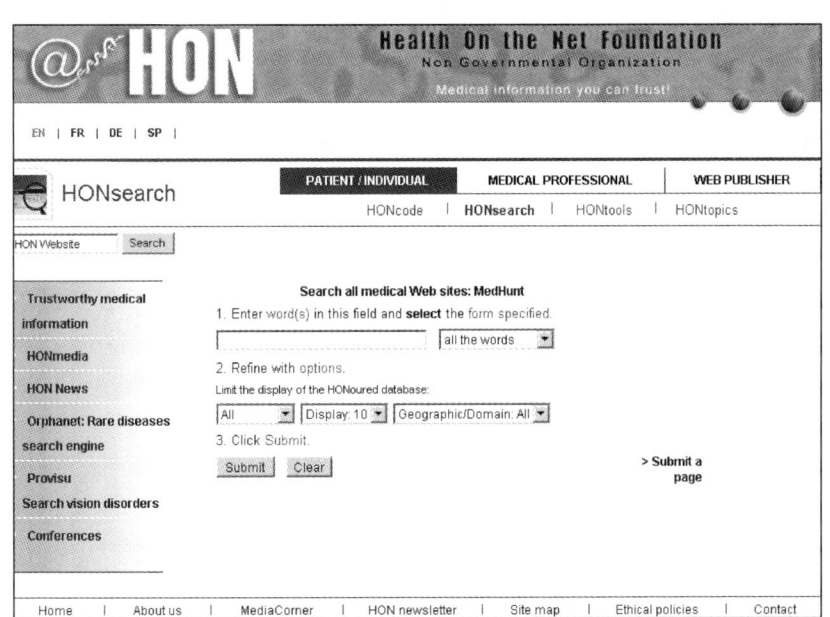

图 3－2－6　MedHunt 的检索界面

其中检索框允许输入单词和词组，对大小写不敏感，""表示词组检索，但不能输入逻辑算符。有 all the words、any of the words 和 adjacent words 3 种匹配方式，即相当于 AND、OR 和近义词检索。限制检索则可限制资源类别（包括全部、医院、支持服务和事件)、地区和显示条目。检索出的结果分别显示 HON 认证的网站数、由 HON 人工筛选整理过的网站数、机器人自动采集的网站数。每条记录旁列有关键词，可进行链接检索。

②检索示例：利用 MedHunt 检索乙型肝炎的所有有关文献。

检索方法：打开 MedHunt 检索页面，在检索框内输入 hepatitis b，选择 all the words 匹配，并限制检索选择默认选项，然后按提交，即可得出结果。

(2) HONselect。

HONselect (http://www.hon.ch/HONselect/) 是一个全新的整合搜索引擎，它包含一个详尽的医学主题词集，并提供相应的医学图片、参考文献、新闻和网站。由美国国家医学图书馆编制的 MeSH (医学主题词表) 主题词为其核心部分，这些主题词可以用英文、法文、德文、西班牙语或葡萄牙语进行检索或浏览。

HONselect 的分级结构给非专业人士以深入了解的机会。例如，搜索"糖尿病"，结果列出"糖尿病""胰岛素依赖型糖尿病""非胰岛素依赖型糖尿病""脂肪萎缩性糖尿病""实验性糖尿病""糖尿病妊娠""妊娠糖尿病""肥胖糖尿病"和"家族性低血磷酸盐"等等。然后使用者可以从中选择自己感兴趣的主题词，优化搜索。

这个可以从网上获得的免费工具，集强大的搜索功能、丰富的医学信息以及友好的图形界面于一身。因此它既适合患者，又适合医生和医科学生使用。

①检索方法（检索界面如图 3-2-7）。

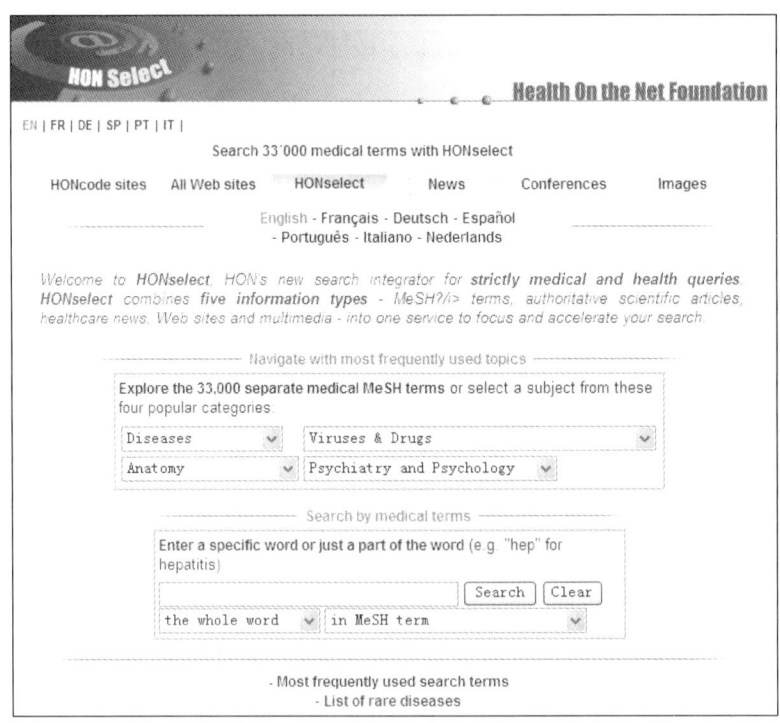

图 3-2-7 HONselect 检索界面

A：主题词分类浏览：首页提供疾病、病毒和药物、解剖学、精神病与心理学 4 个大类下最常用主题词的选择菜单，可直接浏览常用主题相关资源。

结果显示页包括主题词树型结构及注释表、PubMed 相关文献、相关网页、医学图像、新闻、会议事件、临床试验 7 个部分。每部分均可进行上、下位词和相关主题词的链接扩展检索。在结果页左上方的下拉菜单中，选择 Browse 可浏览 15 个类别的所有主题词。

B：主题词检索途径：输入框内允许键入加 the whole word（完整单协词组）和 the part of word（单词的一部分）。并可限定主题词中检索，后在主题词注释中检索。检出结果首先显示在主题词表中的 Mesh Term（主题词）和 Accepted Terms（其他相关主题词），点击合适主题词后可得检索结果。

②检索示例：利用 HONselect 主题词检索有关 Diabetes 的文献。

检索方法：打开 HONselect 检索界面，在主题词检索框内输入 Diabetes，然后依次选 the whole word 和 in Mesh Term，点击 search 即可浏览主题词结构表、Medline 中相关论文、Web 网站等。

2. Medical World Search

这是由美国于 1997 年建立的一个医学专业搜索引擎（http://www.mwsearch.com/），收集了数以千计的医学网点近 10 万个 Web 页面（见图 3-2-8）。它采用了 NLM 研制的一体化医学语言系统（Unified Medical Language System，UMLS），可以使用 540000 多个医学主题词，包括使用各种同义词进行检索。在检索时可根据词表扩大或缩小检索范围，搜索的准确性很高。同时还提供扩展检索、精确检索功能，大小写无差别，免费全文检索，结果按相关度排序。为使该搜索引擎适合其他搜索引擎的检索要求，还通过 PubMed 免费检索 Medline，提供对 HotBot、Infoseek、AltaVista 的检索。对注册的用户能自动记住最近的 10 次检索和最近通过 Medical World Search 进入的 10 个网页，以供随时调用。

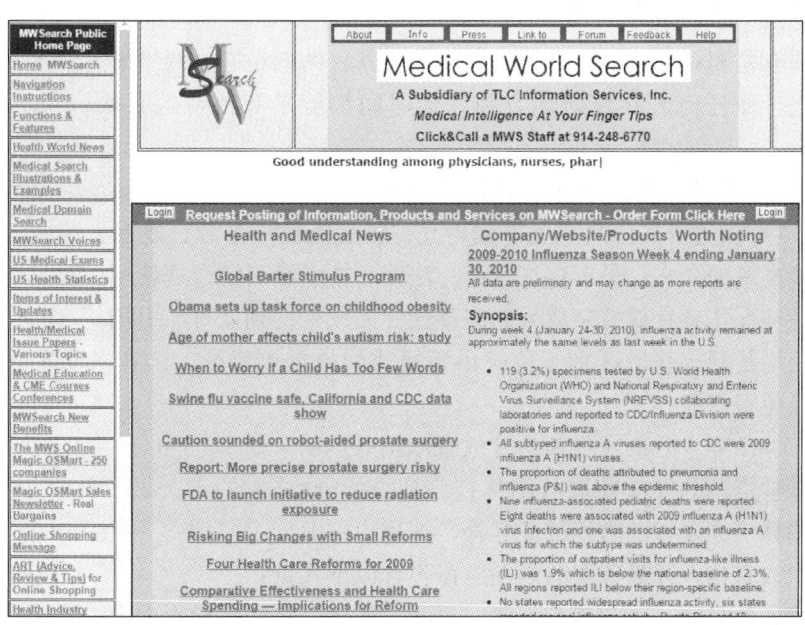

图 3-2-8 Medical World Search 检索界面

3. HealthAtoZ

HealthAtoZ（http://www.healthatoz.com/）为美国 Medical Network 公司于 1995 年开发建立的医学门户网站，是一个功能强大的网上免费全文医学信息资源搜寻器，便于医学工作者和健康消费者对医学信息进行准确、有效的搜索。HealthAtoZ 收录的信息均经医学专业人员手工编排；保证了搜索的准确性及方便性，收集的内容每周更新，便于检索者使用。

A to Z 选择区提供了 a 到 z 的字母列表选择栏，选择相应字母，点击进入便可见到以字母 A to Z 排列的疾病名称列表，选择某一病名，便可了解到该疾病的全方位知识，如介绍该病的定义、病因、症状、体征、诊断、治疗、预后等，还推荐与该病有关的图书、期刊的相关网址。

4. Medseek

Medseek（http://www.medseek.com/）为美国 Medseek LLC 于 1996 年推出，用于检索全美各州及各个城市医生和医院信息的网络信息资源搜索器，收集了有关各州所属医院及医生的信息，所提供检索的临床医生数据库和医院指南均由美国数据库公司提供，旨在为医生和患者提供最精确的信息，是了解美国各个州的医院信息及医生信息的重要途径，也是网上求医找药的好去处。

第三节　开放获取资源

一、开放获取资源概述

开放获取是相对传统的出版模式而言的，其目的就是通过网络加速学术资源的传播和共享速度，使任何人在任何地方和任何时间都能平等免费的获取资源和使用学术成果。

2002 年，《布达佩斯开放存取计划》（*Budapest Open Access Initiative*）将开放获取描述为："可以免费在公共网上得到，允许读者阅读、下载、复制、传播、打印、检索或者链接文章的全文，是不存在资金、法律、技术障碍的合理使用。对复制与传播的唯一要求是确保作者有权控制成果的完整性并使成果得到认可与引用。"作者付费出版、读者免费使用是开放获取区别于传统出版模式的最重要特征。读者只要能够访问因特网，就可以免费获取。

随后，2003 年 6 月的《贝斯达开放获取出版声明》及 2003 年 10 月的《关于自然科学与人文科学资源的开放获取的柏林宣言》，对开放获取的定义做了补充，布达佩斯、贝斯达、柏林三大宣言的内容彼此互补，被称为三 B 定义（BBB definition）。

结合三大宣言，开放获取的内涵应该包含以下几点：

（1）读者的权利——阅读、下载、复制、传播、打印、检索内容，索引内容，将内容置入数据库等合法用途。

(2) 作者的权利——仅限控制内容的完整性及署名权。

(3) 障碍排除——使用者没有费用、法律及技术等障碍（上网本身除外）。

(4) 公共典藏——包括所有附件、授权声明在内的完整作品，以适当的标准档案格式寄存在至少一个典藏所里，典藏所要由学术机构、学会、政府机关或其他知名组织设立及管理，以确保其作品得以长期地开放获取。

开放获取对发展中国家具有重要意义，原因是由于近年来世界科技期刊的价格飞涨，每种科学期刊的价格平均增长了4倍，引发了科研人员信息获取危机。对于发展中国家的研究者来讲，开放获取主要是解决两方面问题：一是自己的研究能够被其他国家、地区的研究者关注，二是能够更多地获取其他国家、地区的研究成果。广泛的开放获取政策有助于提高发展中国家科研产出的水平。

20世纪90年代以来，在全球学术界和科学家的推动下，开放获取快速发展并得到了多数科学家的认可。随着开放获取运动的迅速发展，开放获取资源的数量也日益增加而渐显庞大。

开放获取的实现方式有很多种，国内外学者对开放获取的实现方式的划分不一。一般认为，开放获取的实现方式可划分为开放获取期刊（OA Journals）、开放获取仓储（OA Archives）及其他方式，包括个人站点（personal websites）、论坛（discussion forums）、博客（blogs）、维基（wikis）、P2P的文档共享网络（file-sharing networks）。

(1) 开放获取期刊（Open Access Journals）。

开放获取期刊是基于开放获取出版模式出版的期刊，其论文是经过同行评审的、网络化的免费期刊，全世界所有读者可以不受限制地在此类期刊上获取学术信息，编辑评审、出版及资源维护的费用由作者或其他机构承担，读者不需要支付任何费用。"作者付费发表，读者免费使用"是开放获取期刊的根本特征。

(2) 开放获取仓储（OA Archives）。

对于有版权，但是出版社允许进行自存储（self-archiving）的作品，作者可以放到信息开放存取仓库中，例如论文、专著等；对于没有版权的作品，作者可以直接放到信息开放存取仓储中，例如讲义、PPT等。开放获取仓储中可开放获取的文献量远远大于开放获取期刊，即大部分的开放获取文章都存于开放获取仓储中。开放获取仓储有两种类型：一种是由机构创建的机构仓储（Institutional Repositories，简称IR，又叫机构OA仓储），另一种是按学科创建的学科仓储（Disciplinary Repositories，简称DR，又叫学科OA仓储）。

将期刊文章自存档存入开放信息库的方式，也称"绿色"OA。通过"绿色"OA，作者在任何期刊发表文章之后，在他们的机构知识库、中央知识库（如公共医学中心）或其他开放获取网站中自存档该文章的一个允许"免费"公开使用的版本。

(3) 其他方式。

除上述两种形式外，各种其他形式的OA资源也陆续涌现，如个人网站、电子图书、博客、学术论坛、文件共享网络等。但这些资源的发布较为自由，缺乏严格的质量保障机制，较前两类开放存取出版形式而言，其随意性更强，且学术价值良莠不齐。

二、重要开放获取资源站点介绍

1. DOAJ——开放获取期刊网络平台

DOAJ（Directory of Open Access Journals）是目前最权威、认知度最高的开放存取期刊目录。其网站地址为 www.doaj.org，学科分类检索界面如图 3-3-1 所示。2003 年 2 月，在 OSI（The Open Society Institute）支持下，瑞典隆德大学图书馆与 SPARC（The Scholarly Publishing and Academic Resources Coalition）联合创建了 DOAJ。DOAJ 由隆德大学图书馆负责维护，旨在覆盖所有学科、所有语种的高质量的开放存取期刊，以现代信息组织理论为基础，对开放存取期刊进行组织，提高其透明度、可用性和利用率，为科研工作者提供一站式服务。该目录收录的期刊均为学术性、研究性期刊，且都经过同行评议或者有编辑做质量控制，具有免费、全文、自由获取、高质量等特点，对学术研究有很高的参考价值。目前，DOAJ 有 8015 种期刊，其中 3939 种期刊可进行全文检索，共收录 87 多万篇论文。

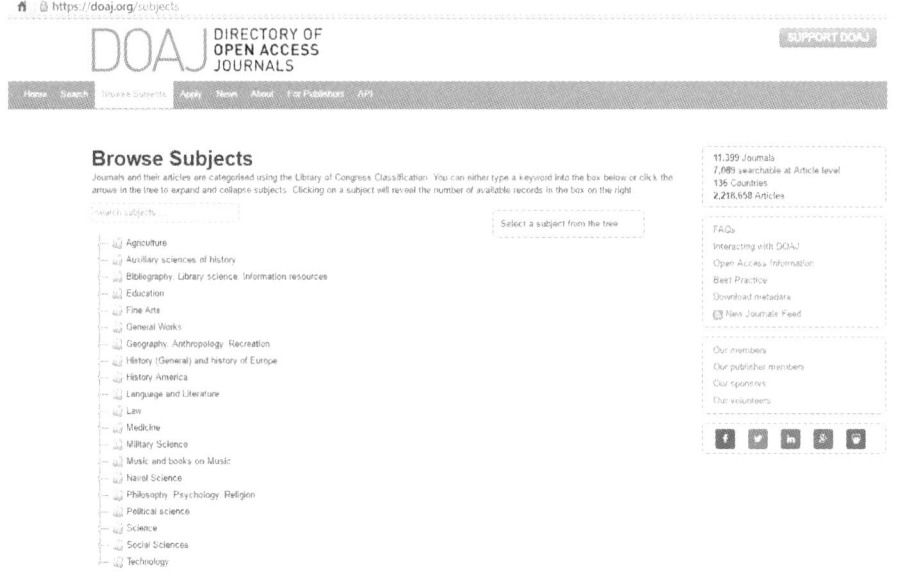

图 3-3-1 DOAJ 的学科分类

DOAJ 将所收录的期刊进行了细致的划分，期刊按所属学科被划分为 17 个一级主题，包括：Agriculture and Food Science（农业与食品科学）、Arts and Architecture（艺术与建筑学）、Biology and Life Sciences（生物与生命科学）、Business and Economics（商业与经济学）、Chemistry（化学）、Earth and Environmental Sciences（地球与环境科学）、General Works（一般工程）、Health Sciences（保健科学）、History and Archaeology（历史与考古学）、Languages and Literatures（语言与文学）、Law and Political Science（法律与政治学）、Mathematics and Statistics（数学与统计学）、hilosophy and Religion（宗教与哲学）、Physics and Astronomy（物理与天文学）、Science General（综合科学）、Social Sciences（社会科学）、Technology and

Engineering（技术与工程）。在 17 个一级主题下，还继续划分为 75 个二级主题，部分二级主题继续划分为若干三级主题。

DOAJ 可以通过检索期刊名（Find Journal）、刊名浏览（Browse by title）和主题浏览（Browse by subject）这三种方式查找期刊，也可直接进行文章检索（Find articles）。DOAJ 网站还提供会员、反馈等其他服务，并为期刊所有者和论文作者分别提供服务入口。

2. BioMed Central

BMC（BioMed Central）是世界上最早的开放获取出版机构，隶属于 Springer 出版集团。其网站地址为 www.biomedcentral.com。

BioMed Central 致力于科研成果的广泛传播，出版的所有论文均立即、永久向读者在线免费开放。目前共出版 280 多种经同行评审的开放获取学术期刊，涵盖生命科学和医学各领域，其中近 180 种期刊被 SCI 收录，175 种期刊已获得影响因子。

BMC 出版的期刊多在刊名上冠以"BMC"字样，它们的学科范围涵盖了生物学和医学的所有主要领域，包括麻醉学、生物化学、生物信息学、生物技术、癌症、细胞生物学、微生物学、分子生物学、植物生理学、遗传学、进化生物学、医学情报与决策、医学教育、医学道德、家庭护理、皮肤病、血液病、心血管疾病、内分泌失调、临床病理学、基因组生物学、放射医学、护理学、免疫学、老年病学、眼科学、口腔医学、关节炎诊断与治疗、药理学、生理学、儿科学、外科学、泌尿学、妇科学等 57 个分支学科。

BMC 还与 Faculty of 1000（www.facultyof1000.com/start.asp）合作，根据学科专家推荐，出版了生物学领域的重要文献。他们在世界各国聘请有 1000 名以上的相关领域学科专家。

3. PLOS

科学公共图书馆（The Public Library of Science，PLOS），其网站地址为 www.plos.org，期刊列表界面如图 3-3-2 所示。其创立于 2000 年 10 月，是美国一家非营利性组织出版商，致力于使全球范围科技和医学领域文献成为可以免费获取的公共资源。PLOS 目前共出版了 8 种生命科学与医学领域的开放存取期刊，用户可以对单本期刊进行浏览或对 PLOS 期刊进行文献检索。

PLOS 有着更高的目标，他们将与《科学》《自然》《细胞》等国际上顶级水平的科学期刊进行竞争，他们计划逐步推出各个领域的科学期刊（诸如物理学、化学），并将进行学科领域的细分（诸如肿瘤学、遗传学）。除了免费之外，PLOS 的另一大优势是对普通读者的充分照顾：每篇论文都会附带有一篇供非专业人士阅读的大纲，某些论文还会附带关于该领域的入门性质的简介；如此一来，即使是新近的研究，普通大众也能明其要旨。

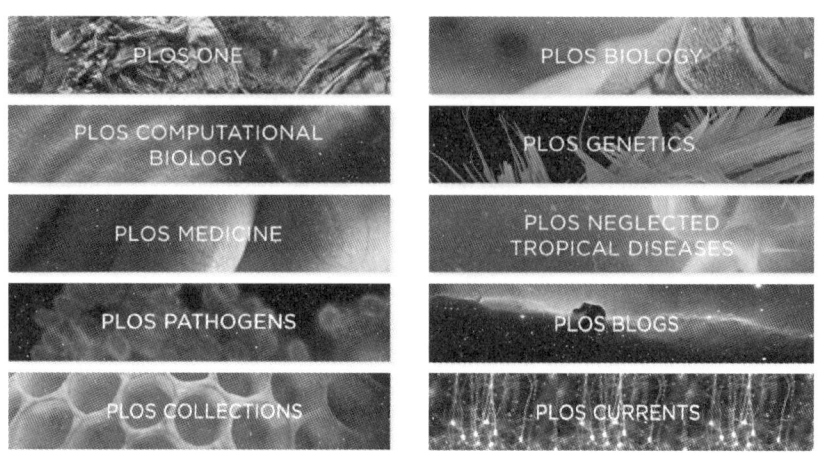

图 3-3-2 PLOS 期刊列表

4. J-STAGE 日本科学技术振兴机构

该机构是日本科学技术基本计划的核心实施机构（Japan Science and Technology Agency），目标是实现科学技术立国，其网站地址为 www.jstage.jst.go.jp。该机构的主页上提供了很多免费的信息服务，研究成果展开综合数据库、研究人才数据库、科学技术情报流通综合系统等 20 个数据库，还提供免费电子期刊。

5. PubMed Central

PubMed Central（PMC）是 2000 年 1 月由美国国家医学图书馆（NLM）的国家生物技术信息中心（NCBI）建立的生命科学期刊全文数据库，其网站地址为 http://www.ncbi.nlm.nih.gov/pmc，它旨在保存生命科学期刊中的原始研究论文的全文，并在全球范围内免费提供使用。

目前这些期刊免费全文访问的时间延迟到出版后 0 到 2 个月，并且由 PMC 直接提供全文。

PMC 在全球范围内免费提供使用，所有文献的浏览、检索、下载均是无需注册的，但只有注册用户可通过 E-mail 自动获取 PMC 新刊通报。

PMC 与 PubMed 的关系：两者都是 NLM 建立的数据库。其中 PubMed 是一个基于互联网的文献检索系统，它收录了几千种生命科学期刊的目次和文摘，目前数据已回溯至 1966 年，该数据库提供了与 PMC 全文的链接以及与数千种期刊网站的链接。而 PMC 是由 NLM 建立的免费生命科学电子期刊全文数据库，目前收录百余种期刊，PMC 的所有论文在 PubMed 中都有相应的记录。

6. Free Medical Journals

免费医学期刊（Free Medical Journals，FMJ））是由国际 Amedeo 文献服务公司创建的提供免费医学期刊全文和免费医学图书的网站，其网站地址为 freemedicaljournals.com。该网站收集了 1450 种免费医学期刊全文及 650 种免费医学图书的信息。内容包括免费医学期刊站点、出版后 1~6 个月免费的期刊站点、出版后 1 年免费的期刊站点、出版后 2 年免费的期刊站点等。网站的右面是新加入和取消的免费医学期刊站点。FMJ 提供期刊主页的链接，按年卷期浏览全文，但并不具备检索功能。

7. arXiv.org

arXiv.org 是由美国国家科学基金会和美国能源部资助，在美国洛斯阿拉莫斯（Los Alamos）国家实验室建立的电子预印本文献库，始建于 1991 年 8 月，由 Dr. Ginsparg 发起，旨在促进科学研究成果的交流与共享，其网站地址为 arxiv.org。2001 年后转由康奈尔大学（Cornell University）进行维护和管理。arXiv 是最早的预印本库，目前世界各地有 17 个镜像站点。arXiv.org 涉及物理学、数学、计算机科学和定量生物学方面的学术论文 54 万多篇（每年增加几万篇）。在物理学的某些领域，它们早已替代传统的研究期刊。

arXiv.org 有检索和浏览功能。全文文献有多种格式（例如 ps、pdf、dvi 等），需要安装相应的全文浏览器才能阅读。它还提供 RSS feeds 订阅最新文章。

中国科学院文献情报中心研发了 arXiv Search Interface（arxivsi.las.ac.cn）服务，其数据由 arXiv 支持。这一检索平台提供了一个简单、便捷的 arXiv 科研成果发现方式，能够多维度、多方面揭示 arXiv 资源。该平台已于 2014 年 12 月上线提供服务。

8. HighWire Press

HighWire Press 是提供免费全文的、全球最大的学术文献出版商之一，于 1995 年由美国斯坦福大学图书馆创立，其网站地址为 home.highwire.org。最初，仅出版著名的周刊 *Journal of Biological Chemistry*，目前已收录电子期刊 340 多种，文章总数已达 130 多万篇，其中超过 47 万篇文章可免费获得全文；这些数据仍在不断增加。通过该界面还可以检索 Medline 收录的 4500 余种期刊中的 1200 多万篇文章，可看到文摘题录。HighWire Press 收录的期刊覆盖以下学科：生命科学、医学、物理学、社会科学。

HighWire Press 在线期刊主要具有以下特点：①提供免费全文文献的期刊。该链接下的页面列出了本站收录的所有可提供免费全文文献的期刊。在刊名后按"Free Issues""Free Trial""Free Site"标注着相应时间或其他，意义与前面介绍的相同。其中"Free Issues"栏中如标注的是某月，则表示每年在该月及以前的所有文献都免费提供全文。②提供即将进入本站的期刊。该链接下的页面列出了即将加入本站的期刊及预计加入的时间。③提供在线使用部分期刊的统计情况。其包括该刊被经常阅读的文献和引用最频繁的文献（均采用本站收录文献的数据，每月重新统计）。④提供需要付费的站点。其列出需要收费提供全文文献的站点及其收费标准，有两种收费方式。"Pay-per-view Site"为在一段时间内获得使用某篇文献的权利，"Site Pass"为在一段时间内获得该刊所有文献的权利。⑤提供在线期刊文献数。介绍了所收录文献的总数及各个期刊所提供文献的情况。⑥除本站外，还提供了其他一些可提供免费全文服务的自然科学文献站点，并进行了简要介绍，并链接到更多的自然科学期刊的网页。

9. OpenDOAR

开放存取知识库名录（The Direct of Open Access Repositories，简称 OpenDOAR）是关于开放存取知识库的权威目录，其网站地址为 www.opendoar.org，由英国诺丁汉大学（University of Nottingham, UK）和瑞典兰德大学（University of Lund,

Sweden)于 2005 年共同创办，2006 年 1 月登录互联网提供服务，由英国诺丁汉大学维护。它和开放获取期刊目录（DOAJ）一道构成当前网络免费全文学术资源检索的主要平台，包括期刊论文、会议论文、学位论文、技术报告、专利、学习对象、多媒体、数据集、工作论文、预印本等。

10. 中国预印本服务系统

中国预印本服务系统是由中国科学技术信息研究所与国家科技图书文献中心（NSTL）联合建设的以提供预印本文献资源服务为主要目的的实时学术交流系统，其网站地址为 prep. istic. ac. cn。该系统由国内预印本服务子系统和国外预印本门户（SINDAP）子系统构成。

国内预印本服务子系统主要收录国内科技工作者自由提交的预印本文章，可以实现二次文献检索、浏览全文、发表评论等功能。系统的收录范围按学科分为五大类：自然科学，农业科学，医药科学，工程与技术科学，图书馆、情报及文献学。除图书馆、情报与文献学外，其他一个大类再细分为二级子类，如自然科学又分为数学、物理学、化学等。

国外预印本门户（SINDAP）子系统是由中国科学技术信息研究所与丹麦技术知识中心合作开发完成的，它实现了全球预印本文献资源的一站式检索。通过 SINDAP 子系统，用户只需输入检索式一次即可对全球知名的 16 个预印本系统进行检索，并可获得相应系统提供的预印本全文。目前，SINDAP 子系统含有预印本二次文献记录约 80 万条。

11. 中国科技论文在线

中国科技论文在线是经教育部批准，由教育部科技发展中心主办，针对科研人员普遍反映的论文发表困难、学术交流渠道窄，不利于科研成果快速、高效地转化为现实生产力而创建的科技论文网站，其网站地址为 www.paper.edu.cn。

中国科技论文的内容主要是自然科学，社会科学领域仅涉及教育学、管理学、经济学。该网站采取文责自负的原则，一般情况下作者提交学术性论文均可被系统接收。论文格式多为 pdf 格式。

中国科技论文在线目前主要有"在线发表论文""优秀学者及主要论著""名家推荐精品论文""获奖项目及主要论著""科技期刊""论文库链接"等栏目。其中，"在线发表论文"栏目为科研人员提供了一个快速发表论文、交流创新思想的平台，"优秀学者及主要论著"栏目为众多优秀学者免费建立了个人学术专栏。网站定期对在线发表论文数量、优秀学者专栏浏览次数及各单位优秀学者数进行统计排序，并予以公布。

12. 奇迹文库

奇迹文库是由一群中国年轻的科学、教育与技术工作者创办的一个非营利性质的网络服务项目，目的是为中国研究者提供免费、方便、稳定的 eprint 平台，并宣传提倡开放获取（Open Access）的理念，其网站地址为 www.qiji.cn。

该文库收录文献类型包括科研文章、综述、学位论文、讲义及专著（或其章节）的预印本，没有审稿过程。目前学科范围包括自然科学、工程科学与技术、人文与社会科学三大类。其提供上载资料、文章浏览和检索等功能。

第四节 医学站点

一、世界卫生组织

世界卫生组织的网址为 www.who.int，网站首页如图 3-4-1 所示。

图 3-4-1 世界卫生组织首页

世界卫生组织（简称世卫组织或世卫），是联合国属下的专门机构，国际最大的公共卫生组织，其总部设于瑞士日内瓦。世界卫生组织的宗旨是使全世界人民获得尽可能高水平的健康。该组织给健康下的定义为"身体、精神及社会生活中的完美状态"。世界卫生组织的主要职能包括：促进流行病和地方病的防治，提供和改进公共卫生、疾病医疗和有关事项的教学与训练，推动确定生物制品的国际标准。

主页左栏有关于世卫组织、国家、健康主题、出版物、数据和统计数字、规划和项目 6 个栏目。

（1）国家。

该栏目列出了世卫组织 194 个会员国，并且按照区域分布划分。通过点击国家名链接，可以获得各国的人口数、期望平均寿命、儿童和成年人的死亡率、人均医疗开支、人均 GDP、医疗人员资源量、卫生状况、疾病暴发、疫苗集中情况等信息。

（2）健康主题。

健康主题是指导用户深入特定主题的索引。它把WHO丰富的信息资源整合为220个主题，并且按照字顺排列，既有各种具体疾病，也有各种公共卫生、环境、社会医学等重大问题。

（3）出版物。

世卫组织的出版物有很多，其中重要的有以下几种。

①世界卫生组织通报。

此刊于1947年创刊，于1999年扩大，将研究结果和政策相关讨论并排放在一起，目的是以可得的最佳证据为基础提供公共卫生政策和实践指导，同时也鼓励科学调查与帮助人们更健康地生活。

②疫情周刊。

此刊创刊于1926年，在过去70多年里，疫情周报已成为整理和传播在全球疾病监测方面有用的流行病学数据的一个不可或缺的手段。

③疾病暴发新闻。

此刊的英文版始于1996年，中文版始于2004年，不定期，可按年、按疾病、按国别检索文档。

④世界卫生报告。

每年的世界卫生报告对全球卫生进行新的内行的审视，注重于一个特定主题，同时评估当前全球状况。利用世界卫生组织收集和验证的最新数据，每一份报告描述不断变化的卫生领域的实况并显示。

⑤世界卫生组织药物信息。

此刊为季刊，是世卫组织于1987年创办，传播由世卫组织形成和发表的或由全世界研究和管制机构发送给世卫组织的药物信息。该杂志还包括定期介绍新提出和建议的国际药用物质非专利名称。

（4）数据和统计数字。

由此可进入各国、各地区、各主题疾病负担统计信息，并提供了以下数据库的链接：

全球卫生观察站，世卫组织提供监测全球卫生状况的数据访问和分析的门户；世卫组织在线全球信息库，世卫组织所有会员国关于慢性病及其高危因素的数据；全球卫生地图集，国家、区域和全球级传染病标准化数据和统计数字；区域统计数字，来自世卫组织区域办事处的统计信息。

可按照死亡率和健康状况、高危因素、疾病、卫生系统、服务普及率等分类主题浏览。

（5）项目与规划。

该栏目提供有关世卫组织规划和项目的站点。

二、美国国立卫生研究院

美国国立卫生研究院的网址为www.nih.gov，网站首页如图3-4-1所示。

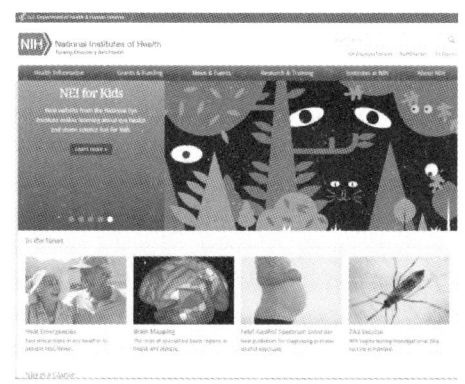

图 3-4-2 美国国立卫生研究院首页

美国国立卫生研究院（NIH），成立于 1887 年，现在是世界上最重要的医学研究中心，由 27 个研究所和研究中心组成，同时也是美国卫生和人类服务部的 8 个公共卫生服务机构之一。NIH 的使命是发现新知识，促进人类健康。其从事的主要工作有：指导它自身实验室的研究，支持国内外大学、医学院、医院、研究所的非政府资助的科学家的研究，帮助研究人员的培训，扶持医学和卫生信息的交流。

NIH 的网站包括卫生信息（Health Information）、科研资助（Grants&Funding Opportunities）、新闻（News&Events）、NIH 科研培训与资源（Research, Training & Scientific Resources）、下设机构（Institutes, Centers&Offices）五大类目。用户可按需深入各栏获取信息。

（1）卫生信息。

此栏目提供按照主题词字顺排列的疾病信息，同时提供下列重要资源：

Toll-free Health Hotlines：数据源自 DIRLINE（Directory of Information Resources Online，美国国立医学图书馆的在线信息资源目录），包含 14000 多个生物医学信息源的描述及电话号码。

MEDLINEPlus：向大众和医务人员提供医药卫生知识和信息的事实型数据库。提供的信息有：卫生专题药物信息、医学百科全书、医学词典、新闻、医生和医院名录等。

Clinical Trials：向用户提供由美国政府与私人资助在志愿者身体进行的临床试验信息，信息定期更新。

PubMed：详见第七章第一节。

Combined Health Information Database：综合卫生信息数据库，提供全美和国外有关卫生、卫生教育资源的题录、文摘等信息，每季更新，现约有 7 万条记录。

International Bibliographic Information on Dietary Supplements（IBIDS）Database：饮食补充国际信息数据库。

Healthfinder：在网上查找政府及非盈利卫生和人类服务信息的一个主要资源，其链接是来自 1700 多个卫生相关组织的精选信息和网站。

Food and Drug Administration：食品和药品管理。

(2) 科研资助。

NIH 提供许多科研基金项目，某些项目国际学术机构也可申请。在 Search Funding Opportunities 可检索资助机会，通过 Browse Funding Opportunities，可浏览各研究所值班项目详情。

(3) NIH 新闻与事件。

点击 News，即进入新闻网页。这是综览美国卫生科学研究的重要窗口。

本栏报道以下各种新闻与事件：①NIH 本院及所资助院外研究项目的最新成果；②近期重要活动；③美国卫生科学研究政策与重点资助项目；④重大卫生问题的健康教育。用户点击条目，可免费获取详细摘要和许多相关链接点。

(4) NIH 科研培训与资源。

本栏目提供了有关生物伦理学、生物技术等资源，同时也提供研究培训机会，提供内科医师和心理学专家的继续教育。

(5) 下设机构。

点击 Institutes 可进入 NIH 下属机构的 28 个网页。

NIH 下设：院长办公室（OD）；癌症研究所（NCI）；眼科研究所（NEI）；心肺血液研究所（NHLBI）；人类基因组研究所（NHGRI）；衰老研究所（NIA）；酗酒与酒精中毒研究所（NIAAA）；变态反应与传染病研究所（NIAID）；关节炎、肌肉骨骼与皮肤病研究所（NIAMS）；生物医学影像与生物工程研究所（NIBIB）；儿童健康与人类发育研究所（NICHD）；聋症与其他交流障碍研究所（NIDCD）；牙科与颅脑研究所（NIDCR）；糖尿病、消化与肾病研究所（NIDDK）；药物滥用研究所（NIDA）；环境卫生科学研究所（NIEHS）；综合医学科学研究所（NIGMS），即基础医学研究所；精神卫生研究所（NIMH）；神经病与中风研究所（NINDS）；护理研究所（NINR）；美国医学图书馆（NLM），是国际生物医学信息资源最丰富的图书馆；信息技术中心（CIT）；科研评议中心（CSR）；Fogarty 国际中心（FIC），促进与支持国际科学研究与培训以减少全球健康差异的机构；补偿与替代医学中心（NCCAM），有关美国的中医药学研究内容纳入本中心；少数民族卫生与健康差异中心（NCMHD）；研究资源中心（NCRR）；NIH 临床中心（CC），NIH 院内的临床试验项目在此进行。

三、美国国家生物技术信息中心

该中心的网址：www.ncbi.nlm.nih.gov，图 3-4-3 所示是美国国立卫生研究院首页。

美国国家生物技术信息中心是美国国家医学图书馆（NLM）的一部分（该图书馆是美国国家卫生研究所的一部分）。

美国国家生物技术信息中心于 1988 年 11 月 4 日建立，该中心的主要任务：为储存和分析分子生物学、生物化学、遗传学知识创建自动化系统；从事研究基于计算机的信息处理过程的高级方法，用于分析生物学上重要的分子和化合物的结构与功能；促进生物学研究人员和医护人员应用数据库和软件；努力协作以获取世界范围内的生物技术信息。

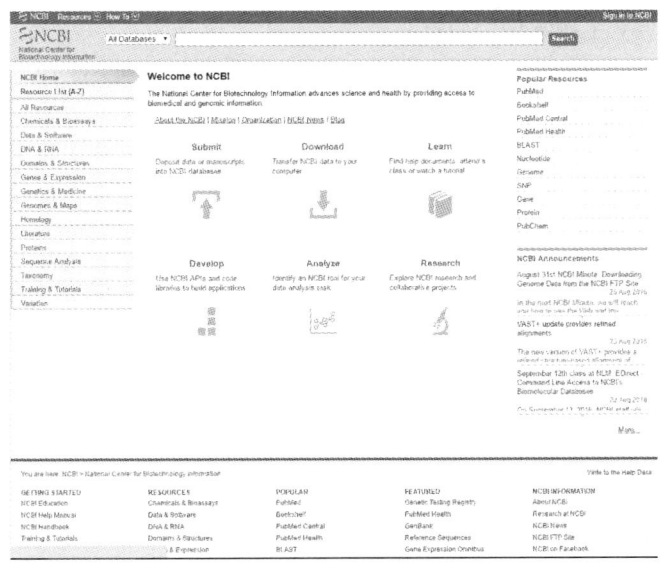

图 4-3-3 NCBI 首页

NCBI 可以提供一站式的跨库检索，也可以进入任意一个数据库进行查询。它整合了 GenBank、EMBL、PIR 和 SWISS-PROT 等数据库的序列信息以及 MEDLINE 有关序列的文献信息，还提供了其他数据库，包括在线人类孟德尔遗传、三维蛋白结构的分子模型数据库、人类基因序列集成、人类基因组基因图谱（GMHG）、生物门类等数据库，由此把序列、结构、文献、基因组、系统分类等不同类型的数据库有机地结合在一起。

下面介绍部分 NCBI 提供检索的数据库：

（1）Nucleotide 核酸序列数据库。

该数据库由国际核苷酸序列数据库成员美国国立卫生研究院 GenBank、日本 DNA 数据库（DDBJ）和英国 Hinxton Hall 的欧洲分子生物学实验室数据库（EMBL）三部分数据组成。这三个组织联合组成国际核苷酸序列数据库协作体，每天交换各自数据库中的新增序列记录实现数据共享。其中的序列数据也通过与基因组序列数据库（GSDB）合作获取，专利序列数据通过与美国专利与商标局、国际专利局合作获取。

（2）Protein 蛋白质序列库。

该数据库包括从 GenBank、EMBL、DDBJ 核酸序列编码区编译过来的蛋白质序列，以及 PIR、SWSS-PORT、PDB、PRF 等数据库中的蛋白质序列数据。

（3）Genome 基因组数据库。

该数据库提供了多种基因组、完全染色体、连续的序列图谱以及一体化基因物理图谱。

（4）Structures 分子结构数据库。

该数据库包含来自 X 线晶体学和三维结构的实验数据。MMDB 的数据从 PDB（Protein Data Bank）获得。NCBI 已经将结构数据交叉链接到书目信息、序列数据库和生物分类数据库。

（5）Taxonomy 生物学门类数据。

该数据库可以按生物学门类进行检索或浏览其核苷酸序列、蛋白质序列、结构等。

（6）PopSet 种群、种系发生和突变数据库。

该数据库包括具有亲缘关系的种群之间序列同源性配对序列以及进化或突变研究中产生的配对序列。现在只有核酸序列和蛋白质序列数据，以后会扩展到其他数据。

（7）OMIM 人类孟德尔遗传在线数据库。

该数据库是人类基因和基因疾病的目录数据库。该数据库包括原文信息、图片和参考信息，同时还可以链接到 MEDLINE、GenBank 数据库、基因组数据库中相关图谱和序列信息。

（8）PubMed 数据库。

详见本书后续章节。

（9）MeSH 数据库。

该数据库是 PubMed 中用于标引文献的医学主题词表数据库，可以通过它查找主题词与副主题词，亦可构建检索策略用于 PubMed 检索。

（10）Books 图书数据库。

该数据库包括了有关分子生物学、遗传学等有关的图书。

（11）Journals Database 期刊数据库。

该数据库可以通过刊名、MEDLINE 缩写或 ISSN 等字段对 Entrez 收录的期刊进行查询。

NCBI 提供的附加的软件工具：序列类似性检索软件 BLAST、三维结构浏览器 Cn3D、基因组图谱浏览器 Map Viewers、序列图形浏览器 Graphical Viewers、开放阅读框寻觅器（ORF Finder）、电子 PCR、序列提交工具 Sequin 和 BankIt。

所有的 NCBI 数据库和软件工具可以从 WWW 或 FTP 获得。NCBI 还有 E-mail 服务器，提供用文本搜索或序列相似搜索访问数据库的一种可选方法。NCBI 网站上还提供了一些诸如研究热点问题、研究小组情况、教育培训、联系方式等信息，还提供了到 NIH、NLM 等的链接。

四、专业医学网站参考网址

1. 基础医学

（1）美国解剖学协会（www.anatomy.org）。

美国解剖学协会（AAA）是美国最大的解剖协会，成立于 1888 年。该网站内容涉及医学基础教育、医学图像、组织学、神经科学、细胞生物学、自然人类学、法学等，该网站包含与解剖学相关的最新新闻和学术信息，同时提供丰富的解剖学相关的网站和重要出版物的链接，是解剖学人员获取专业信息的重要渠道。

（2）中国生理学会（www.caps-china.org）。

由中国生理科学工作者自愿组成的全国性的学术和科普性的法人社会团体。通过网络资源栏目可以链接到国内外的生理学网站。

（3）生物化学和细胞生物学虚拟图书馆（www.biochemweb.org）。

生物化学和细胞生物学虚拟图书馆是万维网图书馆的一个分支。生物化学和细胞生物学虚拟图书馆是一个生物化学、分子及细胞生物学及相关领域的一个在线资源指南，按照主题的字母排序。另外还可以连接到与生物化学和细胞生物学相关的研究机构、图书、期刊、数据库、工具书等。

（4）美国国家人类基因组研究所（www.genome.gov）。

该研究所隶属于美国国立卫生研究院，是美国负责解读人类基因组的机构。网站提供了有关遗传学的教育、科研、基金政策、法律伦理问题的资源。

2. 临床医学

（1）医纬达（www.univadis.cn）。

医纬达是为医药专业人员而设的医学信息门户网站，免费为用户提供突破性的医学新闻、多个系列的科学学习资源以及有用的医学工具和疾病教育内容，其中包含免费的《默克医学索引》。

（2）ACP-ASIM在线（www.acponline.org）。

该网站由美国医师学会和美国内科学会建立，主要是有关临床医学和科研的每日新闻题要。

（3）APGO妇产科教授协会（www.apgo.org）。

该协会促进妇科学、产科学和妇女保健方面的教学和研究。

（4）American Society of Anesthesiologists美国麻醉学家学会（www.asahq.org）。

该学会是医生的教育、研究和科学学会，促进麻醉学医疗水平的提高。本网站还提供病人教育资料和会员信息。

（5）ASTRO美国放射治疗学和肿瘤学学会（www.astro.org）。

该学会为癌症病人提供放射治疗科学的教育资源和其他会员信息。

（6）ARVO视觉和眼科学研究学会（www.avro.org）。

该学会鼓励和支持视觉和眼科学的研究、培训及有关知识的普及。

（7）ASH美国血液学会（www.hematology.org）。

该学会旨在促进和鼓励临床医生和研究人员对血液疾病、骨髓、免疫和止血系统的基础和临床研究，加强信息交流，提高对血液疾患的认识、预防、诊断和治疗。

（8）American Academy of Otolaryngology美国耳鼻喉科学会（www.entnet.org）。

该学会是治疗耳、鼻、喉及头颈部相关疾病的医生的专业组织，提供实时通讯、研究信息。

（9）International Society for Infections Diseases国际传染病学会（www.isid.org）。

该学会是传染病专业组织，会员包括微生物学家、免疫学家、流行病学家和健康工作者等。

（10）American College of Cardiology美国心脏病学会（www.cardiosource.org/acc）。

该学会由世界各地25000名心血管病医生和科学家组成，通过专业教育、促进研究、制定指导方针和健康政策，提高心血管病的治疗和预防水平。

(11) SEMPA 美国急诊医生助手学会（www.sempa.org）。

该学会的目标是提高急诊医生助手的水平，为病人提供最好的医疗。

3. 药学

(1) FDA 美国食品药物管理局（www.fda.gov）。

该局提供了生物药品、化妆品、食品、人用药品、兽用药品、医疗器械等方面最新信息，其中 FDA 药品批准表收载了 FDA 每月最新批准的药物信息。

(2) 国家食品药品监督管理局（www.sda.gov.cn）。

国家食品药品监督管理总局网站是总局信息发布、提供在线服务、与公众互动交流的平台，主要包括食品、药品、医疗器械、化妆品的监管动态、相关法规文件、相关公告通告、相关专题专栏、相关监管内设机构等信息，提供保健食品许可服务、食品与保健食品数据和标准查询、药品许可服务、药品相关数据和标准查询、医疗器械许可服务、医疗器械数据和标准查询、化妆品许可服务、化妆品数据查询等。

(3) 药典在线（www.newdruginfo.com）。

该网络提供美国药典、英国药典、欧洲药典、日本药典、中国药典等药典介绍及免费全文检索服务。

(4) 中国医药信息网（www.cpi.ac.cn）。

由国家药品监督管理局信息中心主办，包括医药数据库查询、医药信息服务（产品信息、市场信息、药证管理、企事业动态及海外信息）、中国医疗器械网等栏目。

4. 公共卫生

(1) 美国公共卫生协会（www.apha.org）。

美国公共卫生协会是世界上最古老、历史最悠久的的公共卫生方面的专业学会，其网站涵盖有公共卫生、环境、健康、公共卫生规划、政策等信息。该学会办的期刊有美国公共卫生杂志（American Journal of Public Health）等。

(2) 美国预防医学会（www.acpm.org）。

提供最新专业信息新闻、政策法规、信息资源、就业信息和教育机会。

(3) 美国疾病控制与预防中心（www.cdc.gov）。

美国疾病控制中心（CDC），为全球公认的在公共卫生领域具有导向作用的疾病预防控制机构。该网站除介绍美国最新公共卫生动态新闻以及各种相关领域杂志外，还提供了各种公共卫生基础统计数据，包括美国艾滋病调查报告及 STD 方面的统计资料（包括皮肤病与性病），CDC Prevention Guidelines、CDC Wonder 等著名的数据库，发病率死亡率周报（MMWR）等著名电子期刊的链接。CDC 还提供多种语言显示网页。

(4) 中国疾病预防控制中心（www.chinacdc.cn）。

中国疾病预防控制中心是由政府举办的实施国家级疾病预防控制与公共卫生技术管理和服务的公益事业单位。

该网站的主要信息包括科技文献服务系统、公共卫生数据共享工程、法定传染病疫情报告、突发卫生事件信息、国家卫生统计数据、技术报告及相关资料、CDC 论文专注一览、重点图书、艾滋病信息资源中心等。

(5) 加拿大预防医学会预防医学实践指南（www.cma.ca）。

该网站提供 HIV 实验、氟化物使用、结核控制、麻疹爆发流行、肺炎疫苗、牙周疾病预防、人乳头状瘤病毒扫描以及其他相关主题信息，以英语和法语两种文字提供。

5. 护理学

(1) 国际护士理事会（www.icn.ch）。

国际护士理事会（International Council of Nurses，ICN）是一个代表世界各地 130 多个国家护士协会共超过 13 万名护士的组织。国际护士理事会在 1899 年成立，是历史甚久并涵盖范围甚广的国际卫生专业人员的组织。该网站包含 ICN 成员、项目领域、ICN 政策、国际护理实践分类体系、ICN 护理网络、图书、新闻、护理规范说明、指南等信息。

(2) American Association of Colleges of Nursing（www.aacn.nche.edu）。

美国护理学院协会网站包括教育中心、资料中心、出版物信息、工作机会等内容。

(3) 美国护理中心网站（www.nursingcenter.com）。

该网站内容包括讨论组、杂志、协会、市场、护理资料、虚拟大学等。

(4) NursingWorld 美国护理学会护理世界网站（www.nursingworld.org）。

该网站包括有关高级实践技术、分科和面向护理业的其他话题。

6. 影像学

(1) Whole Brain Atlas（www.med.harvard.edu/AANLIB/home.html）。

哈佛大学提供的正常和病变脑部 MRI 和 CT 断层摄影术影像。

(2) Vesalius（www.vesalius.com）。

该网站提供解剖学和外科学影像，有解说。

(3) Visible Human Project（www.nlm.nih.gov/research/visible/visible_human.html）。

该网站的可视人计划提供完整、详细和三维的人体表示，是美国国立图书馆的计划。

7. 医学心理学

(1) Medscape Psychiatry & Mental Health（www.medscape.com/psychiatry）。

这是 Medscape 网站的一个栏目，服务对象是从事精神医学的研究人员、临床医学工作者及相关的医学专业人员，旨在提供与医疗实践或病人高度相关的且及时的临床医疗信息，以期对医疗实践水平的提高有所帮助。该网页的内容主要来自相关权威期刊、教材以及其他精神医学领域的专业出版商提供的资料与信息。

(2) 精神卫生服务知识交换网（www.mentalhealth.org）。

该网站由美国国立精神卫生署建立，其中的"精神卫生链接"可以链接有关精神科的几乎所有主要站点。

(3) American Psychiatric Association 美国精神病学协会（www.psych.org）。

该协会的网站首页上提供来自协会的最新消息、相关学术会议消息、书刊信息、职业信息等，同时提供大量的精神医学信息资源。

参考文献

[1] 吴红光，艾莉，张溪. 信息检索与利用［M］. 武汉：武汉大学出版社，2015.
[2] 马俊. 医学信息检索［M］. 北京：人民邮电出版社，2015.
[3] 刘鸿，刘春. 信息素养与信息检索［M］. 北京：科学出版社，2015.
[4] 蒋葵. 医学信息检索教程［M］. 南京：东南大学出版社，2015.

第四章　中文文献检索工具

第一节　中国知网（CNKI）

一、CNKI 工程介绍

CNKI 工程始建于 1999 年 6 月，由清华大学、清华同方发起，是以实现全社会知识资源传播共享与增值利用为目标的信息化建设项目。CNKI 工程集团经过多年努力，采用自主开发并具有国际领先水平的数字图书馆技术，建成了世界上全文信息量规模最大的"CNKI 数字图书馆"，并正式启动建设《中国知识资源总库》及 CNKI 网格资源共享平台，通过产业化运作，为全社会知识资源的高效共享提供最丰富的知识信息资源和最有效的知识传播与数字化学习平台。

CNKI 工程的具体目标：一是大规模集成整合知识信息资源，整体提高资源的综合和增值利用价值；二是建设知识资源互联网传播扩散与增值服务平台，为全社会提供资源共享、数字化学习、知识创新信息化条件；三是建设知识资源的深度开发利用平台，为社会各方面提供知识管理与知识服务的信息化手段；四是为知识资源生产出版部门创造互联网出版发行的市场环境与商业机制，大力促进文化出版事业、产业的现代化建设与跨越式发展。

二、CNKI 系列数据库主要产品简介

CNKI 资源总库中包括源数据库、特色资源库、国外资源库、行业知识库、作品欣赏库、指标索引等几大部分。其中最重要的源数据库中又包括期刊、学位论文、报纸、会议四类共 10 个数据库。

1. 中国学术期刊（网络版）

中国学术期刊（网络版）（国内统一连续出版物号 CN 11-6037/Z），简称 CAJD，是世界上最大的连续动态更新的中国学术期刊全文数据库，是"十一五"国家重大网络出版工程的子项目，是《国家"十一五"时期文化发展规划纲要》中国家"知识资源数据库"出版工程的重要组成部分。其收录自 1915 年至今出版的期刊，部分期刊回溯至创刊。出版内容以学术、技术、政策指导、高等科普及教育类期刊为主，覆盖自然科学、工程技术、农业、哲学、医学、人文社会科学等各个领域。收录国内学术期刊 8139 种，全文文献总量为 45553556 篇。产品分为十大专辑：基础科学、工程科技Ⅰ、

工程科技Ⅱ、农业科技、医药卫生科技、哲学与人文科学、社会科学Ⅰ、社会科学Ⅱ、信息科技、经济与管理科学。十大专辑下又分为168个专题。

2. 中国学术辑刊全文数据库

辑刊是指由学术机构定期或不定期出版的成套论文集。中国学术辑刊全文数据库是目前国内唯一的学术辑刊全文数据库,辑刊的编辑单位多为高等院校和科研院所,编者的学术素养高,论文质量好、专业特色强,所以辑刊具有较强的学术辐射力和带动效应。中国学术辑刊全文数据库共收录国内出版的重要学术辑刊621种,累积文献总量达199650篇,收录自1979年至今出版的论文集。产品分为十大专辑168个专题。

3. 世纪期刊

世纪期刊按期刊的知识内容分类,只包括1994年之前出版的期刊。

4. 商业评论数据库

商业评论数据库收录了《商业评论》中文杂志自2002年9月以来的所有文章,内容覆盖管理学的主要学科,文章体现第一手研究材料,具有相当的前瞻性和权威性。70%的内容是精选自《商业评论》近期最受欢迎的经典文章,30%的内容是针对中国本土案例进行的研究分析。截至2012年10月,《商业评论》数据库出版文献1300多篇。产品分为12个专题:服务管理、人力资源、信息技术、创新、创业、组织、市场营销、运营管理、领导力、战略、金融与财务、综合管理。

5. 中国学术期刊（网络版）特刊

中国学术期刊（网络版）特刊是中国学术期刊（网络版）（国内统一连续出版物号CN 11-6037/Z）的一个子集,收录独家授权数字出版的学术期刊文献。内容涉及科技、医学及人文社会科学等各个领域。特刊已收录出版期刊共1614种,累积文献总量达9452753篇。产品分为十大专辑168个专题。收录自1915年至今出版的期刊,部分期刊回溯至创刊。

6. 中国博士学位论文全文数据库

中国博士学位论文全文数据库简称CDFD,是国内内容最全、质量最高、出版周期最短、数据最规范、最实用的博士学位论文全文数据库,覆盖基础科学、工程技术、农业、医学、人文、社会科学等各个领域。目前,收录来自432家培养单位的博士学位论文285098篇。收录全国"985""211"工程等重点高校,中国科学院、社会科学院等研究院所的博士学位论文。产品分为十大专辑168个专题,包括从1984年至今的博士学位论文。

7. 中国优秀硕士学位论文全文数据库

中国优秀硕士学位论文全文数据库简称CMFD,是国内内容最全、质量最高、出版周期最短、数据最规范、最实用的硕士学位论文全文数据库,覆盖基础科学、工程技术、农业、哲学、医学、人文、社会科学等各个领域。目前,收录来自695家培养单位的优秀硕士学位论文2611491篇。重点收录"985""211"高校,中国科学院、社会科学院等重点院校高校的优秀硕士论文及重要特色学科如通信、军事学、中医药等专业的优秀硕士论文。产品分为十大专辑168个专题，包括从1984年至今的硕士学位论文。

8. 中国重要报纸全文数据库

该数据库收录2000年以来中国国内重要报纸刊载的学术性、资料性文献，是连续动态更新的数据库。至2012年10月，该数据库累积报纸全文文献1000多万篇，以及国内公开发行的500多种重要报纸。产品分为十大专辑：基础科学、工程科技Ⅰ、工程科技Ⅱ、农业科技、医药卫生科技、哲学与人文科学、社会科学Ⅰ、社会科学Ⅱ、信息科技、经济与管理科学。十大专辑下分为168个专题文献数据库和近3600个子栏目。

9. 中国重要会议论文全文数据库

中国重要会议论文全文数据库收录了国内重要会议主办单位或论文汇编单位书面授权，投稿到"中国知网"进行数字出版的会议论文，是《中国学术期刊（光盘版）》电子杂志社编辑出版的国家级连续电子出版物。该数据库重点收录1999年以来，中国科协、社科联系统及省级以上的学会、协会、高校、科研机构、政府机关等举办的重要会议上发表的文献。其中，全国性会议文献超过总量的80%，部分连续召开的重要会议论文回溯至1953年。产品分为十大专辑168个专题，包括自1953年至今的会议论文集。

10. 国际会议论文全文数据库

国际会议论文全文数据库的文献是由国内外会议主办单位或论文汇编单位书面授权并推荐出版的重要国际会议论文，是由《中国学术期刊（光盘版）》电子杂志社编辑出版的国家级连续电子出版物专辑。该数据重点收录1999年以来，中国科协系统及其他重要会议主办单位举办的在国内召开的国际会议上发表的文献，部分重点会议文献回溯至1981年。目前，已收录出版国际学术会议论文集5751本，累积文献总量607688篇。产品分为十大专辑：基础科学、工程科技Ⅰ、工程科技Ⅱ、农业科技、医药卫生科技、哲学与人文科学、社会科学Ⅰ、社会科学Ⅱ、信息科技、经济与管理科学。十大专辑下分为168个专题，包括自1981年至今的国际会议论文集。

三、中国知网KNS6.6检索方法

1. 一框检索

一框式检索对输入短语经过一系列分析步骤，可更好地预测读者的需求和意图，给出更准确的检索结果。

（1）检索方式。

①输入检索词直接检索。

选择数据库（默认为文献，文献为跨库，包括期刊、博硕士、国内重要会议、国际会议、报纸和年鉴）以及检索字段，在检索框中直接输入检索词，点击检索按钮进行检索，如图4-1-1所示。

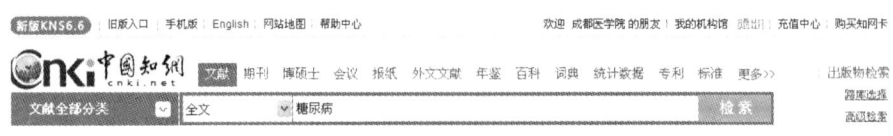

图 4-1-1　中国知网检索界面

②数据库切换直接检索。

选择字段以及输入检索词，切换数据库则直接检索，如果检索框为空，则不检索，如图 4-1-2 所示。

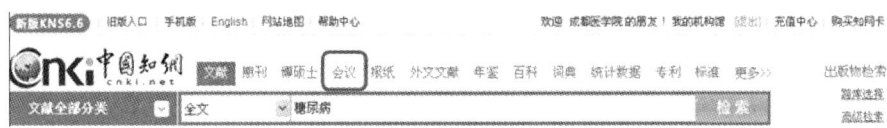

图 4-1-2　数据库切换示意图

③文献分类检索。

文献分类检索，以鼠标滑动显示的方式进行展开，包括基础科学、工程科技、农业科技等领域，每个领域又进行了细分，根据需要点击某一个分类，即进行检索，如图 4-1-3 所示。

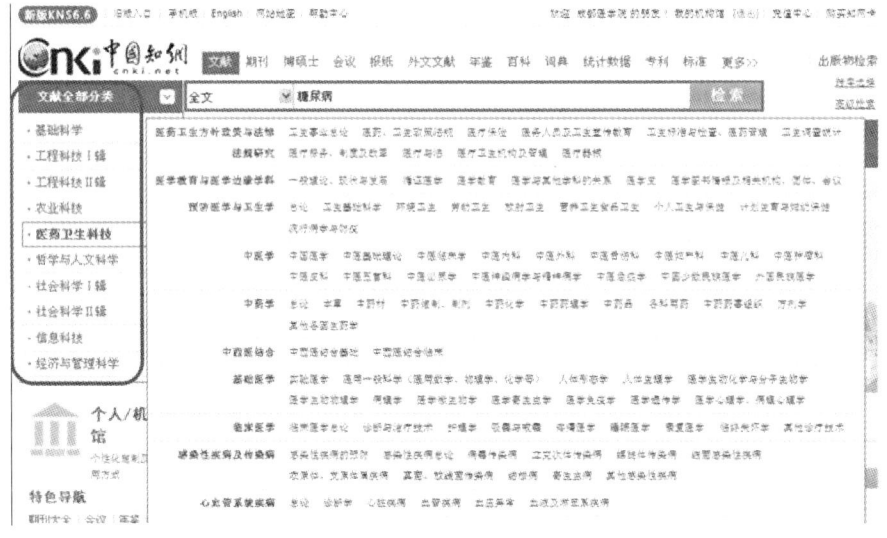

图 4-1-3　分类主题选择示意图

④智能提示检索。

例如当输入检索词糖尿病时，只输入"糖"一个字，系统就会根据您输出的字或词，自动提示相关的词，通过鼠标（键盘）选中提示词，鼠标点击检索按钮（或者点击提示词，或者直接回车），即可实现相关检索，如图 4-1-4 所示。

图 4-1-4　关联选词示意图

⑤相关词检索。

在检索结果页面的下方，提供了输入检索词的相关词，点击相关词即可进行检索，如图 4-1-5 所示。

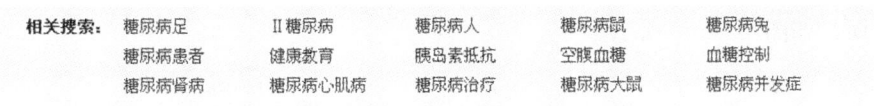

图 4-1-5　系统提供的相关词示意图

⑥历史记录检索。

在检索结果的页面右下方，有检索历史记录。点击历史检索词，同样可以检索出数据（检索项为页面默认的检索项），如图 4-1-6 所示。

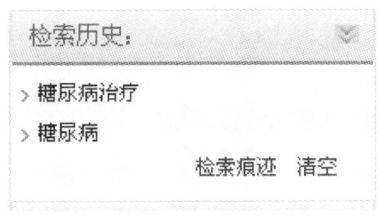

图 4-1-6　检索史示意图

⑦二次检索。

在检索结果出来后，如果对检索结果不满意，可以选择在结果中检索，这样检索的结果范围缩小，更加精确，符合检索的要求，同时每次检索的条件会出现在检索框的下面。

（2）数据库的选择。

①统一检索界面，首页上只列出常用的几个数据库，可随意切换。如果想切换其他数据库，例如"古籍数据库"，点击"更多>>"，然后选择"古籍"即可，如图4-1-7所示。

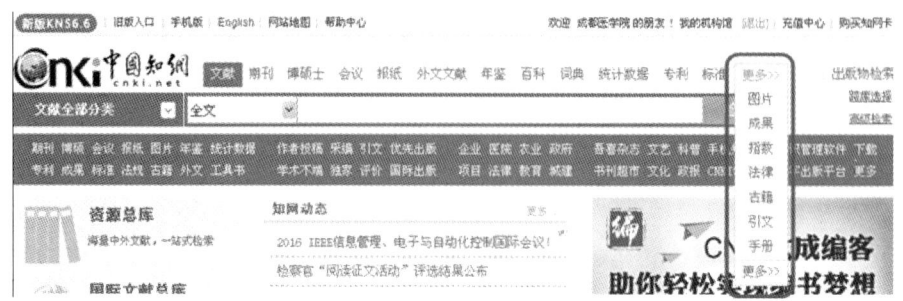

图 4-1-7 更多数据资源库选择示意图

选中"古籍"之后,"古籍"替换"标准",如图 4-1-8 所示。

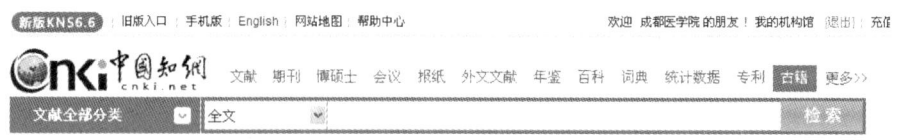

图 4-1-8 单个资源库选择示意图

点击"更多"下面的"更多",则进入产品列表页,点击每一个产品则进入相应的检索页面,如图 4-1-9 所示。

文献	工具书	图片
期刊	百科	古籍
商业评论	词典	引文
期刊_特刊	手册	学术辑刊
博硕士	指数	高等教育
博士	专利	精品科普
硕士	中国专利	精品文化
会议	海外专利	精品文艺作品
国内会议	标准	党建期刊
国际会议	国家标准全文	经济信息
会议视频	行业标准全文	政报公报
报纸	国内外标准题录	
年鉴	成果	
统计数据	法律	
外文文献		
ASRD学术研发情报库	美国数学学会期刊	DOAJ期刊
BSC全球产业案例库	英国皇家学会期刊	Dove期刊
EPS国际能源情报库	汉斯期刊	Hindawi期刊
MGC军事政治情报库	剑桥大学出版社期刊	Hrcak期刊
DynaMed循证医学库	Frontiers系列期刊数据库	IGI Global期刊
SPRINGER期刊	Academy期刊	Informa期刊
Taylor&Francis期刊	Annual Reviews期刊	J-STAGE期刊
Wiley期刊	Bentham期刊	DBLP文献
Elsevier期刊	伯克利电子期刊	美国科研出版社期刊
Emerald期刊	CSCanada期刊	MultiScience期刊
ProQuest期刊	Earthscan期刊	Schweizerbart期刊

图 4-1-9 数据资源库列表选择示意图

②跨库选择。

在"文献"检索中,提供了跨库选择功能,点击"跨库选择",弹出的界面如图 4-1-10 所示。

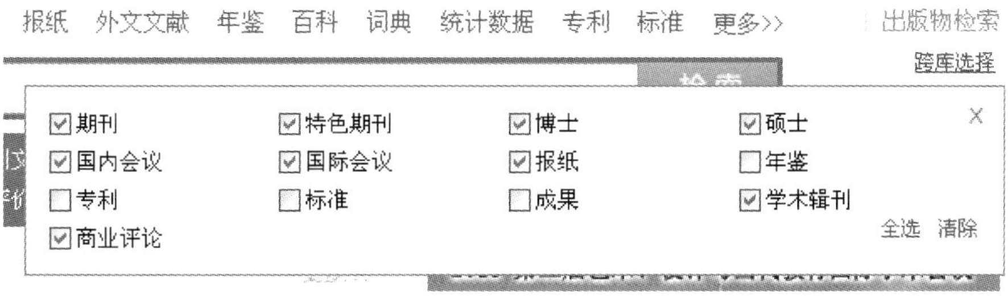

图 4-1-10　跨库检索资源库选择示意图

可以选择想要的数据进行组合检索。选择完成之后，显示如图 4-1-11 所示。

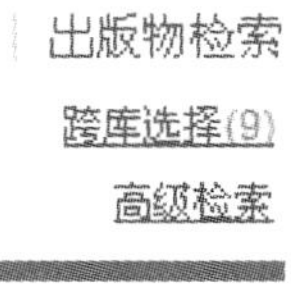

图 4-1-11　跨库检索选中资源库数量示意图

（3）检索过程。

下面以"糖尿病"为检索词，以数据库"文献"（跨库）为例，进行检索。在检索框中输入"糖尿病"，直接点击检索按钮即可，检索的结果如图 4-1-12 所示。

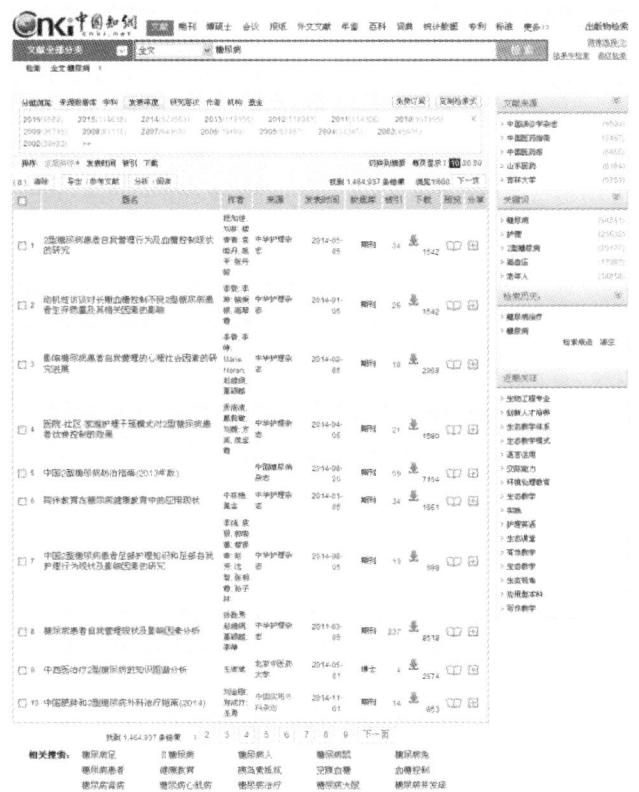

图 4-1-12　检索结果示意图

根据检索需要，可选取不同检索项来提高检索的查准率。点击如图4-1-13所示下拉框切换检索项，数据库不同则检索项不同。

图4-1-13 检索点选择示意图

"检索建议"即系统智能地识别用户所输入的检索词是否与检索项对应。例如，在"文献"中，检索项为"全文"，检索词用"成都医学院"，点击"检索"按钮（或者直接回车），则系统给出智能提示"您是否想查找单位为成都医学院的文献"，如图4-1-14所示。

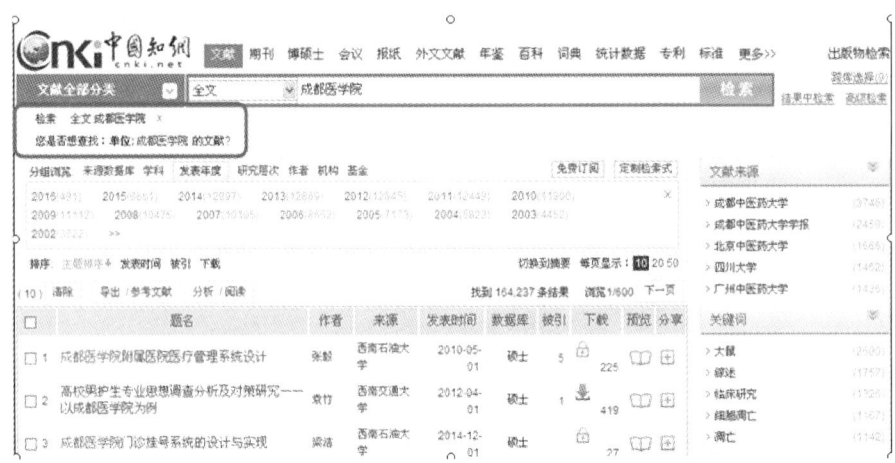

图4-1-14 检索点智能提示示意图

2. 高级检索

（1）高级检索。

高级检索如图4-1-15所示，其中"+"和"-"按钮用来增加和减少检索条件，"词频"表示该检索词在文中出现的频次。在高级检索中，还提供了更多的检索控制条件，如发表时间、文献来源、支持基金、作者以及作者单位等。

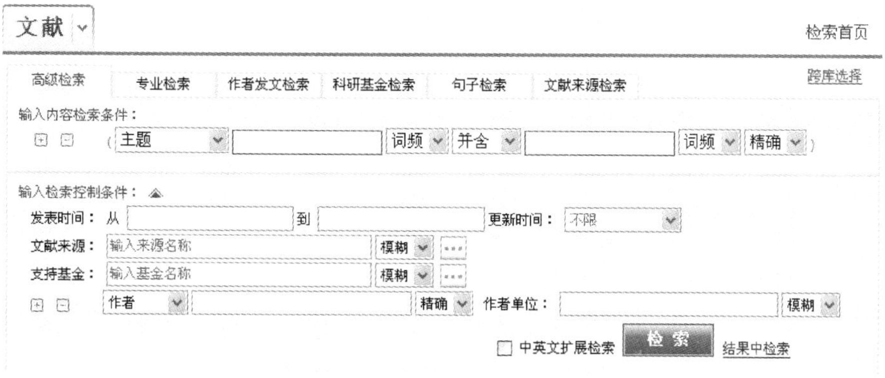

图 4-1-15　高级检索界面

（2）专业检索。

专业检索是所有检索方式里面比较复杂的一种检索方法，需要用户自己输入检索式来检索，并且确保所输入的检索式语法正确，这样才能检索到想要的结果。每个库的专业检索都有说明，详细语法可以点击右侧"检索表达式语法"参看详细的语法说明，如图 4-1-16 所示。

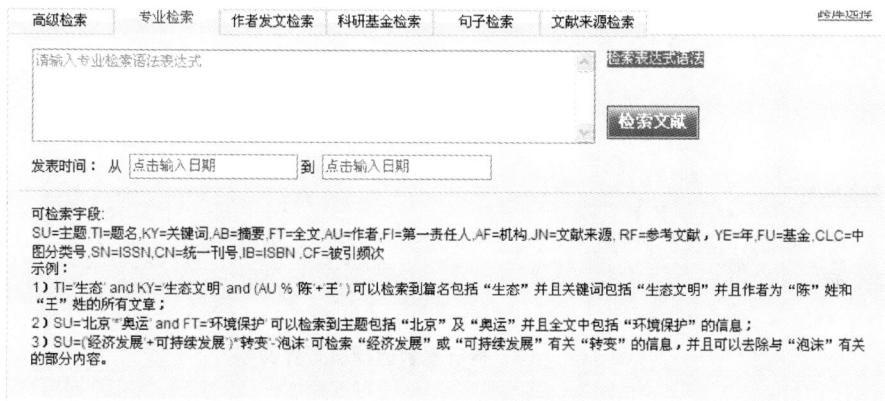

图 4-1-16　专业检索界面

（3）作者发文检索。

作者发文检索用于检索某作者的发表文献，只要用户输入相应作者姓名、单位即可；可以点击"＋"和"－"按钮增加删除检索条件，如图 4-1-17 所示。

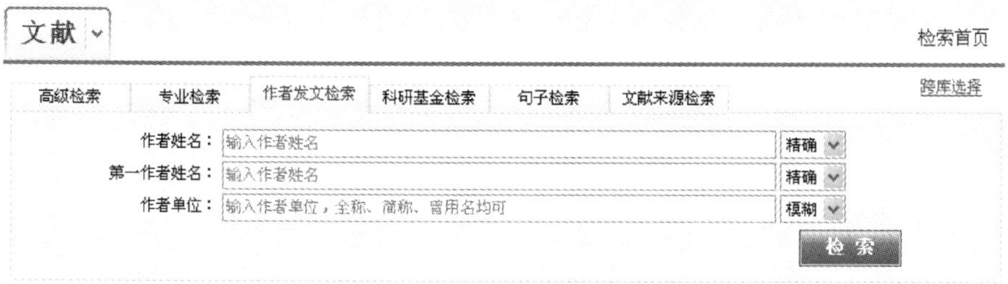

图 4-1-17　作者检索界面

(4) 科研基金检索。

科研基金检索用于检索某基金发表的文献。点击 按钮选择基金,然后点击"检索"按钮检索即可,如图4-1-18与图4-1-19所示。

图4-1-18 科研基金检索界面

图4-1-19 科研基金选择检索界面

(5) 句子检索。

句子检索用来检索文献正文中所包含的某一句话或者某一个词组等文献,可以点击"+"和"-"按钮,在同一句或者同一段中检索,如图4-1-20所示。

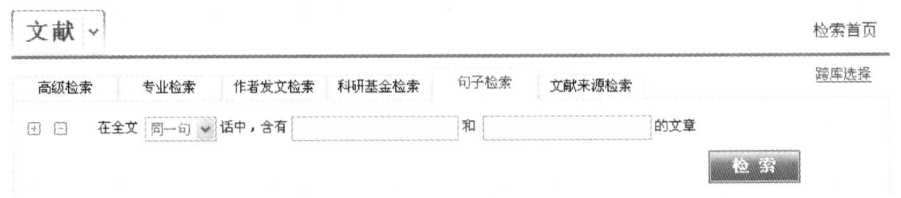

图4-1-20 句子检索界面

(6) 文献来源检索。

文献来源检索主要针对想了解期刊来源的用户,点击 按钮选择期刊,可用期刊名称、专辑名称、收录来源、核心期刊等进行组合检索,如图4-1-21与图4-1-22

所示。

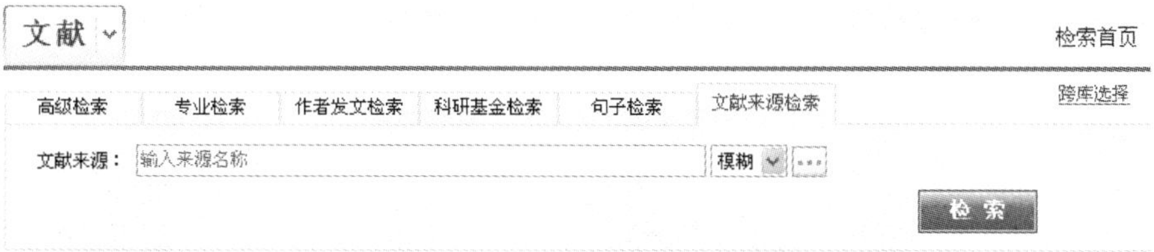

图 4-1-21 文献来源检索界面

图 4-1-22 文献来源扩展选择界面

3. 出版物检索

在 KNS6.6 首页点击"出版物检索"进入导航首页，如图 4-1-23 所示。

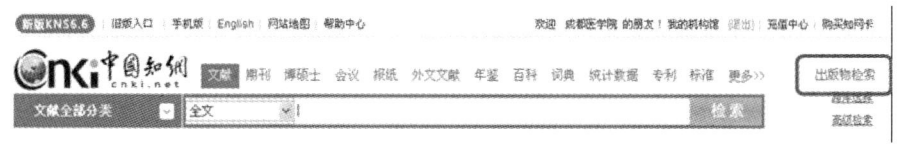

图 4-1-23 出版物选择检索界面

进入导航首页，在该页中有字母导航和分类导航。左侧文献分类目录帮助用户快速定位导航的分类；导航首页有推送的栏目，是当前热门的期刊论文等文献。下面是一些热门的特色导航的推荐文献：期刊、会议、年鉴、工具书、报纸、博士学位授予单位、硕士学位授予单位，如图 4-1-24 所示。

图 4-1-24　出版物选择检索示意图

以期刊来源导航为例,在文本框中输入"糖尿病",输出检索结果如图 4-1-25 所示。

图 4-1-25　期刊来源检索示意图

选择《糖尿病新世界》,则进入该期刊的导航功能(其他来源导航类似),在期刊导航中,选中某一年某一期,页面的目录随之变化,点击其中的某一条目录则进入相应的知网节页面,如图 4-1-26 所示。

图 4-1-26 期刊详细信息界面

4. 检索结果

（1）分组、排序。

以"糖尿病"检索结果为例，如果某个库有分组，则在检索结果中显示相关的分组详细情况，且分组中若包含年份，则默认展开，并且每一个分组后面都显示了该组的数量。点击某个分组之后，背景色为橙色（表示选中），下方结果则发生相应的变化。在检索结果的下方，可以选择按照某个字段进行排序，默认为"主题排序"降序，再次点击之后则按照升序排列。检索结果中，每页默认检索的记录数是 20 条，共有显示 10、20、50 三种。设置之后，每次检索则按照之前设置的记录数进行显示，例如上述检索，设置每页显示 10 条记录，之后检索结果都显示 10 条，如图 4-1-27 所示。

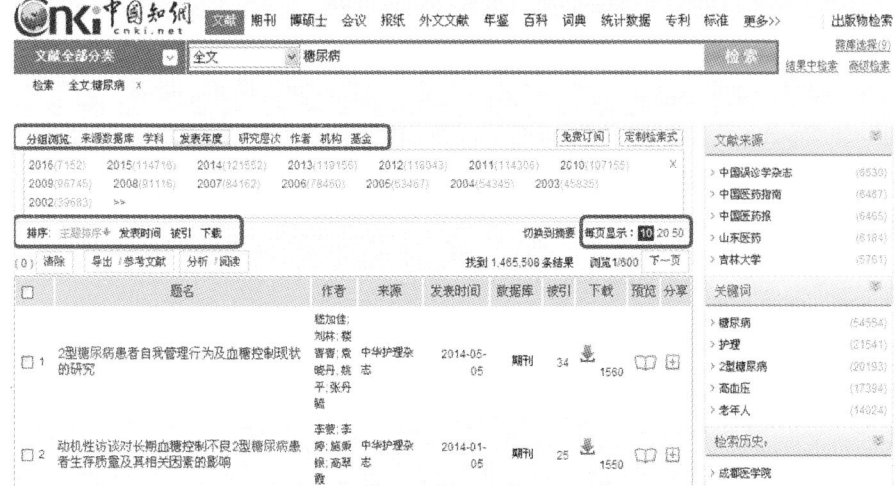

图 4-1-27 检索结果界面

每个数据库对应的分组形式和排序形式都不一样,表4-1-1是每个数据库对应的分组和排序方式。

表4-1-1 数据库排序及其分组方式

数据库名称	排序	分组
期刊	发表时间、相关度、主题排序、被引、下载	学科、基金、研究层次、作者、单位、机构、全部类别
学术期刊	发表时间、相关度、主题排序、被引、下载	学科、基金、研究层次、作者、单位、机构、全部类别
博硕士学位论文	发表时间、相关度、被引、下载、学位授予年度	学科、基金、导师、学科专业、研究层次、全部类别
博士学位论文	发表时间、相关度、被引、下载、学位授予年度	学科、基金、导师、学科专业、研究层次、全部类别
优秀硕士学位论文	发表时间、相关度、被引、下载、学位授予年度	学科、基金、导师、学科专业、研究层次、全部类别
会议论文	时间、相关度、被引、下载频次	来源数据库、学科、主办单位、基金、研究层次、作者、单位、全部类别
国内会议	时间、相关度、被引、下载频次	学科、主办单位、基金、研究层次、作者、单位、全部类别
国外会议	时间、相关度、被引、下载频次	学科列表、主办单位、研究资助基金、研究层次、作者单位、全部类别
报纸	报纸日期、相关度	学科、作者、单位、全部类别
年鉴	年鉴年份、相关度、下载	学科、地域、年鉴级别、全部类别
工具书	出版时间、相关度、文字量	学科
百科	出版时间、相关度、文字量	学科
词典	出版时间、相关度、文字量	学科
学术辑刊	发表时间、相关度、被引、下载	学科、基金、研究层次、作者、单位、全部类别
统计年鉴	年鉴年份、相关度、下载	学科、地域、年鉴级别、全部类别
法律	发表时间、相关度	来源数据库
法律论文	发表时间、相关度、被引频次、下载频次	
法律案例	发布日期、相关度	
专利	时间、申请日、相关度、公开日	
中国专利	时间、申请日、相关度、公开日	
国外专利	时间、申请日、相关度、公开日	
图片	相关度、出版日期、清晰度	学科、图片类别

（2）浏览模式。

点击切换到摘要，则可以将检索结果变为摘要模式。如图 4－1－28 所示，选择摘要模式之后，之后的检索都以这种模式进行显示。

图 4－1－28　检索结果摘要显示示意图

（3）结果的导出与分析。

在 KNS6.6 中可将多个库检索结果组合，以满足多结果进行存盘等功能，同时还提供了检索结果组合分析、组合预览功能。以上述检索结果为例，选择前两条检索记录，如图 4－1－29 所示。

图 4－1－29　选择检索记录

点击"导出/参考文献",进入导出文献界面,如图 4-1-30 所示。

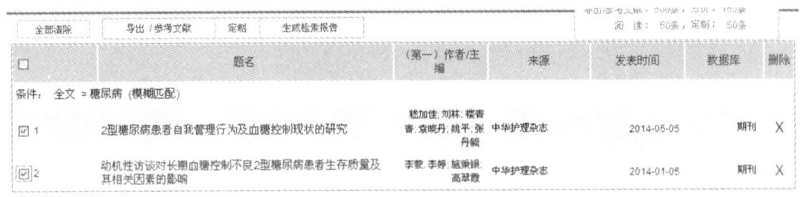

图 4-1-30　导出文献界面

点击"导出/参考文献"后,可以选择你所要导出的文献格式,如图 4-1-31 所示。

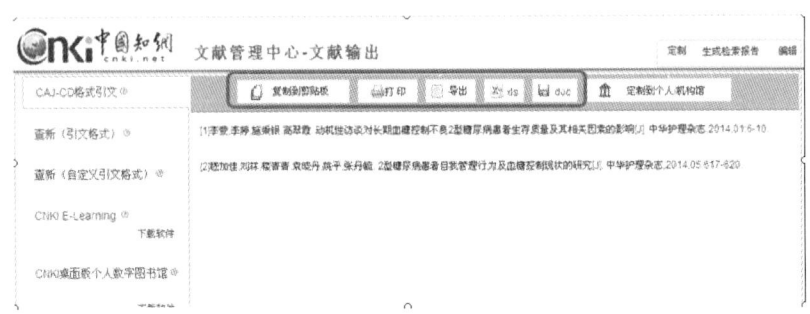

图 4-1-31　导出结果格式选择示意图

点击生成检索报告,进入输出检索报告的页面。检索范围就是检索选取的数据库,检索年限是选择检索的时间范围,这里没有选择年限(在高级检索里有年度的选择)。检索式 A 是每次检索的条件,这里显示的是"全文=糖尿病(模糊匹配)"。同时列出了检索结果,具体内容文献以引文的格式展现。对于自我评价,用户可以直接采用系统输出的内容。在底部需要输入检索和审核人员的名称。检索完成之后,保存检索报告,以 Word 的格式输出,如不需要可直接打印出检索报告,如图 4-1-32 所示。

图 4-1-32　检索报告示意图

点击"分析/阅读",进入分析文献界面,如图4-1-33所示。

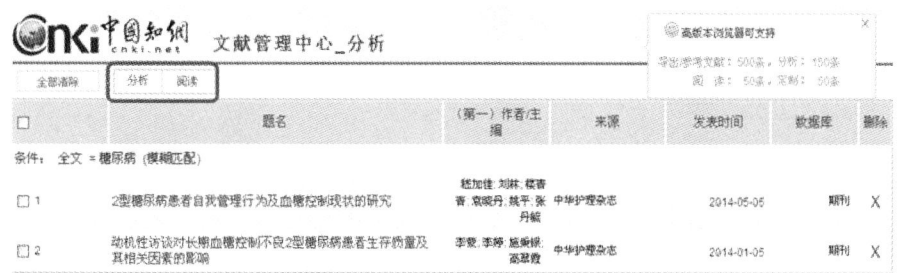

图4-1-33 **文献分析界面**

点击"分析",进入文献分析界面。页面上分析了选择的文献的互引关系(页面中以球形状表示被引关系)、参考文献、引证文献、文献共被引分析、关键词文献分析、读者推荐分析、H指数分析(本组文献中至少有H篇文献且被引频次不少于H次)、文献分布分析(来源分析、机构分布),如图4-1-34所示。

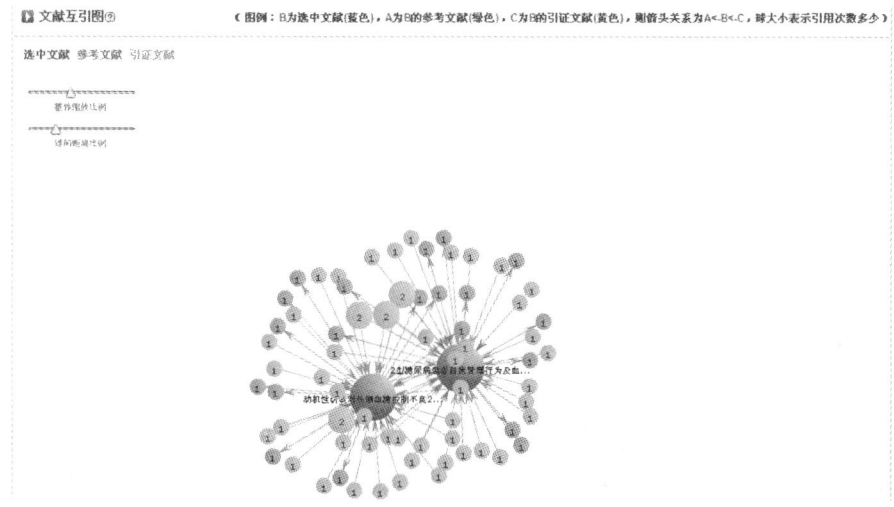

图4-1-34 **文献分析结果界面**

点击"阅读",进入文献阅读界面,如图4-1-35所示。

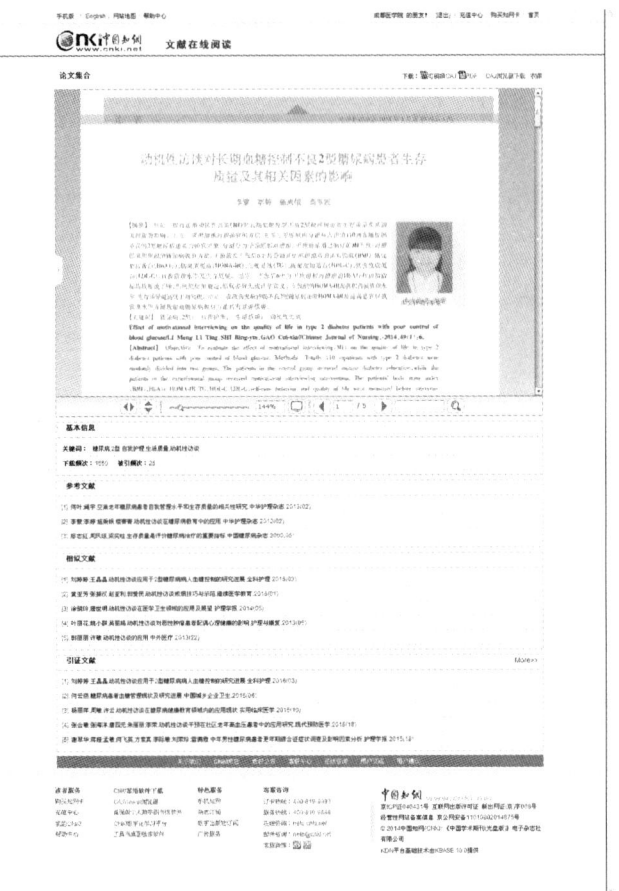

图 4-1-35 文献阅读界面

(4) 文献知网节。

提供单篇文献的详细信息和扩展信息浏览的页面被称为"知网节"。它不仅包含了单篇文献的详细信息,还是各种扩展信息的入口汇集点。这些扩展信息通过概念相关、事实相关等方法提示知识之间的关联关系,达到知识扩展的目的,有助于新知识的学习和发现,帮助实现知识获取、知识发现。

节点文献信息包括:篇名(中文/英文)、下载阅读方式、作者、导师、作者基本信息、摘要(中文/英文)、关键词(中文/英文)、文内图片、网络出版投稿人、网络出版年期、分类号、被引频次、下载频次、攻读期成果、节点文献全文快照搜索、知网节下载。不同类型的知网节包含的信息不同,如图 4-1-36 所示。

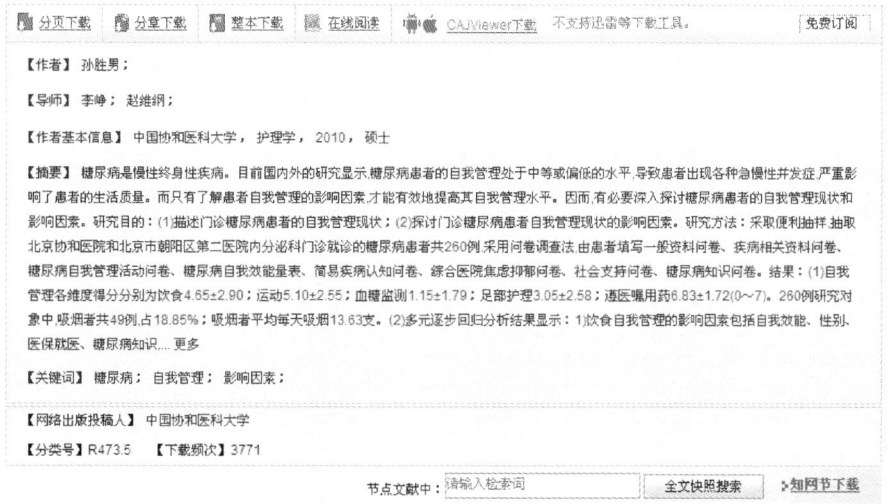

图 4-1-36　文献知网节信息

点击知网节中作者、导师、作者单位、关键词和网络投稿人中的某一字段，可以直接链接到点击字段在中国学术期刊网络出版总库、中国博士学位论文全文数据库、中国优秀硕士学位论文全文数据库、中国重要会议论文全文数据库、国家科技成果数据库等数据库中包含的相关信息。

"本文链接的文献网络图示"中包含本文的引文网络、本文的其他相关文献两部分，并以图形形式显示出来，如图 4-1-37 所示。

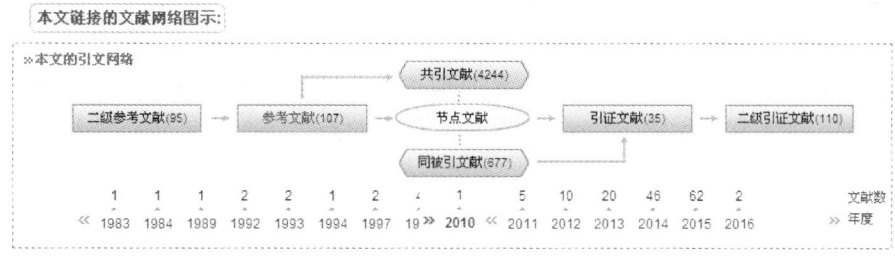

图 4-1-37　文献的引文网络

本文的引文网络部分包括：二级参考文献、参考文献、引证文献、二级引证文献、共引文献、同被引文献。参考文献，反映本文研究工作的背景和依据；二级参考文献，本文参考文献的参考文献，进一步反映本文研究工作的背景和依据；引证文献，引用本文的文献，是本文研究工作的继续、应用、发展或评价；二级引证文献，本文引证文献的引证文献，更进一步反映本研究的继续、发展或评价；共引文献，与本文有相同参考文献的文献，与本文有共同研究背景或依据；同被引文献，与本文同时被作为参考文献引用的文献。

每种文献的数量标示在标题后面，用括号括起来，如"参考文献（21）"；点击任意类型文献的题名，该类文献将在图表下面显示出来。涉及的数据库有中国学术期刊网络出版总库、中国优秀硕士学位论文全库、Springer 期刊数据库和外文题录数据库等数据库的文献。每个库中的文献在首页显示 10 条，如图 4-1-38 所示。

图 4-1-38　文献后参考文献详细信息

在下拉框中，可以选择某一个库的详细信息，默认是显示"全部"。相同导师文献则是与本文作者拥有相同导师的其他博士或硕士研究生的学位论文，如图 4-1-39 所示，默认显示和本篇级别相同，例如文献是博士论文，则列表显示的都是博士论文。相关作者文献，点击某个作者，可在表中显示该作者的论文。

图 4-1-39　学位论文相关文献信息

文献分类导航,从导航的最底层可以看到与本文研究领域相同的文献,从上层导航可以浏览更多相关领域的文献,如图 4-1-40 所示。

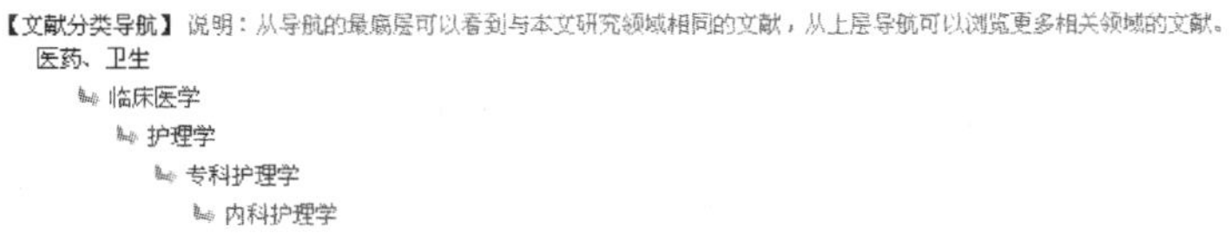

图 4-1-40　层级分类导航信息

(5) 检索结果下载。

在检索结果页中,点击黄色下载按钮,可以下载该篇文献,登录之后图标变为绿色下载按钮,如果订购了该产品,则可以下载;否则会提示没有订购该产品。如余额不足时,也会提示。成功下载该篇文献之后,对于个人用户,24 小时之内再次下载(或者在线预览)不重复扣费。对于包库用户,订购该产品之后,正常登录可直接下载,对于个人用户,下载时则弹出下载页面。每篇文章都提供下载、预览及分享的功能,如图 4-1-41 所示。

图 4-1-41 检索结果下载页面

也可以在选中某篇文章进入知网节页面后选择 CAJ 下载或者 PDF 下载,如图 4-1-42 所示。选择下载 CAJ 格式的文献则需要下载专门的 CAJ 阅读器进行阅读。

图 4-1-42 知网文献下载格式选择页面

第二节 维普期刊资源整合服务平台(VIP)

一、维普期刊资源整合服务平台(V6.5)的介绍

维普期刊资源整合服务系统(CSTJ)V6.5 版,是中文科技期刊资源一站式检索及提供深度服务的平台,是一个由单纯提供原始文献信息服务过渡延伸到提供深层次知识服务的整合服务系统。该平台包括但不限于以下功能:中刊检索、文献查新、期刊导航、检索历史、引文检索、引用追踪、H 指数、影响因子、排除自引、索引分析、排名分析、学科评估、顶尖论文、搜索引擎服务等。

维普期刊资源整合服务系统是维普公司集合所有期刊资源从一次文献保障到二次文献分析,再到三次文献情报加工的专业化信息服务整合平台,兼具为机构服务功能在搜索引擎的有效拓展提供支持工具。

维普期刊资源整合服务平台包含 4 个功能模块。

1. "期刊文献检索"模块

该模块有效继承了原中文科技期刊数据库检索查新及全文保障功能，并进行检索流程梳理和功能优化，新增文献传递、检索历史、参考文献、基金资助、期刊被知名国内外数据库收录的最新情况查询、查询主题学科选择、在线阅读、全文快照、相似文献展示等功能。

2. "文献引证追踪"模块

该模块是维普期刊资源整合服务系统的重要组成部分，是目前国内规模最大的文摘和引文索引型数据库。该产品采用科学计量学中的引文分析方法，对文献之间的引证关系进行深度数据挖掘，除提供基本的引文检索功能外，还提供基于作者、机构、期刊的引用统计分析功能，可广泛用于课题调研、科技查新、项目评估、成果申报、人才选拔、科研管理、期刊投稿等用途。

该功能模块现包含维普所有的中文科技期刊数据，引文数据回溯至2000年，除帮助客户实现强大的引文分析功能外，还采用数据链接机制实现到维普资讯系列产品的功能对接，极大地提高了资源利用效率。

3. "科学指标分析"模块

该模块是目前国内规模最大的动态连续分析型事实数据库，提供三次文献情报加工的知识服务，通过引文数据分析揭示国内近200个细分学科的科学发展趋势、衡量国内科学研究绩效，有助于显著提高用户的学习研究效率。

该功能模块运用科学计量学有关方法，以维普中文科技期刊数据库近10年的千万篇文献为计算基础，对我国近年来科技论文的产出和影响力及其分布情况进行客观的描述和统计。其从宏观到微观，逐层展开，分析了省市地区、高等院校、科研院所、医疗机构、各学科专家学者等的论文产出和影响力，并以学科领域为引导，展示了我国最近10年各学科领域最受关注的研究成果，揭示了不同学科领域中研究机构的分布状态及重要文献产出，致力于为用户提供具有高端分析价值的精细化产品，是专门为辅助科研管理部门、科研研究人员等了解我国的科技发展动态而倾力打造的，适用于课题调研、科技查新、项目评估、成果申报等用途。同样，该模块采用数据链接机制实现到维普资讯系列产品的功能对接及定位，可显著提高资源利用的效率。

4. "搜索引擎服务"模块

该模块是为机构用户基于谷歌和百度搜索引擎面向读者提供服务的有效拓展支持工具，既是灵活的资源使用模式，也是图书馆服务的有力交互推广渠道；通过开通该服务可以使图书馆服务推广到读者环境中去——"读者在哪里，图书馆的服务就在哪里"，让图书馆服务无处不在。图书馆可以通过该公司授权的后台对该单位的信息进行定期更换。

二、"期刊文献检索"模块的使用方法

检索方式有五种：基本检索、传统检索、高级检索、期刊导航、检索历史，如图4-2-1所示。

图 4-2-1 检索方式选择页面

1. 基本检索

进入数据库后默认进入基本检索。基本检索是简单快捷的中文期刊文献检索方式,可以增加多个检索框输入检索条件做由上至下的组配检索;同时也可以搭配选择限定时间、期刊范围、学科范围进行限定;包括任意字段、题名或关键词、题名、关键词、文摘、作者、第一作者、机构、刊名、分类号、参考文献、作者简介、基金资助、栏目信息 14 个检索入口。

2. 传统检索

中文科技期刊数据库提供老用户查新检索风格。传统检索中,可以选择期刊范围、设定年限、选择检索入口,并且可以配合分类导航共同检索。同义词库:勾选页面左上角的"同义词",选择关键词字段进行检索,可查到该关键词的同义词,如图 4-2-2 所示。检索中使用同义词功能可提高查全率。适用的检索字段:关键词、题名或关键词、题名。同名作者库:勾选页面左上角的"同名作者",选择检索入口为作者或第一作者,输入检索词"李强",点击"检索"按钮,即可找到作者名为"李强"的作者单位列表,用户可查找需要的至多 5 条信息做进一步选择。适用的检索字段:作者、第一作者。

图 4-2-2 分类导航检索页面

3. 高级检索

多检索条件逻辑组配检索，更支持一次输入复杂检索式查看命中结果。高级检索提供了两种方式供用户选择使用：表单检索和命令检索。

（1）表单检索。表单检索为读者提供一个检索表单，除可输入检索词外，还可以选择逻辑运算、检索项、匹配度，并进行相应字段扩展信息的限定等操作，如图4-2-3所示。

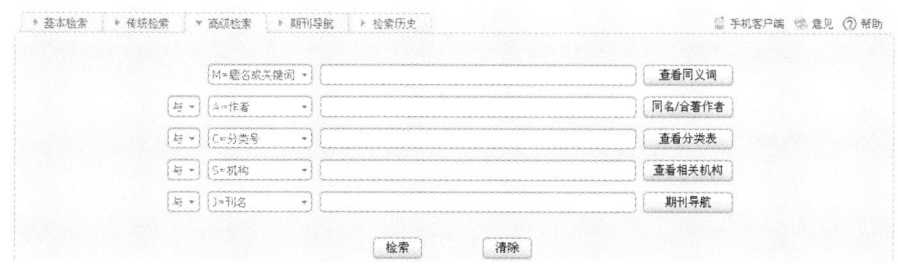

图4-2-3　高级检索页面

①检索规则：检索时严格按照从上至下的顺序进行，用户在检索时可根据检索需求进行检索字段的选择。逻辑运算符"*"表示"and"，"+"表示"or"，"-"表示"not"。检索字段代码：U（任意字段）、M（题名或关键词）、S（机构）、J（刊名）、K（关键词）、A（作者）、C（分类号）、R（文摘）。

②查看同义词：检索出该词典同义词，以扩大检索范围。

③查看同名/合著作者：以列表形式显示不同单位同名作者，也可以选择单位来限定同名作者范围，选择数据不超过5个。

④查看分类表：弹出分类表页面，操作方法同分类检索。

⑤查看相关机构：显示该机构为主办机构的所属期刊列表。

⑥扩展检索条件：用户可以根据需要，点击"扩展检索条件"，以时间条件、专业限制、期刊范围进一步限定，减少搜索范围，获得更符合需求的检索结果，如图4-2-4所示。

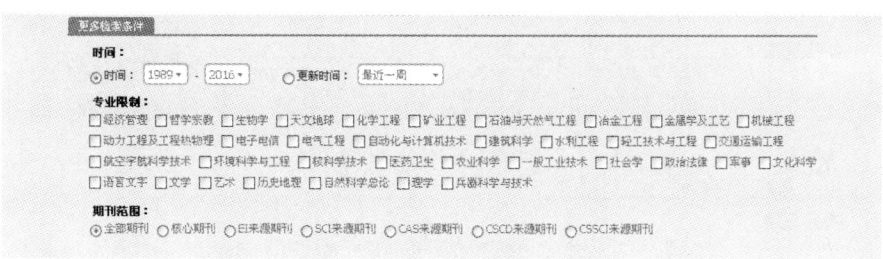

图4-2-4　检索限制条件页面

（2）命令检索。在检索框中直接输入逻辑运算符、字段标识符等，点击"扩展检索条件"并对相关检索条件进行限制后点击"检索"按钮即可，如图4-2-5所示。检索式输入有错时检索后会返回"查询表达式语法错误"的提示，然后点击浏览器的"后退"按钮返回检索界面重新检索。检索规则：逻辑运算符和检索代码同"向导式检索"；

无括号时逻辑与"＊"优先运算，有括号时先括号内后括号外。括号不能作为检索词进行检索，扩展检索条件同"向导式检索"中的"扩展检索条件"。

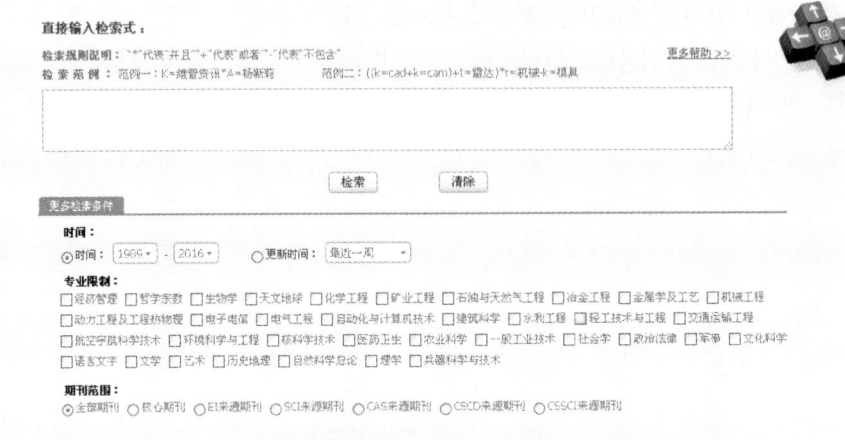

图 4-2-5 命令检索页面

4．期刊导航

其通过多渠道快速定位期刊，可以做年卷期的内容浏览及相关期刊或文献的漫游。期刊导航提供多种方式来查找所需要的期刊：刊名检索、ISSN 号检索、字母顺序检索、期刊分类导航等，如图 4-2-6 所示。

图 4-2-6 收录期刊检索导航页面

(1) 期刊查找。

①按字顺查：按期刊名的第一个字母字顺进行查找。

②按学科查：点学科分类名称可查看该学科涵盖的所有期刊；还可限制"核心期刊""核心期刊和相关期刊"，选择"核心期刊"则只能查看所选学科类别下涵盖的核心期刊。

③期刊搜索：提供刊名和 ISSN 号检索入口，ISSN 号检索必须是精确检索，刊名字段的检索属于模糊检索；期刊检索提供二次检索功能。

(2) 期刊列表。

期刊列表页面上提供的相关信息有刊名、ISSN 号、CN 号、核心期刊标记（★）。

(3) 文章检索。

点击期刊列表页面上的期刊名称，进入单个期刊的整刊浏览页面。整刊检索提供跨年检索和某年内按期浏览两种方式。在一次检索的基础上，可进行二次检索。

5. 检索历史

系统对用户检索历史做自动保存，可对检索式进行重新检索或逻辑组配检索，如图 4-2-7 所示。

图 4-2-7　检索史页面

(1) 最多允许保存 20 条检索表达式。

(2) 可从中选择一个或多个检索表达式并用逻辑运算符与（＊）、或（＋）、非（－）组成更恰当的检索策略。

(3) 无意义的检索表达式选中后点击"删除检索史"可进行删除。

(4) 系统退出后，检索历史清除。

三、检索结果

如图 4-2-8 所示，检索结果阅读方式如下：

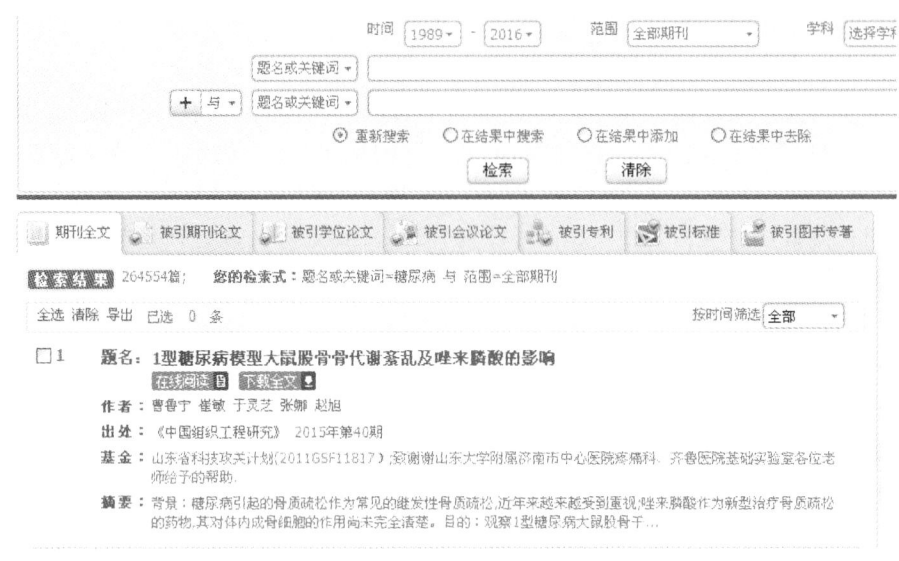

图 4-2-8 检索结果页面

(1) 针对检索结果可再检索。

(2) 可查看检索条件下获得的文献规模、学科分布情况和最新发表的研究论文情况。

(3) 可以选择查看最近的新数据情况。

(4) 可将选中的文献题录以文本、参考文献、XML 等格式导出。

(5) 可查看期刊被国内外知名数据库收录情况、基金资助情况。

(6) 提供在线阅读、全文下载、原文传递、开放链接等多途径的全文服务模式。

(7) 链接到"文献引证追踪"功能模块下可查看该篇文献的被引详细情况。

(8) 切换标签,到"文献引证追踪"功能模块下实施检索,可获取各种文献类型关于检索主题的被引情况。

(9) 切换标签,到"搜索引擎服务"功能模块下实施检索,可在谷歌或百度搜索引擎中检索维普期刊文献。

第三节 万方数据知识服务平台

一、万方数据知识服务平台介绍

万方数据资源由万方数据股份有限公司研制,是一个以科技信息为主,涵盖经济、文化、教育等相关信息的综合性信息服务系统。万方数据库提供网络版万方数据知识服务平台和镜像版万方数据资源系统两种使用方式。个人用户可以在网上注册成会员并购买万方数据检索阅读会员卡/充值卡进行网络版的检索和全文下载,并拥有整个万方数据资源系统信息资源的完全使用权,而非会员只可以免费检索,不能下载全文;一般高校和企事业单位购买的是镜像版。

万方数据知识服务平台的网址是 http://www.wanfangdata.com.cn，首页提供了多种文献类型的简单检索界面并设有资源介绍、科技动态等栏目。首页如图 4-3-1 所示。用户可以免费检索并获得文摘信息，浏览下载全文则需要下载 PDF 软件并付费，万方提供了手机付费、银行卡付费等多种付费形式。

图 4-3-1 万方数据知识服务平台首页

二、万方数据知识服务平台主要数据库介绍

1. 期刊论文

中国学术期刊数据库（China Science Periodical Database，CSPD），收录始于 1998 年，收录期刊 7600 余种，其中核心期刊 3000 种，年增 300 万篇，周更新 2 次，涵盖理、工、农、医、经济、教育、文艺、社科、哲学政法等学科，全部拥有国内统一连续出版物号。

2. 会议论文

中国学术会议文献数据库（China Conference Paper Database，CCPD），收录始于 1983 年，收录有 4000 个重要的学术会议，年增 20 万篇全文，每月更新，以国家级学会、协会、部委、高校召开的全国性学术会议为主，国内目前收录会议数量较多、质量较高、学科覆盖较广。

3. 学位论文

中国学位论文全文数据库（China Dissertation Database，CDDB），收录始于 1980 年，年增 30 万篇，并逐年回溯，与国内 900 余所高校、科研院所合作，占研究生学位授予单位 85% 以上，涵盖理、工、农、医、人文社科、交通运输、航空航天、环境科学等各学科。

4. 专利信息

中外专利数据库（Wanfang Patent Database，WFPD），收录始于 1985 年，共收录

4500余万项专利，年增 25 万条，内容涉及 11 国（中国、美国、澳大利亚、加拿大、瑞士、德国、法国、英国、日本、韩国、俄罗斯）和两组织（世界专利组织、欧洲专利局）。

5. 中外标准

中外标准数据库（Wanfang Standards Database，WFSD），收录标准 37 万余条，全文数据来源于国家指定标准出版单位，文摘数据来自中国标准化研究院国家标准馆，数据权威。

6. 法律法规

中国法律法规数据库（China Laws & Regulations Database，CLRD），收录始于 1949 年，数据源自国家信息中心，权威、专业，涵盖国家法律法规、行政法规、地方法规、国际条约及惯例、司法解释、合同范本等。

7. 外文文献

外文文献包括外文期刊论文和外文会议论文。外文期刊论文是全文资源，收录了 1995 年以来世界各国出版的 20900 种重要学术期刊，部分文献有少量回溯。每年增加论文约百万余篇，每月更新。外文会议论文是全文资源，收录了 1985 年以来世界各主要学会、协会、出版机构出版的学术会议论文，部分文献有少量回溯。每年增加论文约 20 余万篇，每月更新。

8. 科技报告

中文科技报告，收录始于 1966 年，源于中华人民共和国科学技术部，共 20000 余份；外文科技报告，收录始于 1958 年，内容包括美国政府四大科技报告（AD、DE、NASA、PB），1100000 余份。

9. 地方志

中国地方志数据库（China Local Gazetteers Database，CLGD），新方志收录始于 1949 年，共 40000 余册，旧方志收录近 50000 册。

10. 成果

中国科技成果数据库（China Scientific & Technological Achievements Database，CSTAD），收录始于 1978 年，来源于各省、市、部委鉴定后上报国家科技部的科技成果及星火科技成果，涵盖新技术、新产品、新工艺、新材料、新设计等众多学科领域。

11. 机构

中国机构数据库（China Institution Database，CIDB），包括中国企业、公司及产品数据库，国内企业信息数据库，中国科研机构数据库，国内科研机构信息数据库，中国科技信息机构数据库，高校图情单位信息数据库，中国中高等教育机构数据库，国内高校信息数据库。

12. 图书

中国特种图书数据库（China Special Books Database，CSBD），其图书内容针对性

强,来源权威,保持了原书原貌,使读者享受原汁原味的阅读乐趣。

13. 专家

中国科技专家库(China Experts & Scholar Database,CESD),收录两院院士、高校博导、高产作者及其他科技专家信息12000余条,包括国内理、工、农、医、人文社科等领域的专家名人信息。

14. 学者

其信息来自万方学术圈,可获取学者的新情况、新研究领域,分享学术成果。

三、万方数据知识服务平台检索方法

万方数据资源系统各种产品的检索方法基本相同。现以中国学术期刊数据库为例进行介绍。

1. 简单检索

进入主页即进入"简单检索"界面,默认选择"学术论文"数据库,也可以选择其他文献类型数据库进行检索,如图4-3-2所示。在输入框输入检索词,点击"检索",系统自动检索文献。简单检索主要有模糊检索和精确检索两种方式。模糊检索:直接输入任何词或者短语,表示在全部字段中检索。精确检索:检索词部分使用引号""或书名号《》括起来,表示精确匹配。精确匹配依据字段的不同,含义有所不同。

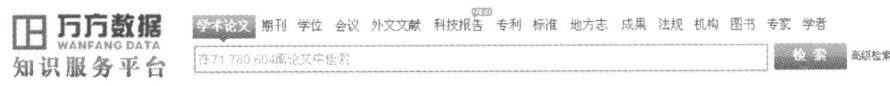

图4-3-2 简单检索界面

2. 高级检索

高级检索界面有"高级检索"和"专业检索"2种方式。

(1)高级检索。

点击简单检索界面中的"高级检索",系统就进入"高级检索"界面,如图4-3-3所示。通过左侧的功能栏可以对数据库进行选择,可以同时选择多个数据库。高级检索的功能是在指定的范围内,通过增加检索条件满足用户更加复杂的要求,检索到满意的信息,还可以通过对时间的限定更加准确地找到所需要的文献。高级检索还提供推荐检索词与检索历史的功能。

图 4-3-3　高级检索界面

使用推荐检索词功能，通过输入与检索课题相关的文本得到万方推荐的检索词，让用户检索起来更加方便快捷，如图 4-3-4 所示。

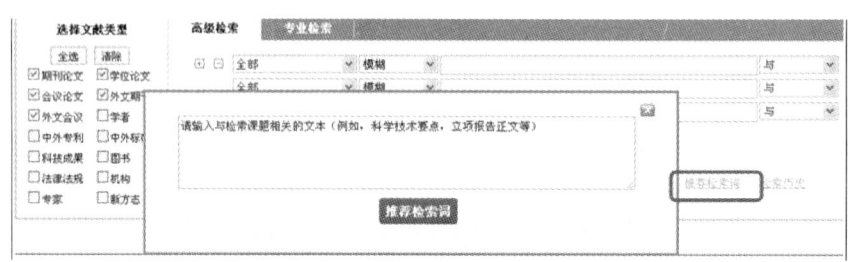

图 4-3-4　检索词推荐功能示意

（2）专业检索。

在高级检索界面中点击"专业检索"，进入"专业检索"界面，如图 4-3-5 所示。专业检索需要检索人员根据系统的检索语法编制检索式进行检索。它适合于熟练掌握 CQL（Common Query Language，通用检索语言）的专业检索人员。

图 4-3-5　专业检索界面

专业检索提供了相应的可检索字段供用户选择，如图 4-3-6 所示。

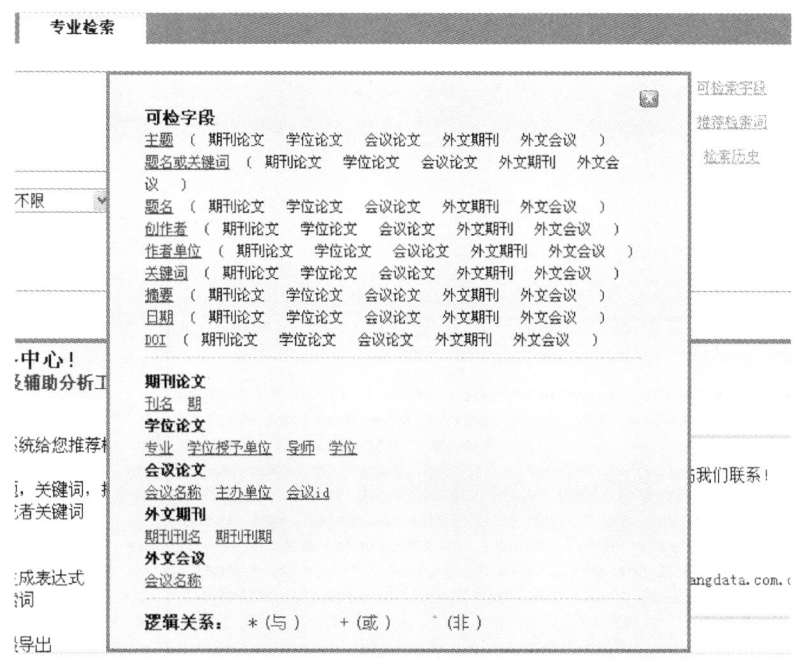

图 4-3-6 专业检索字段提示页面

3. 检索结果显示

数据库的检索结果以题录形式显示，如图 4-3-7 所示，一次显示 10 条，可看到该文献的文献类型、期刊来源、发表卷期、作者、摘要、关键词等信息，可以通过左侧的功能栏选择不同的分类方式进行浏览。排序方式有相关度优先、新论文优先、经典论文优先及更多的选项。在检索结果中还提供了二次检索的功能。

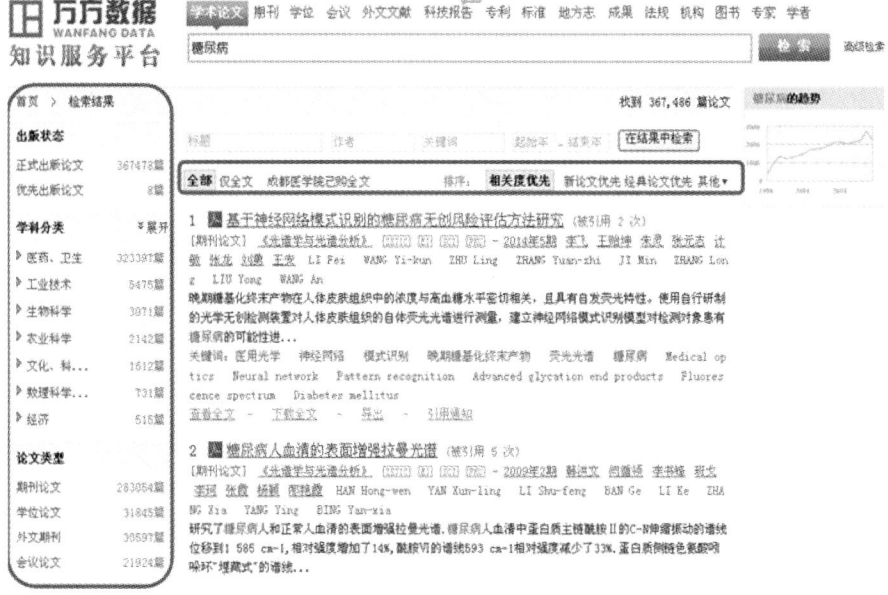

图 4-3-7 检索结果页面

4. 检索结果处理

选中一条检索记录后,进入到该文献详细显示页面。该页面详细展示了文献的中英文提名、中英文摘要、关键词、作者、作者单位、来源期刊、分类号、参考文献等详细信息,如图 4-3-8 所示。

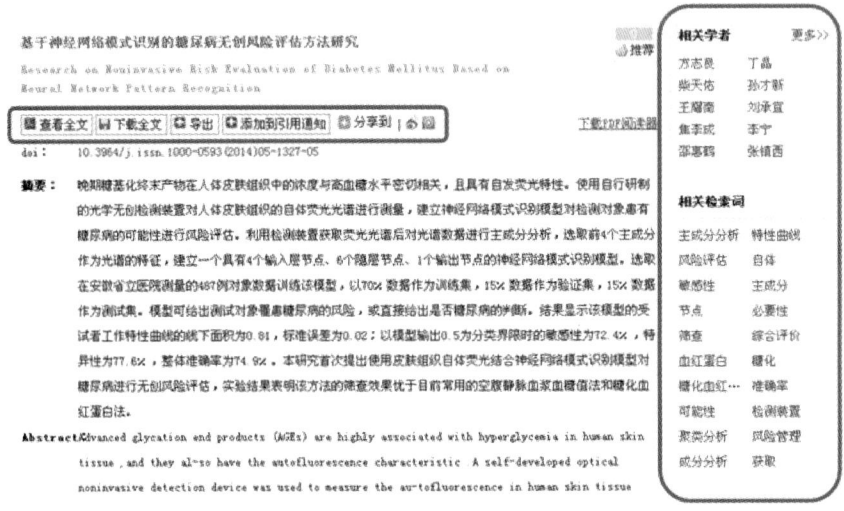

图 4-3-8　检中文献详细信息页面

(1) 全文查看及下载。

点击查看全文即可在网页中直接对全文进行浏览,在该页面可直接进行长宽调整、放大、缩小、保存及打印的操作,点击下载全文则可直接将全文下载,如图 4-3-9 所示。

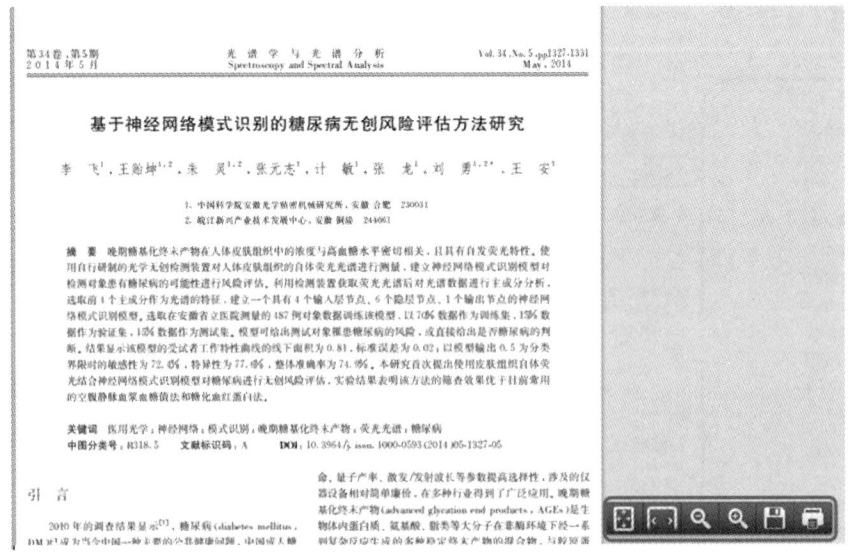

图 4-3-9　检中文献阅读

(2) 导出。

导出功能是可以将选中文献根据用户所需要的格式导出题录信息,如图4-3-10所示。

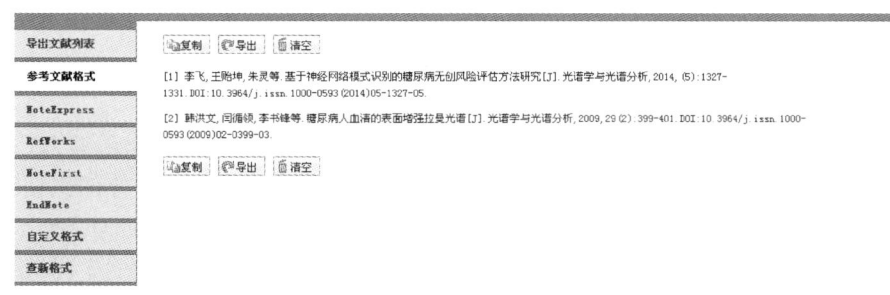

图4-3-10 检中文献导出

(3) 添加引用通知。

添加引用通知可以让作者第一时间知道自己论文被引用的次数,也可以随时了解到其他作者论文被他人引用的信息,目前仅限于中文期刊和学位论文。

(4) 分享功能。

登录账号以后可以把该文献分享到新浪微博、腾讯微博、开心网、人人网等。

(5) 相关推荐。

提供相关学者、相关检索词、相似文献、相关博文等相关推荐,如图4-3-11所示。

图4-3-11 检中文献相关推荐页面

第四节 中国生物医学文献服务系统

一、中国生物医学文献服务系统概述

中国生物医学文献服务系统（简称 SinoMed）是中国医学科学院信息研究所/图书馆开发研制的集检索、开放获取、个性化定题服务和全文传递服务于一体的生物医学文献检索服务系统。其资源丰富，不仅全面涵盖中国生物医学文献数据库（CBM），还新增了西文生物医学文献数据库（WBM）、日文生物医学文献数据库、俄文生物医学文献数据库、英文文集汇编文摘数据库、英文会议文摘数据库、北京协和医学院博硕学位论文数据库、中国医学科普文献数据库 7 种资源。

SinoMed 一贯注重数据的深度加工和规范化处理。根据美国国立医学图书馆《医学主题词表（MeSH）》（中译本）、中国中医科学院中医药信息研究所《中国中医药学主题词表》，以及《中国图书馆分类法·医学专业分类表》对收录文献进行主题标引和分类标引，使文献内容揭示更加全面、准确。同时它提供的多途径检索功能，使检索过程更快、更高效，检索结果更细化、更精确。

二、中国生物医学文献数据（CBM）

1. 中国生物医学文献数据库概述

中国生物医学文献数据库由拥有专业的医学信息研究队伍的中国医学科学院医学信息研究所开发研制。其收录自 1978 年以来 1600 多种中国生物医学期刊约 300 万篇文献，著录内容既包括简单的题录信息，也包括引文在内的摘要数据。学科范围涉及基础医学、临床医学、预防医学、药学、口腔学、中医及中药学等生物医学的各个领域。CBM 检索系统检索入口多，检索方式灵活，具有主题、分类、期刊、作者等多种词表辅助查询功能，可满足简单检索和复杂检索的需要，且与 PUBMED 具有良好的兼容性，可获得良好的查全率和查准率。读者可以通过 http://cbm.inicanms.ac.cn/访问数据库资源。

2. 数据库结构与检索特点

CBM 的记录包括 30 多个可检索字段，其中常用的字段标识符见表 4-4-1。

表 4-4-1 CBM 常见字段标识符

字段标识符	注释	字段标识符	注释
AA	著者文摘	PG	页码
AB	文摘	IP	期
AD	地址（第一作者）	PP	出版地（期刊）
AU	著者	PY	出版年

续表4-4-1

字段标识符	注 释	字段标识符	注释
CL	分类号	PT	文献类型
CT	特征词	SO	出处
FS	资助类别	TA	期刊名称
ID	资助编号	TI	中文题目
IS	ISSN（标准出版物号）	TT	英文题目
LA	语种（缺省值为中文）	TW	关键词
MH	主题词	VI	卷
MMH	主要概念主题词		

CBM 在 SinoMed 检索平台上的特色检索功能有五个方面。①智能检索：自动实现检索词、检索词对应主题词及该主题词所含下位词的同步检索。②检索功能完备：不但提供特色主题词检索、分类检索，还提供多种限定检索功能，包括文献语种、临床研究类型、是否核心期刊等限定。③链接检索：在检索结果中，自动实现作者、出处、关键词、主题词、主题词/副主题词、主题相关等知识点的快速链接，可全方位满足用户在检索过程中的新发现、新需求。同时检索结果的多种排序、显示、拷盘、打印输出等功能极大地方便了用户。④结果分析：支持对检索结果从年代、作者、作者单位、来源期刊、主要主题词、文献类型等多角度进行辅助分析，帮助检索者快速了解领域发展现状，洞察学科发展线索。⑤提供独立个人空间，保存有价值的检索策略，跟踪领域最新发展；贮存感兴趣的检索结果，按个人习惯进行组织和再利用，自由随意，方便灵活。⑥原文获取：提供灵活多样的原文获取途径——维普原文直接链接、学位论文在线浏览、免费全文直接下载、电子馆藏直接调用及通过原文传递服务系统进行原文索取。

3. 检索途径与方法

CBM 的检索途径主要有快速检索、高级检索、主题检索、分类检索、期刊检索、作者检索、机构检索、基本检索、基金检索、引文检索这九种。

（1）快速检索。

快速检索默认在全部字段内检索。进入检索界面（如图 4-4-1 所示）后输入检索词，系统将自动实现检索词、检索词对应主题词和同义词以及该主题词所含下位主题词的同步检索。如输入"艾滋病"，系统将用"艾滋病""获得性免疫缺陷综合征"等表达同一概念的一组词在全部字段中进行智能检索。

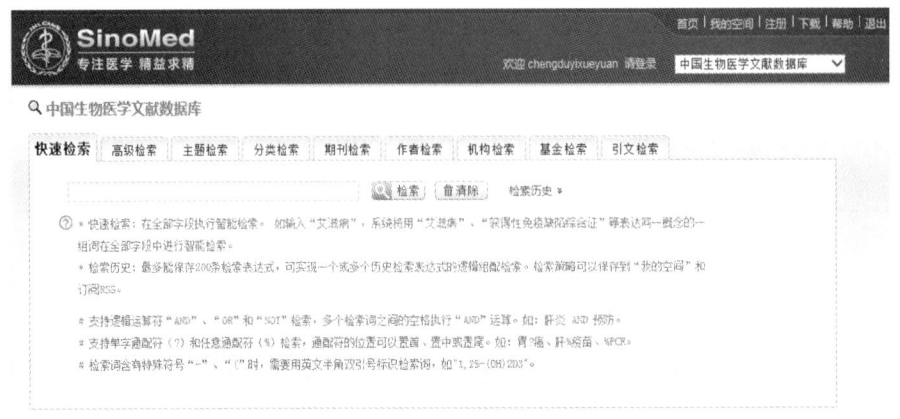

图 4-4-1 CBM 快速检索界面

快速检索可以支持逻辑运算符和通配符。

①逻辑运算符。快速检索支持逻辑运算符"AND""OR"和"NOT"检索,多个检索词之间的空格执行"AND"运算,如"肝炎 AND 预防"。

②通配符。单字通配符(?):代替一个字符。如"胃?癌"可以检索出"胃肠癌、胃体癌、胃类癌等方面的文献;

任意通配符(%):替代任意个字符。输入"肝炎%疫苗",可检索出含有以下字符串的文献:肝炎疫苗、肝炎病毒基因疫苗、肝炎病毒活疫苗、肝炎灭活疫苗等。

检索词如果含有括号、连字符等特殊符号时,需用半角双引号来标识检索词,表明这些特殊符号也是检索词的一部分,如"N-[8-(2-羟苯基)氨基]辛酸钠""1,25-(OH)2D3"。

二次检索是指在最后一个检索结果的范围内进行进一步查询。两个检索词之间的关系为"AND"操作。

【例1】检索近五年以来女性被动吸烟方面的文献。

第一步:在快速检索框输入"被动吸烟",点击"检索"。

第二步:在检索框内输入"女性",在年代限定中选择 2011 年至 2016 年,并勾选"二次检索",最后点击"检索",获得相关文献。检索表达式为"被动吸烟 AND 女性",限定条件为"2011-2016"。

(2)高级检索。

高级检索是指定字段检索和表达式构建相结合的检索方式。在构建表达式时应该注意:每次只允许输入一个检索词,同一检索表达式里不支持逻辑运算符检索。

检索步骤:选择"高级检索"检索入口,在"构建表达式"中选择字段,输入检索词,点击"发送到检索框";继续在"构建表达式"中选择字段,输入检索词,在逻辑组配选择框中选择逻辑运算符后,点击"发送到检索框"后再执行"检索"操作。检索界面如图 4-4-2 所示。

图 4-4-2　CBM 高级检索界面

常用字段：在中国生物医学文献数据库（CBM）中，常用字段指的是中文标题、摘要、关键词、主题词的组合。

智能检索：自动实现检索词及其同义词（含主题词）的同步扩展检索。

精确检索：是检索结果等同于检索词的一种检索，适用于关键词、主题词、作者、刊名等字段。

限定检索：限定检索把年代、来源语种、文献类型、年龄组、性别、对象类型、其他等常用限定条件整合到一起，用于对检索结果的进一步限定，可减少二次检索操作，提高检索效率。一旦设置了限定条件，除非用户取消限定条件，否则在用户的检索过程中，限定条件一直有效。

构建表达式：构建包含多个检索词的表达式。构建表达式时，输入的字符串自动用英文双引号包围作为一个整体。

检索历史：最多允许保存 200 条检索表达式，可从中选择一个或多个检索表达式并用逻辑运算符"AND""OR"和"NOT"组成更恰当的检索策略。检索策略可以保存到"我的空间"。

【例 2】在"高级检索"中检索协和医科大学发表的"禽流感"或"H5N1"的文献。

第一步：在"构建表达式"中选择"主题词"字段，先后输入"禽流感"和"H5N1"分别点击"发送到检索框"，两者之间的逻辑组配选择"OR"。

第二步：在"构建表达式"中选择"作者单位"字段，然后输入"协和医科大学"，在逻辑组配选择框中选择"AND"，点击"发送到检索框"后再执行"检索"操作，即可获得相关文献。

（3）主题检索。

CBM 医学主题词表收录了美国国立医学图书馆美国《医学主题词表（MeSH）》中

译本和中国中医研究院图书情报研究所出版的《中国中医药学主题词表》中的所有词条。

主题词表可用中文主题词或英文主题词进行查找，可选主题词的同义词、相关词、上位词、下位词进行查找，也可浏览主题词、副主题词的注释及树形结构等信息。主题词检索界面如图 4-4-3 所示。

图 4-4-3　CBM 主题检索界面

①"注释"包括主题词的中文名、英文名、同义词、相关词、主题词范畴、树状结构号、可组配的副主题词、药理作用主题词、检索回溯注释、标引注释等内容，主题注释界面如图 4-4-4 所示。

图 4-4-4　CBM 主题词注释界面

②"不扩展/扩展"检索："不扩展"是对单个主题词进行查找，"扩展"是对主题

词及其下位词进行扩展检索。

③"加权/不加权检索":"加权检索"是对单个主题进行加权(主要概念)检索。"加权"表示主题词的重要程度,反映文章论述的主要内容。加权主题词用"*"表示,如"*肝肿瘤"。加权检索表示仅对加星号(*)主题词(主要概念主题词)检索;非加权检索表示对加星号主题词和非加星号主题词(非主要概念主题词)均进行检索。默认状态为非加权检索。

主题词、副主题词组配检索说明如下:

副主题词:副主题词用于对主题词的某一特写方面加以限制,强调主题概念的某些专指方面。如:"肝/药物作用"表示检索的文献并非是所有研究肝脏的文章,而是检索药物对肝脏的影响。

副主题词扩展检索:一些副主题词之间也存在上下位关系,如副主题词"副作用"的下位词包括"中毒"和"毒性",选择"扩展副主题词",指对该副主题词及其下位副主题词进行检索,非扩展检索则仅限于当前副主题词"副作用"。

主题检索的注意事项:主题词与副主题词的组配有严格的规定,不是所有的副主题词都能与每个主题词进行组配。在实际检索过程中应该仔细阅读主题词注释的定义和历史注释,看看是否有更合适的相关主题词、上位词及下位词可参与检索;通过快速检索查收到文献后,在检索结果的主题词字段中若发现更合适的主题词,再用主题词到"主题检索"中重新检索;在找不到最专指词的情况下,可选择其最近的上位词进行检索,再从检索结果中筛选所需要的文献。

【例3】检索有关"针灸治疗肥胖症"方面的文献。

分析:该题目的关键词有"肥胖症"和"针灸",由于肥胖症包含的下位词较多,而针灸可以作为副主题词,因此可采用主题检索方法。

第一步:进入主题检索界面,输入"肥胖",点击"浏览"按钮,查找对应的主题词"肥胖症"。

第二步:进入"肥胖症"主题词注释表,查看详细信息,确定扩展主题词,选择扩展"全部树",同时在可组配的副主题词表中选择副主题词"针灸疗法",点击"添加"。

第三步:确定完毕后,点击"主题检索"按钮,检出命中文献。系统显示的检索表达式为:主题词/肥胖症/全部树/ZL(针灸疗法的缩写)。

用主题词检索有利于精确检索,也有利于扩展检索,还有利于选择正确的检索词。

(4)分类检索。

分类检索是依据《中国图书馆图书分类法》医学类目分类号或分类词进行检索。它从文献所属的学科角度进行检索,有利于提高族性检索。

在CBM中欲查找某学科主题文献时,可以通过两种方式实现:一种是在类名、类号输入框输入学科类名或类号来实现,另一种是通过分类导航逐级展开来实现。

检索步骤如下:

第一步:在CBM的分类检索页面(如图4-4-5所示)的检索入口选择"类名",输入"胃肿瘤"后点"查找",在列出的所有分类名中查找"胃肿瘤",点击分类名"胃肿瘤"。

第二步：在分类词注释详细页面，显示了该分类可组配的复分号、详细解释和所在树形结构，可以根据检索需要，选择是否"扩展检索"。"胃肿瘤的药物疗法"应选择复分号"药物疗法、化学疗法"。"添加"后"发送到检索框"，再点击"分类检索"按键，即可检索到"胃肿瘤的药物疗法"方面的文献。

图 4-4-5　CBM 分类检索界面

复分组配检索：复分组配用于对主类号某一特定方面加以限制，强调某些专指方面。如：复分号"022"表明主类号的"病理学"方面。不是所有类号都有复分组配，仅以下类号可进行复分组配 R25/278 中医各科及中医急症学、R5/8 临床各科疾病与"临床医学复分表"进行复分组配，R282.71/.77 各种药材与"各类药材分类复分表"进行复分组配。

分类检索中也包含了对地理名称的分类，地理名称为 RZ 类，排列在分类表的最后。中国地理名称包括各省（市）、自治区，例如：RZ2 中国，RZ21 北京市，RZ231 辽宁省。可以单独检索，也可以与主类号组配检索。例如：北京市病毒性肝炎的流行病学调查，可采用 R512.601 和 RZ21 检索。

（5）期刊检索。

通过期限刊表可以浏览数据库中收录期刊的详细信息，也可以从期刊导航、刊名、出版单位、出版地、ISSN 和主题词途径查找。

检索的步骤：点击页面上方的"期刊检索"按钮，即进入检索界面，如图 4-4-6 所示；选择检索入口，即刊名、出版单位、出版地、ISSN 或期刊主题词，输入检索词，点击"查找"按钮。"刊名"字段检索，输入所查刊名（或刊名中的任何字、词），点击"查找"便可显示带有检索字、词片段的所有期刊刊名、ISSN 和命中文献数。"出版地"字段检索，输入某一地名，点击"查找"可显示该出版地的所有期刊刊名；从含有该检索词的期刊列表中选择合适的期刊名；选择"含有更名期刊"，可检索出该刊和更名期刊；设置年代及刊期（默认为全部），屏幕下方还可提供该刊的基本信息，包括主办编辑单位、编辑部地址、刊号、创刊日、邮发代码、邮编、电话等。点击"浏览本刊"按键，执行检索。

图 4-4-6 CBM 期刊检索界面

(6) 作者检索。

通过输入作者姓名，可以查找该作者署名发表的文献，或者作为第一作者发表的文献，并且可以通过指定作者的单位，来准确查找所需文献。

点击页面上方的"作者检索"按钮，即进入作者检索页面，如图 4-4-7 所示。检索步骤如下：

在检索输入框输入完整的作者名或作者名片段，点击"查找"按钮，系统显示包含检索词的作者列表。选择作者名，检索出该作者的所有文献。

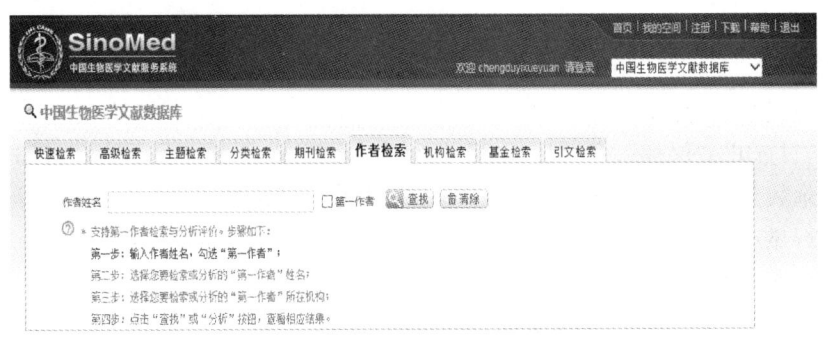

图 4-4-7 CBM 作者检索界面

【例 4】在中国生物医学文献数据库（CBM）中查找"中国医学科学院基础医学研究所沈岩教授"以第一著者身份发表的论文情况。

第一步：进入作者检索界面，输入"沈岩"，选勾"第一作者"，点击"查找"按钮。之后，从系统返回的作者列表中选择作者"沈岩"，进入"下一步"。

第二步：在第一作者机构分布页面里，勾选"中国医学科学院基础医学研究所"点击查找，即可获得相关文献。

4. 特色服务

中国生物医学文献数据库为用户提供了"我的空间"个性化服务功能。用户可直接注册登录使用。登录中国生物医学数据库，点击界面右上方的"我的空间"按钮，进入"我的空间"注册界面，设置个人用户名和登录密码并提交即可注册"我的空间"。用户注册后可使用检索策略定制，检索结果保存和订阅，检索内容主动推送及短信、邮件提醒等个性化服务。

（1）我的检索策略。

在已登录了"我的空间"的前提下，从检索历史页面，选勾一个或者多个记录，保存为一个检索策略，并且可以为这个检索策略赋予名称。保存后，可以在"我的空间"对检索策略进行导出和删除操作。点击策略名称进入策略详细页面，可对策略内的检索表达式进行"重新检索""删除""推送到邮箱"和"RSS 订阅"。通过策略详细页面的"重新检索"，可以查看不同检索时间之间新增的数据文献。

（2）我的数据库。

在登录了"我的空间"的前提下，从检索结果页面，可以将感兴趣的检索结果添加到"我的数据库"。在"我的数据库"中，可以按照标题、作者、标签查找文献，并且可以对每条记录添加标签和备注信息。

5. 检索结果

SinoMed 平台支持多种个性化检索结果浏览和输出设置。

（1）检索结果的显示。

单页记录显示条数：可自主设置每页显示的命中记录数，系统默认每页显示 20 条。

排序方式：支持"年代""作者""期刊"和"相关度"4 种排序方式。系统支持的最大排序记录数为 65000 条。

检索结果显示格式：支持"题录格式""文摘格式"和"详细格式"3 种检索结果显示格式。

（2）检索结果的输出。

支持"打印""保存"和"E-mail"3 种检索结果输出方式。单次"打印""保存"的最大记录数为 500 条，单次"E-mail"发送的最大记录数为 50 条。可对全部检索结果记录进行显示浏览或输出，也可只对感兴趣的记录进行显示浏览或输出。

（3）全文获取。

点击获取原文图标，根据全文链接情况可能出现三种信息提示：①直接下载原文；②显示题录列表，选择所要下载的原文；③申请人工全文服务。

（4）检索结果分析。

对检索结果中命中文献进行分析，主要是对文献的作者、出版时间、作者单位、来源期刊、加星主题词、文献类型这几个方面分别进行统计、排序，提供记录数和百分比，方便用户对文献进行简单的分析管理。

6. 检索实例

【例 5】妊高征的预测、早期诊断和预防。

分析:"妊高征"是妊娠高血压综合征的简称,又称妊娠中毒症,是妊娠期特有的疾病,临床表现为高血压、蛋白尿、心肾功能衰竭等,因此选择主题词"妊娠并发症,心血管"较为合适;根据题意,可选择组的副主题词有病理生理学、病因学、血液、预防与控制、诊断等,可用主题扩展检索方法。

主题词:妊娠并发症,心血管/全部树/化学引导/血液,病理学,放射摄影术,放射性核素显像,超声检查,并发症(继发性),先天性,胚胎学,遗传学,免疫学,微生物学(病毒学),寄生虫学,传播、中医病机,病理生理学,预防与控制。

【例6】检索论述"高血压病因"的相关文献。

分析:本课题的关键词有"高血压"和"病因",因"高血压"下位词较多,"病因"可作为副主题词,因此宜选用主题扩展检索方法。

主题词:高血压/全部树/化学诱导、先天性、并发症、胚胎学、病因学、遗传学、免疫学、微生物学、寄生虫学、病毒学、中医病机。

第五节 中文资源整合检索平台

一、中文资源整合检索平台简介

随着全球信息量的激增和书刊价格的不断上涨,使得任何一个图书馆都不可能依赖自身收藏或拥有的信息资源满足用户的所有信息需要,图书馆之间需要构建一定形式的合作,提高自身的信息服务能力,拓展服务范围。信息资源的共建共享是图书馆通过网络利用计算机、通信、电子、多媒体等先进的信息技术,将各馆馆藏信息资源进行综合协作开发的活动。

资源整合检索平台就是借助统一的检索接口,利用统一的检索方法,实现对分布式、异构信息资源的检索。信息资源可以来自本地馆藏,也可以来自网络数据库,甚至还可以是经搜索引擎发现的 Web 信息。最终检索结果是经系统去重排序操作处理后,以用户个性定制的方式显示给用户。目前主要的中文资源整合检索平台主要有中国高等教育文献保障系统(CALIS)、国家科技图书文献中心、读秀学术搜索、百链学术检索平台、超星发现系统等。下面介绍常用的读秀学术搜索、百链学术检索平台以及超星发现系统。

二、读秀学术搜索

读秀学术搜索是由海量全文数据组成的超大型数据库,以海量中文图书和全文资料为基础,为用户提供深入内容的章节和全文检索,期刊元数据打破空间限制的获取方式,为用户提供最全面的期刊文章。通过读秀学术搜索,读者能一站式搜索馆藏纸质图书、电子图书、随书光盘学术资源,几乎囊括了本单位文献服务机构内的所有信息源。在地址栏内输入 www.duxiu.com 可进入读秀主页面,如图 4-5-1 所示。

图 4-5-1 读秀界面

1. 读秀知识频道

知识搜索是在图书资料的章节、内容中搜索包含有检索词内容的知识点,为读者提供了突破原有一本本图书翻找知识的新的搜索体验,更有利于资料的收集和查找。

例如查找有关"护理美容"的资料和文章,可以进行如下操作:

第一步:在读秀首页选择知识频道,输入"护理美容"点击搜索按钮,进入搜索结果页面,如图4-5-2所示。

图 4-5-2 读秀知识频道搜索界面

第二步:浏览搜索结果页面,如图4-5-3所示,选择需要的章节,点击标题链接进入阅读页面。

第四章 中文文献检索工具

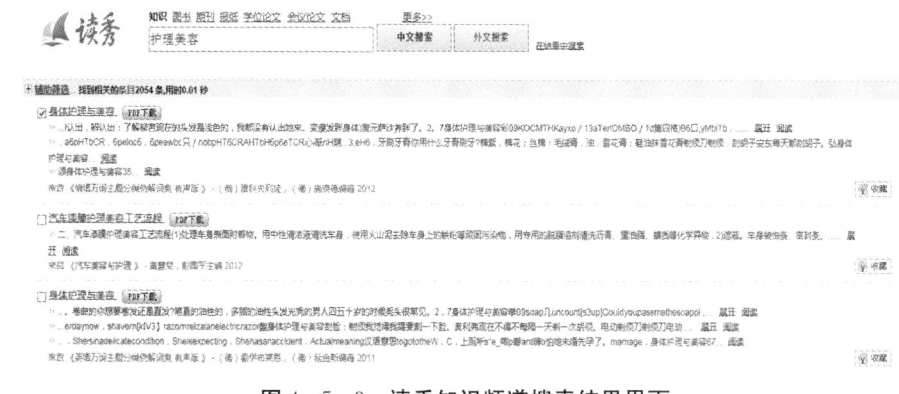

图 4-5-3 读秀知识频道搜索结果界面

2. 读秀图书频道

（1）读秀图书频道提供了三种检索模式：快速检索、高级检索和专业检索。

①快速检索。

快速检索是系统默认的检索方式。图书频道提供有全部字段、书名、作者、主题词几个检索字段，读者可以根据需要选择检索字段，并在检索框内输入关键词。完成之后点击"中文搜索"搜索中文图书，或点击"外文搜索"搜索外文图书，如图 4-5-4 所示。

图 4-5-4 读秀图书频道快速检索界面（2016 年 3 月）

②高级检索。

高级检索是指可以对书名、作者、主题词、出版社、ISBN 号、分类、年代等字段进行逻辑组配的检索，同时还要对检索年代以及每屏显示的检索结果数进行选择。单击"高级检索"按钮，进入高级检索主页面，如图 4-5-5 所示，根据需要在相应的检索框中输入检索词进行精确搜索。其检索结果一目了然，可提高查准率。

图 4-5-5 读秀图书频道高级检索界面

③专业检索。

点击图书频道首页检索框右侧的"专业搜索"链接进入图书专业搜索页面,如图 4-5-6 所示。按照检索框下方的说明进行操作即可。

图 4-5-6 读秀图书频道专业检索界面

(2) 图书分类导航。

读秀图书频道首页如图 4-5-7 所示,在检索框后方设置有图书"分类导航"链接,点击"分类导航"进入图书导航页面,可以看到按照中国图书馆图书分类法设置的分类。

第四章 中文文献检索工具

图 4-5-7 读秀图书分类导航界面

点击一级分类或二级分类的链接，可以看到属于相应类别的图书及其子分类的链接。如点击一级分类"医药卫生、妇产科学"，则可浏览"医药卫生、妇产科学"类别的图书。

读秀图书频道为读者提供了三种途径获取图书资源。

①进入图书检索结果页面，如图 4-5-8 所示，可以看到页面采用三栏式设计，中间一栏就是检索到的图书列表。读秀提供了馆藏纸书借阅、阅读电子全文、图书馆文献传递、按需印刷、网上书店购买等多种渠道获取图书。另外，还提供了推荐图书馆购买功能。

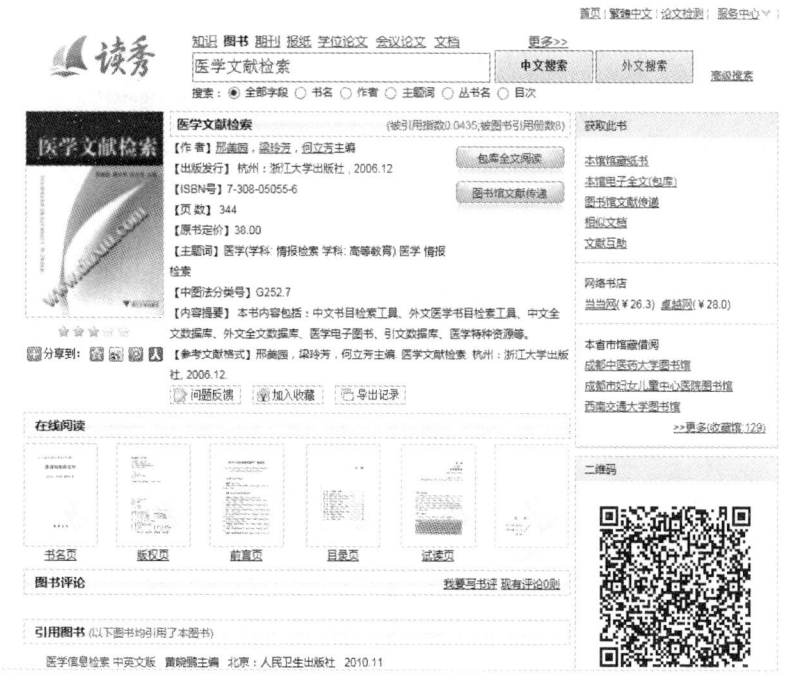

图 4-5-8 读秀获取图书界面

· 113 ·

②点击"图书馆文献传递"按钮或"邮箱接收全文"链接，进入如图4－5－9所示的图书馆文献咨询服务中心。在这里填写想要获取的本书正文页码范围，以及填写邮箱地址和验证码，然后点击"确认提交"即可。

图4－5－9　读秀参考咨询界面

③点击"馆藏纸本"链接，进入文献服务机构馆藏书目查询系统，查看该本纸质图书的借阅情况，如图4－5－10所示。

图4－5－10　读秀馆藏纸本界面

（3）读秀期刊频道。

读秀期刊资料检索也包括了快速检索、高级检索和专业检索三种方式。在读秀首页选择期刊资源，即可能看到相应的检索链接入口。其操作方法参见前面的图书检索方法。

在期刊检索的首页，读秀提供了热门期刊的封面链接，其设置在期刊检索结果页面，如图4－5－11所示，点击任意期刊封面链接，即可进入该期刊的导航页面。

图4－5－11 读秀期刊频道导航界面（2016年3月）

期刊检索结果页面同样采用三栏显示，中间一栏显示的是期刊标题列表，以及命中的期刊刊名及封面链接，可通过以下操作获取期刊文章。

①使用左侧聚类和右侧排序进一步筛选期刊文章。

②选择想要的期刊文章，点击标题链接期刊文章的卡片页。

③查看期刊更多信息：从期刊文章的卡片页可以看到具体文章的作者、刊名、出版日期、期号等信息，同时可以点击看封面页、封底页、目录页。

④获取期刊文章。点击"图书馆文献传递"链接，其操作可参见图书获取方式中的文献咨询服务。

（4）读秀更多频道。

除上面介绍的图书、知识、期刊频道之外，读秀还拥有报纸、论文、文档、视频、课程课件等检索。

点击更多按钮，了解读秀更多频道，如图4－5－12所示。这些频道中都有丰富的资源，读者可以在感兴趣的频道中进行检索、获取。

图 4-5-12　读秀更多频道界面

几乎所有频道的检索结果页面，都采用三栏显示，右侧一栏显示的就是其他频道的相关信息，点击相关频道连接即可进入该频道的检索结果页面，避免反复输入关键词查找的繁琐过程。读秀实现了一站式检索，为读者提供全面的学术信息。

3. 读秀增值服务

读秀还提供了一系列增值服务，这其中包括图书被引用情况报告、图书收藏排名、图书馆馆藏结构分析等。读者可通过读秀主页面进入，然后根据需要进行访问使用。

三、百链学术搜索平台简介

百链是超星公司继"读秀"中文学术搜索工具之后推出的外文搜索引擎。它对 125 种外文数据库的数据资源进行了整合，能够同时搜索外文图书、外文期刊、外文论文、外文标准、外文专利等，并可实现与"读秀"中文资源搜索的自由切换，百链与"读秀"结合使用可完成中外文资源的一站式检索。同时它也是图书馆的应用平台及全文传递平台，系统覆盖国内图书馆主要使用的 125 种外文数据库，并以全文保障率高而著称。它能保证每天都对所有中外文数据库元数据进行更新，可实现区域内资源共享的区域性数字图书馆功能。读者可以通过 www.blyun.com／网址进入百链学术搜索平台，其使用方法可参见前面读秀搜索介绍的操作方法。其首页如图 4-5-13 所示。

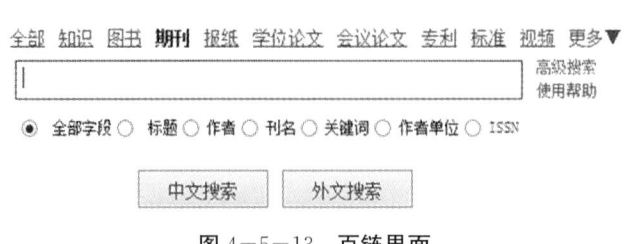

图 4-5-13　百链界面

四、超星发现

1. 超星发现介绍

超星发现以近十亿海量元数据为基础,利用数据仓储、资源整合、知识挖掘、数据分析、文献讲师学模型等相关技术,较好地解决了复杂异构数据库群的集成整合,可进行高效、精准、统一的学术资源搜索,进而通过分面聚类、引文分析、知识关联分析等实现高价值学术文献发现、纵横结合的深度知识挖掘、可视化的全方位知识关联。读者可以通过 ss.zhizhen.com 进入超星发现。其首页如图 4-5-14 所示。

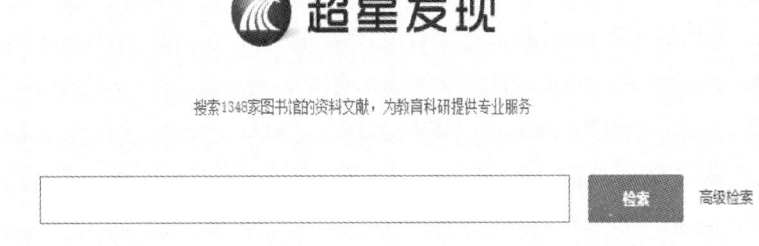

图 4-5-14 超星发现系统界面

超星发现主要功能介绍如下:

(1)分面功能:通过采用分面分析法,可将搜索结果按各类文献的时间维度、文献类型维度、主题维度、学科维度、作者维度、机构维度、权威工具收录维度以及全文来源维度进行任意维度的聚类。

(2)智能辅助:根据输入查询词自动进行检索预判,如果查询词是刊名就会自动展示本刊导航等,帮助实时把握所检索主题的内涵,并优先按用户筛选文献的喜好显示结果,提高发现精准度和查准率。

(3)学术趋势:根据对搜索结果进行年代分布规律分析的功能,可提示主题学术研究的时序变化趋势图,进而帮助研究者在大时间尺度和全面数据分析的高度洞察该领域研究的起点、成长、起伏与兴衰,从整体把握事物发展的完整过程和走向。

2. 检索方法

超星发现的检索方法包括了基本检索、高级检索和专业检索。

(1)基本检索。

在超星发现主页的基本检索界面的检索框中直接输入需要查找的关键词,点击检索按钮。

(2) 高级检索。

点击搜索框后面的"高级检索"链接,进入高级搜索页面,如图 4-5-15 所示,通过高级搜索更精确地定位找到需要的文献。

图 4-5-15　超星发现系统高级检索界面

高级检索界面中文献类型选择包括：图书、期刊、报纸、学位论文、标准、专利、视频、科技成果等。

全部字段包括题名、作者、第一作者、作者机构、关键词、摘要等。

例如,检索书名为"医学信息查询与利用",作者为"李勇文"这本教材的相关信息。

(1) 在高级检索界面文献类型选择"图书";
(2) 在全部字段中选择"题名",题名=医学信息查询与利用;
(3) 在全部字段中选择"作者",作者=李勇文;
(4) 选择题名与作者的逻辑关系为"与",见图 4-5-16。

其结果见图 4-5-17。

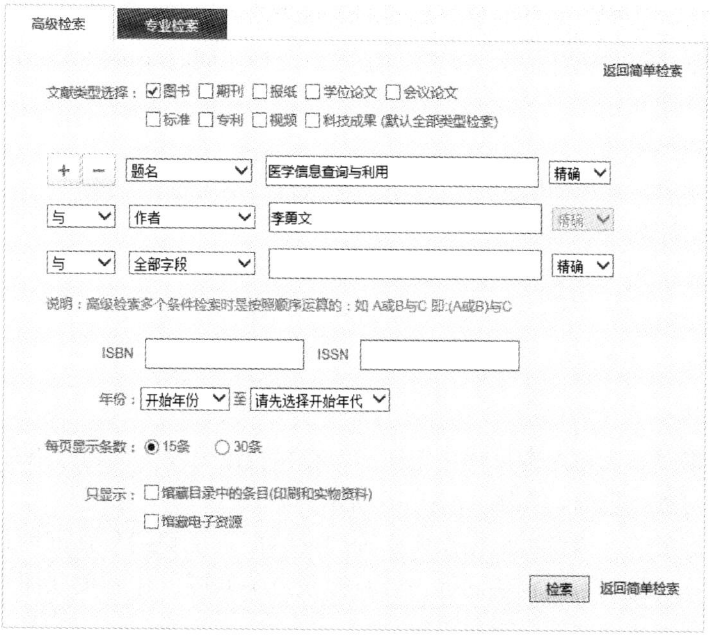

第四章　中文文献检索工具

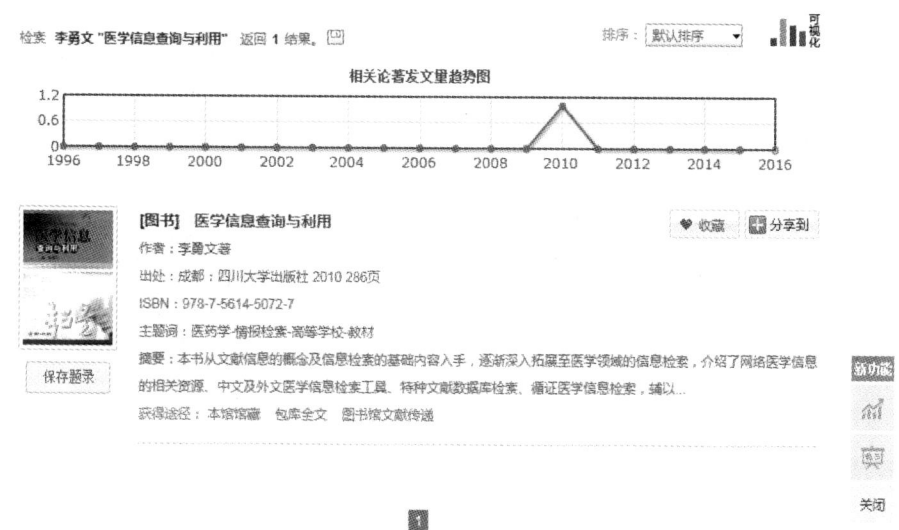

图 4-5-16　超星发现系统高级检索界面

图 4-5-17　超星发现高级检索结果界面

3. 检索结果

（1）详细信息。

文献的详细信息介绍包括题名、作者、出版日期、作者单位、摘要等信息。

获取方式包括图书试读、电子全文、邮箱接收全文。

（2）相关文章。

相关文章包括：相关主题文章、相同作者文章、相同机构文章、相关网页搜索等。

（3）参考文献与引证文献。

参考文献与引证文献可实现图书与图书之间、期刊与期刊之间、图书与期刊之间以及其他各类文献之间的相互参考、相互引证关系分析，同时还可以查看同被引图书、期刊和共引图书、期刊。

（4）引证趋势图。

通过对每年引证数据的展示，可以看到列直观的引证的半衰期。

（5）参考引证列表。

该部分可展示相应的参考引证的详细列表。

（6）全国馆藏。

该部分可揭示该文章的全国馆藏信息。

4．可视化

在检索结果页右上角点击可视化按钮或者在相关论著发文量趋势图右侧点击"更多可视化"进入可视化页面，如图4-5-18所示。

在可视化服务中，读者可依据需要查询到词谱图，了解到与查询词相关的上位词、下位词、同义词、兄弟词、相关词等，以及知识点关联图、作者关联图和机构关联图，对知识的各方面形成全面的可视化了解。

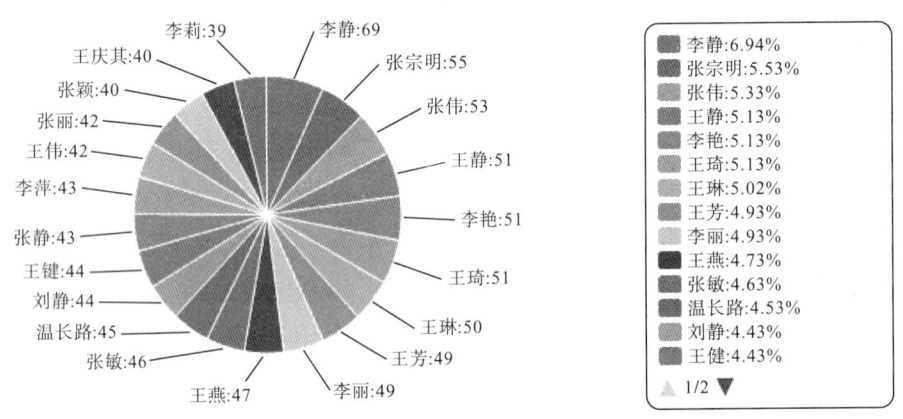

图4-5-18 超星发现系统可视化界面

练习题

1．心律失常在急诊中的诊断与处理。
2．我国实施整体护理的现状与展望。
3．白血病治疗的发展趋势。
4．紫外线与皮肤疾病的关系。
5．中药治疗萎缩性胃炎的研究。
6．增强基因疫苗免疫效果的研究现状。
7．孕妇选择生产方式的调查。
8．银屑病的病因及治疗进展。
9．儿童贫血的饮食治疗。
10．职业性皮肤病的调查与防治研究。

11. 阴道超声诊断早、中期胎儿畸形。
12. 血液透析治疗肾功能衰竭。

参考文献

[1] 李晓玲，符礼平. 医学信息检索与利用［M］. 5版. 上海：复旦大学出版社，2014.
[2] 陈红勤，梁平，杨慕莲. 医学信息检索与利用［M］. 武汉：华中科技大学出版社，2014.
[3] 刘薇薇，王虹菲，方立. 医学信息检索［M］. 天津：天津大学出版社，2011.
[4] 董建成. 医学信息检索教程［M］. 南京：东南大学出版社，2009.
[5] 何怡，刘毅. 医学信息检索实用教程［M］. 天津：天津科学技术出版社，2009.
[6] 中国知网使用手册［EB/OL］.［2016－06－07］. http://acad3.cnki.net/help/AssistDocument/KDN/html/main.htm.
[7] 中文科技期刊数据库CSTJ［EB/OL］.［2016－06－01］. http://222.197.129.109/productor/pro_zk.shtml(2016.6).
[8] 李勇文. 医学信息查询与利用［M］. 成都：四川大学出版社，2010.
[9] 方平. 医学文献检索实用指南［M］. 北京：人民卫生出版社，2002.
[10] 董建成. 医学信息检索教程［M］. 2版. 南京：东南大学出版社，2009.
[11] 郭继军. 医学文献检索［M］. 3版. 北京：人民卫生出版社，2009
[12] 杨克虎. 医学信息检索［M］. 北京：人民卫生出版社，2005.
[13] 周毅华. 现代医学信息检索与利用［M］. 南京：东南大学出版社，2002.
[14] 百链使用帮助［EB/OL］.［2016－03－08］. http://www.blyun.com/blhelp/help.html.
[15] 读秀使用帮助［EB/OL］.［2016－03－15］. http://www.duxiu.com/bottom/help_download.html.
[16] 超星发现使用帮助［EB/OL］.［2016－03－121］. http://ss.zhizhen.com/help/help.html.
[17] 代涛. 医学信息检索与利用［M］. 北京：人民卫生出版社，2010.

第五章 外文文献检索工具

第一节 MeSH 与 PubMed

一、MeSH 词表

1. 概述

《医学主题词表》(*Medical Subject Headings*,简称 MeSH 词表)是美国国立医学图书馆(National Library of Medicine,NLM)研制的,为使文献标引者与检索用户在检索语言上保持一致而编制,用于标引、编排和检索生物医学文献的英文受控词表。MeSH 词表是经过严格的规范化处理的受控情报语言,它以标准的术语描述生物医学概念,通过注释、参照系统和树状结构,表达词汇的历史演变,揭示了词间的语义关系,指导检索者使用规范化的术语进行有效检索。

NLM 提供三种方式联机免费获取其电子版:一是 MeSH Browser,包括 MeSH 表的全部内容,供用户从浏览树状结构体系或关键词入手获取主题词信息;二是 UMLS Metathesaurus,除 MeSH 表外,还包括其他受控词表的主题信息;三是 MeSH Databases,为用户检索 Medline/PubMed 提供帮助。目前 MeSH 表在全世界很多国家都得到广泛的应用,有多个语言版本。中国医学科学院医学信息研究所等机构将英文版的 MeSH 表翻译成了中文,并在《中国生物医学文献数据库(CBM)》中提供其中、英文的电子版,为中文文献的标引和检索提供了极大的方便。

2. 收词类型

(1) 主题词(Subject Headings):又称叙词(Descriptors),是用于描述主题事物或内容的规范化词汇。

①主题词的形式。词汇以名词为主,可数名词多采用复数形式,如 blood cells(血细胞);不可数名词或表示抽象概念的名词采用单数形式如 brain stem(脑干)。主题词包括单个词或词组。词组形式一般按自然语言顺序,如 lung abscess(肺脓肿)。但当一组主题词具有某些相同的概念时,采用倒置的形式将同一概念的词排列在前,修饰、限定的词放在后面,并用", "隔开,如:

anemia, aplastic(再生障碍性贫血);

anemia, dyserythropoietic, congenital(先天性贫血);

anemia，hemolytic（溶血性贫血）；

anemia，hemolytic，autoimmune（免疫性溶血性贫血）；

anemia，hemolytic，congenital（先天性溶血性贫血）。

②主题词的树状结构表。MeSH 表根据每个主题词的词义范畴和学科属性，又将全部主题词分门别类地归入 15 个大类（每个大类均用一个字母表示），每个大类又细分出 100 多个二级类目（见附录二）。二级类目下再层层划分，逐级展开，每一个主题词均给予一个相应的树状结构号（字母或字母与数字的组合），以此来展示同一概念范围的主题词之间的并列、隶属等关系。

树状结构表有三个方面的作用：一是提供主题词等级关系的完整显示，使上、下位词的关系清晰，有利于用户进一步选词以扩大或缩小检索范围，改善检索效果；二是在计算机检索系统中，可实现自动扩检，即将某词的下位词进行检索，满足族性检索要求；三是通过上位词、下位词及同位词的显示，进一步明确词间分类关系及词义。

③主题词具有单一性和动态性。主题词原则上是一个语词只表达一个概念，一个概念也只用一个语词来表达。如表达乳腺癌的常见同义词有 breast neoplasms、breast cancer、breast tumors、human mammary carcinoma 等，但 MeSH 表只选择了 breast neoplasms 作为主题词，因此，凡论及乳腺癌的文献不管使用的是哪个词，在使用《医学主题词表》标引和检索的数据库中使用的主题词只能是 breast neoplasms，这样有利于提高文献的查全率。

MeSH 表是医学常用规范化词汇的浓缩，它必然随着医学科学的不断发展而不断地增删、调整，以及时反映医学科学的最新发展、新主题和新事物，有一定的动态性，且会不定期新增一些主题词。

（2）限定词（Qualifiers）：又称副主题词（Subheading），是对主题词作进一步限定的词。限定词本身无独立检索意义，通常用组配符"/"与主题词一起使用，构成具有检索意义的表达式。如查找出血性贫血的文献，标引的主题词为"anemia, hemolytic"，根据不同的内容可分别组配上不同的限定词，如"anemia, hemolytic/diagnosis""anemia, hemolytic/etiology""anemia, hemolytic/therapy"，在不增加主题词的情况下使表达文献的内容更为确切，检索达到更高的专指度。

限定词的数量及其可组配的主题词的范围均有严格规定，每个限定词可组配的主题词范围见附录三。

（3）款目词（Entry terms）：它是主题词的同义词或相关词，作用是将自由词引到主题词，当用户使用"breast cancer"检索文献时，MeSH 表会通过"breast cancer See breast neoplasms"指引用户使用主题词"breast neoplasms"。因此，款目词只是丰富和增强词表功能的一种方式。

3. 主题词的查找

MeSH Browser（http://www.nlm.nih.gov/mesh/MBrowser.html）是 MeSH 表的网络版。它不仅收录了 MeSH 表最新版本的全部词汇，还收录了《化学主题词表》的 13 万多个化学物质主题词。

MeSH Browser 提供的查询匹配方式有 3 个。

（1）Navigate from tree top（从树状结构的等级体系浏览），帮助用户从树状结构体系入手查询主题词的信息；

（2）关键词查询方式：直接在 Search 检索框中输词进行查询，可匹配三种方式：Find Exact Term 精确词查找、Find Terms with ALL Fragments 查找词组中所有的词、Find Terms with ANY Fragment 查找词组中的任意一个词。

（3）关键词可限定在主题词、限定词或补充概念（化学物质名称）中查询，可查询到其主题词的 ID 号，还可以限定在《化学主题词表》的某一特定字段如化学物质登记号或酶编码（CAS Registry/EC Number）中进行查询。其限定查询界面如图 5-1-1 所示。

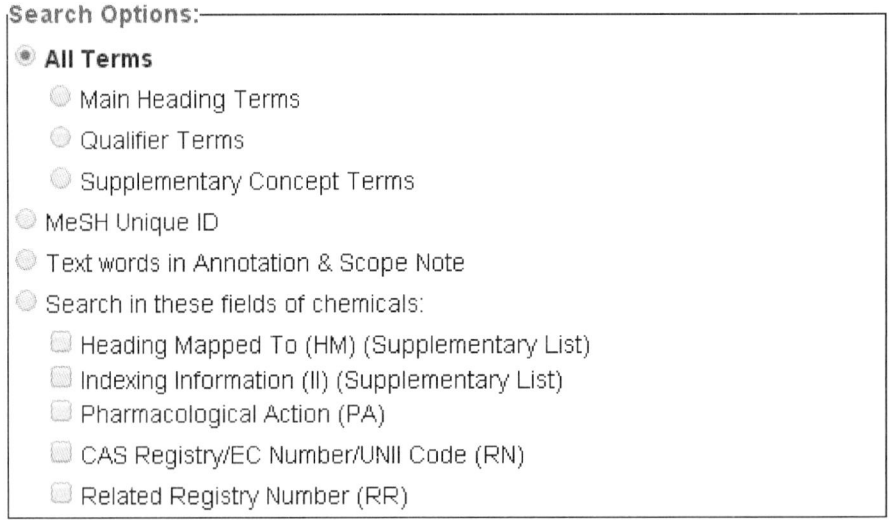

图 5-1-1　MeSH 查询限定界面

中文版的医学主题词可以通过中国生物医学文献数据库（CBM）的主题检索途径进行查询，其具体检索方式详见本书第四章第四节。

4. 主题词检索的优势

一是可以克服同一概念由于拼法不同而导致的漏检或误检，如维生素 C 有"Vitamin C"和"Ascorbic Acid"（抗坏血酸）两种拼法，使用 MeSH 词"Ascorbic Acid"可将两种拼法的文献都检索出来。

二是主题词检索具有下位词扩展检索功能。例如再生障碍性贫血（Anemia, Aplastic）的下位主题词还有先天性再生低下性贫血（Anemia, Hypoplastic, Congenital）、先天性纯红细胞再生障碍性贫血（Anemia, Diamond-Blackfan）、范可尼贫血（Fanconi anemia），使用主题词扩展检索功能可以把再生障碍性贫血的下位概念都检索出来。

三是主题词检索支持副主题词限定功能，使检索更具有专指性。

四是可以限定查找主要主题词，使查出的结果更加准确。

5. 主题词和副主题词的检索应用

【例1】检索有关肝癌手术治疗的文献。

第一步：使用医学主题词表，可从"liver cancer"这个款目词找到其主题词"liver neoplasms"。

第二步：详细了解"liver neoplasms"的注释信息，选择是否扩展主题词。

第三步：选择可搭配的副主题词"surgery"与主题词"liver neoplasms"组配，表达检索题目的主题。

二、PubMed

1. PubMed 与 Medline 概述

PubMed（http://www.ncbi.nlm.nih.gov/pubmed）是 NLM 下属的国家生物技术信息中心（NCBI）开发和维护的基于 Web 的生物医学文献检索系统，是 Entrez 集成检索系统的重要组成部分。Entrez 是一个用以整合 NCBI 系列数据库信息的检索工具，这些数据库包括核酸序列、蛋白序列、大分子结构、基因组序列以及 Medline 等。PubMed 具有信息资源丰富、信息质量高、更新及时、检索方式灵活多样、链接功能强大、使用免费等特点，其中 PubMed 自 1997 年向用户免费提供 Medline 检索服务以来，已经成为科研人员检索 Medline 最主要的途径。

Medline 是由美国国立医学图书馆（National Library of Medicine，NLM）研制开发的在国际上最具权威的综合性生物医学文献书目数据库。其中包括了三种重要的索引：医学索引（Index Medicus）、牙科文献索引（Index to Dental Literature）、国际护理索引（International Nursing Index）。它收录了 1950 年以来 80 多个国家和地区的 5000 多种生物医学及相关学科期刊，其中约 80% 为英文文献。Medline 涉及的学科范围包括基础医学、临床医学、药理学、预防医学、护理学、口腔医学、兽医学、生物学、环境科学、卫生管理和情报科学等。

2. Pubmed 数据库的收录及标识

（1）Medline indexed：收录了 1966 年以来的 Medline 已索引数据，有 MeSH 字段和摘要，记录末尾标识为［PubMed-indexed for MEDLINE］。

（2）Old Medline：收录了 1966 年以前的数据，无 MeSH 字段和摘要，记录末尾标识为［PubMed-OLDMEDLINE for pre 1966］

（3）PreMedline：收录的最新数据，无索引，无 MeSH 字段和摘要，记录末尾标识为［PubMed-in process］。

（4）Publisher-Supplied Citations：出版商提供的文献数据。主要是 Medline 选择性收录的期刊中超出收录范围的文献，如 *Nature*、*Science* 这些综合性期刊上刊登的非医学专业的文献。记录末尾标识为［PubMed-as supplied by publisher］。

3. PubMed 常用检索字段

PubMed 中提供的可供检索和显示 Medline 的字段共 60 多个，由于每条记录收录时间、内容、文献类型差异等原因，其记录包含的字段数各不相同，常用的字段见表

5-1-1。

表 5-1-1　PubMed 常用检索字段

字段名与标识	简要说明
Affiliation [AD]	第一作者单位地址
All Field [ALL]	PubMed 中全部可检索字段
Author [AU]	著者姓名
Corporate Author [CN]	合成或集体著者
EC/RN Number [RN] EC	酶编号、CAS 化学登记号或 FDA 成分标识号
Entrez Date [EDAT]	录入 PubMed 数据库的日期
Filter [FILTER]	用于 PubMed 链接外部资源时限定文献的技术标识
First Author Name [1AU]	第一著者
Full Author Name [FAU]	著者全名
Grant Number [GR]	基金号
Issue [IP]	期刊刊号
Journal [TA]	期刊名（简称、全称或 ISSN 号）
Language [LA]	语种
Last Author [LASTAU]	末位作者（一般为通讯作者）
MeSH Date [MHDA]	主题词标引日期
MeSH Major Topic [MAJR]	主要主题词
MeSH Subheadings [SH]	副主题词
MeSH Terms [MH]	全部主题词
Pagination [PG]	期刊页码
PMID [PMID]	文献记录的 PubMed ID 号
Publication Date [DP]	文献出版日期
Publication Type [PT]	文献类型（综述、通信、临床试验等）
Secondary Source ID [SI]	与文献相关的 NCBI 其他序列数据库中的资源 ID 号
Subset [SB]	限定检索 PubMed 子数据库，如 Publisher [SB]
Substance Name [NM]	化学物质名称
Title/Abstract [TIAB]	题名词和文摘词
Title [TI]	题名词
Volume [VI]	期刊卷号

4. PubMed 主页介绍

PubMed 主页按功能可分为检索区和辅助功能区，如图 5-1-2 所示。

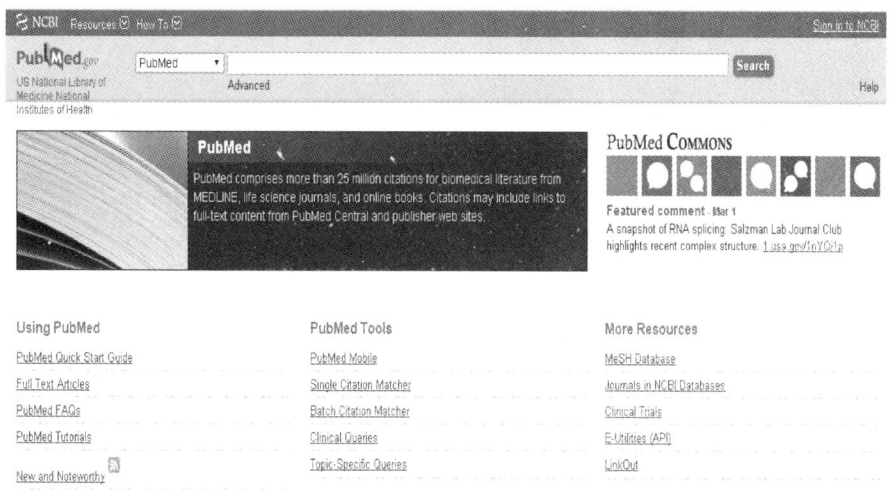

图 5-1-2 PubMed 主页

检索区位于页面的上端，Search 下拉菜单可选择 NCBI 提供的其他信息资源数据库；检索框中可输入一个或多个检索词，点击蓝色"Search"按钮即可进行检索，在主检索框下方还提供有 Advanced（高级检索）和 Help（帮助）两个功能按钮。

辅助功能区位于页面的下方，主要有 Using PubMed（使用帮助）、PubMed Tools（个性化检索工具）、More Resources（其他资源）三部分。个性化检索工具包括 Single Citation Matcher（单篇引文匹配器）、Batch Citation Matcher（批量引文匹配器）、Clinical Queries（临床查询）和 Topic-specific Queries（主题查询）四种个性化工具。其他资源包括 MeSH Database（医学主题词数据库）、Journals Database（期刊数据库）、Clinical Trials（临床试验）、E-utilities、Linkout（外部链接）五个部分。

5. PubMed 检索规则

（1）词语自动转换（automatic term mapping）。

它是 PubMed 检索系统的最大特色，采用自然语言接口技术，自动对输入的检索词进行分析、匹配、转换并检索。其基本原理是先对输入的检索词在多个索引表（MeSH 转换表、刊名转换表、著者索引等）中进行搜索、比对，并自动转换为相应索引表中的词，再将转换的索引词在所有字段中检索。如果输入多个检索词或词组，系统会自动对单词或词组进行拆分，并执行 AND 运算。转换后的检索词和检索表达式会显示在检索结果页面右侧的"Search details"框中。

①MeSH translation table（MeSH 转换表）：该表包括 MeSH 词、参加词、副主题词、出版类型、药理作用词、统一医学语言系统（Unified Medical Language System，简称 ULMS）中的英文同义词和异体词、化学物质名称及其异体词。系统在该表中找到了与检索词相匹配的词，就会自动转换为相应的 MeSH 词，同时保留原输入词执行检索。如在检索框输入"vitamin c"，单击"Search"，在检索结果页面的"Search details"框中可以看到转换后的检索表达式为："ascorbic acid" [MeSH Terms] OR ("ascorbic" [All Fields] AND "acid" [All Fields]) OR "ascorbic acid" [All Fields]

OR "vitamin c" [All Fields]。其中"ascorbic acid"就是"vitamin c"的 MeSH 主题词。

②Journals translation table（刊名转换表）：该表包含刊名全称、缩写、ISSN。在检索框中输入的刊名会按该表转换成 Medline 缩写刊名后进行检索。如输入"Journal of medical systems"，系统转换为"J Med Syst"[Journal] OR（"journal"[All Fields] AND "of"[All Fields] AND "medical"[All Fields] AND "systems"[All Fields]）OR "journal of medical systems"[All Fields]。如果输入的是刊名缩写或 ISSN 号，系统则不会在所有字段中检索，而只检索此期刊中发表的文献记录。

③Author Index（著者索引）：如果输入的检索词在上述两表中未找到匹配词，或输入的词后面跟一两个字母，PubMed 会查找著者索引，如输入"yang ziheng"，其转换结果为：Yang, Ziheng [Full Author Name]。如果仍然没找到匹配词，PubMed 会把该词拆分后重复检索上述词表，直到找到相匹配的词语为止。

(2) 截词检索。

PubMed 支持使用"*"号作为通配符进行截词检索。截词检索仅支持单词词尾截词，不支持词头和词中，也不支持词组的扩展。如果扩展的单词量超过 600 个，PubMed 会给出提示，只检索前 600 个单词。使用截词检索功能时，PubMed 会关闭词语自动转换功能。

(3) 强制检索。

如果用户不想将输入的词组被分割进行检索，就可使用强制检索功能，采用双引号""将检索词引起来，系统就会将其作为不可拆分的短语形式在所有字段中执行检索。使用双引号强制检索时，PubMed 会关闭词语自动转换功能。

(4) 布尔逻辑检索。

在 PubMed 检索输入框中，可直接使用布尔逻辑运算符 AND、OR、NOT 进行组合检索，运算符不区分大小写，可使用圆括号改变运算顺序，如可输入"allergen AND (asthma OR rhinitis)"进行检索。

6. PubMed 检索方法

(1) 基本检索：在 PubMed 检索框中可输入各种检索词进行检索，也可输入逻辑运算符连接的检索式，还可输入检索字段标识符进行检索。但需要注意以下几个方面：

①著者检索：输入著者姓名的全称或者姓氏全称加名缩写均可进行检索。如输入"zhang san"或者"zhang s"均可检索，但检索结果不尽相同。前者是精确检索，但可能会漏掉一些记录，这些记录中可能尚未对"zhang san"编入著者全名索引。后者是模糊检索，检索含有"zhang s"的所有记录。

②刊名检索：输入刊名全称、刊名缩写或者 ISSN 均可。如输入"Journal of medical systems"或者"J Med Syst"或者"0148-5598"，均可进行检索。

③字段标识符检索：在 PubMed 主页面的检索框中，可以直接在检索词后用方括号添加检索字段标识进行限定检索（字段标识参见表 5-1-1）。如输入"hypertension [TI] AND 2009 [DP]"，就表示检索 2009 年出版的篇名中含有"hypertension"的文献。

(2) 高级检索（Advanced search）：在 PubMed 首页界面单击检索框下的"Advanced"，即可进入高级检索页面。高级检索由检索构建器（Searcher Builder）和检索历史（History）两个部分组成。

①检索构建器：它由检索表达式显示编辑窗口和表达式构建器组成。在"Builder"下方的左边下拉菜单选择合适的字段（默认"All Fields"），在旁边的检索框中输入检索词，此时上方的显示窗口会自动显示格式化的检索表达式。若需要对检索表达式进行手工编辑，可单击显示窗口下方的"Edit"进入编辑状态。

如果需要多个字段或多个检索词进行逻辑组合，可在最左侧下拉菜单中选择"AND""NOT""OR"，构建的逻辑表达式也会自动显示在上方的显示窗口，无须手动添加。每一行构建框后有"Show index list"按钮，单击它可打开一个下拉框，其中会显示与该行输入检索词相关联的扩展词，与基本检索输入框的自动提示功能类似。

构建表达式完成后，单击"Search"按钮即可得到检索结果页面。如果只想获得检索结果篇数并保留在高级检索界面，可单击"Add to history"按钮。

②检索历史：高级检索界面将检索史直接显示在提问区下方，如图 5-1-3 所示。

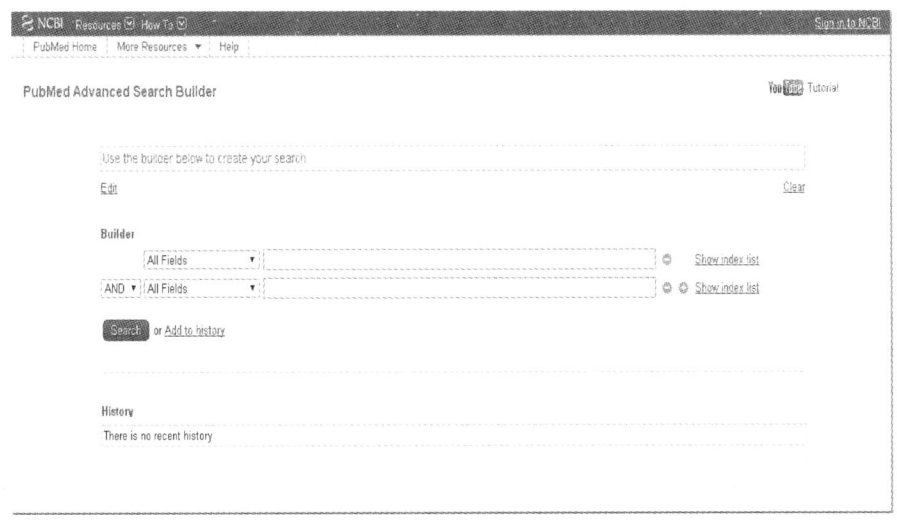

图 5-1-3　PubMed 高级检索界面

（3）主题词检索。

在 PubMed 主页单击"MeSH Database"，或者在 Entrez 数据库下拉选择框选择"MeSH"，即可进入主题词检索界面进行主题检索，如图 5-1-4 所示。

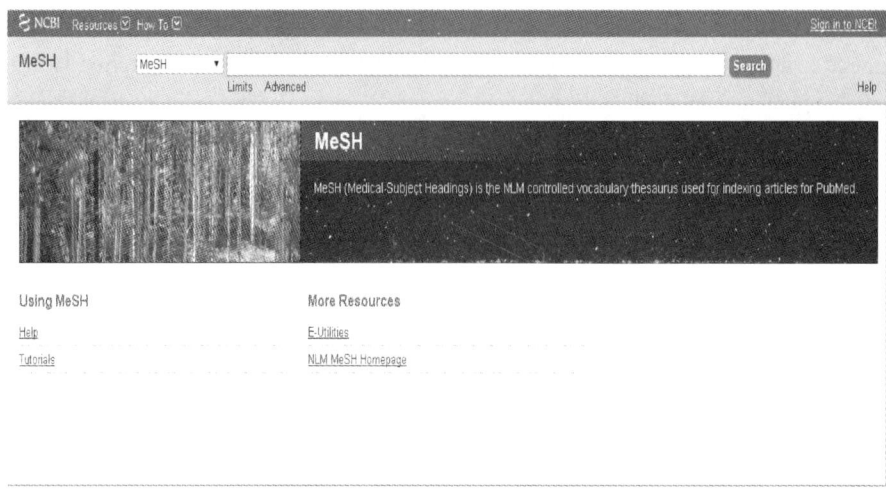

图 5-1-4　MeSH 主题词检索界面

①主题词确定：在主题词检索框中输入检索词，点击"Search"按钮，进入主题词选择界面，系统将自动匹配与之对应或相关的主题词，用户可在系统提示的主题词中进行选择。

查找 MeSH 主题词时，PubMed 还提供了专门的限制检索（Limits）和高级检索（Advanced）功能，针对 MeSH 主题词记录的各个字段来进行限制查找或逻辑组配查找。这些限制字段有 All Fields（所有字段）、MeSH Terms（主题词）、Record Type（记录类型）、Registry Number（主题词登记号）、Scope Note（学科范围）、Substance Name（物质名）和 Text Word（标题和说明文本）。这项功能适用于对主题词进行精确查找。

②主题检索：点击选中的主题词，进入主题词页面选择适当的副主题词（Subheadings）对检索范围进行限定。当选中副主题词后，在相应的副主题词前打钩，然后在页面右侧的主题词检索表达式构建器中单击"Add to search builder"，检索框中会出现相应的表达式，再单击"Search PubMed"即可执行检索。当选择多个副主题词时，它们之间的逻辑关系为"OR"。

主题词还可进行加权检索和扩展检索，加权检索用于限定在主要概念主题词中检索；扩展检索用于禁止检索当前主题词的下位词。系统默认为不加权并扩展检索。检索按钮如图 5-1-5 所示。

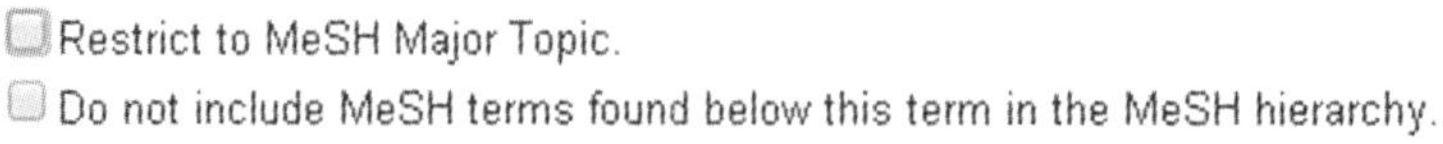

☐ Restrict to MeSH Major Topic.
☐ Do not include MeSH terms found below this term in the MeSH hierarchy.

图 5-1-5　主题词的加权检索和扩展检索按钮

主题词检索的局限性：一是因为只有收录进 Medline 的文献记录有主题词，因此主题词检索只能在"PubMed-Indexed for MEDLINE"范围内检索，而 PreMedline、Publisher 等文献记录则检索不到；二是学科的发展总是领先于 MeSH 主题词的修订，新词汇、新概念就不适合采用主题词检索；三是 MeSH 主题词总数是有限的，其涵盖范围也有限，有些特殊的概念词可能没有相对应的主题词，因此无法采用主题词检索。

（4）期刊数据库检索。

点击主页的"Journals in NCBI Database"链接即可进入期刊数据库检索界面，如图 5-1-6 所示。目前这一数据库同 NCBI Entrez 的 NLM Catalog 进行了整合，在 NLM Catalog 也可进行期刊检索，不同的是 NLM Catalog 还可检索 NLM 收录的书籍、音像视频、软件及其他电子资源等。用户可通过主题（Topic）、刊名全称或缩写、ISSN 号等查找期刊，也可通过 NLM Catalog 主页的"Broad Subject Terms"页面按学科分类（http://wwwcf.nlm.nih.gov/serials/journals/index.cfm）浏览 NLM 收录的相关期刊，如图 5-1-7 所示。期刊检索也有高级查询（Advanced Search），可按刊名、出版商、国家、出版年、类型等不同字段进行精确查询。

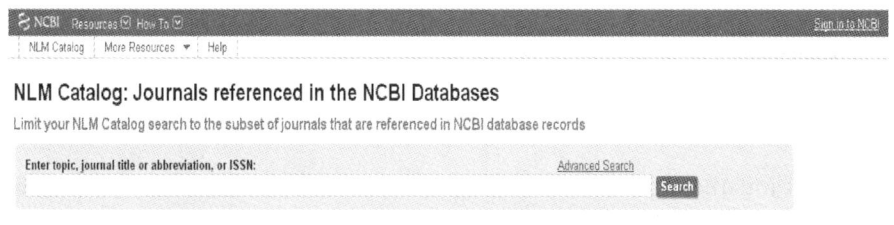

图 5-1-6　PubMed **期刊数据库检索界面**（2016-3-4）

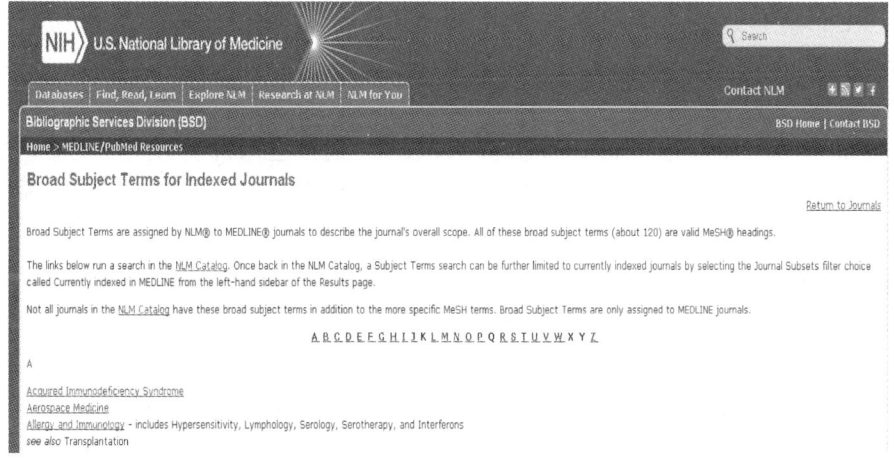

图 5-1-7　NLM Catalog **按学科分类收录期刊界面**

单击检索到的期刊名，PubMed 会提供期刊的详细信息，包括创刊年、出版者、出版国家、语种、所属学科分类等，Electronic Links 会提供该期刊的网站地址。

（5）单篇引文匹配检索。

从 PubMed 主页点击"Single Citation Matcher"链接进入单篇引文匹配检索页面，如图 5-1-8 所示，可用于准确查找某一篇文献，也可用于查找某一期刊或某一作者在某一时间或特定期卷号上发表的论文。

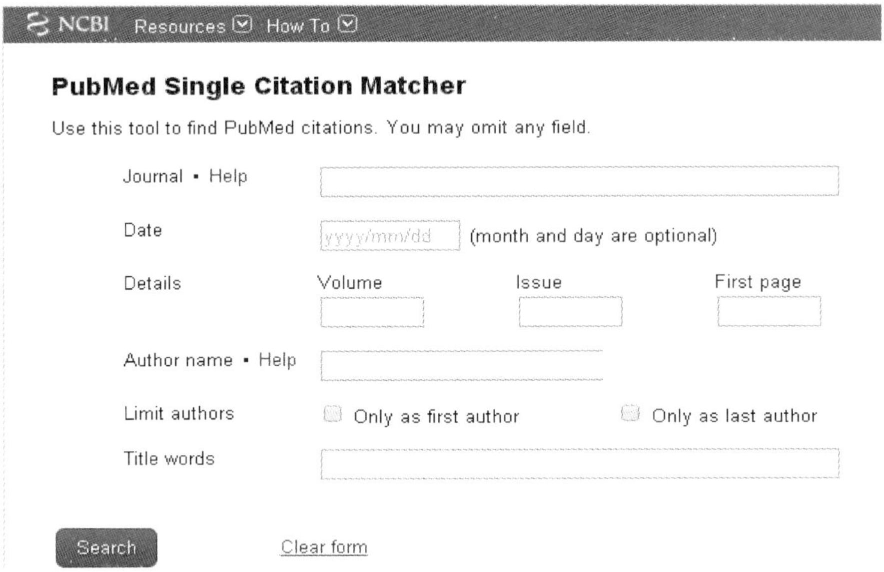

图 5-1-8 单篇引文匹配检索界面

【例】已知 Jonathan Cohen 于 2011 年在 *Science* 上发表过一篇有关脂肪肝的论文，想要查到这篇论文的具体信息，采用单篇引文匹配检索如下：

在"Journal"栏输入"Science"，在"Date"栏输入"2011"，在"Author name"栏输入"Cohen J"，在"Title words"栏输入"liver"，单击"Search"按钮便可得到这篇文章的题录和摘要。

（6）批量引文匹配检索。

从 PubMed 主页点击"Bath Citation Matcher"链接进入批量引文匹配器，通过在文本框内输入固定格式的检索命令，实现 PubMed 或 PMC 数据库中批量查找需要的文献记录。输入格式为：期刊名称 | 年 | 卷 | 首页码 | 著者 | 用户核对标识。

每一提问式单独成行，一次最多可输入 100 条提问式。返回结果将是标有该文献的 PMID 号（PubMed 的识别号）。未匹配上的记录会显示以下三种情况：①INVAILD_JOURNAL，说明输入的刊名缩写不正确；②NOT_FOUND，说明输入的刊名正确，但因其他信息错误而未查找到完全匹配的记录；③AMBIGUOUS，说明输入的文献信息不完全。

（7）临床查询。

"Clinical Queries"是专为临床医生查找临床文献设计的检索途径。单击 PubMed 主页的"Clinical Queries"链接即可进入该界面，如图 5-1-9 所示，它包括"Clinical Study Categories""Systematic Reviews""Medical Genetics"三个方面的检索。

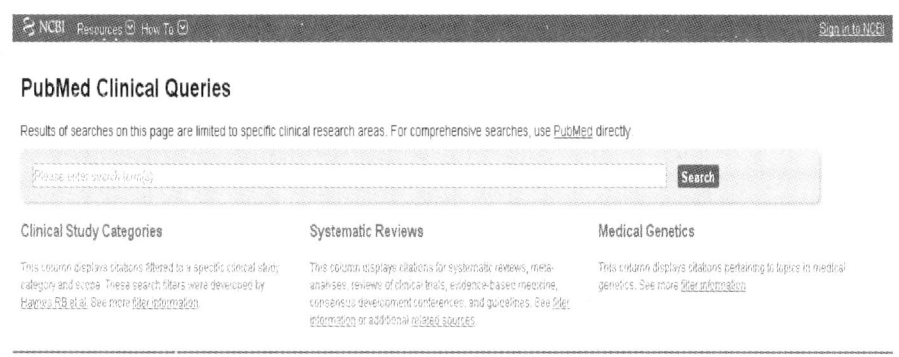

图 5-1-9 PubMed 临床查询界面

① "Clinical Study Categories"供查找疾病的 etiology（病因）、diagnosis（诊断）、therapy（治疗）、prognosis（预后）、clinical prediction guides（临床预报指南）五个方面的文献。或选择 narrow 和 broad 进行限定检索，分别强调查准率和查全率。

② "Systematic Reviews"供查找疾病的系统评价（systematic）、元分析（meta-analysis）、临床试验评价（reviews of clinical trials）、临床指南（guideline）等循证医学文献的检索结果。

③ "Medical Genetics"供查找医学遗传学方面的文献，设有 Diagnosis（遗传诊断）、Differential Diagnosis（鉴别诊断）、Clinical Description（遗传疾病临床症状）、Genetic counseling（遗传咨询）、Molecular Genetics（分子遗传学）、Genetic Testing（遗传检测）、Managment（遗传管理）等。

（8）专题查询。

"Topic-specific Queries"是针对不同的用户、不同的学科专题以及不同类型的期刊而设立的专项信息的检索服务，例如特设了 AIDS（艾滋病）、Bioethics（生物伦理学）、Cancer（癌症）、Complementary Medicine（替代医学）、Health Literacy（健康素养）、History of Medicine（医学史）等专题检索。

7. 检索结果显示、过滤与输出

PubMed 检索结果显示页面分为三大板块，中间为主体检索结果，左侧为检索结果的过滤和限定设置区，右侧是与检索内容相关的数据统计图、检索词、图片、免费全文、Entrez 跨库检索链接区、具体检索表达式和最近检索用词等，如图 5-1-10 所示。

※ 医学文献查询与利用

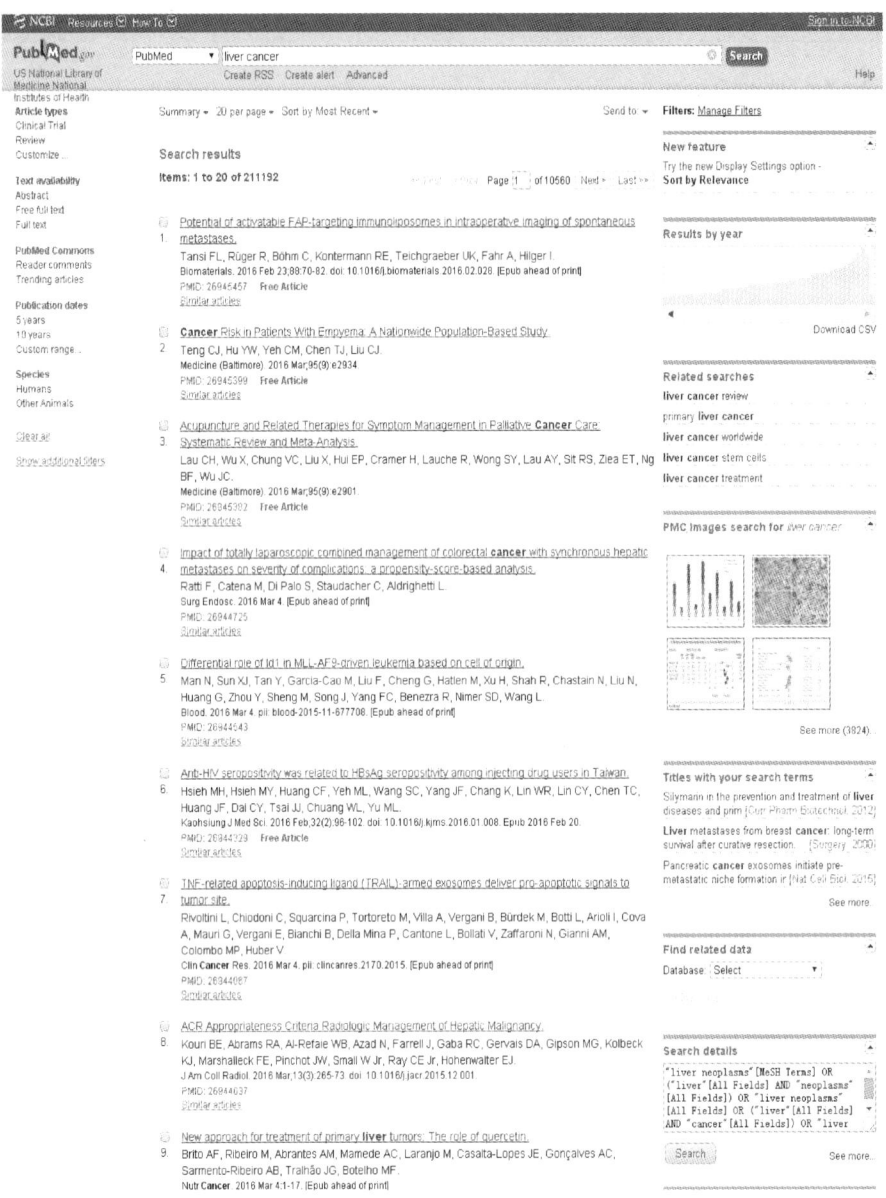

图 5-1-10 PubMed 检索结果显示界面

(1) 检索结果显示。

PubMed 检索结果支持对 Formats（格式）、Items per page（每页显示条数）、Sort by（分类排序）显示格式的选择，系统默认显示格式为 summary、20 per page、Sort by most recent，每种显示格式通过下拉菜单进行选择（如图 5-1-11 所示）。

· 134 ·

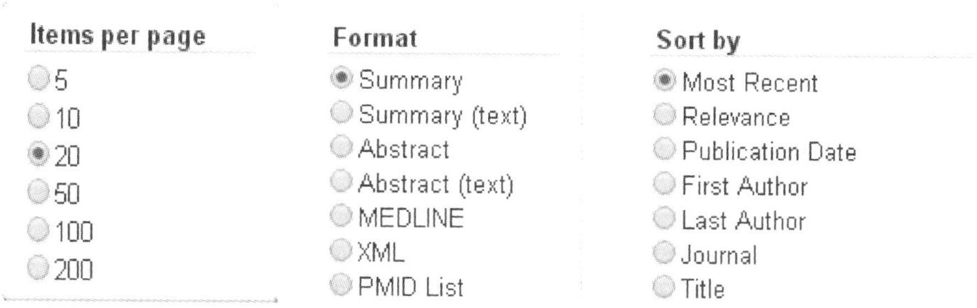

图 5-1-11　PubMed 检索结果显示格式选择项

(2) 检索结果过滤。

PubMed 允许对检索结果进行细致的筛选和限定，在结果显示页面左侧过滤设置区，罗列了非常详细的过滤限定条件。通过点击"Show additional filters"按钮，可选择并显示的筛选条件有文献类型（Article types）、全文获取程度（Text availability）、有无开放评论（PubMed commons）、出版日期（Publication dates）、物种（Species）、语种（Languages）、性别（Sex）、主题（Subjects）、期刊类别（Journal categories）、年龄（Ages）和检索字段限定（Search fields）等。例如，如果想要查看检索结果中有可免费获取全文的综述类文章，就单击"Article types"下面的"Review"和"Text availability"下面的"Free full text"选项。

(3) 结果的保存与输出。

PubMed 系统提供了多种方式保存和输出检索结果，单击显示区右上角的"Send to"按钮可展开选项，包括文件（File）、剪贴板（Clipboard）、收藏夹（Collections）、电子邮件（E-mail）、资料订购（Order）、我的书目（My Bibliography）、引文管理器（Citation manager）7 种保存方式。

File 是将选中文献记录（默认保存所有结果）保存到文件，提供 Summary（text）、Abstract（text）、MEDLINE、XML、PMID List、CSV 六种保存格式，前 5 种与结果显示格式相对应，保存到一个纯文本文件里，其中 MEDLINE 格式的文件可导入到 Endnote、NoteExpress 等文献管理工具中。CSV 格式是一种带字段的电子表格形式，可以用 Excel 等软件打开。

Clipboard 将检索结果保存在 PubMed 网站提供的一个检索结果暂存系统（剪贴板），最多允许保存 500 条记录，与检索历史一样最长保留 8 小时。添加到剪贴板后，检索结果页面右上角会显示 Clipboard 图标，单击可查看暂存的文献记录。另外通过检索历史也可查看到剪贴板记录。

Collections 是指用户注册了 My NCBI 账号并登录后，选择该项可把检索结果保存到 NCBI 个人账户中，一次最多保存 1000 条记录。

E-mail 用于将选中的文献记录以电子邮件的形式发送到指定邮箱，一次最多发送 200 条记录。

Order 是链接到 NLM 的 Loansome Doc 文献传递系统，为用户提供文献全文获取服务，但需要注册登录并支付一定的费用。

My Bibliography 是 My NCBI 中收藏夹 Collections 的一部分，也需要登录 My

NCBI 账户才能保存，与保存到 Collections 类似，一次最多保存 500 条记录。

Citation manager 是将检索结果导出到文献管理软件格式，如 EndNote、Reference Manager、ProCite 等，一次最多导出 200 条记录。

另外在检索结果显示页面的基本检索框下还有"Create RSS""Create alter""Advanced"3 个选项。Create RSS 是 PubMed 提供的一种文献订阅服务，可通过专门的 RSS 阅读器如 Feedly 等随时浏览 PubMed 推送的与该次检索相关的最新文献记录。Create alter 是创建一个 My NCBI 账号，Advanced 是进入高级检索界面。

（4）PubMed 文献记录的显示。

在检索结果显示页面，单击文献标题链接，就会进入具体的文献记录显示页面，如图 5-1-12 所示。左侧主板块为文献记录详细信息，从上到下依次显示文献出处、篇名、著者、著者单位、文摘、文献记录 ID 号及收录状态、全文获取标记、文献图片、文献类型/Medline 标引的 MeSH 主题词/化学物质、外部链接和公开评论等。右侧为相关链接区，包括全文获取链接、相关文献链接等。

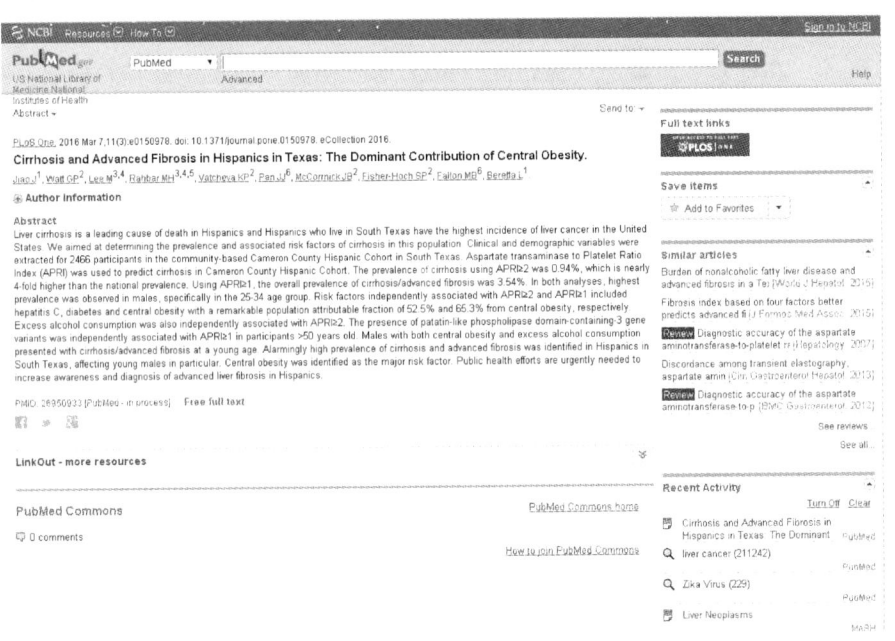

图 5-1-12　PubMed 文献记录显示页面

8. PubMed 其他工具与服务

除了上述主要检索功能外，PubMed 还有一些特别的工具和服务，包括 My NCBI 个人账户、外部资源链接（LinkOut）、临床试验数据库（Clinical Trials）等，这些都可以从 PubMed 主页中单击相关链接进入。

（1）My NCBI。

这是 PubMed 推出的个性化服务，单击网站右上角的"Sign in to NCBI"可注册一个 NCBI 个人账户，登录后可保存并管理用户在 NCBI 所有数据库的检索过程及检索结果，实时追踪相关研究领域的最新进展，并实现个性化的服务。登录账户后页面如图

5-1-13所示。

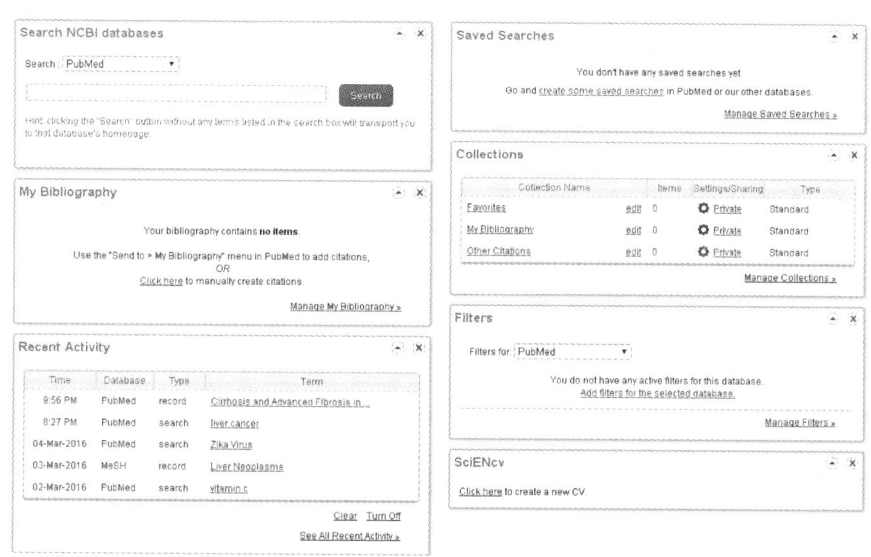

图 5-1-13 My NCBI 页面

My NCBI 包括 Search NCBI databases、My Bibliography、Recent Activity、Saved Searches、Collections、Filters、SciENcv 等板块，每个板块均可以进行收起、展开和打开、关闭操作，通过右上角的"Customize this page"来自定义。

"Search NCBI databases"可让用户在 My NCBI 里快速搜索 NCBI 的各数据库。

"My Bibliography"用于保存选定的 PubMed 检索文献记录。

"Recent Activity"记录用户最近访问搜索 NCBI 数据库的活动。

"Saved Searches"用于保存以前的检索策略，每条检索策略会显示过去检索记录数和当前最新记录数，并可通过 E-mail 发送更新通知。

"Collections"是一个收藏夹，用户可用于收藏自己喜爱的文献记录、检索结果。

"Filters"可用于为 NCBI 各数据库自定义检索过滤条件，定义好的条件会显示在检索结果页面右上角的 Filters 链接中，可直接单击进行检索结果的筛选。

"SciENcv"用于创建科研工作者自己的简历。

（2）Linkout。

它提供了 PubMed 的外部资源链接，包括在线全文数据库、生物学数据库、图书馆藏信息、用户健康信息、研究工具等。外部资源都是经过 Entrez 评估、登记后才提供给用户使用的，Entrez 只提供相关链接，具体服务由外部数据提供方提供，有些信息是免费的，有些需要注册获得，有些则需要订购或收费才能获得。

（3）Clinical Trials。

单击该链接直接进入"ClinicalTrials.gov"网站，它是 NLM 开发的临床试验数据库。该数据库收录了全球由政府拨款或私募经费资助的各项试验目录，以及这些临床试验的资料。最初用于帮助那些患有致命性疾病患者寻找并参与相关疾病治疗的试验项目,随后功能越来越完善。如在检索框中输入"'Heart attack'AND'Los Angeles'"可查到全球有164项关于心脏病发作的研究在洛杉矶招募志愿者。目前它收录了全世界170多个国家和地区经过注册登记的8万多个临床试验信息,该网站试验注册不收费。

9. PubMed 检索举例

【例3】检索肝癌患者进行肝移植的免疫学研究方面的文献。

第一步:分析检索内容,确定检索词及其逻辑关系。该课题的内容主要由"肝癌""肝移植""免疫学"3个关键词构成,即"liver cancer""liver transplantation""immunology",由于免疫学可以作为副主题词来限定肝移植,所以本课题宜采用主题词与副主题词组配的方法进行检索;肝癌与肝移植同为主题词,它们之间是 AND 的关系。

第二步:进入 PubMed 主页,单击"MeSH Database"按钮,进入主题词检索界面。在检索框中输入"liver cancer",点击"Search",出现主题词列表,选中主题词"liver neoplasms",点击进入主题词页面,因此处无副主题词的限定,故单击"add to search builder"按钮构建主题词检索式"Liver Neoplasms"[Mesh],再点击"Search PubMed",得出检索结果。

第三步:重新进入 PubMed 主页,单击"MeSH Database"按钮,进入主题词检索界面,在检索框中输入"liver transplantation",点击"Search",系统直接进入主题词"liver transplantation"页面,在"Subheadings"下方选中免疫学"immunology"副主题词,点击"add to search builder"按钮构建检索式"Liver Transplantation/immunology"[Mesh],再点击"Search PubMed",得出检索结果。

第四步:点击检索结果页面上方的"Advanced"按钮,进入高级检索界面。在"history"区下方找到刚才检索过的两个检索式,分别点击"Add"按钮,将两个检索式送入"Builder"区的检索框中,选择两个检索式之间的逻辑关系为 AND,点击"Search"按钮,得出检索结果。

第二节 Elsevier 数据库

一、概述

Elsevier 是荷兰的一家全球著名的跨国学术期刊出版机构,主要出版医学和科学文献,目前,Elsevier 每年大约有100万篇科技文献在全球范围内出版,所出版的期刊大部分被 SCI、SSCI、EI 收录,年下载量达到7亿多次,是世界公认的高品质学术核心期刊出版机构。

二、ScienceDirect

1. 数据库简介

1997年，Elsevier推出了ScienceDirect电子期刊计划，将该公司出版的全部印刷型期刊转换为电子版，并使用基于浏览器开发的检索系统Science Server进行检索。ScienceDirect（http://www.sciencedirect.com/）收录了1995年以来Elsevier公司的3500余种电子期刊全文以及3万多种专业书籍，内容涉及农业、生物学、化学和化工、工程技术与能源、环境科学、计算机科学、生命科学、材料科学、医学、数学、物理、商业及经济管理、社会科学等学科，其首页如图5-2-1所示。

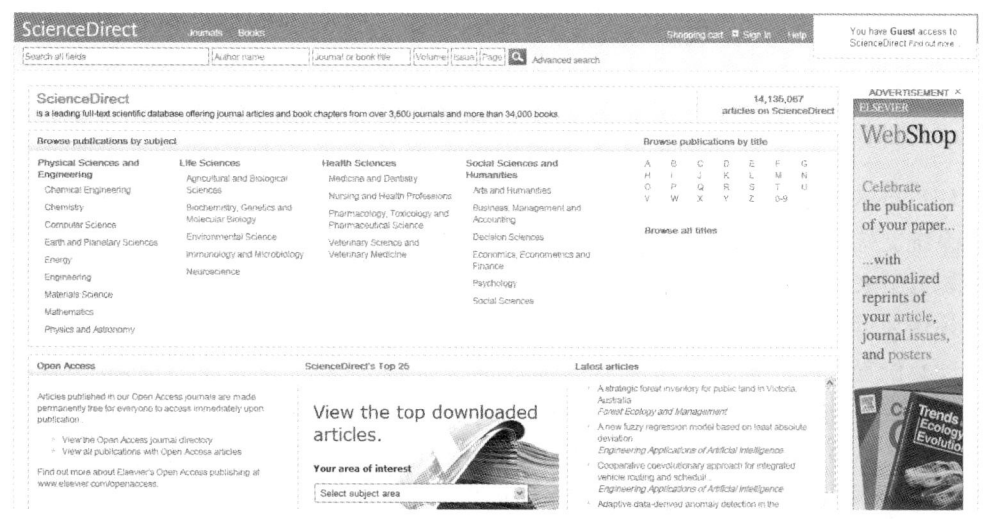

图5-2-1 ScienceDirect数据库首页

用户可以浏览或下载自1995年以来的全文，其他内容只能看到文摘。用户在使用时可以按学科选择相应的期刊进行浏览，或者直接进行检索。ScienceDirect数据库中的每篇文献前面都有一个小标志，如果标志是绿色的，就表示能够看到全文；如果标志是灰色的，则表示只能看到文摘；如果是橙色的，表明该期刊为开放获取期刊；如果为半灰色半橙色的，说明该期刊含有部分开放获取文章。ScienceDirect数据库采用IP控制，凡是许可IP范围内的用户都可以免费使用。

2. 检索方法

（1）字段检索。

系统支持的检索字段有All Field（所有字段）、Title（题名）、Abstract（文摘）、Keywords（关键词）、Source Title（来源题名）、Author（作者）、Specific Author（具体作者）、References（参考资料）、ISSN（国际标准刊号）、ISBN（国际标准书号）、Affiliation（机构）、Full Text（全文）等，检索界面如图5-2-2所示。

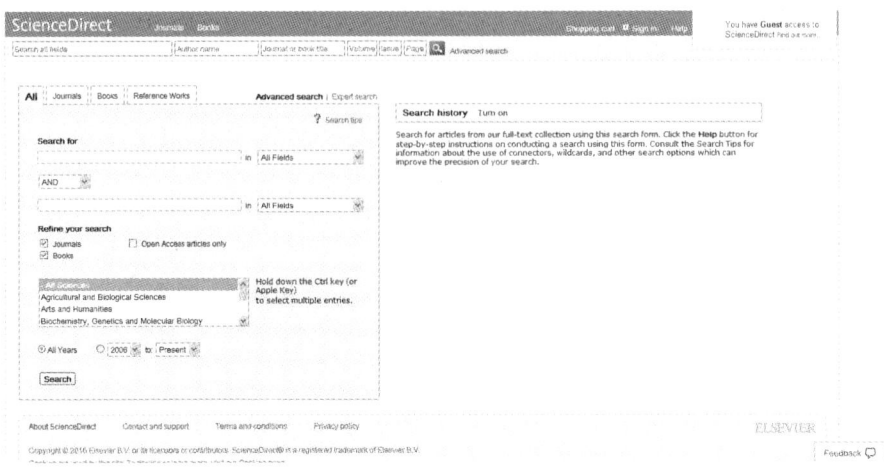

图 5-2-2 ScienceDirect 检索界面

(2) 布尔算符。

系统支持使用 AND、NOT、OR 来确定检索词之间的关系，并用括号对检索词进行逻辑分组来改变逻辑运算顺序。系统默认各检索词之间的逻辑算符是 AND。布尔算符必须用大写字母表示。

(3) 位置算符。

数据库支持使用的位置算符（Proximity Operators）有两种：Adjacency（ADJ）和 Near 运算符。ADJ 运算符表示连接的两词相邻，且前后顺序固定；NEAR 或 NEAR [n] 表示两个检索词之间可以插入少于或等于 n 个单词，且前后顺序任意，系统默认 n 的值是 10。检索的结果按相关度排序，两个检索词越接近，文献就越排在前面。

(4) 同音词检索。

用"[ ]"括住检索词，可检索到同音词。TYPO [ ] 可进行同一词义不同拼写的检索（发音相同），从而避免因拼写错误而导致检索无效，例如，检索式 TYPO [fibre] 可以检索出包含"fibre""fiber"等词的文献。

(5) 截词检索。

截词符"*"可以代替任意多个字符进行扩展检索。

(6) 系统的独特功能。

①检索词组要使用双引号，例如"coral reef"。

②检索作者名字时，要使用其姓氏，方法为"姓，名"，例如"Smith, J"；或者名在前，名和姓之间加一个空格，例如"J Smith"。

③检索系统自动忽略禁用词，如 of、the、in、she、he、to、be、as、because 等。当检索的短语本身含有禁用词时，可在短语外加双引号。

(7) 高级检索。

点击"Advanced search"，进入高级检索界面，此处可以限定检索词出现的字段，还可以从资源类型、学科领域、时间范围等多个方面进行限定，缩小检索范围，增加检索结果的准确率；并可以保存自己的搜索历史，方便下次对同样内容进行搜索。

在高级检索页面，点击"Expert Search"，进入专家检索页面，见图5-2-3。专家检索需要用布尔语言构造检索式，其模式为"Field_name（Search_term）"。常用的检索字段为：Title-abs-key（复合字段）、Title（标题）、Abstract（摘要）、Keywords（关键词）、Authors（作者）、Specific-author（特定作者）、References（参考文献）、Srctitle（期刊/图书名）、Affiliation（作者机构）。

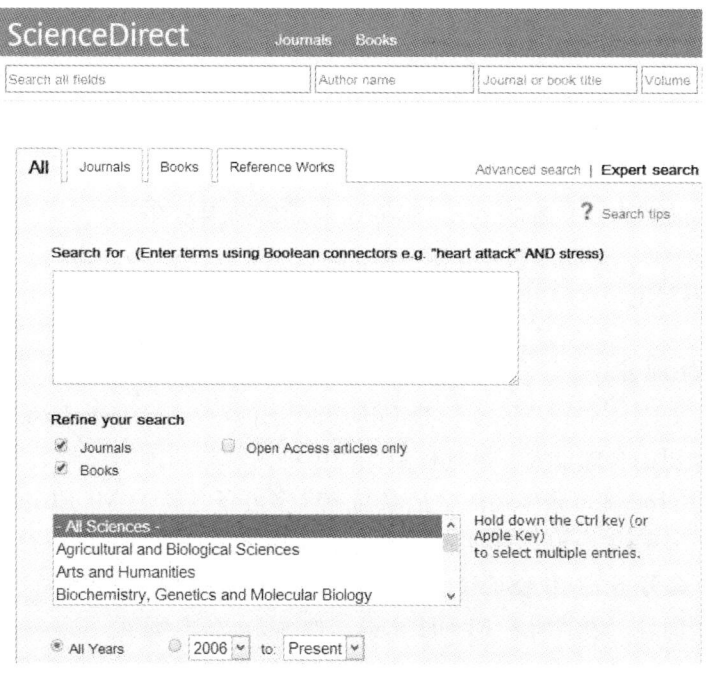

图 5-2-3　ScienceDirect 专家检索界面

3. 检索结果

以 CD44 为例，在检索结果的左侧，ScienceDirect 提供了多种筛选方法，如图 5-2-4所示：Year（发表年）、Publication title（发表期刊名）、Topic（涉及研究领域的主题）、Content type（所属的类型）。用户可以根据这些选项进一步选择自己需要的信息。

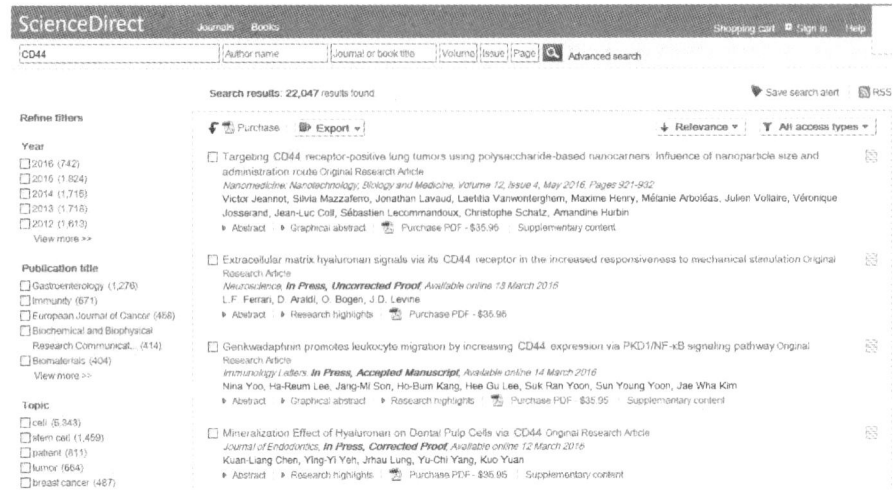

图 5-2-4　ScienceDirect 筛选条件界面

三、EMBASE

1. 数据库简介

EMBASE（Excerpta Medica Database，https://www.embase.com/）是由 Elsevier 公司推出的全球最大、最具权威性的生物医学与药理学文献数据库，它将荷兰《医学文摘》的 1100 多万条生物医学记录与 700 多万条独特的 MDELINE 记录相结合，收录了 70 多个国家的 7000 多种期刊，涵盖了各种疾病和药物信息。通过 EMBASE 可同步检索 2000 多万条 EMBASE 和 MEDLINE 文献记录，且结果无重复，具有独特的 EMTREE 主题词表，覆盖所有 MeSH 术语，如图 5-2-5 所示。

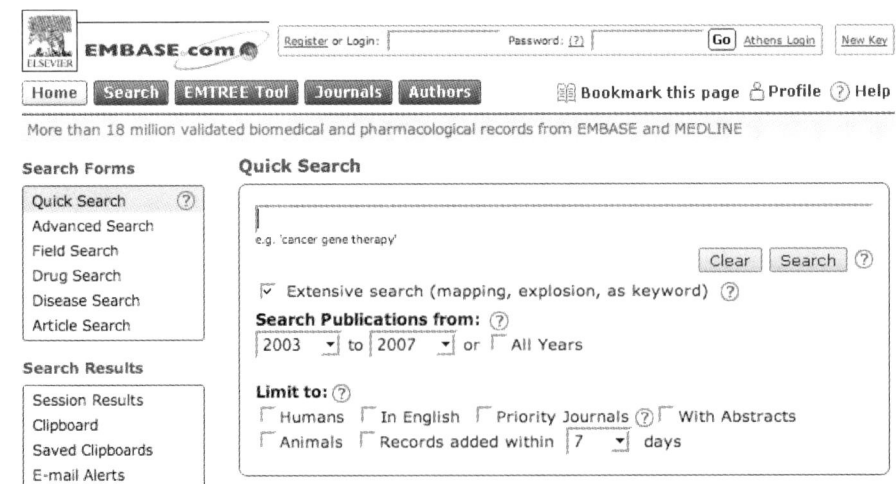

图 5-2-5　EMBASE 数据库首页

EMTREE 的特点：①自然语序，不用倒置；②采用单个名词形式而不用复数形式；③采用美式英语拼写法；④除非常用词外，几乎不用缩写；⑤希腊字母全部拼写；

⑥不用"－""，"等标点符号，除非化学名称中的分隔符；⑦可以检索非常专业的术语。

2. 检索方法

（1）Quick Search（快速检索）。

在这种检索模式下，用户可以在检索框输入任意的单词、词组或检索表达式，支持截词符、临近符和布尔逻辑运算，可使用自然语言检索，可用单词或词组进行检索，对词组进行精确检索时需加引号。

（2）Advanced Search（高级检索）。

高级检索是可进行多条件的组合检索。

①Map to EMTREE：可进行术语对照检索，如检索"mad cow disease"术语会对照为"bovine spongiform encephalopathy"。

②扩展检索（Explosion Search）：可对包括被检索词及其所有下位词进行检索。

③关键词检索（Also search as free text）：还可检索以关键词为重点内容的文章，从而提高相关性。

④主要概念检索（Search terms must be of major focus）：基于主要 EMTREE 药物或医学索引主题词字段，对文章的主要或者重点内容进行检索。

⑤其他限制选项（Quick Limits）：可选择如语言、是否带有摘要、是否带有分子序列号、人类与动物研究类型等，可检索特定时间段增加的记录等。

（3）Drug Search（药物检索）。

专门检索以某药物为研究重点的文献，以药物名称作为检索字段，可自动转换到优选术语；具有关键词检索和扩展检索；可进行药物专题检索，提供 17 个核心的药物关联词（Drug Subheadings）和 47 个给药途径关联词（Routes of Drug Administration），以增强索引的深度，能够对主题词起到限制和修饰作用，从而提高检索的精确性。

（4）Disease Search（疾病检索）。

以疾病名称为检索字段，专门检索以某疾病为研究重点的文献。疾病专题检索提供了 14 个疾病关联词（Disease Subheadings），使用户更精确地检索疾病的某一类或几类分支的相关文献，提高相关性，如疾病并发症、诊断、病因、不良反应、治疗等。它们相对于 MeSH 中的副主题词，与主题词进行组配，如（疾病）恢复/（疾病）副作用/外科手术/（疾病）治疗等。疾病检索也提供限定检索，可通过是否选自主要期刊以及文献的研究重点（人类或动物、成人或儿童、性别）等进行限定。

（5）Article Search（文章检索）。

主要对文章作者和文章发表的期刊进行检索。作者检索时，姓在前用全称，名在后用首字母。输入时姓与名之间空一格，名与名之间用"."或空格分隔。如检索作者王永炎（Wang Yongyan），可输入"WangY. Y."或"WangY Y"或"WangY."或"Wang"。期刊检索时，可输入刊名全称、缩写、ISSN 或分类编号。

（6）浏览期刊。

可根据期刊的名称浏览期刊，如按字顺找到期刊，再查找到相应卷、期号和相应文献；也可根据期刊的学科主题浏览期刊，以及根据期刊的出版商信息浏览期刊。

(7) 查找 EMTREE。

点击"EMTREE Keywords"（浏览术语）选项后，显示出词典的 15 个组成部分，再点击任意所需浏览的术语，该部分的若干分支的术语显现，可层层点击，最终结束于最小的不再分的术语。

四、Scopus

1. 数据库简介

Scopus（https://www.scopus.com/）是 Elsevier 公司于 2004 年推出的全球最大的文摘和引文数据库，收录了来自全球 5000 余家出版社同行评议期刊、会议录、商业出版物、丛书或系列图书，提供自 1847 年以来的超过 5000 万条记录以及自 1996 年以后的所有全文和参考文献信息。内容涵盖数学、物理、化学、工程学、生物学、生命科学以及医学、农业及环境科学、社会科学、心理学、经济学等 27 个学科领域。Scopus 集检索、发现和分析评价为一体，可全方位、跨学科、全球性提供科研支持服务，如图 5-2-6 所示。Scopus 通过"Citation overview"功能追踪引文信息，了解学科发展动向；通过"Analyze results"分析检索结果，评价学科研究现状；通过"H-index"了解某个作者的学术水平；通过"Author evaluator"分析作者的学术论文产量；通过"Journal analyzer"和期刊计量指数 SJR 和 SNIP 关注期刊出版行为变化。

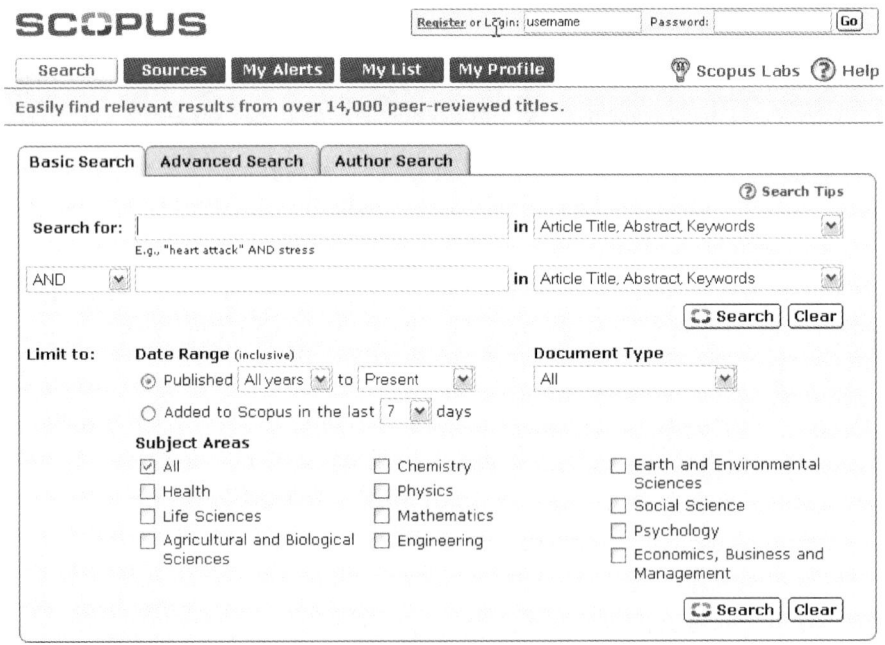

图 5-2-6 Scopus **数据库首页**

2. 检索方法

（1）文献检索（Document search）：系统提供全部字段、关键词、篇名、文摘、作者的单独或复合字段、机构、语种、ISSN、DOI、参考文献和会议文献等，点击"Add search field"可以添加新的输入框，可通过时间和学科范围限定检索条件。

（2）作者检索（Author search）：提供作者姓、名、机构检索输入框。可选择精确匹配（Show exact matches only）和学科范畴限定，同时提供 ORCID 号（开放研究者与贡献者的身份识别）检索。在作者检索结果的界面还可获取作者的 ID 号、H 指数、合作者数量、引文频次和引文文献量、研究领域及论文列表。

（3）机构检索（Affiliation search）：已知机构名称可通过机构名称获取该机构发表的论文信息。

（4）高级检索（Advance search）：选择系统提供的字段和逻辑运算符对检索词进行有效组合，Scopus 提供详细的字段说明和示例。

（5）期刊浏览（Browse Sources）：通过期刊刊名、ISSN 和出版社进行检索。

（6）期刊比较分析（Compare Journal）：利用期刊分析程序，根据多种参数对 Scopus 中收录的最多 10 个来源出版物进行比较。这些参数包括：SJR、SNIP、引用总量、未受到引用的文献所占的百分比及综述文献占比。

第三节　其他外文数据库

一、EBSCOhost

1. 数据库简介

EBSCOhost（https://www.ebscohost.com/）是 EBSCO 公司的一个功能强大的数据库检索系统，直接链接到由 EBSCO 制作的全文数据库或其他数据库（如 ERIC、Econlit、Medline、Psyinfo 等），内容包括针对公共、学术、医学和商业性图书馆而设计的各类数据库。其中"商业资源数据库"和"学术研究数据库"是两个最重要的全文数据资源，如图 5-3-1 所示。

图 5-3-1　EBSCOhost 数据库基本检索界面

商业资源数据库（Business Source Premier，BSP）：专门为商业院校和图书馆设计的数据库。该数据库目前总共收录4450多种期刊的索引与文摘，其中有3600多种全文期刊，被 SCI & SSCI 收录的核心期刊为398种（全文有145种）。其主要报道经济学、市场、管理、金融、会计及国际商务等领域的信息。有些全文可回溯到1936年。

学术研究数据库（Academic Search Premier，ASP）：专门为学术机构设计的多学科文献数据库。目前该数据库总收录期刊7699种，其中提供全文的期刊有3971种，被 SCI & SSCI 收录的核心期刊为993种（全文有350种）。其主要报道社会科学、人文学科、教育、计算机科学、工程学、物理学、化学、语言学、艺术和文学、医学、种族研究等学科的信息。有些全文可回溯到1975年。

2. 检索方法

该数据库的首页设置了数据库名称列表、期刊浏览（刊名列表）、使用说明（详细信息）、检索界面语言选择。选择单个数据库时，直接点击数据库名称即可打开；选择多个数据库时，先要勾选，再点击"继续"；检索界面语言选择的作用是供用户选择自己熟悉的语言，以便了解数据库的各个功能。

①检索方式有期刊浏览、基本检索、高级检索（系统默认值）。其中，期刊浏览的功能相当于出版物检索；基本检索是直接从检索栏输入检索词的检索，不能对字段进行限制；高级检索是可以选择多个字段的组合检索，逻辑运算符包括 AND、OR 或 NOT。

②当选择单个数据库时，检索界面提供关键字、出版物、主题词、参考文献、索引、图像等检索方法，其中主题词检索是建议采用规范词的检索，参考文献检索是查找文献被引情况的检索，索引检索是从数据库提供的各种索引中进行选择的检索。选择多个数据库时，检索界面只提供关键字检索方法。

③检索字段：在高级检索界面，提供可选择的字段有任意字段、著者、题名、主题词、关键词、文摘等。

④二次检索：在检索结果界面，要缩小检索范围时，只能从主题词或出版物类型中进行检索。

二、SpringerLink

1. 数据库概述

德国施普林格（Springer－Verlag，http://link.springer.com/）是世界上著名的科技出版社，该社通过 SpringerLink 系统发行电子图书并提供学术期刊检索服务。SpringerLink 电子期刊（全文）的学科覆盖有生命科学、化学、地球科学、计算机科学、数学、医学、物理与天文学、工程学、环境科学、经济学和法律等（由于一些期刊内容在学科上的交叉，故存在同一种期刊被划分在多个学科的情况），其中大部分期刊是被 SCI、SSCI 和 EI 收录的核心期刊，是科研人员的重要信息源，如图5－3－2所示。

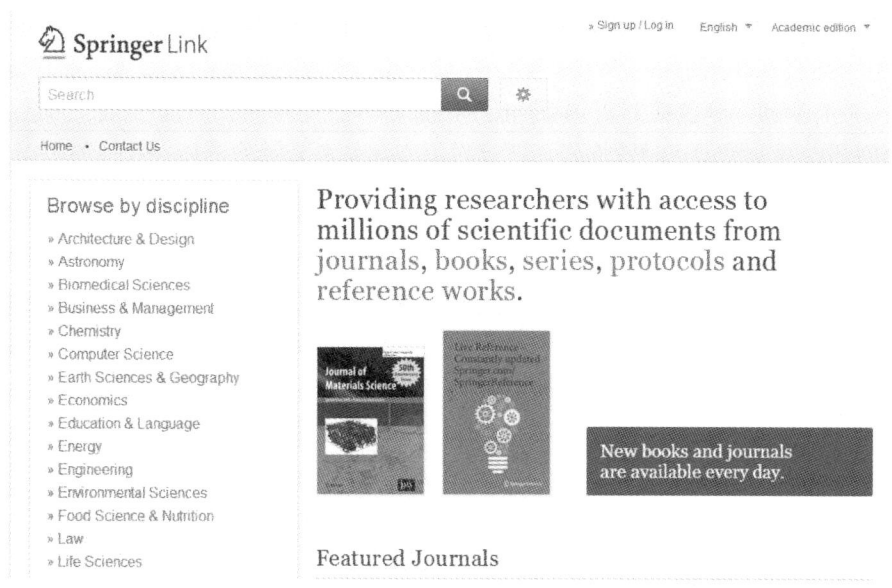

图 5-3-2　SpringerLink 数据库基本检索界面

2. 检索方法

检索方式：SpringerLink 数据库提供两种检索途径，即 Search（检索）和 Browse（浏览）。Search 具有检索功能（可以输入检索词）；Browse 只具有浏览功能，不能输入检索词检索，只能浏览查找。

浏览：在主页的内容类型栏目下点击期刊，可以浏览到所有的在线电子期刊，进入二级页面后可以选择期刊的学科进行进一步的筛选；也可以在首页先选学科，再选内容类型。在列表里找到需要的期刊后，点击该期刊就可以看到该期刊的卷册，进而可以看到该卷册的所有文章。

检索：在首页的"Search"框后输入关键词就可以进行检索，这将检索出所有内容类型所有学科的结果。

高级检索：在首页点击"高级检索"进入到高级检索页面。在这里可以按全文、标题、摘要、作者、编辑、ISSN、ISBN、DOI 进行组合查询，还可以限定日期和排序。

系统所提供的二次检索的入口在一次检索结果显示页的右边，即引导词"For"及后接的空白框，此处为填写二次检索词的位置，准确填写后，点击"Search"，执行二次检索。

三、Wiley

1. 数据库简介

英国 Wiley（http://onlinelibrary.wiley.com/）是综合出版社会科学、科学与医学方面的期刊，其中约 54% 为理科类期刊，其余为人文社会科学类。具体学科涉及农业、动物学、医学、建筑、工程、计算机技术、数学与统计学、商业经济、金融会计、法律、生命科学、物理学、人文科学、艺术、社会及行为科学，其中有 300 多种期刊被

SCI 收录，有近 200 种被 SSCI 收录。

Wiley 通过在线图书馆（Wiley Online Library），为用户提供更为直接的检索界面，如图 5-3-3 所示。其包括 1500 多种电子期刊及 18000 多种电子书，且有 100 多种期刊先于印刷刊在网上提供，时效性强，还有对引文和参考文献的链接。在线图书馆同时提供开放获取资源。

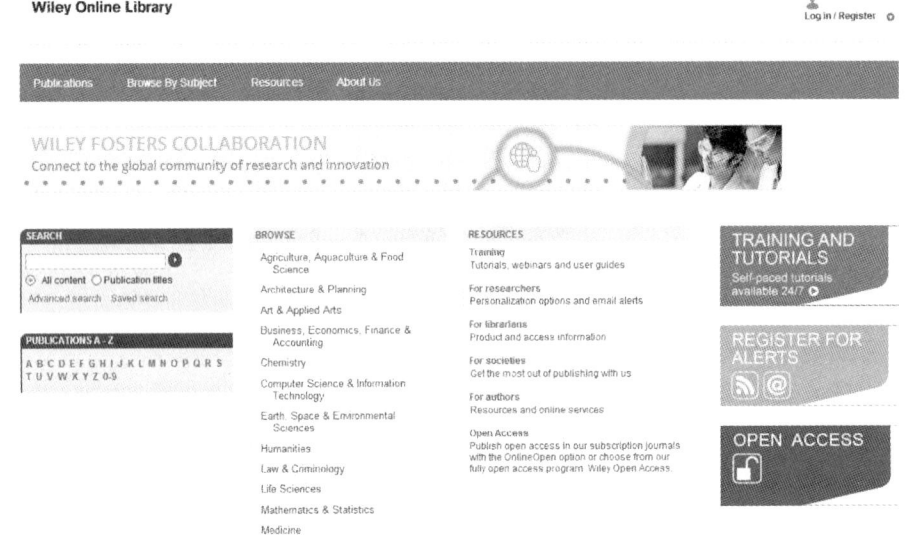

图 5-3-3　Wiley Online Library 主页

2. 检索方法

Wiley 在线图书馆的主要检索方式有基本检索、高级检索。此外，还有按主题浏览、按出版类型浏览的辅助检索工具。

（1）基本检索。

基本检索提供两个检索限定：All Content——在所有范围内检索，包括文献名、书的章节、协议等；Publication Titles——仅在出版物名称中检索，如期刊名、电子书名、数据库名等。

（2）高级检索。

高级检索是一个独立的页面，提供全面的选项进行复杂检索：可以输入检索词，选择检索字段及检索词之间的关系；可以限定检索范围——出版类型、主题范围、出版时间、排序方式。

（3）主题浏览。

浏览分为 14 个主题大类，在每个主题大类下又分为若干个子类，可以按字母顺序浏览；每个主题类都包含了各种出版类型，可以按出版类型浏览。

（4）出版类型浏览。

出版类型有六种：电子期刊、电子图书、工具书、数据库、协议、收藏。可以浏览六种出版类型的全文。

四、Highwire

1. 数据库简介

HighWire Press（http://home.highwire.org/）是全球最大的提供免费全文的学术文献出版商，于 1995 年由美国斯坦福大学图书馆创立。最初仅出版著名的周刊 *Journal of Biological Chemistry*，目前已收录电子期刊 3546 种，文章总数已达 710 多万篇，其中 200 多万篇文章可免费获得全文；这些数据仍在不断增加。收录的期刊覆盖以下学科：生命科学、医学、物理学、社会科学，如图 5-3-4 所示。

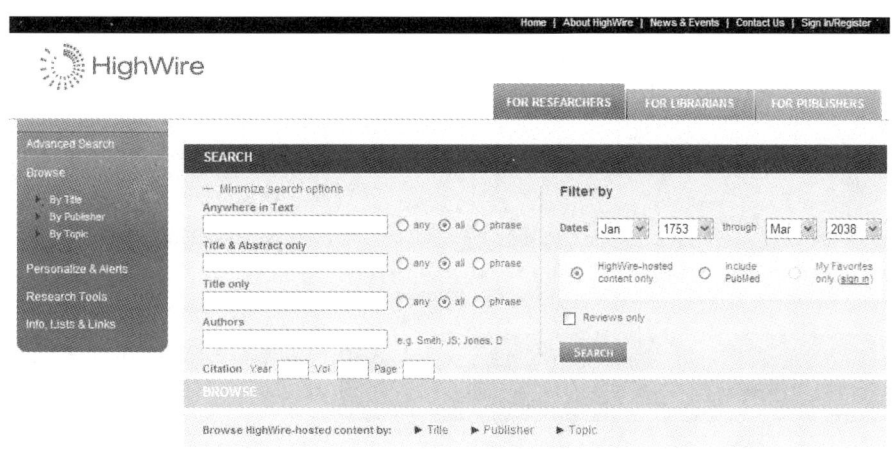

图 5-3-4 HighWire **数据库检索界面**

2. 检索方法

（1）可通过"研究者途径"（Researchers）进入搜索浏览界面。HighWireo 数据库给出了三种不同的浏览方式，分别是：按标题浏览、按出版者浏览、按主题浏览。

（2）HighWire 的检索界面直接提供高级检索模式，可以输入作者、关键词、年、卷、页、起始年月、结果显示形式、匹配形式（最佳匹配、最新收录）、数据库（PubMed、HighWire-hosted journals）等限制进行检索，点击检索结果后的文摘、全文、期刊网站、引用图，可以分别获得文摘、全文（PDF 格式）、该期刊的网站主页和该文被引用情况。其中带有 this article is FREE 图标的文章为免费资源。

（3）个性化检索：科研人员可通过在 HighWire 注册后获得更多的包括限定引用情况、关键词检索、主题检索等个性化服务。

五、化学文摘

1. 数据库简介

美国《化学文摘》（*Chemistry Abstract*，CA，https://www.cas.org/）创刊于 1907 年，由美国化学文摘服务社编辑出版。CA 涉及化学化工、生物、医学、药学、轻工、冶金、天体和物理等学科领域，是收集文献类型最全、提供检索途径最多、部卷最为庞大著名的世界性检索工具。它报道了 150 多个国家、56 种文字出版的 16000 种科技期刊、科技报告、会议论文、学位论文、资料汇编、技术报告、新书及视听资料，还报道了 30 个国家和 2 个国际组织的专利文献。收录的文献占世界化学化工文献总量的 98%，每年收录的文献量达 50 万篇。CAS 数据库首页如图 5-3-5 所示。

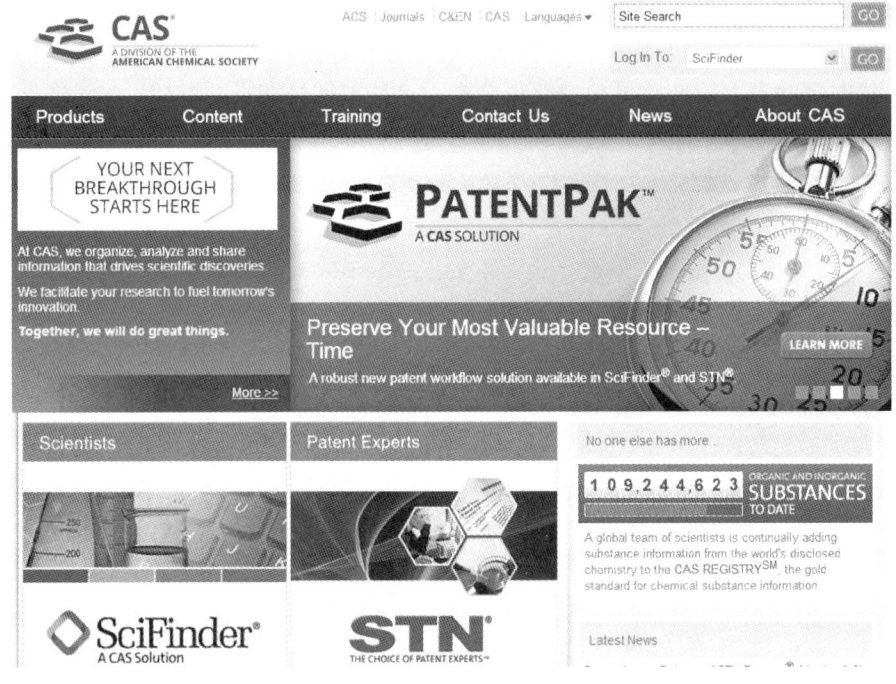

图 5-3-5　CAS 首页

2. 检索方式

CAS 提供 SciFinder 检索平台，该平台整合了 CAS 的多个数据库和 Medline 数据库，其主题检索使用了类似自然语言检索的方法，无须使用逻辑运算符，系统通过智能的方法对输入的检索语句做出分析，以提取其中的概念用于检索，可以使用自然语言中常用的介词来表达逻辑关系，但应注意以下几点：①每个语句检索涉及的概念不要超过 7 个，单词总数不能超过 40 个；②每个概念涉及的单词数不超过 8 个；③涉及的布尔逻辑运算符不能超过 3 个。

六、Ovid

1. 数据库简介

Ovid（www.ovid.com/）由全球著名的数据库提供商美国 Ovid 技术有限公司提供，在国外生物医学界被广泛应用。Ovid 平台整合了 2000 余种期刊、2200 种在线图书和 300 多个数据库，并可直接链接全文期刊和馆藏。Journals@Ovid 包括 60 多家出版商所出版的超过 1000 种科技及医学期刊的全文。数据库首页如图 5-3-6 所示，其是全球最好的医学信息库之一。

第五章 外文文献检索工具

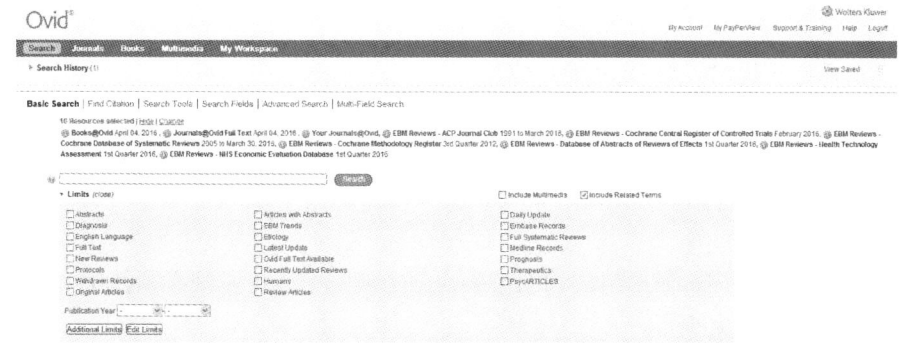

图 5-3-6 Ovid 数据库首页

2. 检索方法

(1) 基本检索（Basic Search）提供了多种"限制（Limit）"选项，包括学科领域、文献类型、发表年限等，帮助用户获取所需的信息。

(2) 常用字段检索（Find Citation）提供细化的检索类型，包括文章题名（Article Title）、期刊名（Journal Name）、出版年限（Year）、出版卷（Volume）、期（Issue）及作者姓名（Author Surname）等。

(3) 检索工具（Search Tools）提供树形图（Tree）、轮排索引（Permuted Index）、主题词说明（Scope Note）、扩展检索（Explode）及副标题（Subheadings）检索选项。

(4) 字段检索（Search Fields）分常用字段（My Fields）与所有字段（All Fields）。系统默认的常用字段有书名（Book Title）、全文（Full Text）、摘要（Abstract）等选项，用户还可根据自身需求从"所有字段"中选择更多选项进行检索。

(5) 高级检索（Advanced Search）提供关键词（Keyword）、作者（Author）、标题（Title）、期刊（Journal）及书名（Book Name）5种检索方式，其"限定"选项同"基本检索"。

(6) 多个字段检索（Multi-Field Search）提供自由的检索方式，用户可添加多种"新增字段"（Add New Row）。

3. 浏览检索

在 Ovid 数据库主页，单击期刊（Journals）、图书（Books）或多媒体（Multimedia）可进入相关主题的浏览页面，通过选择刊名/书名、字母排序、主题类型、多媒体类型（视频、音频及图片）等分类查找所需资源。

七、ProQuest

1. 数据库简介

ProQuest Information and Learning 公司通过 ProQuest（http://www.proquest.com/）数据库平台提供了一组数据库，涉及商业管理、社会与人文科学、科学与技术、金融与税务、医药学等广泛领域，包含学位论文、期刊、报纸等多种文献类型。该平台提供文摘题录信息，大部分文献有全文。

2. 检索方法

选择所需数据库时，默认为所有数据库（All databases），点击"Continue"进入检索界面。该库提供三种检索方式：词检索（by word）、出版物检索（for publication）和课题检索（by topic）。其中词检索又分为基本检索（Basic）、高级检索（Guided Search）和自然语言检索（Natural Language Search）三种方式。

（1）词检索。

可以检索单字或词，如果组成词的单字为三个或三个以上，则必须使用引号将检索词括起来，且不区分大小写。

基本检索：检索框可输入单词或词组，还可使用字段限制检索、布尔逻辑算符、位置算符；可用出版物类型（publication type：期刊、报纸或全部）、出版时间、检索字段对检索加以限制。"Search in"：下拉菜单中有两个选项，读者可任选其一。"Citations and Abstracts"：默认的检索字段为作者、文摘、文章题名、机构名称、地理名称、个人名称、产品名称、主题词、出版物名称。"Article Text"：如果选择"全文检索"，则除了文摘和文章题名外，再加上全文。

高级检索：功能与基本检索相同，只是屏幕上列有多个检索框和字段的下拉式菜单供选择，使用更为方便，此外，可以用文章类型（article type）限制检索。

自然语言检索：用英语在检索框内输入一个问题、一句话或一个短语进行检索。注意检索的术语要区分大小写，且两个或两个以上的大写单词作为一个短语。检索时，读者要对检索结果排序方式（Sort by）进行选择：按相关度逐渐降低（Most relevant，若文章前出现五颗星表示此文章与检索问题最相关）或按由近到远日期顺序排列检索结果。

（2）出版物检索。

只检索某一种特定出版物的全文，包括对某一特定卷期内容的检索。可输入出版物的全称或直接点击"List publications"按字顺显示该数据库所有的出版物名称，点击任一出版物名称可浏览其出版的有关文章。

（3）课题检索。

按用户兴趣将全部课题内容划分为评论性问题、地球科学、健康、新闻、工业和技术、人物、动植物、社会科学、体育和娱乐、教育、艺术 11 个类目，每个类目下又有二级、三级等进一步细分，可以按类目名称浏览和检索。

练习思考题

1. 请查找原文是中文的有关感染 SARS 病毒的非典型肺炎（severe acute respiratory syndrome）的流行病学调查相关文献，文献提供全文链接。
2. 请查找临床核心期刊（core clinical）中有关艾滋病易感人群的统计学研究相关文献。
3. 请查找有关乙肝疫苗预防小儿乙肝的综述性文献。
4. 请查找青霉素过敏引起心肌梗死相关病例报告方面的文献。
5. 请查找 Ramos A 发表在 PubMed 收录的核心临床期刊（core clinic）上的文献，

并写出 1 篇文献的题名、期刊名及作者。

6. 请找出与本专业相关的 Medline 收录的在国内出版发行的中文期刊 5 种，并列出期刊名称（中英文）、ISSN 号。

参考文献

[1] 罗爱静，于双成. 医学文献信息检索［M］. 北京：人民卫生出版社，2015.
[2] 顾萍，夏旭. 医学信息获取与管理［M］. 广州：华南理工大学出版社，2012.
[3] 赵玉虹. 医学文献检索［M］. 2 版. 北京：人民卫生出版社，2013.
[4] 李晓玲，符礼平. 医学信息检索与利用［M］. 上海：复旦大学出版社，2014.
[5] 刘桂锋. 医学信息检索与利用［M］. 镇江：江苏大学出版社，2015.

第六章 引文检索

第一节 引文检索概述

一、引文及相关概念

引文,即被引用的文献(citations),又称参考文献(bibliographic references)或文献注释(notes),它是在科学论著活动中,作者引用或参考他人的论著或文献资料。引证文献则称为来源文献(source document)。引文一般有两种类型,一是参考文献,二是文献注释。

引证文献:引用参考文献的文献,也叫源文献或施引文献。

共引文献:也称同引文献,与本文有相同参考文献的文献。

二级参考文献:被引文献的参考文献。

二级引证文献:引证文献的引证文献。

他人引用:来源文献和引用文献中没有相同的作者即为他人引用(他引)。

本人引用:如果来源文献和引用文献中有一名作者相同,即为本人引用(自引)。

二、引文检索

1. 概念

1955年,美国尤金·加菲尔德(Eugene Garfield)博士首次提出"引文索引"概念。所谓引文索引(citation index),是一种以文献之间的引用关系为基础的文献索引,它以被引用文献即引文为目标,其下列出引用过该文献的全部文献(来源文献)的检索工具,即以一篇文献作为检索词,通过收录其所引用的参考文献和跟踪其发表后被引用的情况来掌握该研究课题的来龙去脉,从而迅速发现与其相关的研究文献。一篇文章的引用率越高,它的影响力就会越大。引文检索即参考文献检索,检索途径除了著者姓名、地址、研究主题、期刊名等外,被引著者、被引期刊、被引文献等也可作为检索项。

2. 引文检索的意义

(1)文献的相互引证直接反映学术研究之间的交流与联系,将不同学科、不同领域的相关研究连接起来,可以发现"科学发展的生长点"和"知识创新点"。

(2) 通过引文检索可以查找相关研究在早期、当时和最近的学术文献，通过"越查越新"和"越查越旧"，进而有效地揭示过去、现在、将来的科学研究之间的内在联系。

(3) 可以较真实客观地反映作者的论文在科研活动中的价值和地位。

(4) 从文献引证的角度为文献计量学和科学计量学提供研究工具，分析研究文献的学术影响，把握研究趋势。

第二节 Web of Science

Web of Science 是由 Thomson Scientific 公司创建的网络版多学科引文数据库，以 Web of Science 核心合集（著名的三大引文索引 Science Citation Index Expanded/Social、Sciences Citation Index、Arts & Humanities Citation Index）为核心，凭借引文检索机制和交叉检索功能，有效地整合了学术期刊（Web of Science 核心合集，Current Contents Connect）、发明专利（Derwent Innovations Index）、化学反应（Current Chemical Reactions，Index Chemicus）、学术专著（Book Citation Index）、学术分析与评价工具（Journal Citation Reports，Essential Science IndicatorsSM）、学术社区（ScienceWatch.com）及其他多个重要的学术信息资源（BIOSIS Previews、INSPEC、FSTA、Medline 等），提供了自然科学、工程技术、生物医学、社会科学、艺术与人文等多个领域中高质量、可信赖的学术信息。

Web of Science 核心合集数据库收录了 12000 多种世界权威的、高影响力的学术期刊，内容涵盖自然科学、工程技术、生物医学、社会科学、艺术与人文等领域，最早可回溯至 1900 年。其中，Science Citation Index Expanded（SCIE，科学引文索引）收录了 150 多个学科的文献信息，覆盖了自然科学、工程技术、生物医学等所有科技领域，每周收录 19000 多篇文献以及 423000 篇参考文献，目前收录了自 1900 年以来的 8600 多种期刊。Social Sciences Citation Index（SSCI，社会科学引文索引）为多学科综合性社会科学引文索引，涵盖 56 个社会科学学科的 3100 多种权威学术期刊，同时也收录 Science Citation Index Expanded 所收录的期刊当中涉及社会科学研究的论文。Arts & Humanities Citation Index（A&HCI，艺术与人文引文索引）收录了人文艺术领域 1700 多种国际性、高影响力的学术期刊的数据内容，数据最早可回溯至 1975 年。

1. 检索规则

(1) 布尔逻辑检索：支持国内外检索系统通用的布尔检索法，包括逻辑与、逻辑或、逻辑非等。

(2) 截词检索：支持"?""*"和"$"三种截词符，其中"?"代表一个字符，"*"代表 0 个、1 个或多个字符，"$"表示 0 或 1 个字母。如"Diseas*"可检索出 Disease、Diseases 和 Diseased，"Lap*roscop*"可检索出 Laparoscopic 腹腔镜、Laparoscopic 腹腔镜检查的、Laparoscopy 腹腔镜检法。

(3) 词组检索：如果要进行精确的词组检索，则在词组的两边加引号""表示。

(4) 位置检索：支持位置运算符"same"，它表示检索词必须出现在同一句子中

（指两个句号之间的字符串），检索词在句子中的顺序是任意的。

（5）当使用多个运算符时可用扩号决定优先顺序，一个检索提问表达式中最多可使用 50 个运算符。

2. 检索操作

Web of Science 提供了基本检索（Search）、作者检索、被引参考文献检索（Cited reference Search）、高级检索（Advanced Search）等功能。

（1）基本检索。

通过如图 6-2-1 所示的基本检索界面，可检索特定的研究主题，也可检索某个作者发表的论文，检索某个机构发表的文献，检索特定期刊特定年代发表的文献等。既可以执行单字段检索，也可以结合主题、作者、刊名和地址进行多字段组合检索。在同一检索字段内，各检索词之间可使用逻辑算符、通配符。

图 6-2-1　Web of Science 基本检索界面

主题字段（Topic）：主题检索相当于部分字段的关键词检索。主题检索的范围包括题目（Title）、文摘（Abstracts）、作者关键词（Author Keywords）、扩展主题词（Keywords Plus）。要检索一个词组，直接输入即可；同义词的检索（自然语言的同义词、缩写词以及专业用语）可使用 OR 算符将其组配；可利用截词符检索单词的复数和派生词。

标题字段（Title）：通过标题来查找文献。它仅在论文的题名中检索。

作者字段（Author）：通过输入来源文献的作者姓名，来检索该作者的论文被 Web of Science 数据库收录情况，进而了解该作者在一段时间内的科研动态。在输入姓名时，先输入姓，空格，然后输入名的首字母缩写，如"ZHANG XW"。如果不知道作者名的全部首字母，可以在输入的首字母后用星号（*）代替。如在作者字段里输入

"zhang x*",检索 zhang x 或 zhang xw 的记录。人名前的头衔、学位、排行不算作姓名。

团体作者字段(Group Author):输入团体作者的姓名,应考虑其各种写法,包括全称和缩写形式;也可利用"group author index"选择并添加到检索框中。

出版物名称字段(Publication Name):在这个字段中应输入刊名的全称。如果记不全刊名的名称,可以输入刊名的前几个单词和通配符来检索,或者点击该字段右面的链接,进入 Publication Name Index 查阅准确名称,选择并添加到检索输入框中。

出版年字段(Year Published):应输入论文出版的准确年份,或发表论文的时间段。

地址字段(Address):在该字段中可以输入一个机构、一个城市、一个国家或一个邮编等以及它们的组合。该字段所有地址都可以检索。机构名和通用地址通常采用缩写。可以点击该字段右面的"Abbreviations help"链接查找缩写列表。各检索词之间可以使用 SAME、AND、OR、NOT 算符组配。一条地址相当于一句,若一条地址中包含两个或多个词汇,检索时用 SAME 运算符。

Web of Science 提供检索的其他字段还包括会议(conference)、语种(Language)、文献类型(Document Type)、基金资助机构(Funding Agency)、授权号(Grant Number)等。

【例1】检索 2010—2015 年有关核糖开关调控细菌耐药的研究论文,操作如图 6-2-2 所示。

图 6-2-2　Web of Science 基本检索示例

①输入检索项。
主题:Ribos*。

主题：Antibacterial Drug Resistance or Bacterial Antibiotic Resistance or Bacterial Drug Resistance。

出版年：2010—2015。

②检索设置：可选择 Web of Science 核心合集中的子库，如 SCI/SSCI/A&HCI/CPCI 等。

（2）被引参考文献检索。

当手上只有一篇文章、一个专利号、一本书或者一篇会议论文时，该如何了解该研究领域的最新进展呢？如何了解某位作者发布文献的被引用情况呢？

被引参考文献检索主要用于查找科技文献被引用的情况，是从被引用文献查到引用文献的过程，可用被引著者（Cited Author）、被引文献（Cited Works）和被引文献发表年代（Cited Year）作为检索点进行检索。被引著者检索是输入被引作者的姓名来进行检索，可参看被引作者索引（Cited Author Index）。检索时姓前名后，名用缩写，也可使用逻辑运算符。检索结果显示的为简单记录格式，包括论文被引频次、被引作者及被引期刊、年代、卷、起始页码。如为图书则只有被引频次、被引作者、被引期刊和出版年代，如为专利则只有被引频次、被引作者、被引专利号和专利授权国家。点击被引频次隐含链接，可获得所有引用该论文的来源文献。

也可用期刊或图书名称进行检索以及输入专利号可查专利的被引用情况。被检索的期刊或图书书名要求用缩略语，可参考被引著作索引（Cited Work Index）或 ISI 期刊简称一览表。

【例2】我们想了解作者贾旭 2013 年在 *Cell* 期刊发表 "Riboswitch Control of Aminoglycoside Antibiotic Resistance" 研究之后，该领域的最新进展，检索操作如图 6－2－3 所示。

图 6－2－3　Web of Science 被引参考文献检索界面

①输入被引作者信息：Jia X。
②输入被引著作名称：Cell。
③输入被引著作发表年份：2013。还可以输入被引著作的标题相关信息。
④点击"检索"按钮，查找列表，检索结果如图 6-2-4 所示。

图 6-2-4　Web of Science 被引参考文献检索结果界面

⑤从检索结果列表中选择并标记需要的文献记录。
⑥选择语种和文献类型。
⑦点击"完成检索"，页面显示的将是所有引用了该研究论文的文章列表，显示结果如图 6-2-5 所示。

图 6-2-5　Web of Science 单条记录所有引用文献的检索结果列表

进行引文检索，需要了解和注意以下几点：①被引著者的输入规则与著者检索的输入相同；②被引文献（Cited Work）的检索输入也可以是被引图书书名和被引专利文献的专利号；③在屏幕返回的被引文献中若出现 View Record 链接，表示该被引文献在 Web of Science 的来源期刊收录范围内，即能够得到该文献的摘要等详细信息；④Web of Science 普通检索中的 Source Title 用刊名全称，引文索引中的 Cited Work 用刊名缩写，如果对刊名的缩写和全称无把握时，可用截词符；⑤被引文献次数是动态性的数据，随着时间的推延，其次数有可能会增加。

对检索结果可以选择限定在某个范围内，也可使用"精炼检索结果"功能；可以通过排序功能来发现某个研究领域中被引用次数最多的重要文献，排序方式选择"被引频次（降序）"。

点击"创建引文报告"，可以看到该领域文章的引文报告，如图 6-2-6 所示。

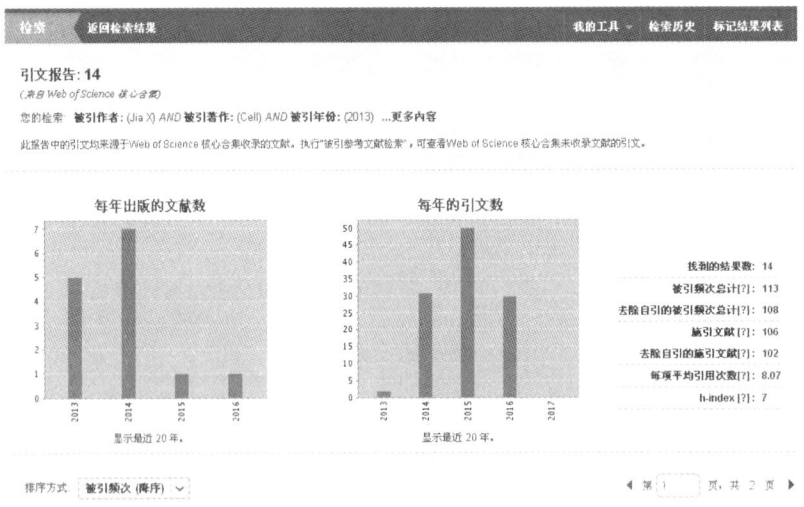

图 6-2-6　Web of Science 引文分析报告界面

（3）高级检索。

高级检索可将多个字段或历次检索步号组配检索。当熟练掌握检索字段代码和检索技术时，可直接在检索输入框中构造检索式；不熟悉时可参照页面右边上方显示的可采用的字段标识符和布尔逻辑算符构造检索式。需要注意的是：输入带有字段的检索词时，应先输入检索字段代码，然后在其后的等号后输入检索词；也可在"Search History"显示框中选择不同的检索步号，选择上方的"AND""OR"组配检索。高级检索界面如图 6-2-7 所示。

图 6-2-7　Web of Science 高级检索界面

（4）结果全记录。

单击单篇文献可以查看结果全记录，如图 6-2-8 所示。

图 6-2-8　Web of Science 结果全记录界面

文章的引用次数可以展现价值，可了解该研究的最新进展，发现该文章对当今研究的影响；通过参考文献追溯过去，可了解该论文的研究依据和课题起源；通过创建引文跟踪服务可以了解今后该论文的被引用情况；通过附加的链接选项直接下载全文（需要相关期刊的访问权限）。

(5) 结果分析。

Web of Science 数据库可进行检索结果分析和相关记录分析。检索结果可按照作者、国家区域、文献类型、机构名称、语种、出版年等进行分析，以了解某个研究的核心研究人员、核心研究地区、研究的发展趋势、主要有哪些机构在从事这项研究等。

【例3】分析与贾旭 2013 年在 Cell 期刊发表的论文同类的研究的国家或地区。

①选择分析的字段，本例中为"国家/地区"；
②设置分析结果的显示选项；
③选择分析结果的排序方式；
④标记感兴趣的集合；
⑤点击查看标记结果的文献；
⑥可选择保存部分（页面所显示）或者全部分析结果，如图 6-2-9 所示。

图 6-2-9 Web of Science 结果分析界面

通过结果分析，可以了解某一特定研究论文的参考文献论文通常发表在什么类型的文献源上，哪些其他机构也在从事相同领域的研究工作，相关科学研究如何跨学科进行发展和应用等。

(6) 检索结果处理。

点击页面上相关的保存、打印等按钮对所选择的记录进行保存、打印、发送 E-mail。

利用 Web of Science 数据库进行常规检索或引文检索时，如果某个检索策略（即检索式）要被经常地使用，可以将此检索策略保存起来。方法：点击检索界面上方工具栏中的"Search History"按钮，打开检索历史显示框，可以将你的检索历史和策略保存在本地计算机或服务器上，并可创建定题跟踪服务。

3. 期刊引文分析报告

期刊引文分析报告（Journal Citation Reports，JCR）是通过引文检索工具所派生的期刊评价工具，是一个独特的多学科期刊评价工具。网络版 JCR 是唯一提供基于引文数据统计信息的期刊评价资源。通过对参考文献的统计汇编，JCR 可以显示出引用和被引用期刊之间的相互关系。JCR 可计量的统计数据提供了一种系统客观反映某学科分类中期刊相对重要性的方法。JCR 检索界面如图 6-2-10 所示。

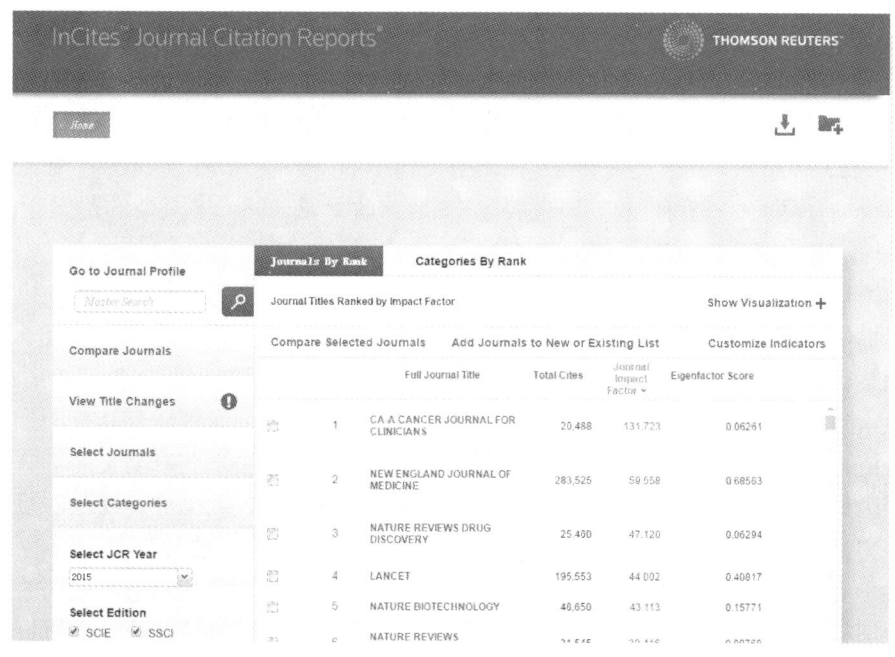

图 6-2-10　JCR 检索界面

目前 JCR 提供科学技术领域 5900 多种期刊、社会科学领域 1700 多种期刊的引文分析信息。

JCR 对每种被收录的期刊，都会提供引文和论文数量、影响因子、立即影响指数、引用和被引半衰期、引用和被引期刊列表、期刊所属学科的引用分析数据等统计数据。

通过 JCR 数据库，用户可以了解在某个学科领域中哪些期刊影响力最大，哪些期刊是综述性的期刊，哪些期刊是被学者们经常利用和引用的，哪些期刊是热门期刊，同时可以为科研人员有选择地浏览学术期刊并结合实际有选择的投稿提供参考。

第三节 中文引文检索

一、中国科学引文数据库

中国科学引文数据库（Chinese Science Citation Database，简称 CSCD）由中国科学院国家科学图书馆于 1989 年创建，是我国第一个引文数据库，其编辑政策与 Web of Science 的编辑理念相似，遵循多学科性和完整性，主要收录我国数学、物理、化学、天文学、地学、生物学、农林科学、医药卫生、工程技术、环境科学和管理科学等领域出版的中英文科技核心期刊和优秀期刊。

中国科学引文数据库分为核心库和扩展库，数据库的来源期刊每两年评选一次。核心库的来源期刊经过严格的评选，是各学科领域中具有权威性和代表性的核心期刊。扩展库的来源期刊经过大范围的遴选，是我国各学科领域中的优秀期刊。CSCD 2009 共遴选了 1123 种期刊，其中英文刊 67 种，中文刊 1056 种；核心库期刊 748 种（以 C 为标记），扩展库期刊 375 种（以 E 为表记）。目前收录从 1989 年至今的论文记录将近 350 万条，引文记录近 1700 万条。

中国科学引文数据库内容丰富、结构科学、数据准确。系统除具备一般的检索功能外，还提供新型的索引关系——引文索引，使用该功能，用户可迅速从数百万条引文中查询到某篇科技文献被引用的详细情况，还可以从一篇早期的重要文献或著者姓名入手，检索到一批近期发表的相关文献，对交叉学科和新学科的发展研究具有十分重要的参考价值。中国科学引文数据库还提供数据链接机制，支持用户获取全文。

中国科学引文数据库具有建库历史最为悠久、专业性强、数据准确规范、检索方式多样、完整、方便等特点，自提供使用以来，深受用户好评，被誉为"中国的 SCI"。中国科学文献计量评价研究中心还依据 CSCD 定期作出中国学术期刊来源期刊的分析报告、中国科技期刊引用报告、科技论文统计分析报告、科学基金论文统计分析报告等。

2007 年，中国科学引文数据库与美国 Thomson Scientific 合作，目前 CSCD 以 Web of Science 为平台，实现与 Web of Science 核心集合的跨库检索，成为该平台上第一个非英文语种的数据库，如图 6-3-1 所示。

图 6-3-1　中国科学引文数据库的 Web of Science 检索平台界面

Web of Science 平台以中英文双语对照的方式显示 CSCD 的内容，其中大多数论文的题录信息（题名、作者和来源出版物）都是以中英文双语的形式提供的；40% 的论文包含英文摘要；超过 60% 的参考文献是英文的；用户可以在检索 CSCD 的同时，利用 Web of Science 平台上的跨库检索功能。

此外，在 Web of Science 平台中，CSCD 数据库中论文的被引频次能够很好地与 Web of Science 的被引频次进行整合，从而能够同时反映国外学术成果在中国的影响力和中国学术成果在全世界的影响力。

二、中文社会科学索引

中文社会科学引文索引（Chinese Social Sciences Citation Index，CSSCI）是由南京大学中国社会科学研究评价中心开发研制的引文数据库，用来检索中文社会科学领域的论文收录和文献被引用情况。CSSCI 收录包括法学、管理学、经济学、历史学、政治学等在内的 25 大类的 500 多种学术期刊，来源文献近 100 余万篇，引文文献 600 余万篇。

目前，利用 CSSCI 可以检索到所有 CSSCI 来源刊的收录（来源文献）和被引情况。来源文献检索提供多个检索入口，包括篇名、作者、作者所在地区机构、刊名、关键词、文献分类号、学科类别、学位类别、基金类别及项目、期刊年代卷期等。被引文献的检索提供的检索入口包括被引文献、作者、篇名、刊名、出版年代、被引文献细节等。其中，多个检索口可以按需进行优化检索，如精确检索、模糊检索、逻辑检索、二次检索等。

在 CSSCI 中还可以通过统计分析子系统得到作者发文情况统计，机构发文情况统计，地区发文情况统计，发文的学科分布统计，图书、期刊的被引统计，出版社被引统计，作者被引统计，论文被引统计，等等。每一种统计均可按学科分别进行，由此可定量评价社会科学研究机构、高校、地区、作者个人的科研生产能力、学术成果、学术影响。

同时，CSSCI 还可以提供期刊的多种定量数据：期刊论文录用量，期刊论文及期刊被引频次，期刊影响因子，期刊论文作者的地域分布、学科分布，期刊引文的年代分布及半衰期，期刊引文的学科分布，期刊论文被引用的年代分布及半衰期。由期刊的多种定量指标可得相应的统计排序，由此可评价期刊的学术影响和地位。

三、中国科技论文与引文分析数据库

中国科技论文与引文分析数据库（CSTPC）是中国科技信息研究所信息分析研究中心与万方数据公司在历年开展科技论文统计分析工作的基础上共同开发的一个具有特殊功能的数据库，该数据库分为论文统计和引文分析两大部分。

CSTPC 的数据来源于我国 1989 年以来出版的 1200 多种科技类核心期刊，以及国家科技部年度发布的科技论文与引文的统计结果，收有论文 122 多万篇，引文 132 万次，并在此基础上每年不断增加，学科范围覆盖了数学、物理、化学、生物、医学等各个领域。

CSTPC 的特点是"途径齐全"。CSTPC 收录的科技论文数量较大，且有 9 个引文检索点，在检索途径上能满足不同用户的引文检索要求。它集文献检索、引文与论文统计分析于一体，有助于科技人员查找重要科技论文及有关参考文献，对帮助各级科技管理部门和各科研机构、高等院校掌握全国和各单位及部门科技论文发表情况，了解历年来我国科技论文统计分析与排序结果，开展科技论文的引文分析，也有很大益处。但 CSTPC 作为一个不断发展中的数据库，也有一些不足之处，如数据更新较慢，著者及被引著者只收有第一作者，无法查找其他合著者的文献，检索字段中没有关键词、主题词字段，无法从主题途径入手检索文献。相信随着时间的推移，CSTPC 会日趋完善，成为科研人员和管理人员的好帮手。

四、清华同方中国引文数据库

中国引文数据库（Chinese Citation Database，CCD）由清华同方公司创建，主要涵盖中国学术期刊电子杂志社出版的 1979 年至今的科技类期刊文献的参考文献，包括中文参考文献和外文参考文献，可查询多种科技文献包括图书、期刊、学位论文、会议论文、报纸、专利、标准、年鉴等被引用的详细情况。

CCD 可进行快速检索和高级检索，提供源文献检索和引文检索。它提供多种途径数据统计，包括作者统计、机构统计、期刊统计、专题统计、基金统计和出版者统计，并为检索结果提供分析及分析报告打印。

以作者统计为例，通过一系列指标，为用户提供全面而翔实的特定作者文献被引信息。作者对象可实现的统计指标包括：

（1）发文量：统计作者每年的发文情况，并用柱状图显示出来。

（2）各年被引量：统计作者的各年被引量，并用柱状图显示。

(3) 下载量：统计作者发表的文献每年被下载的次数，并用柱状图显示。

(4) H指数：H指数是从引证关系上评价学术实力的指标，作者的H指数是指该作者至多有H篇论文分别被引用了至少H次。本统计项提供H指数值及H指数名次。

(5) 期刊分布统计：统计作者的文献发表在哪些期刊上，并按发表的文献篇数进行降序排序。

(6) 作者被引排名：统计当前作者被其他作者引用的频次，并按照引用频次进行排序显示。

(7) 作者关键词排名：记录作者全部文献各关键词出现的频次。此排名可为用户提供关键词列表，可反映个人作者的研究趋势。

CCD收集期刊种类多，信息量大，覆盖面广，学科门类齐全，具有"广而全"的特点，能满足不同专业用户的检索需要。同时还可以迅速从数百万条引文中查询到某篇科技文献被引用的详细情况，还可以从一篇早期的重要文献或著者姓名入手，检索到一批近期发表的相关文献，对交叉学科和新学科的发展研究具有十分重要的参考价值。

练习题

1. 利用Web of Science检索钟南山院士发表的关于SARS的文献共有多少篇，并将被引次数最多的一篇文献列出（除TI、AU、SO外，列出Cited references、Times Cited数量）。

2. 分别查找四川大学发表的引用频次最多的前三作者和前三篇文献。

3. 查找"文献计量学在医学类学科的应用"方面引用频次最高的文献，列出引用频次，以及其引文、引证文献、共引文献、二级参考文献篇数。

参考文献

[1] Web of Science [EB/OL]. [2016-07-03]. http://61.186.173.183:8080/lib4s/s/com/webofknowledge/apps/G.http/UA_GeneralSearch_input.do?product=UA&search_mode=GeneralSearch&SID=P2glbsRddbk5guzYfc8&preferencesSaved=.

[2] 中国科学引文数据（CSCD）[EB/OL]. [2016-07-08]. http://sciencechina.cn/search_sou.jsp.

[3] 国家科技图书文献中心国际科学引文数据库 [EB/OL]. [2016-07-11]. http://disc.nstl.gov.cn/disc/view/m01/A0100.xhtml.

[4] Cnki中国引文数据库 [EB/OL]. [2016-07-14]. http://ref.cnki.net/ref.

[5] 中国社会科学引文索引 [EB/OL]. [2016-07-14]. http://cssci.nju.edu.cn/.

第七章　专类文献检索

第一节　专利文献检索

一、专利概述

（1）专利（Patent），是专利权的简称。它是指国家以法律形式授予专利申请人在规定时间内对其发明创造享有的专业权。

"专利"包括三个方面的含义：一是专利权，即专利权人在法律规定的有效期内对其发明成果享有的独占权或垄断权；二是受专利法保护的发明创造；三是记载发明的技术内容及其相关法律事项的专利文献。

专利是一种无形财产，具有专业性、地域性和时间性的特点。专利法规定，在一段时间内未经专利权人许可，任何单位和个人不得实施其专利。

（2）专利的种类。

按照专利法和实施细则的规定，世界上各国专利根据被保护的发明创造的实质内容分为发明专利、实用新型专利和外观设计专利。发明专利是指对产品、方法或者其改进所提出的新的技术方案，实用新型专利是指对产品的形状、构造或其结合所出的实用的新技术方案，外观设计是指对产品的形状、图案、色彩或其结合所做的富有美感的并适于工业上应用的新设计。

（3）授予专利权的条件。

每一次发明要成为专利，必须具备以下"三性"：

①新颖性：各国对新颖性要求各有不同，我国是指申请专利的发明者申请之前，未在世界范围内被公开发表和在本国未被公众所知所用。

②创造性：指同申请日以前已有的技术相比，该发明有突出的实质性特点和显著的进步。

③实用性：一般指发明能制造或使用，并能产生积极的效果。

二、专利文献概述

1. 专利文献的概念及特点

专利文献是指各国专利局以及国际性专利组织，在审批专利过程中产生的官方文件及其出版物的总称。专利文献有广义和狭义之分。狭义的专利文献上指专利局公布的专利说明书和权力要求书；广义的专利文献包括各种和专利有关的文献，如专利公报、专利文摘、专利索引等。与其他科技文献相比，专利文献具有内容新颖、报道迅速、数量庞大、著录规范等特点。

2. 专利文献的检索途径

（1）编号途径：主要通过申请号、专利号检索特定的专利。

（2）名称途径：主要通过发明人、专利权人的名称查找特定的专利。

（3）主题途径：主要通过选取关键词查找相关技术主题的专利。

（4）分类号途径：通过所查技术主题的国际专利分类号来查找专利。国际专利分类主要依据是国际专利分类表（International Patent Classification，IPC）。

3. IPC

国际专利分类表是根据1971年签订的《国际专利分类斯特拉斯堡协定》编制的，是目前唯一国际通用的专利文献分类和检索工具。目前已有70多个国家和组织采用这种分类法。现执行2015年版。

IPC采用等级结构，把整个技术领域按部、大类、小类、大组、小组分5级进行分类。

（1）部（Section）：它是分类系统的一级类目，共分为8个部，每个部都有部名及部号，用字母A~H表示。每个部又包含若干个分部，8个部共包含20个分部。分部仅有分部名。

（2）大类（Class）：每个大类都有类名和类号，大类号由部类号加两位阿拉伯数字组成。

（3）小类（Sub-Class）：每个小类都有类名和类号，小类号由大类号加上一个大写英文字母组成。

（4）大组（Group）：大组号由小类号加上一个1~3位阿拉伯数字及"/00"组成。

（5）小组（Sub-Group）：小组号由小类号加上1~3位阿拉伯数字后加上一斜线"/"，斜线之后再加上2~4位阿拉伯数字（/00除外）所组成。

一个完整的IPC分类号是由部、大类、小类、大组、小组五个等级的符号依次组成。例如，可弯曲的内窥镜的IPC号如下所示：

部A：人类生活需要。

大类A61：医学或兽医学；卫生学。

小类A61B：诊断；外科；鉴定。

大组A61B1/00：用目视或照相检查人体的腔或管的仪器。

小组A61B1/005：可弯曲的内窥镜。

三、国外专利文献检索

1. 国外专利文献手工检索

德温特世界专利索引（Derwent World Patents Index，简称DWPI）是汤森路透知识产权与科技事业部的旗舰数据库。DWPI因其提供高附加值的专利信息，而成为业界公认之翘楚。德温特出版公司是专门从事专利文献报道的私营出版公司，创刊时仅出版《英国专利文摘》，20 世纪 70 年代开始以题录形式全面报道十多个国家和两个国际组织（欧洲专利公约和国际专利使用条约）的专利文献。目前，德温特出版公司专利文献的报道范围已扩展到 30 多个国家、两个专利组织及英国《研究公开》和美国《国际技术公开》两种刊物上的专利，形成一套世界性专利检索刊物即《世界专利索引》。《世界专利索引》现以缩微、光盘、数据库等形式出版发行。

DWPI 目录周报印刷版于 1999 年停办。文摘周报每周出版一期，2000 年分 P、Q、EPI、CPI 四个分册。2000 年后，此四个分册均更名为 Derwent Alerting Abstracts Bulletin。各分册中专利文摘正文的编排顺序一样，均以德温特分类号顺序编排，同一类下按专利的国别代码字顺，同一国按专利号大小排序。

每期文摘正文后都有下列三种索引：

（1）专利权人索引（Patentee Index）。著录项目是专利权人代码和专利权人名称（多为公司或单位名称，少数是个人名称）。

（2）登录号索引（Accession Number Index）。著录项目是入藏号、德温特分册号、同族专利号、专利登载的年和周号，按入藏号顺序编排。由于德温特公司把同族专利编为同一入藏号，所以该索引可集中反映同族专利。通过它，检索者就可以检索到同一专利的所有文献。同族专利，是指同一专利的不同表现形式，包括基本专利、补充或修订的专利以及在不同国家申请的专利（即相同专利）。

（3）专利号索引（Patent Number Index）。按专利号顺序编排，著录项目有专利号、入藏号和专利权人代码。

2. 国外专利文献网络检索

（1）世界知识产权组织电子图书馆（www.wipo.int）。

由世界知识产权组织（WIPO）国际局建立的知识产权电子图书馆，提供世界各国专利数据库检索服务，包括 PCT 国际专利数据库、中国专利英文数据库、美国专利数据库、加拿大专利数据库、欧洲专利数据库等。其中部分数据库的检索是免费的，部分数据库是限制检索的，同时还提供了 30 多个超链接，涉及内容有国际知识工业产权保护、专利合作协定、WIPO 出版物、会议、新闻发布等。

（2）美国专利商标局网站专利数据库（www.uspto.gov）。

美国专利商标局网站由美国专利和商标局提供，内容包括授权专利数据库和申请数据库。授权专利数据库收录了 1790 年 7 月 31 日至今的美国专利，申请专利数据库对 2000 年 11 月 9 日起递交的专利申请进行公开，从 2001 年 3 月 15 日开始正式出版专利申请说明书。

数据库每周更新一次。数据库提供 1790 年至今的全文图像说明书及 1976 年至今的全文文本说明书。数据库提供三种检索途径：快速检索（quick search）、高级检索（advanced search）、号码检索（number search）。该数据库的 1790—1976 年的专利只能通过专利号、美国专利分类号进行检索。

（3）欧洲专利局 esp@cenet 网络数据库。

为了促进专利信息的利用，拓宽已有的专利文献传播渠道，欧洲专利局、欧洲专利组织成员国及欧洲委员会合作开发了称作 esp@cenet 的一项新服务,这项服务可通过网络获取。

该网络除在欧洲专利局设立服务器,还在每个欧洲专利组织成员国设立服务器。进入 esp@cenet 有以下方式:

①通过欧洲专利局 http://ep.espacenet.com 网页进入 esp@cenet,可检索欧洲 EP、世界知识产权组织 WO、日本英文文摘(PAJ)及世界范围(worldwide)的专利文献,支持语种为英语、德语、法语;

②通过欧洲专利组织成员国的网页进入 esp@cenet,可检索所有成员国的专利文献(近 2 年内)、欧洲 EP、世界知识产权组织 WO、日本英文文摘(PAJ)及世界范围(worldwide)的专利文献;

③通过欧洲委员会网页 http://ec.espacenet.com/espacenet 进入 esp@cenet,可检索欧洲 EP、世界知识产权组织 WO、日本英文文摘(PAJ)及世界范围(worldwide)的专利文献,支持语种为英语、德语、法语。

(4) 日本特许厅网站专利数据库(http://www.jpo.go.jp)。

日本特许厅网站专利数据库,是把原日本工业产权资料馆(IPDL)等公众阅览室里的文献,通过网络和检索系统无偿地向读者提供,旨在使更多的读者能便捷、高效地得到日本专利、商标及其他文献。

日文页面可在日文界面上检索日本专利文献及浏览全文说明书,该网页上提供的数据库有 8 类,分别是发明与实用新型、外观设计、商标、外国专利、复审、法律状态、其他文献、文献范围。

四、国内专利文献检索

1. 国内专利手工检索

中国专利检索工具分专利公报、文摘、索引 3 种。

(1) 专利公报。

中国专利局从 1985 年 9 月 10 日起,陆续出版发行《发明专利公报》《实用新型专利公报》《外观设计专利公报》几个分册,分别公布各类型专利申请、审查和授权有关的内容、事项和决定。现主要介绍发明专利公报和实用新型专利公报。

①发明专利公报是专利公报中最主要的一种,报道发明专利申请、授权等有关事项。内容包括发明专利申请公开、发明专利权授予、发明保密专利、发明专利事务、申请公开索引、授权公告索引等部分。

②实用新型专利公报包括实用新型专利权授予、实用新型专利事务和授权公告索引。

实用新型专利权授予是指实用新型专利申请人根据专利局作出的授予专利权通知和办理登记手续的通知,按时缴纳专利登记费和其他有关费用后,该专利申请进入授权公告准备,并予以公告。实用新型专利权授予公告的内容包括著录事项、摘要和摘要附图。著录事项主要包括国际专利分类号、专利号、授权公告号(出版号)、申请日、授权公告日、优先权事项、专利权人事项、设计人事项、专利代理事项、实用新型名称等。

实用新型专利事务公布是专利局对实用新型专利申请和实用新型专利作出的决定和通知，包括：专利权的全部（或部分）无效宣告，专利权的终止，专利权的主动放弃，专利权的恢复，专利申请权、专利权的转移，专利实施的强制许可，专利实施许可合同的备案，专利权的质押、保全及解除，专利权人的姓名或者名称、地址等著录事项的变更，地址不明的通知，专利局的更正，其他有关事项，等等。

（2）文摘。

中国专利局出版有《中国发明实用新型专利年底分类文摘》，相当于专利公报有关部分的年底累积本。文摘按 IPC 分类体系中的 8 个部（大类）（A～H）分别编辑出版，各部又分为若干分册。文摘按 IPC 分类体系排列，各部均包括文摘正文和索引两部分。文摘正文及索引的格式与专利公报中基本相同。

（3）索引。

中国专利局还出版有《中国专利索引》，包括两个分册，即《分类年度索引》（第一分册）和《申请人、专利权人年度索引》（第二分册）。1986 年创刊，原为年刊，1993 年起改为半年刊。

该索引的著录项目包括 IPC 分类号、公开号（授权公告号、专利号）、申请号、申请人（专利权人）、发明名称或实用新型名称、外观设计产品名称及登载该专利申请的专利公报的卷、期号等。

2. 国内专利网络检索

（1）中华人民共和国国家知识产权局专利检索系统。

该系统（http：//www.sipo.gov.cn）由中华人民共和国国家知识产权局、中国专利信息中心创建维护，通过该系统可免费检索自 1985 年以来，我国颁布专利法以来公布的所有专利文摘。网站、检索入口、检索界面分别如图 7－1－1、图 7－1－2、图 7－1－3 所示。

图7-1-1 中华人民共和国知识产权局网站

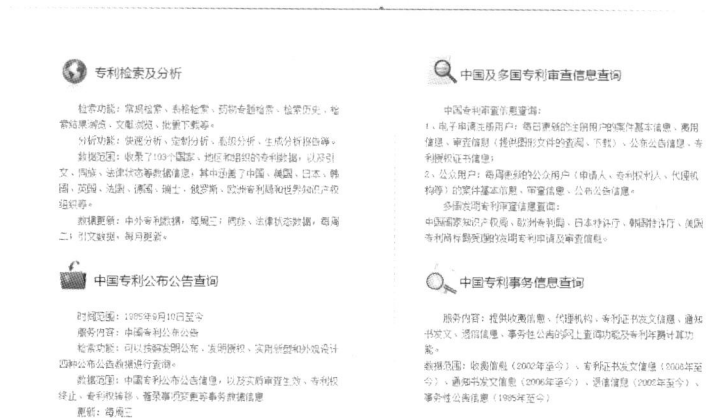

图7-1-2 中华人民共和国知识产权局专利检索入口

图 7-1-3 中华人民共和国知识产权局专利检索界面

(2) 中国专利信息网（http://www.patent.com.cn）。

中国专利信息网创建于 1998 年 5 月，它集专利检索、专利知识、专利法律法规、项目推广、高技术传播、广告服务等功能为一体。该网是我国在网络上第一个全方位提供专利信息检索与专利技术及产品信息服务的专利网站。其中"中国专利数据库"集中了我国自 1985 年实施专利制度以来的全部发明专利和实用新型专利，记录内容包括专利的完整题录信息和文摘，提供逻辑检索、简单检索和菜单检索 3 种方式。

(3) 中国知识产权网（http://www.cnipr.com）。

中国知识产权网由中华人民共和国国家知识产权局知识产权出版社主办，提供中国专利、中国商标、中国版权等知识产权信息和服务。该网的专利检索系统收录了 1985 年以来公布的全部中国专利信息以及 1970 年以来瑞士、德国、英国、法国、美国、日本、欧洲专利局和世界知识产权组织的专利信息。专利检索栏目分为基本检索和高级检索。与其他中文专利检索系统比较，该系统有二次检索、限制检索、同义词检索，并可保存检索表达式的功能。

中国知识产权网专利检索系统可免费浏览、下载中国专利公开时段著录项目、摘要、主权项和授权时段著录项目、摘要、主权项、引证文献以及国外专利的著录项目、摘要和附图，获取全文需缴纳一定费用。

(4) 中国知网 CNKI 中国专利数据库。

该库提供中国专利数据库检索，分为免费服务和收费服务。免费服务仅提供"中国专利题录库"浏览，收费服务提供"中国专利文摘"和"中国专利说明书全文"服务。该库收录 1985 年以来的专利文献，专利类型为发明专利和实用新型专利，系统提供了 16 个检索入口，检索方法和 CNKI 的其他数据库相同。

(5) 万方数据库资源系统专利技术数据库。

该数据库收录了我国从 1985 年至今受理的全部发明专利、实用新型专利、外观设计专利的数据信息。系统提供 25 个检索入口，检索方法和万方其他数据库基本相同。

第二节 学位论文检索

一、概述

根据所申请的学位不同，学位论文一般可分为学士论文、硕士论文、博士论文三种。学位论文一般是在导师的指导下完成从选题到答辩全过程，选题一般比较新颖，理论性、系统性较强，论文阐述详细，具有较强逻辑性，研究深度也随着学位级别的升高而增加。论文一般具有严格的格式规范，是学术论文的一种重要形式，也是重要文献信息源。学位论文多数不会公开出版，通常作为内部资料收藏在各学位授予单位或者指定的学位论文收藏地点，因此学位论文的查找与利用要相对困难一些。但是随着互联网的普及以及信息技术的发展，学位论文的利用受到世界各国的广泛重视，开发专业的学位论文数据库管理平台为学位论文的检索与利用提供便利已成为各大文献资源数据库商积极发展的方向，很多高校与科研单位也积极建设内部学位论文数据库。对于信息用户，特别是学位论文信息需求明确的用户来说，能够快速全面获取国内外相关深度研究新进展具有非常积极的意义。下面主要介绍一下国内外学位论文检索与利用途径。

二、国内学位论文信息资源检索

国内学位论文主要由学位授予单位收藏，一般用户可以通过联系学位授予单位的图书馆获得具体的全文收藏地址，查阅学位论文全文；也有一些单位自建学位论文数据库，便于学位论文资源的保管与利用，如中科院学位论文数据库、北京协和医学院博硕学位论文库等。

中科院学位论文数据库（http://sciencechina.cn/paper/search_pap.jsp）收录了 1980 年以来中国科学院的硕士、博士学位论文和博士后出站报告，目前免费提供文摘，大部分论文还提供电子版前 16 页，相应的学位论文印本收藏于中国科学院文献情报中心五层阅览区。

北京协和医学院博硕学位论文库收录 1981 年以来协和医学院培养的博士、硕士研究生学位论文，学科范围涉及医学、药学及相关专业领域，内容前沿、丰富，可以在线浏览全文，该数据库每季度进行更新。

国内学位论文除了学位授予单位收藏外，中国科学技术信息研究所、中国国家图书馆等也会按照相关规定收藏相关的学位论文，如需获取学位论文的原文或者复制品时，可以向这些收藏单位索取。

中国科学技术信息研究所 1963 年开始收藏国内学位论文，是我国自然科学领域硕士以上学位论文的法定收藏单位，累计收藏学位论文共 114 万余册，年增量达 20 万余册,目前可以通过中国科学技术信息研究所数据库平台(网址:http://www.istic.ac.cn/suoguan/XueWei.htm?lan=chn)获得学位论文题录以及文摘信息,然后可以通过文献传递获得全文。

中国国家图书馆是教育部指定的全国博士论文、博士后研究报告收藏单位,收藏1981年实施学位制度至今的国内博士学位论文,博士论文收藏率达到了98%。近年来,中国国家图书馆在着力丰富其馆藏资源,对国内的一些硕士、博士后论文以及海外华裔留学生在国外撰写的论文也进行了收录。目前中国国家图书馆建设的博士论文数据库(http://mylib.nlc.cn/web/guest/boshilunwen)提供23万余种博士论文全文前24页的展示浏览。

除了这些收藏单位外,很多专业的学位论文数据库也是获得学位论文的便捷途径。

1. 中国知网博士、优秀硕士学位论文全文数据库

中国知网的博士、优秀硕士学位论文全文数据库(如图7-2-1所示)全文收录了1984年至今,全国420多家博士培养单位的博士学位论文和600多家硕士培养单位的优秀硕士学位论文,是目前国内资源完备、质量高、连续动态更新的中国学位论文全文数据库。该数据库产品分为十大专辑:基础科学、工程科技Ⅰ、工程科技Ⅱ、农业科技、医药卫生科技、哲学与人文科学、社会科学Ⅰ、社会科学Ⅱ、信息科技、经济与管理科学。十大专辑下分为168个专题。该库提供免费检索、免费浏览题录、摘要和知网节,下载需要付费。数据库提供的检索字段包括主题、题名、作者、专业、导师、学科专业名称、授予学位单位、出版时间、关键词、优秀论文级别等。数据库网址为:http://www.cnki.net/。

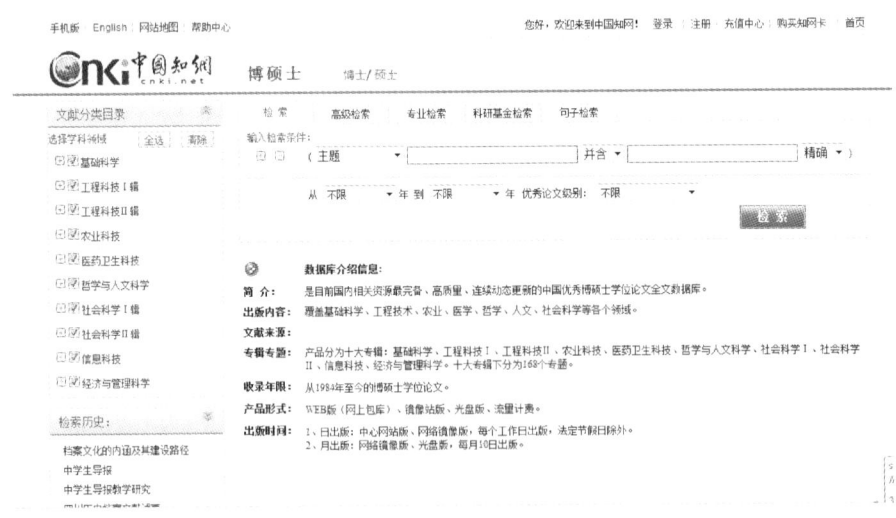

图7-2-1 中国知网博硕士学位论文检索界面

2. 中国学位论文全文数据库

中国学位论文全文数据库(如图7-2-2所示)是万方数据库知识服务平台的重要产品,该数据库重点收录了1980年以来的学位论文,并逐年回溯,可以提供1977年以

来的学位论文全文数据传递服务。该数据库的学位论文数据主要是通过和全国85%以上的研究生学位授予单位合作获得，内容涵盖理学、工业技术、农业科学、医药卫生、人文社科、交通运输、航空航天、环境科学等各学科领域，是我国收录最多的学位论文全文数据库。数据库提供的检索字段有论文标题、作者、关键词、专业、学校、导师、出版时间等，还可以通过学科分类导航、授予学位进行检索。数据库网址为：http://www.wanfangdata.com.cn/。

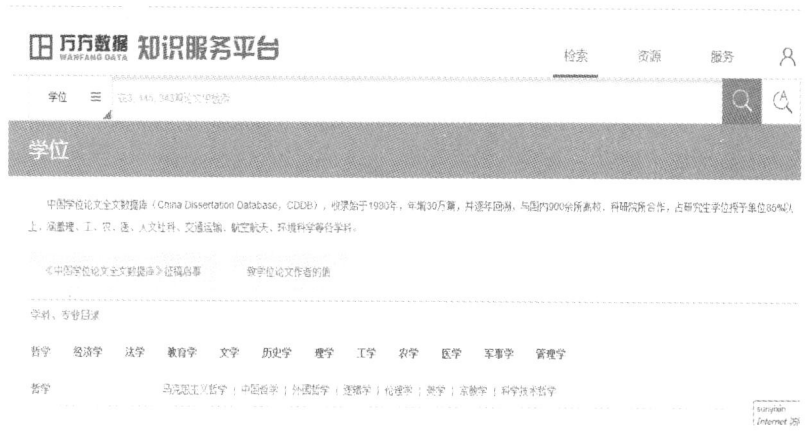

图7-2-2 中国学位论文全文数据库检索界面

3. 国家科技文献中心学位论文数据库

国家科技文献中心学位论文数据库（如图7-2-3所示）收录了1984年以来我国研究生学位授予单位所发布的学位论文，论文按季度更新，每年增加6万余条数据，学科范围主要涉及自然科学领域、社会和人文科学，可以通过论文题名、关键词、分类号、作者、导师、研究专业、研究方向、培养单位、学位授予年、文摘等字段进行免费检索，但是获取原文需要付费。数据库网址为：http://www.nstl.gov.cn/NSTL/。

图7-2-3 国家科技文献中心学位论文数据库检索界面

4. CALIS学位论文中心服务系统

CALIS（中国高等教育文献保障系统）学位论文中心服务系统（如图7-2-4所示）面向全国高校师生提供中外文学位论文检索和获取服务。目前该系统收录博硕士学位论文数据逾384万条，其中中文数据约172万条，外文数据约212万条，而且数据持续增长。该系统采用e读搜索引擎，检索功能便捷灵活，提供简单检索和高级检索功能，可进行多字段组配检索，也可从资源类型、检索范围、时间、语种、论文来源等多角度进行限定检索。该系统能够根据用户登录身份显示适合用户的检索结果，检索结果通过多种途径的排序方式进行过滤、聚合与导引，并与其他类型资源关联，方便读者快速定位所需信息。学位论文全文通过CALIS馆际互借系统获取。该系统网址为：http://etd.calis.edu.cn/。

图7-2-4　CALIS学位论文中心服务系统检索界面

三、国外学位论文信息资源检索

国外学位论文主要由其国家图书馆、学位授予单位收藏。欧洲一些国家通常将学位论文复制数百份收藏于国家图书馆，例如加拿大国家图书馆、英国不列颠图书馆等。美国国际大学缩微品公司（UMI）通过与美国90%的博士学位授予单位保持合作，收藏学位论文并且定期报道所收藏的学位论文的题目和内容摘要，凡属协作关系的学位论文可以直接从该公司获取。日本国会图书馆则收藏国立或者公立大学的学位论文，私立大学则由相应的大学图书馆收藏。数据库、网站也是获得国外学位论文的重要途径，下面简单介绍一下国外的学位论文数据库、网站。

1. PQDT学位论文数据库

ProQuest Dissertations & Theses（ProQuest数字化博硕士论文文摘数据库，简称PQDT，原名PQDD，见图7-2-5）收录自1861年以来的欧美1000余所大学在文、理、工、农、医等学科领域300多万篇博硕士学位论文，是目前世界上最大和使用最为广泛的学位论文文摘数据库。该库每周更新数据，年增长6万余篇学位论文，可以通过摘要、作者、题目、指导老师、学科、学校、语种等字段进行基本检索，也可以通过高级检索界面直接输入检索式或者通过检索框输入检索条件组合检索，还可以通过学科分类和论文分类两种方式进行检索。数据库网址为：http://www.pqdtopen.proquest.com/search.html。

图 7-2-5 PQDT 学位论文数据库检索页面

2. Theses Canada

该网站（http://www.galileo.usg.edu/）提供了一个加拿大学位论文信息查询的集中入口。在此网站上可免费检索 AMICUS 的学位论文及相关信息。AMICUS 为全加拿大公共书目信息检索系统，其学位论文库建立于 1965 年，收录加拿大 1300 多个图书馆的学位论文信息；另外还可免费检索和获得加拿大 1998 年至 2002 年出版的部分论文信息。

3. WorldCat 硕博士论文数据库

WorldCat 硕博士论文数据库（WorldCatDissertations）收集了 WorldCat 数据库中所有硕博士论文和以 OCLC 成员馆编目的论文为基础的出版物，涉及所有学科，涵盖所有主题。WorldCat 硕博士论文数据库最突出的特点是其资源均来自世界一流高校的图书馆，如美国的哈佛大学、耶鲁大学、斯坦福大学、麻省理工学院、哥伦比亚大学、杜克大学、西北大学以及欧洲的剑桥大学、牛津大学、帝国理工大学、欧洲工商管理学院、巴黎大学、柏林大学等，共有 1800 多万条记录，其中 100 多万篇有免费全文链接，可免费下载，是学术研究中十分重要的参考资料。该数据库每天更新。数据库网址为：http://www.global.oclc.org/firstsearch/databases/index.htm。

4. Australian Digital Theses Program

澳洲数字论文计划，由澳洲大学图书馆员协会发起，包含澳洲 40 余所大学的 11.5 万多篇硕博论文，涵盖各个学科，部分学位论文可以免费提供全文。其网址为：http://www.caul.edu.au/。

第三节 会议文献检索

一、概述

医学会议信息是指国内外报道各种医疗学术会议形成的各种医学会议消息、医学会议论文等，它具有报道迅速、内容新颖、学术性强等特点，是人们了解医学领域新进展、新趋势、新成果的重要信息源。据不完全统计，每年在世界范围内召开的各种生物医学相关会议上千场，各专业人员通过参与各种医学会议交流行业信息，很多新问题、新研究都是在医学会议上首次公之于众。医学会议信息包括会前医学会议消息和会后医学会议论文。会前医学会议消息主要包括会议通知、会议日程、会议征文启事等，主要报道会议主题、会议召开时间、地点等重要信息，为医学科研人员提供会议召开信息，撰写会议论文、参与会议等提供指南。会后医学会议论文主要是指在会议上发表的学术报告、回忆录、论文集等。医学会议文献资源由于其形式的多样化、出版年份的不规则，检索和获取相对比较困难，下面将分别介绍医学会议消息和医学会议文献的检索途径和方法。

二、医学会议消息检索

医学会议消息为专业人员准备会议论文、参与会议提供重要信息，报道信息一般都包含会议名称、时间、地点以及主办机构等。传统的医学会议消息主要是通过专业期刊刊登预报会议消息以及征稿启事等，随着互联网技术的发展，医学会议消息的发布也越来越多元化，既有专业的会议发布系统，也可以通过专业网站发布，因此，医学会议消息可以通过多种方式获得，下面介绍几种常用的医学会议消息检索途径。

1. 通过医学专业期刊检索医学会议消息

医学专业期刊（杂志）覆盖范围广，信息用户明确，很多医学专业期刊（杂志）都会在刊登学术论文的同时报道行业动态信息，一些医学会议预告以及征文启事等信息也会在期刊（杂志）上刊登，还有一些专门用于报道医学会议消息的期刊，因此，从专业期刊上获取医学会议消息是一种重要的途径。如：《中华医学信息导报》经常会有"会议征文"报道；由美国麦克米伦出版公司出版的《世界会议：医学》则主要预告近两年内在世界100多个国家将要召开的各种学术会议消息，包括会议的名称、地点、日期、主办机构、论文截止日期和联系方式等主要信息。

2. 通过搜索引擎检索医学会议消息

随着信息发布方式的多元化、网络化，越来越多的信息可以通过网络搜索引擎检索获得。一般情况下，我们只需要在搜索引擎上输入我们关注的医学会议主题加上会议等关键词即可在网络上检索到相关信息。搜索引擎特别适合在已经获知医学会议部分信息后进行详细了解时使用。如：通过百度搜索引擎检索"再生医学和干细胞会议"，即可检索到会议相关消息，如图 7-3-1 所示。

图 7-3-1　百度检索"再生医学和干细胞　会议"结果截图

3. 通过医学信息网站检索医学会议消息

很多医学信息网站都在提供医学信息交流平台的同时提供各种医学会议资讯，为信息用户提供更多的医学信息交流机会，提高医学信息服务质量。

（1）中国学术会议在线。

中国学术会议在线（http://www.meeting.edu.cn/meeting/）是由教育部主管，教育部科技发展中心主办，面向公众的科学研究与学术交流信息服务平台（如图 7-3-2 所示）。该网站设有会议新闻、会议预告、会议评述、会议回顾、会议论文等栏目。用户可以通过学科分类进行快速检索，获得相关主题的会议预告、会议评述、会议新闻、特邀报告、精品会议、会议视频等信息，还可以通过检索框进行站内资源检索。首页还有"最新发布境内会议""最新发布境外会议""即将召开境内会议""即将召开境外会议"等快速直达导航。

图 7-3-2 中国学术会议在线首页

(2) 医脉通。

医脉通网 (http://meetings.medlive.cn/) 是由北京金叶天盛科技有限公司开发并运营的面向医疗工作者,提供医学最新资讯、医学文献、医学交流、诊疗知识库、医学资源共享的专业学术性网站。该网站设有医学会议专区(如图 7-3-3 所示),可以通过该平台发布会议、检索会议信息,会议消息可以按照科室分类进行检索,也可以通过检索框进行站内医学会议消息检索。

图 7-3-3 医脉通医学会议首页

(3) 中华医学会网站。

该网站 (http://www.cma.org.cn/) 是中华医学会 (China Medical Association) 组织学术交流活动,开展医学继续教育活动的网络平台(如图 7-3-4 所示)。该网站首页设有"学术活动"栏目,可以通过该栏目获取学术活动信息,还可以查询年度学术会议计划。该网站主要发布该协会及其分会相关单位的学术会议信息。

图 7-3-4　中华医学会网站首页

（4）首席医学网。

首席医学网（http://conference.9med.net/）是由华夏时代（中国）投资集团投资创办的医学学术交流网站，2004 年该集团收购中华医学杂志网。目前该网站已收录 300 余种医学专业期刊，设有医学期刊、医学会议、医学教育等栏目，用户可以通过医学会议栏目（如图 7-3-5 所示）检索医学相关会议消息。该网站医学会议页面提供会议推荐、最新会议、周期性会议、近期会议等直达导航，其会议消息检索方式多元，可以通过会议涉及专业、会议类型、会议地点、会议时间、会议周期等进行检索，也可以通过检索框进行直接的关键词站内搜索。

图 7-3-5　首席医学网首页

(5) 丁香会议。

丁香会议（http://meeting.dxy.cn/）是丁香园旗下网站，是医学、药学、生命科学专业学术会议、展会信息预告及报道平台（如图7-3-6所示）。其包含会议预告、会议快讯、专家视点、精彩幻灯、视频播报、会议专题、App定制等丰富信息，在为用户提供医药生命科学会议信息及会议报道的同时为会议主办方提供宣传的服务平台。用户可以通过会议预告获得即将召开会议的消息，也可以通过会议专题了解已经召开的会议相关信息。会议预告信息按照学科分类，可以根据会议时间、地点进行会议筛选检索。

图7-3-6 丁香会议首页

三、医学会议论文检索

医学会议论文一般可通过会议专题网站下载，还可以通过会议论文数据库查找与使用医学会议论文。其中，会议论文数据库是最常用的会议论文检索途径。下面列举一些常用的医学会议论文数据库及其检索方式。

1. CMAC 中国医学学术会议论文数据库

中国医学学术会议论文数据库（China Medical Academic Conference，简称CMAC）是解放军医学图书馆研制开发的中文医学会议论文文献书目数据库，其主要面向对象为医院、医学院校、医学研究所、医药工业、医药信息机构、医学出版和编辑部等单位。目前该数据库收录了1994年以来中华医学会所属专业学会、各地区分会和全军等单位组织召开的医学学术会议论文集中的文献题录和文摘，累计文献量达30余万篇，涉及的主要学科领域有基础医学、临床医学、预防医学、药学、医学生物学、中医学、医院管理及医学情报等，收录文献项目包括会议名称、主办单位、会议日期、题名、全部作者、第一作者地址、摘要、关键词、文献类型、参考文献数、资助项目等内容。CMAC目前发行光盘版、单机版、网络版。该库支持自由词或短语检索、作者检索、会名检索、字段检索、表达式检索、组配检索等，支持检索史的保存、修改、删除，检索策略的反复调用和重新组配，提供多种输出格式，输出结果可任意排序，批量存盘或打印。

2. 中国重要会议论文全文数据库

中国重要会议论文全文数据库是中国知网旗下众多数据库之一，重点收录1999年以来，中国科协系统及国家二级以上的学会、协会，高校、科研院所，政府机关举办的重要会议以及在国内召开的国际会议上发表的文献。其中，国际会议文献可占全部文献的20%以上，全国性会议文献超过总量的70%，部分重点会议文献可回溯至1953年。目前，该库已收录出版国内外学术会议论文集近3万本，累积文献总量有260多万篇。该库可以通过CNKI首页检索框上面的"会议"栏目进入检索会议论文界面，也可以通过知网空间的"会议论文库"进行资源检索（如图7－3－7所示）。数据库提供快速检索、高级检索、专业检索、作者发文检索、科研基金检索、句子检索、来源会议检索7种面向不同需求的检索方式，可以通过主题、篇名、关键词、作者、单位、会议名称、基金、摘要、全文、论文集名称、参考文献、中图分类号、时间段、会议级别等字段检索，支持精确与模糊匹配，具体检索方法和规则与中国期刊全文数据库相同。

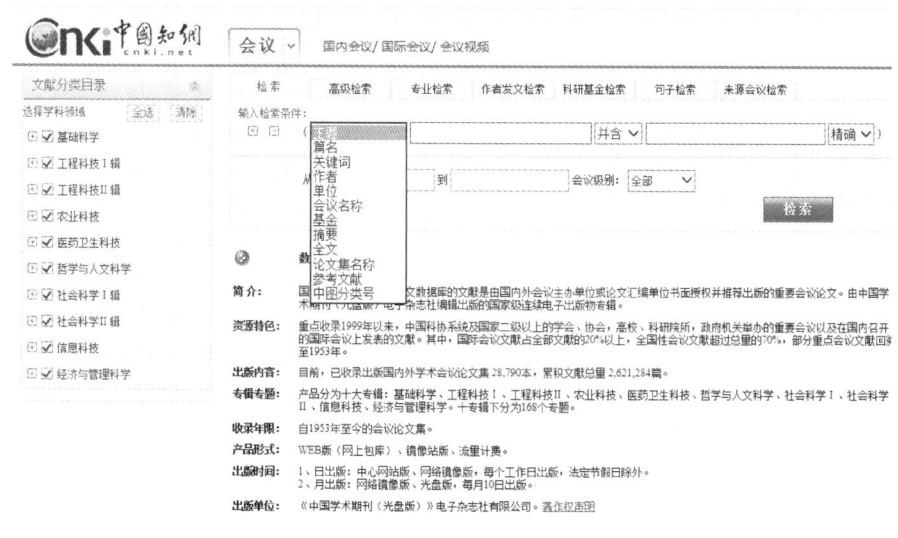

图7－3－7　中国知网会议论文检索界面

3. 中国学术会议文献数据库

中国学术会议文献数据库（China Conference Paper Database，CCPD）是万方数据知识服务平台下的会议论文数据库，收录了自1983年以来世界主要学会和协会主办的会议论文，以国家级学会、协会、部委、高校召开的全国性学术会议为主，目前收录论文涉及近4000个重要的学术会议，每年增加超过20万篇会议论文全文，数据库每月更新。通过万方数据知识服务平台首页"学位"栏目下拉菜单"会议"可进入会议论文库）。快速检索提供题名、关键词、摘要、作者、作者单位、会议名称、主办单位字段，检索结果可以进一步按照需求缩小检索范围。如图 7-3-8 所示,检索题名为"老年医学"共 30 篇会议文献,可以按照相关度排序,还可以选择仅全文或者机构已订购全文,检索结果还可以按照标题、作者、关键词等字段进行二次检索,提高检索结果的精准度;也可以通过选择学科分类、年份、关键词等进行快速检索。

图 7-3-8　中国学术会议文献数据库检索界面

4. NSTL 会议文献数据库

国家科技图书文献中心(NSTL)会议文献数据库分为中文会议和外文会议两个子数据库。中文会议数据库主要收录了 1985 年以来我国国家级学会、协会、研究会以及各省、部委等组织召开的全国性学术会议论文,数据库的收藏重点为自然科学各专业领域,每年涉及 600 余个重要的学术会议,年增加论文 4 万余篇,每季或每月更新,目前文献数量达到 210 多万条;外文会议数据库主要收录了 1985 年以来世界各主要学会、协会、出版机构出版的学术会议论文,部分文献有少量回溯,学科范围涉及工程技术和自然科学各专业领域。该数据库每年增加论文约 20 余万篇,目前文献数量达到 770 多万条,每周更新。数据库网址为:http://www.nstl.gov.cn/NSTL/。该数据库检索方法与前面所讲的该库学位论文检索方法相同。

5. ISI Proceedings

ISI Proceedings 由美国科技信息所(Institute for Scientific Information,简称 ISI)编辑出版,由科学与技术(Science and Techology—Proeedings,即 ISTP)和社会科学与人文科学(Social Science and Humanities—Proceedings,即 ISSHP)两个不同的数据库组成,这两个数据库既可以分别独立进行检索也可以同时检索。ISI Proceedings 汇集了世界上最新出版的科技领域会议录资料,包括专著、丛书、预印本以及来源于期刊的会议论文,内容涉及农业、环境科学、生物化学与分子生物学、生物技术、医学、工程、计算机科学、化学和物理学等。该数据库收录了 1990 年以来 6 万多个会议的 350 多万篇科技会议论文,每年增加近 26 万条记录,其中 66% 来源于以专著形式发表的会议录文献，34%来源于发表在期刊上的会议录文献，数据每周更新。ISI Proceedings 通过 ISI Web of Knowledge 平台进行检索，相关文献可以直接链接到 Web of Science。该数据库的使用需要授权。其网址为：http://baike.sogou.com/lemma/ShowInnerLink.htm?lemmaId=161760&ss_c=ssc.citiao.link。

6. OCLC First Search 会议论文数据库

OCLC（Online Computer Library Center）即联机计算机图书馆中心，其提供的会议论文数据库产品包括 PapersFirst（国际学术会议论文索引）和 ProceedingsFirst（国际学术会议录索引）。PapersFirst 数据库是一部在世界范围召开的大会、座谈会、博览会、研讨会、专业会、学术报告会上发表的论文的索引，涵盖了自 1993 年以来所有来自于大英图书馆文献供应中心的发表过的研讨会、大会、博览会、研究讲习会和会议的资料，所包含的主题就是在所报道的会议中讨论的各种主题，该数据库每两周更新一次。ProceedingsFirst 是 PapersFirst 的相关库，是一部在世界范围召开的大会、座谈会、博览会、研讨会、专业会、学术报告会上发表的会议录的索引，涵盖了从 1993 年以来所有来自于大英图书馆文献供应中心的发表过的研讨会、大会、博览会、研究讲习会和会议的资料，而且每条记录都包含一份在每次大会上所呈交的文件的清单，从而提供了各次活动的一个概貌，该数据库每周更新两次。First Search 提供基本检索、高级检索、专业检索等多种方法。数据库网址为：http://www.oclc.org/firstsearch.en.html。

第四节　标准文献检索

一、概述

1901 年英国成立了世界上第一个标准化机构，随后标准化机构在许多国家相继出现，20 世纪 60 年代以后，各国标准文献数量大幅增长，标准文献的收藏、管理与应用也受到越来越多国家的重视。目前，世界范围内已有一百多个国家和地区制定了国家和区域标准，标准文献是对一个国家或地区经济、科学技术、生产能力的综合反映，因此标准文献也成了重要的文献信息情报源。

二、标准

1. 标准的定义

标准是指在一定范围内为了获得最佳管理水平，对科研、生产、经济等活动中具有重复应用特征的活动或事物所做的统一适用规则。标准的产生是基于实践与科技成果的综合考量，并经由主管机构的批准，作为共同遵守的守则，这种制定、贯彻标准的过程即为标准化，通过标准化的实施可以有利于新成果与新技术的快速推广，提高产品的质量，节约社会资源，实现科学管理，获得最佳的社会效益。

2. 标准的分类

标准按照其适用范围可以分为：①国际标准：指国际标准化组织（ISO）、国际电工委员会（IEC）和国际电信联盟（ITU）制定的标准，以及国际标准化组织确认并公布的其他国际组织制定的标准。国际标准在世界范围内统一使用。②区域标准：又称为地区标准，可用 DB 表示，泛指世界某一区域标准化团体所通过的标准。通常提到的区域标准，主要是指原经互会标准化组织、欧洲标准化委员会、非洲地区标准化组织等地区组织所制定和使用的标准。③国家标准（national standard）：简称国标，是指由国家标准化主管机构批准发布，对全国经济、技术发展有重大意义，且在全国范围内统一的标准。④行业标准：根据国家主管部门批准发布，适用于某一专业领域统一使用的标准。⑤企业标准：对企业范围内需要协调、统一的技术要求、管理要求和工作要求所制定的标准。

按照标准化对象的不同可以分为：①技术标准：一般又包括基础标准、产品标准、方法标准、安全标准、卫生标准、环境保护标准等。②管理标准：对标准化领域中需要协调统一的管理事项所制定的标准，包括基础管理、经济管理、生产管理、质量管理、物资管理、安全管理、卫生管理、环境保护管理等方面的标准。③工作标准：对标准化领域中需要协调统一的管理事项所制定的标准。

3. 标准号的构成

标准号一般由"标准代号＋顺序号＋制定（修订）年份"构成。一般来说标准号主要有：国际标准号，如国际标准化组织以 ISO 代号开头；国家标准号，如中国的 GB（强制性国家标准代号）、GB/T（推荐性国家标准代号）、GB/Z（指导性国家标准代号）；行业标准号，如 YY 代表医药行业标准代号。

三、标准文献

1. 标准文献的定义

标准文献可以从狭义与广义两方面去看。狭义指按规定程序制订，经公认权威机构（主管机关）批准的一整套在特定范围（领域）内必须执行的规格、规则、技术要求等规范性文献，简称标准。广义指与标准化工作有关的一切文献，包括标准形成过程中的各种档案，宣传推广标准的手册及其他出版物，揭示报道标准文献信息的目录、索引等。

2. 标准文献的分类

标准文献主要采用国际标准分类法（ICS）和各国自己的标准分类方法。我国的标准分类法是中国标准分类法（CCS）。国际标准分类法（ICS）全部由数字组成，共分 97 个大类，是国际、区域性和国家标准以及其他标准文献的目录结构，并作为国际、区域性和国家标准的长期订单系统的基础，也可以用于数据库和图书馆中标准及标准文献的分类。中国标准分类法（CCS）主要由数字与字母混合，共 26 个大类。1997 年开始标注 ICS 分类号。几乎各个先进工业国家都有自己的标准分类。

3. 标准文献的特点

标准文献一般具有如下特点：①标准的制订和审批程序都有专门的规定，并有固定的代号，标准格式整齐划一。②标准文献在一定条件下具有某种法律效力，有一定的约束力。③标准文献时效性较强，随着经济发展和科学技术水平的提高，标准不断地进行修订、补充、替代或废止。④标准文献语言简练，描述清晰，用词严谨。⑤标准文献具有其自身的检索系统；⑥标准文献具有主题明确，适用范围明确的特点。

四、标准文献检索

标准文献可以通过传统的工具书检索，也可以通过网络进行检索。我国传统标准文献工具书主要包括《中华人民共和国国家标准和专业标准目录》《中华人民共和国国家标准目录及信息总汇》《中国国家标准汇编》《中国标准导报》《中国标准化年鉴》《中华人民共和国行业标准目录》《中华人民共和国国家标准目录》《进出口商品检验标准目录》以及报道标准的期刊和行业标准检索工具等。网络检索工具主要包括中国标准服务网、国际标准化组织网、万方的中外标准数据库、NSTL标准数据库、中国知网的标准数据库等。

1. 国家标准文献服务共享平台（中国标准服务网）

国家标准文献服务共享平台（原中国标准服务网，见图7-4-1，网址为：http://www.cssn.net.cn/）是国家级标准信息服务门户，该平台依托国家标准化管理委员会、中国标准化研究院标准馆及院属科研部门、地方标准化研究院（所）和国内外标准化机构。该平台收录了60多个国家、70多个国际和区域性标准化组织的标准，并与30多个国家及国际标准化机构建立了长期的资料关系，还作为一些国外标准出版机构的代理从事国外和国际标准的营销工作。该平台提供全文检索、技术法规检索、正版标准检索、标准术语、期刊检索、专著检索，另外还可以通过高级检索、专业检索、分类检索检索相关资源。该平台还针对标准文献高级检索提供关键词、标准号、国际标准分类、中国标准分类、标准品种、年代、标准状态等。

2. 国际标准化组织网站

国际标准化组织（International Organization for Standardization，ISO）是世界上最大的非政府性标准化专门机构，是国际标准化领域中一个十分重要的组织，它在国际标准化中占主导地位。ISO的主要活动是制定国际标准，协调世界范围内的标准化工作，组织各成员国和技术委员会进行情报交流，以及在知识、科学、技术和经济活动中发展国家间的相互合作。它显示的强大的生命力，吸引了越来越多的国家参与其活动，目前已经有160多个国家加入了国际标准化组织。国际标准化组织在1995年开通了网上标准信息技术服务，用户可以通过其网站（网址为：http://www.iso.org/iso/home.html）了解其世界成员的情况、标准服务工作动态、标准信息检索服务等。该网站提供简单的标准信息检索和高级检索。简单检索可以直接在检索框中输入标准号、关键词等信息进行信息获取。高级检索需要进入专门的高级检索页面点击"Advanced Search"按钮进行进一步检索，高级检索可以通过关键词、文献号、文献类型、时间、状态、语言等进行检索。如图7-4-2所示是通过关键词"vaccines"（疫苗）检索的结果，共3条记录。

图 7-4-1 国家标准文献服务共享平台首页

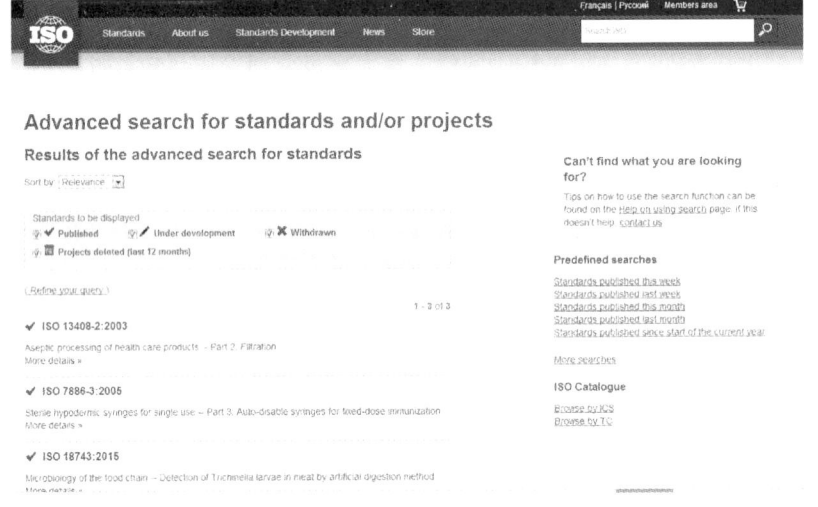

图 7-4-2 通过关键词疫苗（vaccines）检索 ISO 网站结果截图

3. 万方的中外标准数据库

万方的中外标准数据库包括标准文摘数据库和标准全文数据库。该数据库收录了中国国家标准、建设标准、建材标准、行业标准、国际标准、国际电工标准、欧洲标准以及美、英、德、法国家标准和日本工业标准等，目前数量已经达到了 40 多万条。登录万方数据知识服务平台（http://g.wanfangdata.com.cn/），进入万方数据库提供统一的检索界面，可以通过选择"标准"栏目，并在检索框中输入关键词、标准号等进行简单检索，以及直接按照标准分类进行浏览检索，也可以进入高级检索页面进行复杂检索。复杂检索提供主题、题名或关键词、题名、作者单位、日期、关键词、标准编号、标准发布单位等字段的逻辑与或非关系的模糊或者精确匹配检索，如图 7-4-3 所示。

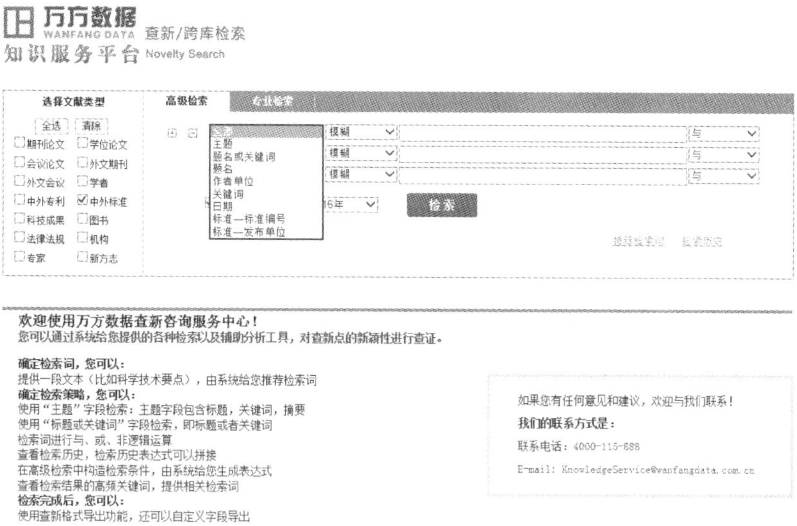

图 7-4-3 万方的中外标准数据库检索界面

4. NSTL 标准数据库

国家科技文献中心（NSTL）的标准包括中国标准、国外标准、计量检定规程三个子项，其具体的检索页面是一样的，但是检索字段有所不同，标准检索字段（见图7-4-4）包括标准名称、标准号、关键词、标准分类号，可以通过设置查询条件进行进一步扩检与缩检，包括馆藏范围的选择，查询范围、时间范围、出版年等；计量检定规程的检索字段包括题名、作者、出版年、分类号。

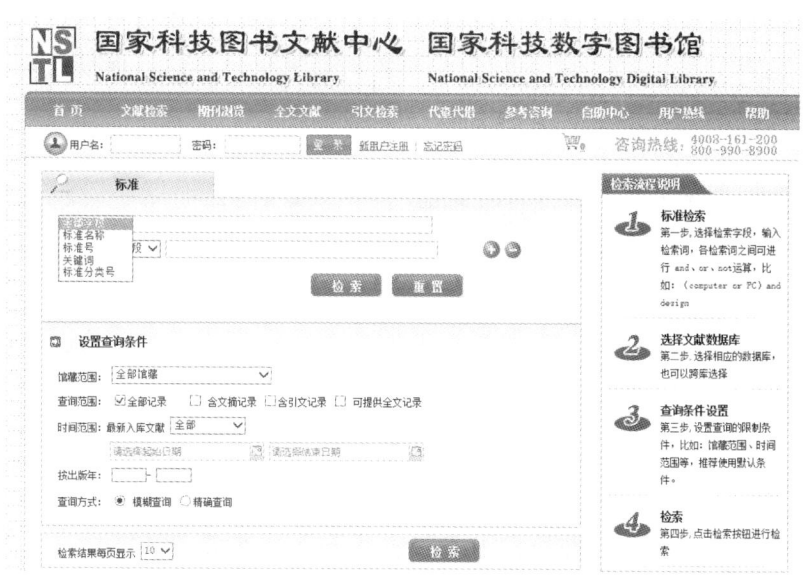

图 7-4-4 NSTL 标准数据库检索界面

5. 中国知网的标准数据库

CNKI的标准数据总库分为中国标准题录数据库（SCSD）、国外标准题录数据库

（SOSD）、国家标准全文数据库和中国行业标准全文数据库。中国标准题录数据库（SCSD）收录了所有的中国国家标准（GB）、国家建设标准（GBJ）、中国行业标准的题录摘要数据，共计标准约13万条；国外标准题录数据库（SOSD）收录了世界范围内的重要标准，如国际标准（ISO）、国际电工标准（IEC）、欧洲标准（EN）、德国标准（DIN）、英国标准（BS）、法国标准（NF）、日本工业标准（JIS）、美国标准（ANSI）、美国部分学会及协会标准（如 ASTM、IEEE、UL、ASME）等标准的题录摘要数据，共计标准约31万条。国家标准全文数据库收录了由中国标准出版社出版的，国家标准化管理委员会发布的所有国家标准，占国家标准总量的90%以上。中国行业标准全文数据库收录了现行、废止、被代替以及即将实施的行业标准，全部标准均获得权利人的合法授权。标准的内容来源于中国标准化研究院国家标准馆，相关的文献、专利、成果等信息来源于 CNKI 各大数据库，可以通过标准号、中文标题、英文标题、中文关键词、英文关键词、发布单位、摘要、被代替标准、采用关系等检索项进行检索。

登录 CNKI 主页（http://www.cnki.net/）选择"标准"栏目可以在检索框中进行快速检索，检索字段包括标准名称、标准号、关键词、摘要、发布日期、实施日期、发布单位名称、出版单位、中国标准分类号、国际标准分类号、起草人等，还可以通过检索框左边的文献全部分类进行分类浏览。高级检索可以将各检索字段进行组合检索，同时结合文献分类目录进行扩检和缩检。专业检索时，其具体的检索表达式中涉及的检索字段包括：TI=标准名称（中文标准名称|英文标准名称），KY=（中文主题词|英文主题词），BZH=标准号，DF=发布单位名称，PD=发布日期，BBZ=被代替标准，AB=摘要。如 TI=（'地理信息'+'功能标准'）*'气候'－'地震'可检索"地理信息"或"功能标准"有关"气候"的信息，并且可以去除与"地震"有关的部分内容。如图7-4-5所示是在高级检索界面以字段关键词="疫苗"检索出的8条结果。

图7-4-5 中国知网的标准数据库字段关键词="疫苗"的检索结果

第五节 生物信息检索

一、概述

20世纪90年代，人类基因组计划的提出，DNA测序、基因芯片、质谱等高通量技术的推广应用，将生命科学原有的实验和经验科学为基础的研究方式，推进到多维度、大样本的高通量研究时代。大量数据的聚集促使组学概念的产生，基因组、转录组、蛋白质组、代谢组等各类组学数据，极度丰富了人们的视野，加深了人们对生命科学的理解，并奠定了以高通量、数量化、系统性为显著特征的现代生物信息学技术理论的地位。因此一门以解决生物医学问题为核心，以计算机和算法技术为主要手段，系统性分析和注释生物医学大数据的学科——生物信息学应运而生，并迅速占据现代生命科技领域不可或缺的支撑地位。

数据库是生物信息学的主要内容，目前全世界约有近2000个分子生物学数据库，大致分为5类：基因组数据库；核酸序列数据库；蛋白质序列数据库；生物大分子（主要是蛋白质）三维空间结构数据库；根据生命科学不同研究领域的实际需要，对基因组图谱、核酸和蛋白质结构以及文献等数据进行分析、整理、归纳、注释等，构建具有特殊生物学意义的二次数据库。下面对最基本最常用的生物信息数据库及其检索进行介绍。

二、生物序列数据库

1. 核酸序列数据库

美国国家生物技术信息中心（National center for biotechnology information，NCBI）（http://www.ncbi.nlm.nih.gov/）的 GenBank 核酸数据库、欧洲分子生物学实验室（European molecular biology laboratory，EMBL）（http://www.embl.org/）的核酸序列数据库及日本国立遗传学研究所（National Institute of Genetics，NIG）的核酸数据库（DNA Database of Japan，DDBJ）（http://www.ddbj.nig.ac.jp/）并称为世界三大生物序列信息数据库。1992年三大数据库实现了数据资源的交换与共享。此后，NCBI成为世界范围内公认的序列相关知识产权申报或研究成果发表时的数据信息制定提交和保管机构，为医学和生命科学研发提供多种数据信息支持。下面对NCBI的常用功能进行举例介绍。

（1）NCBI数据库与数据资源。

NCBI数据丰富，功能多样，打开其主页可看到多种链接。其All database包括43个子库，其旁边的检索框支持布尔逻辑运算，可通过输入关键词获取所需信息。左边的"NCBI Home Resource List"为NCBI的数据导航栏，右边为常用工具和常用子库，中间为NCBI提供的一些临床与科研相关的支持功能（如图7-5-1所示）。

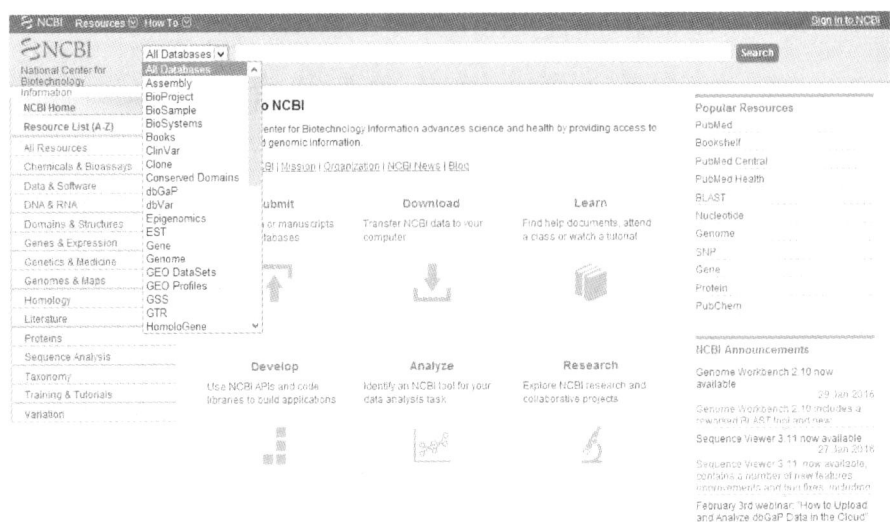

图 7-5-1 NCBI 主页

①GenBank 和 RefSeq。

GeneBank 收录的核酸序列数据库分属于 Nucleotide、EST（Expressed Sequenec Tag）和 GSS（Genome Survey Sequence）三个子库，其中，Nucleotide 收录绝大多数常规的核酸序列，GSS 收录测序起始阶段用来进行序列或基因示踪、重复序列或基因数量预判等各种短读长序列，EST 收录 cDNA 及其特征的序列信息。RefSeq（http://www.ncbi.nlm.nih.gov/refseq）是 NCBI 在 GeneBank 数据基础上针对每个基因不同的数据类型提取一个可靠的序列条目进行注释并集合而成的数据库，其序列数据标示类似于"NC_""NT_""NM_""NP_"等。

Nucleotide 的检索方式与 PubMed 类似，可进行关键词、短语、作者、存取号等方式检索。以人源蛋白质 β-actin 为例，查询该基因对应的核酸序列。输入关键词"human beta-actin"或"homo sapiens beta-actin"，可获得与 β-actin 相关的所有核酸序列类型（如图 7-5-2 所示），用户可根据需要获取其 DNA 序列或 mRNA 序列。点击其中一条检索结果，选择 FASTA 格式，得到该序列的简要特征与核苷酸序列（如图 7-5-3 所示）。

现简要介绍 GeneBank 格式（NCBI 默认格式）显示结果中的主要字段（如图 7-5-4 所示）。

LOCUS（基因位点）：包括 Locus Name（基因位点名称）、Sequence length（序列长度）、Molecule type（分子类型）、GeneBank division（GeneBank 分类）、Modified date（修正日期）。

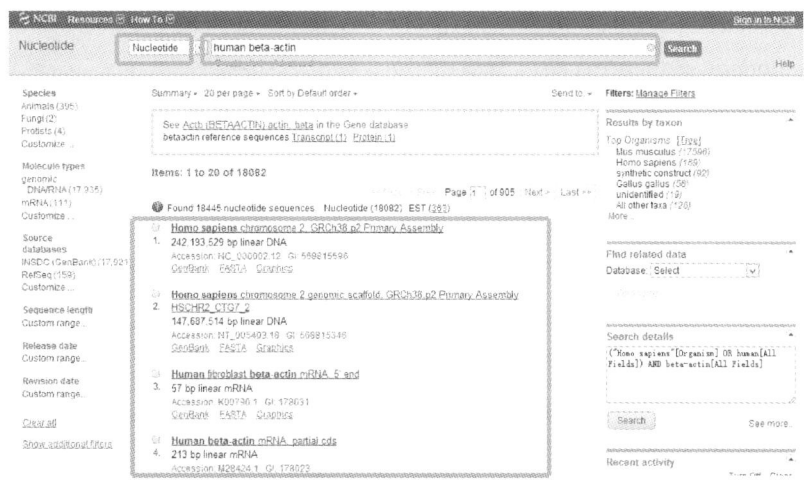

图 7-5-2　核酸序列检索结果

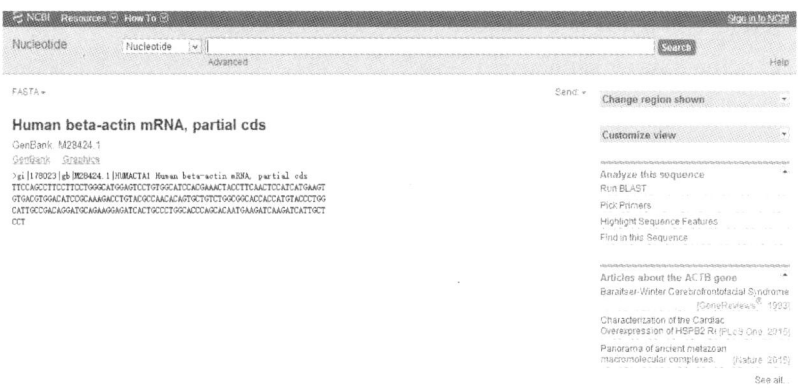

图 7-5-3　FASTA 格式

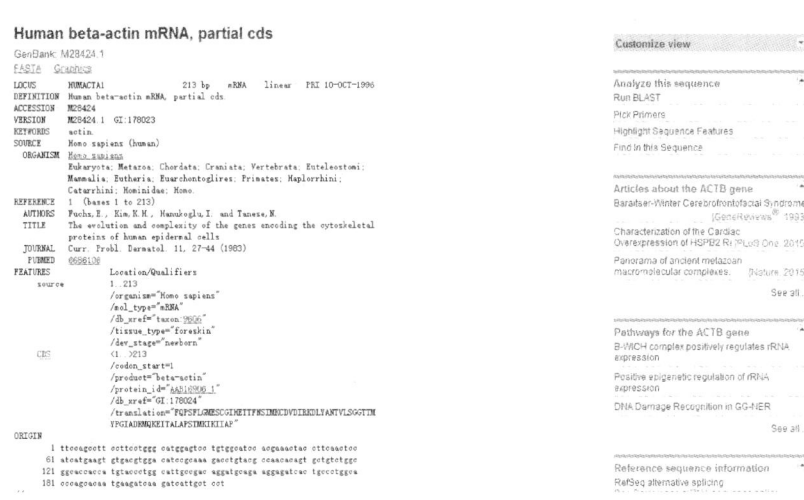

图 7-5-4　GeneBank 格式

GeneBank 包括 17 个部分，各部分用三个缩写字母表示：

PRI：primate sequence（主要序列）。
ROD：rodent sequence（啮齿类动物序列）。
MAM：other mammalian sequence（其他哺乳动物序列）。
VRT：other vertebrate sequence（其他脊椎动物序列）。
INV：invertebrate sequence（非脊椎动物序列）。
PLN：plant，fungal and algal sequence（植物、真菌和海藻序列）。
BCT：bacterial sequence（细菌序列）。
VRL：viral sequence（病毒序列）。
PHG：bacteriophage sequence（抗生素序列）。
SYN：synthetic sequence（合成序列）。
UNA：unannotatedsequene（非注释序列）。
EST：expressed sequence tags sequence（表达序列标记序列）。
PAT：patent sequence（专利序列）。
STS：sequence tagged sites sequence（序列标记位点序列）。
GSS：genome survey sequence（基因调查序列）。
HTG：high-throughput genomic sequence（高表达基因序列）。
HTC：unfinished high-throughput cDNA sequence（未完成高表达 cDNA 序列）。

DEFINITION（定义）：对该序列的简短描述，如器官来源、基因名或有编码域（coding region，CDS）或部分编码域（partial cds）。

ACCESSION（序列号）：用数字和字母对基因序列进行标识。

VERSION（版本号）：序列信息发生变化或更新时，该版本号就会增加，基因信息（GenInfo identifier GI）号也会发生变化，但序列号不会变化。

REFERENCE（参考文献）：按时间先后顺序排列，并列出每一篇文献的 AUTHOR（作者）、TITLE（标题）、JOURNAL（期刊）以及 PUBMED 登记号。

FEATURES（特征）下方的 Source 对每条记录概括性地描述了序列长度、生物体来源的科学命名、Taxon ID（NCBI Taxonomy Database 分类号）等信息。

CDS（Coding sequence）：编码序列/cDNA 序列。其下列出翻译起止碱基、密码子起始、产物、蛋白号以及翻译的氨基酸。

此外还提供该序列所对应的 KEYWORDS（关键词）、SOURCE（生物体来源）以及 ORGENISM（组织分类）等信息。

②Gene。

Gene 收录全部已测物种的基因注释信息，包括基因名称、染色体定位、基因序列和编码产物（mRNA、蛋白质）情况、功能及相关文献信息等，并与 NCBI 的其他子库、KEGG、Gene Ontology 等外源性数据库进行交叉引用，是目前最权威的基因注释数据库。

以人血红蛋白（hemoglobin）为例，在基因数据库中显示了不同生物来源的血红蛋白基因情况列表。其中，人血红蛋白在 Gene 数据库的标识符序列为 3043（如图 7-5-5 所示），其检索结果显示了血红蛋白的基因概况、基因组定位、参考书目、表型情况、基因变异、分子互作、通路注释、同源性、编码蛋白质以及交叉引用链接（如图7-5-6所示）。

图7-5-5　Gene数据库的检索结果

图7-5-6　基因数据库中的主要注释内容

③Genome。

NCBI收录了超过1000种已完成测序的生物体全部基因组序列和定位数据以及正在测序的物种阶段性发布的基因组信息。其物种类型包括细菌、古细菌、真核生物、病毒、噬菌体、类病毒、质粒和含遗传物质的细胞器。通过查询人类基因组信息可获得24条染色体的图谱、全部或部分DNA序列、遗传多态信息、同源基因、基因编码蛋白质、染色体拼接组装图谱、转录物、DNA序列与疾病相关性等各类信息（如图7-5-7所示）。

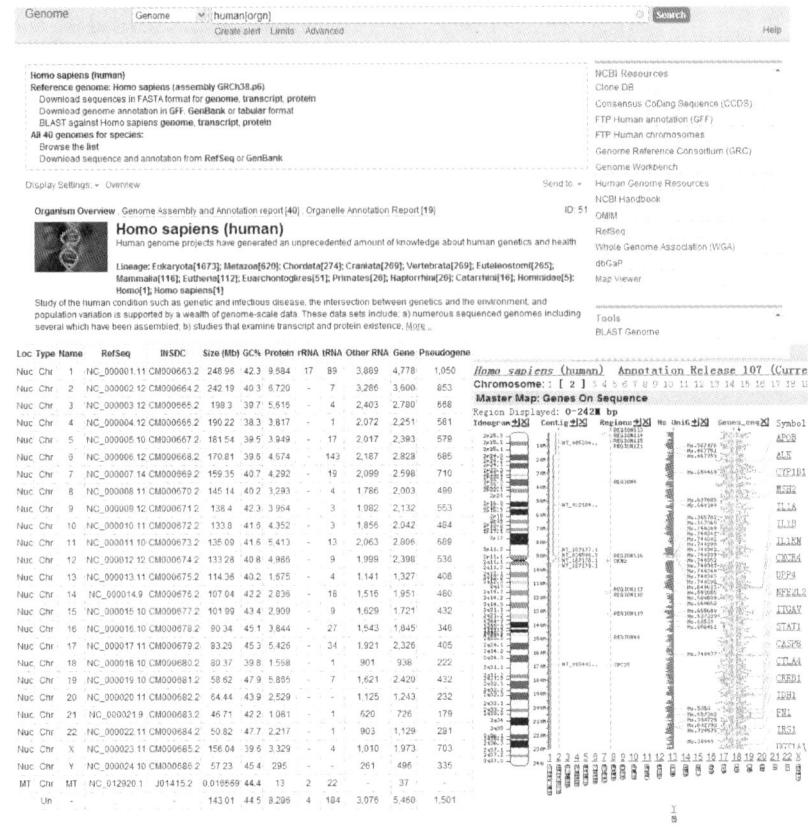

图 7-5-7 Genmoe 数据库中人类染色体可视化注释

④遗传多态数据库。

NCBI 的 SNP（Single nucleotide polymorphism，SNP）、dbGap（Database of Genotypes and Penotypes，dbGap）、dbVar（Databese of genomic structural variation，dbVar）与 ClinVar（Clinical genomic variation，ClinVar）四个子库涉及 DNA 多态或变异信息。其中，SNP 收录基因组中有关单核苷酸多态性、微卫星、小片段插入/删除多态等定位、侧翼序列和功能；dbGap 为收录人类基因型与表观类型之间相互作用的数据库；dbVar 收录较大规模的基因变异，如大片段的插入、缺失、易位、倒置和染色体重排；ClinVar 收录临床中发现或报道的有证据支持的与人类疾病或健康状态有关的变异位点。

⑤PopSet。

PopSet 为用户提供亲缘关系的种群之间同源性配对序列，以及进化、突变研究中产生的配对序列数据。

⑥GEO。

GEO（Gene expression omnibus，GEO）为高通量功能基因组学数据库（微阵列、高密度寡核苷酸阵列、杂交膜和 SAGE 等），包括 GEO DatSet 和 GEO Profile 两个子库。前者主要收录来自不同研究机构提交的基因芯片或测序技术获得的不同生理、病理状态个体或细胞的基因（包括非编码基因）表达数据，后者主要收录针对特定基因的表达谱数据。

⑦蛋白质数据库。

NCBI 的蛋白质数据库包括 Protein、Protein cluster 以及 Structure。Protein 主要收录了来自 GenPept、RefSeq、Swiss－Prot、PIR、PRF 及 PDB 等专职的蛋白质数据库的蛋白质序列和注释数据，通过与其他数据库的交互访问，使用者可以查询有关蛋白质的序列、结构、功能，以及与其他大分子的相互作用情况；Protein cluster 收录来自细菌、古生菌真菌、原生生物和病毒基因组全部或部分蛋白质信息；Structure 主要收录生物大分子（主要为蛋白质）的结构数据，同时也提供生物序列、结构与功能之间相互关系的数据信息。

⑧Epigenomics。

Epigenomics 为用户提供 DNA 甲基化、组蛋白修饰等表现遗传学方面的数据库。

⑨UniGene。

UniGene 数据库主要是为单个基因提供全面而详细注释的独立数据体系，包括基因编码蛋白质的相似性、基因表达、染色体定位、cDNA 序列、mRNA 序列、EST 序列等信息。

⑩其他与生物医学相关的重要数据库。

NCBI 的其他一些子库中，OMIN（Online Mendelian inheritance in man，OMIN）在文献检索的基础上，查询遗传变异介导的疾病；dbMHC（Database of major histocompatibility complex）收录人类主要组织相容性复合体数据以及相关的分子标记信息。NCBI 还收录了 HIV－1 与人类蛋白质互作的数据库以及大量病毒相关信息、药物化学信息等。

（2）BLAST（序列比对数据库）。

随着人类基因组计划以及生命科学的飞速发展，不断有新的核酸序列被发现，新发现的序列是否为新基因，就必须将其 DNA 序列与基因数据库中的序列进行同源性比较，以确定其是否有相同或相似序列存在。NCBI 的 BLAST 为用户提供了核酸、蛋白质等序列比较，每个大类下又列出了不同小类以满足检索需求（如图 7－5－8 所示）。

BLAST 主要包括以下 5 个主要的子程序：

Blastn：核酸序列及其对应序列比较。

Blastp：蛋白质序列及其对应序列比较。

Blastx：核酸序列的所有阅读框的翻译产物与蛋白质序列数据库进行比较，用以发现未知核酸序列可能的翻译产物。

Tblastn：蛋白质序列与核酸序列数据库中所有阅读框的动态翻译产物比较。

Tblastx：核酸序列的 6 个阅读框的翻译产物与相应核酸序列数据库的 6 个阅读框的翻译产物进行比较。

此外 BLAST 还列出了专业 BLAST（specialized BLAST），其中的 Align two (or more) sequence using BLAST 是对两条（以上）核酸序列进行对比，该项功能对检测基因突变非常重要，可比较出哪个碱基发生突变，突变后的氨基酸有何变化，等等。

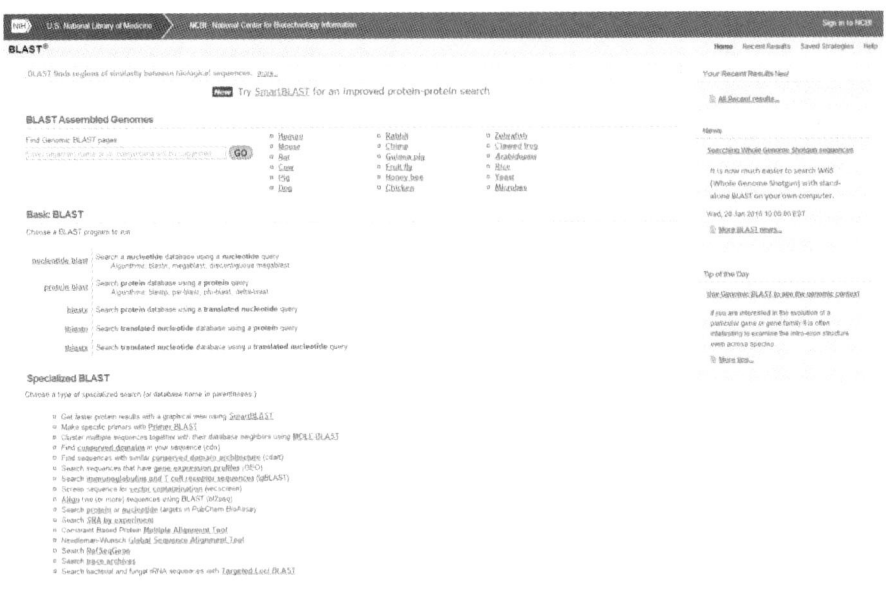

图 7-5-8　BLAST 主页

2. 蛋白质序列数据库——UniProt 数据库

随着蛋白质序列数据的增多,多个研究团体开始建立蛋白质数据库,其中最著名的是 EBI 与瑞士生物信息研究所(SIB)共同维护的蛋白专家注释系统(Swiss-Prot)(http://www.ncbi.nlm.nih.gov/)/TrEMBL 核酸序列翻译数据库、蛋白质信息资源 PIR 维护的 PIR-PSD 数据库(Protein Sequence Database)。2002 年,三家机构进行资源整合组建了 UniProt 蛋白质序列与注释数据综合资源(http://www.uniprot.org/),成为目前世界上最权威的蛋白质信息数据库。

UniProtKB 是 UniProt 的核心资源,主要包括 Swiss-Prot 和 TrEMBL 两部分核心数据,收录非冗余的、高质量的专家手工注释数据。注释过程针对每一个蛋白质可用的序列信息进行分析、比较、整合,严格审核与本条目相关的文献发表的实验和计算分析,包括蛋白质相关的选择性剪接、多态、翻译后修饰、蛋白质家族等信息(如图 7-5-9 所示)。

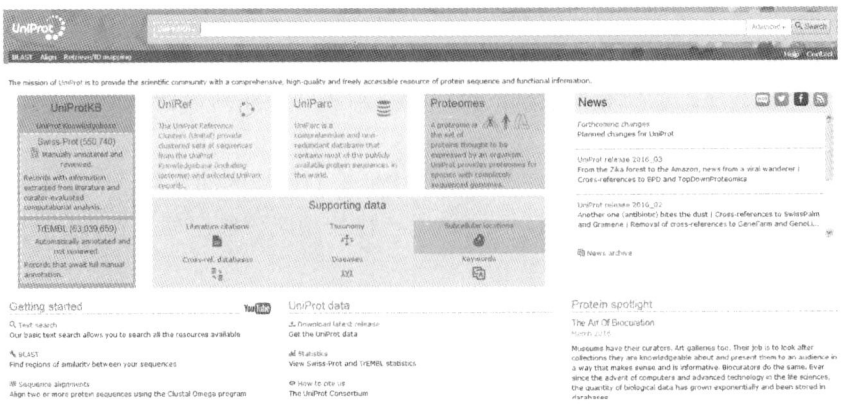

图 7-5-9　UniProt 数据库主页

在相应的检索框中输入基因、蛋白质的标准名称、数据库代码或常用名称均可实现快速检索。以 CD44 为例，进入检索结果界面，可看到该蛋白质的多种注释词条：蛋白质的基本信息、功能、名称和物种来源、亚细胞定位、病理和生物技术信息、蛋白质处理、表达与组织特异性、互作、结构家族等信息，同时也提供其交叉引用和交叉注释信息（如图 7-5-10 所示）。

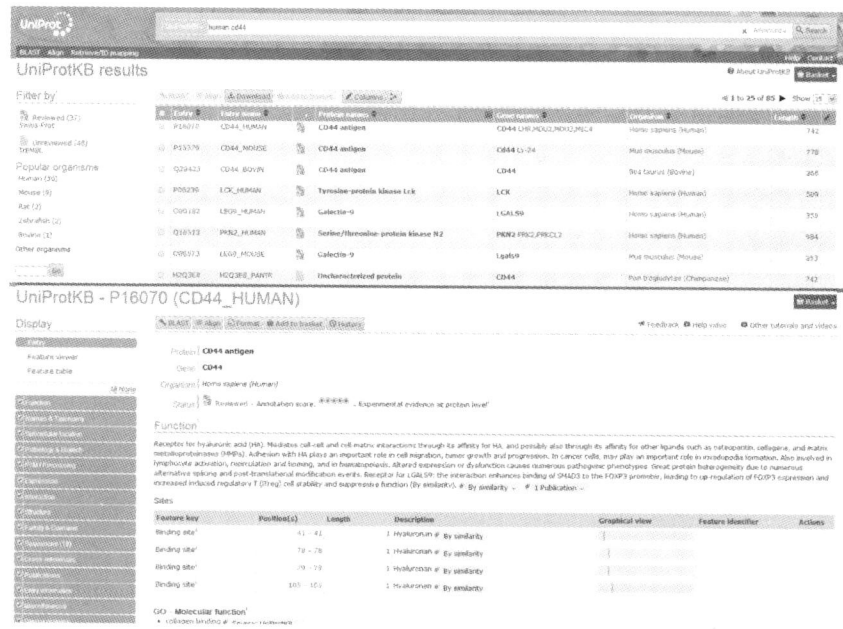

图 7-5-10　UniProt 大数据库 CD44 检索结果

三、生物结构数据库

1. PDB 三维结构数据库

蛋白质结构数据库是结构生物信息学的关键组成，随着 X 射线晶体衍射技术、NMR 和冷冻电子显微镜等技术的发展，越来越多的蛋白质三维结构得到测定。PDB（Protein Data Bank）蛋白质三维结构数据库（http://www.rcsb.org/pdb/home/home.do）包含了由多种实验手段确定的蛋白质、多糖和核酸等生物大分子的三维结构数据（如图 7-5-11 所示）。

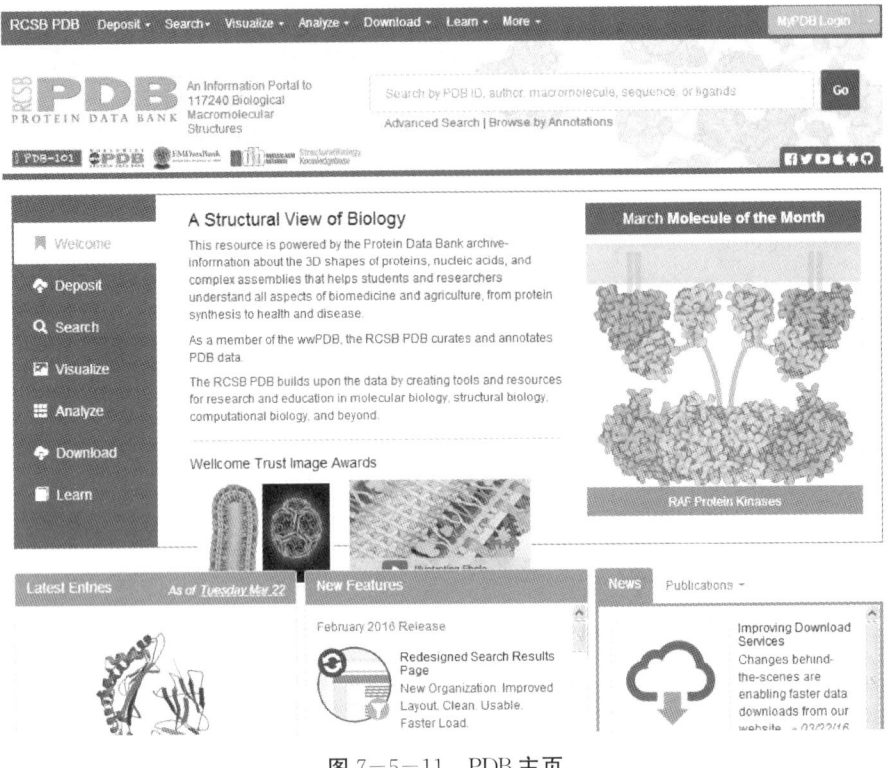

图 7-5-11 PDB 主页

PDB 数据库以文本文件的方式存放数据，每个分子都有唯一的 PDB 标识符，并提供物种来源、化合物名称、分辨率、结构因子、温度系数、蛋白质主链书目、配体分子式等与结构有关的数据。通过 PDB 数据库还可以链接到一系列与 PDB 相关的数据库，如 SCOP、SWISS-3DIMAGE、Medline 等。

2. SCOP2 蛋白质分类数据库

随着蛋白质结构分类研究的不断深入，出现了蛋白质家族、折叠模式、结构域和回环等结构层次的定义，从而产生了 SCOP（Structural classification of Protein）（http://scop.mrc-lmb.cam.ac.uk/scop/）等蛋白质结构数据库。SCOP 数据库对蛋白质的分类基于树状层级，从根到叶依次为类（class）、折叠类型（fold）、超家族（super family）、家族（family）、蛋白质结构域（protein domain）、物种来源（species）、单个 PDB 蛋白质结构记录。从 2014 年起，继承了 SCOP 数据的 SCOP2 蛋白质分类数据库（http://scop2.mrc-lmb.cam.ac.uk/）投入使用（如图 7-5-12 所示）。SCOP2 借用了 SCOP 的分类层次，但其分类主要基于复杂的网络结构，目前还在不断发展中，也许能使蛋白质的分类与关系达到新的水平。SCOP2 数据库也可以链接到 PDB 等外部数据库来检索更多信息。

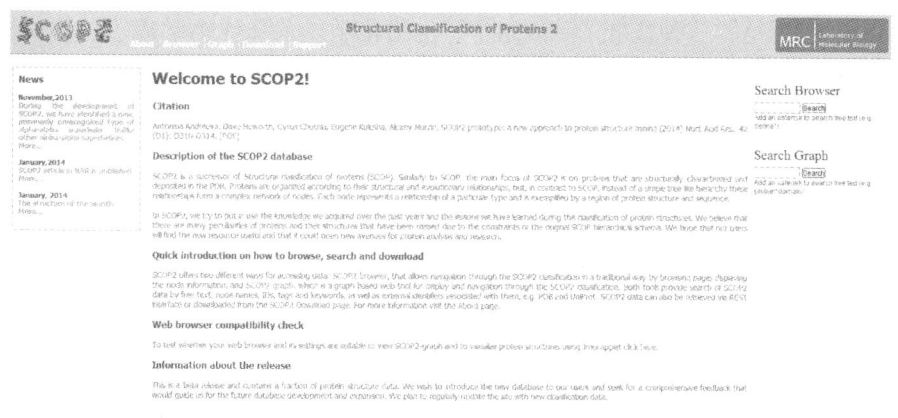

图 7-5-12 SCOP2 主页

四、其他比较常用的生物信息学数据库及其检索

1. UCSC 基因组浏览器与数据资源

随着众多物种基因组测序的开展，基因组工作的重心逐渐由测序转到序列分析，仅仅以纯文本的方式存储和展示基因组 DNA 字符对生物医学家造成很大困扰。因此，加州大学圣克鲁兹分校（University of California，Santa Cruz，UCSC）（http://www.genome.ucsc.edu/）建立了基因组浏览器，包含大量收集的基因组参考序列，用于快速查询和显示基因组内容，并伴有一系列的序列比对注释通道，方便生物学分析和解释。同时，UCSC 数据库与 NCBI 的基因数据库也建立了链接功能以方便对用户感兴趣的基因组提供快速、准确的访问（如图 7-5-13 所示）。

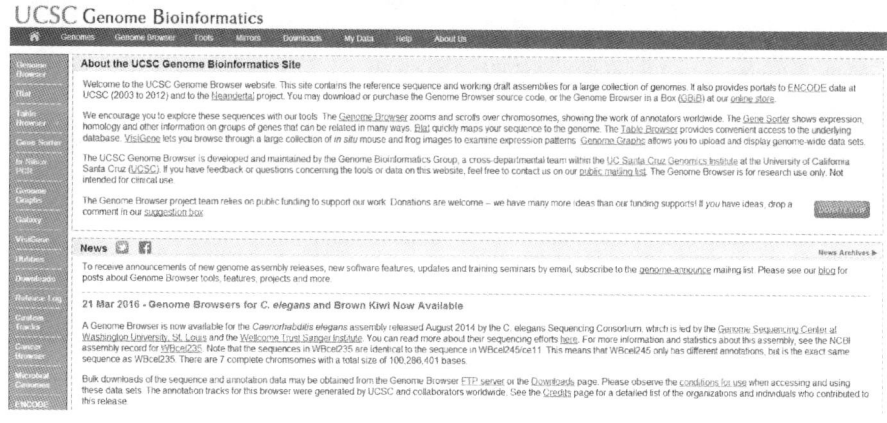

图 7-5-13 UCSC 主页

2. 信号通路图谱检索

信号传导通路几乎参与所有的细胞生命活动，包括细胞代谢、分裂、分化、凋亡等，异常的信号传导通路在疾病的发生、发展过程中起着重要的调节作用。京都基因与基因组百科全书（Kyoto encyclopedia of genes and genomes，KEGG）（http://www.

genome.jp）则是这样一种整合了基因组学、生物化学以及功能组学的信息的信号通路图谱检索数据库（如图 7-5-14 所示）。此外，KEGG 还拥有较为强大的药物子数据库，几乎涵盖了日本所有的非处方药、美国大部分的处方药，以及一些天然的药物和中药信息。每条记录都包含唯一的化学结构以及药物的标准名称及其药效、靶点信息、类别信息等。

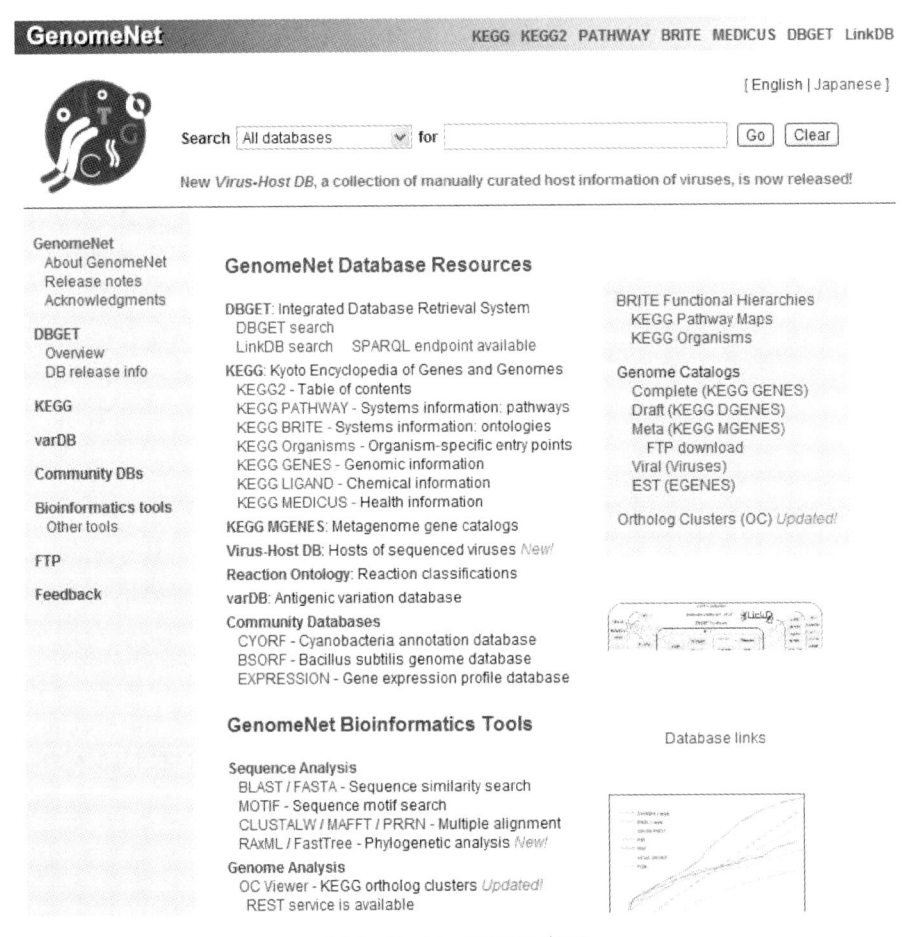

图 7-5-14　KEGG 主页

3. 非编码基因数据库——ENCODE 数据库

DNA 元件百科全书计划（Encyclopedia of DNA Elements，ENCODE）（https://www.encodeproject.org/）对基因组元件进行解析，确定基因和功能元件的时空表达特性及其细胞调控差异特点，其数据由 Ensembl 和 UCSC 数据库储存并提供免费下载（如图 7-5-15 所示）。

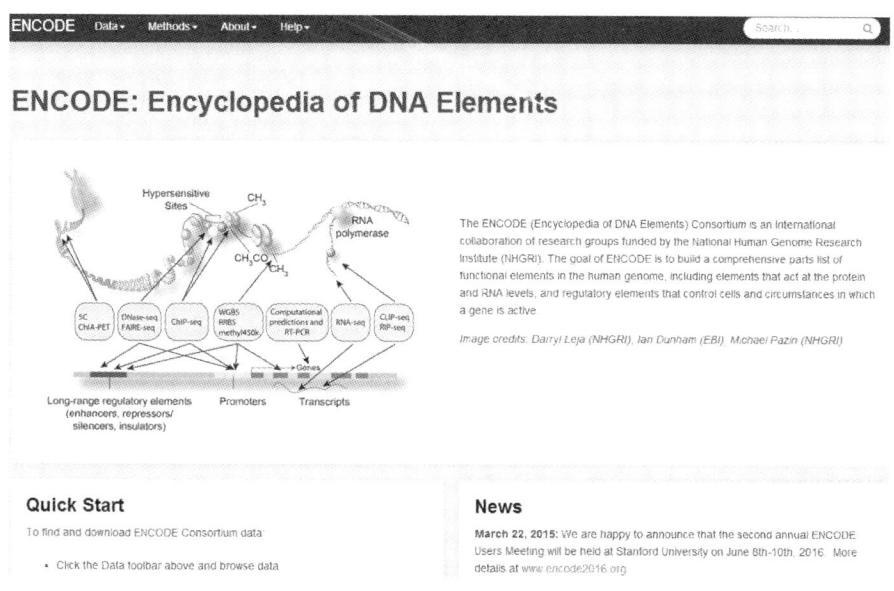

图 7-5-15　ENCODE 主页及其下载界面

4. DrugBank 药物数据库

DrugBank 数据库（http://www.drugbank.ca/）收录了目前已知的最全面的药物和化学信息资源，对于每一种药物提供近 200 种信息，包括药物的化学结构、药理、制药、作用靶点及其单核苷酸多态性分布、药物副作用等。DrugBank 支持多种搜索模式，并提供可视化浏览支持功能（如图 7-5-16 所示）。

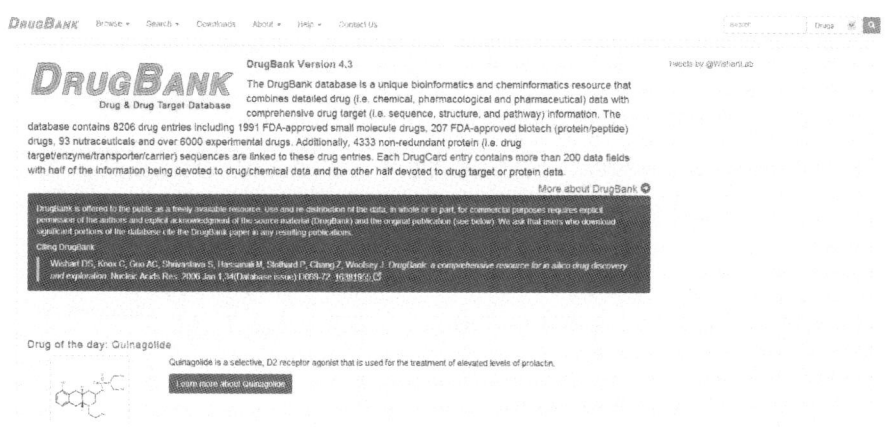

图 7-5-16　DrugBank 主页

5. TTD 治疗靶标数据库

治疗标靶数据库（Therapeutic target database，TTD）（http://bidd.nus.edu.sg/group/cjttd）是一个以收集药物治疗靶点数据为主的数据库，内容涵盖药物靶点及其相应的疾病和信号通路信息、靶点相关蛋白质功能、氨基酸序列、三维结构、配体结合特性、治疗应用等（如图 7-5-17 所示）。

图 7-5-17　TTD 主页

练习题：

1. 检索成都医学院申请及已授权的专利。

2. 请根据你所学的专业确定一个主题，选择一个学位论文数据库检索该主题相关的学位论文，并以检索结果中的一篇学位论文的导师为线索，检索该导师指导的其他学位论文。

3. 请检索历届中国健康传播大会的会议文献的数量，并从结果中检索有关艾滋病研究方面的文献。

4. 检索国家标准《药品物流服务规范》的标准号、发布日期、实施日期。

5. 举例介绍 NCBI 的核酸序列检索流程和主要的分析工具。

6. 举例介绍 UniProKB 数据库的检索流程。

7. 试举例说明 NCBI 数据库与其他一些外部数据库的交叉引用情况。

参考文献：

[1] 李霞，雷建波. 生物信息学 [M]. 2 版. 北京：人民卫生出版社，2015.

[2] 陈平，张逸群. 实用生物医学信息检索 [M]. 北京：科学出版社，2015.

[3] 黄晓鹏. 医学信息检索与利用 [M]. 北京：科学出版社，2010.

［4］余鸣. 医学信息检索与利用［M］. 3版. 合肥：安徽大学出版社，2011.
［5］李桂芳. 医学文献检索［M］. 3版. 合肥：安徽大学出版社，2009.
［6］汪英姿. 图书馆利用与文献检索教程（自科版）［M］. 南京：河海大学出版社，2009.
［7］朱静芳. 现代信息检索实用教程［M］. 北京：清华大学出版社，2008.
［8］董建成. 医学信息检索教程［M］. 2版. 南京：东南大学出版社，2009.
［9］陈燕. 医学信息检索与利用［M］. 北京：科学出版社，2012.
［10］高巧林. 医学文献检索［M］. 北京：人民卫生出版社，2012.
［11］罗爱静. 医学文献信息检索［M］. 2版. 北京：人民卫生出版社，2010.
［12］黄燕. 医学文献检索［M］. 2版. 北京：人民卫生出版社，2014.
［13］金耀，刘小华. 图书馆利用与文献检索教程（科技版）［M］. 北京：科学出版社，2014.
［14］刘桂峰. 医学信息检索与利用［M］. 镇江：江苏大学出版社，2014.

第八章 循证医学检索

第一节 循证医学基础知识

一、循证医学的定义

循证医学（Evidence-Based Medicine，EBM）是以证据为基础，遵循证据的医学，是由加拿大临床流行病学家 David Sackett 于 1980 年创立并于 20 世纪 90 年代逐渐兴起的一门医学。2000 年，在他所著的《怎样实践和讲授循证医学》中，将循证医学定义为："循证医学是慎重、准确和明智地应用当前最佳的研究证据来确定患者的治疗措施。"其核心思想是：在临床医疗实践中，对患者的医疗决策都应尽量以客观的科学研究结果为证据。

二、循证医学思想的发展

1948 年，世界上第一个临床随机对照试验（RCT）的出现是临床医学研究史上的里程碑，大样本、多中心的 RCT 取代了分散、个别的观察性研究和临床经验总结，此后根据临床研究依据来处理病人的观念已经形成。20 世纪 70 年代现代临床流行病学发展建立了一套相对完整的医学文献评价方法，并制定了评价有关病因、治疗、预后、诊断等文献的新标准。1984 年陆续发表文章指导临床医学生如何阅读医学文献，保持知识更新。英国于 1992 年成立了世界上第一个以已故英国著名流行病学家和内科医师 Archie Cochrane 的姓氏命名的循证医学中心——英国 Cochrane 中心。中国循证医学中心是在 1996 年由四川大学华西医院开始筹建，1997 年获卫生部认可，1999 年经国际 Cochrane 协作网指导委员会批准，正式注册成为亚洲唯一的一个 Cochrane 中心。临床流行病学、医学统计学、计算机网络等科学技术的迅速发展，为循证医学的开展提供了信息保障手段，从而使现代医学模式逐步从经验医学向循证医学转化。

三、循证医学证据的主要类型

1. 系统评价与 Meta 分析

系统评价（Systematic Review，SR）是针对某一具体临床问题（如疾病的治疗、诊断），系统、全面地收集世界范围内已经发表或未发表的相关临床研究文献，采用统一的临床流行病学严格评价文献的原则和方法，筛选出符合质量标准的文献，用统计学方法进行定性或定量综合，并加以说明，得出综合可靠的结论，其本质是采用统计学方法对知识和信息进行二次定量综合，即 Meta 分析。这种新知识、新信息，有可能澄清认识上的混乱，或改变以往的见解。例如，非小细胞肺癌完全切除术后放射治疗的地位不明确，与单纯手术治疗比较的小样本随机对照研究结果存在争议。随后的针对此问题的多个 Meta 分析结果明确指出，术后放射治疗不适于完全切除的早期非小细胞肺癌病人，不应列为常规治疗。

2. 临床随机对照试验

临床随机对照试验（Randomized Controlled Trail，RCT）是指采用随机分配额方法，将符合要求的研究对象分别分配到试验组或对照组，然后接受相应的试验措施，在一致的条件或环境里，同步进行研究个体观察试验效应，并用客观的效应指标，对试验结果进行测量和评价的试验设计。RCT 主要是用于临床治疗性或预防性的研究，用以探讨某一新药或新的治疗措施与传统、有效的治疗或安慰剂比较，是否可以提高对疾病治疗和预防的效果，或者是否有效，这是目前公认的临床治疗性试验的最标准方法。如高血压最佳治疗方案随机对照试验，其试验目的是寻找最佳降压水平和评价联合使用阿司匹林的安全有效性，经过将近 4 年的对照试验发现，在满意降压的同时服用小剂量阿司匹林可显著降低心肌梗死发病率，而不增加脑出血的危险。

3. 临床实践指南

临床实践指南（Clinical Practice Guideline，CPG）是针对特定的临床问题，收集、综合和概括各种临床研究证据，由各级政府、医药卫生管理部门、专业学会、学术团体或专家组等指定，帮助临床医生和病人做出恰当处理的指导意见。

4. 卫生技术评估

卫生技术评估（Health Technology Assessment，HTA）是对卫生技术特性、安全性、有效性（效能、效果和生存质量）、经济学特性（成本效果、成本效益、成本效用）和社会的适应性（社会、法律和生存质量）进行系统、全面的评价，为各层次的决策者提供合理选择卫生技术的证据。

四、循证医学 5S 模型

循证医学实践的基本过程就是结合临床经验与最好证据对患者进行处理，包括提出问题、检索证据、评价证据、结合临床经验与最好证据对患者做出处理及效果评价 5 个步骤。临床医生可能每天都需要做出临床决策，因此需要通过检索查找当前最佳的诊疗证据，参考使用并用到患者身上，从而达到最佳的治疗效果。加拿大教授 Haynes 2006 年提出循证卫生保健决策信息服务的"5S"模型：原始研究（Studies）、综述（Syntheses）、摘要（Synopese）、总结（Summaries）、决策支持系统（Systems），分别代表循证医学证据的不同阶段。每一个阶段有相应的信息资源为临床问题循证卫生保健提供证据支撑。

1. 原始研究

原始研究即通过不同的临床方法对单一疾病的病因、诊断、治疗、预后等进行研究所获得的研究成果。用户必须针对获得的原始研究证据进行严格的评价方能用于临床决策。因其数量庞大，质量无保障，故必须经过严格评价。

2. 研究综述

研究综述（Syntheses）是对原始研究进行全面检索、精确评价、系统综合的结果，包括系统评价、临床评价等。目前系统评价较多侧重在预防和治疗的干预研究。研究综述质量参差不齐，需使用者判断其质量，更新较难保证。

3. 证据摘要

证据摘要（Synopses）是指一篇系统评价或单个研究文献的总结性文字，通常用结构式文摘呈现，并配一段由专家撰写的评论。通常一篇完美的摘要已经提供足够确信的信息来支持临床问题的解决，避免再去阅读全文。摘要代表期刊名中包含有"evidence based"的一类循证医学期刊源。证据摘要较易用，但分布零散不够系统。

4. 总结

总结（Summaries）是针对某个健康问题管理的最佳证据的全面整合和评价。这些最佳证据由较为权威的专家从单个相关摘要、系统评价或原始研究进行分析与评价获得。总结快捷易用，但覆盖面小，费用高。

5. 计算机辅助决策系统

计算机辅助决策系统（System）是循证信息服务的最高级别。一个完美的循证临床信息系统应该整合和精确总结所有相关和重要的研究证据，并通过电子病历与患者的诊疗信息相连接。只有这样才能实现循证医学所倡导的将当前最佳证据与临床医生经验和病人意愿相结合的当代医学模式。但目前尚未有理想的决策支持系统可供临床医生使用。

五、循证医学的相关组织机构

1. 国际 Cochrane 协作网

国际 Cochrane 协作网（Cochrane Collaboration）是最高的加工、保存、传播和利用循证医学证据的管理组织。宗旨是通过制作、保存、传播和更新系统评价、提高医疗保健干预措施的效率，帮助人们制定遵守证据的医疗决策。目前在全世界各地已成立 14 个中心，中国是其中之一。每个中心下辖有不同的分中心，目前共有 19 个分中心。中国循证医学中心下属 1 个香港地区分中心。

协作网内部最核心的生产单位是 53 个系统评价小组，主要任务是产出循证医学的科学证据，其内部还组成不同的研究领域，以及若干个方法学工作组。实际上协作网的主要作用就是在全世界范围内对 RCT 的收集、整理及系统评价的产出、传播和利用进行统一协调、统一组织。

2. 中国循证医学/Cochrane 中心

中国循证医学/Cochrane 中心于 1999 年 3 月 31 日正式被国际 Cochrane 协作网指导委员会批准成为注册的中国 Cochrane 中心，设在四川大学华西医学院。作为国际

Cochrane 协作网的成员之一和中国与国际协作网的唯一接口，中国循证医学中心的主要任务是：①负责收集、翻译本地区发表的和未发表的临床试验报告，建立中国循证医学临床试验资料库，并提交国际临床试验资料库，为中国和世界各国提供中国的临床研究信息。②开展系统评价，并为撰写系统评价的中国协作者提供支持和帮助，为临床医生、临床科研和教学、政府的卫生决策提供可靠依据。③培训循证医学骨干，提供高质量、全方位的骨干人才，推动循证医学在中国的发展。④翻译循证医学知识、宣传循证医学学术思想，使之成为一个卫生技术评价、临床研究及教育的中心。⑤组织开展高质量的随机对照试验及其他临床研究，并进行相应的方法学研究，提供培训咨询、指导和服务，促进临床医学研究方法学的改善和质量的提高。

第二节 循证医学的检索资源

一、综合网站

1. Cochrane 协作网

Cochrane 协作网（http://www.cochrane.org）通过制作、保存、传播及更新医学各个领域的系统评价，为临床治疗实践和医疗卫生决策提供可靠的科学依据，现主要包括干预性试验和诊断性试验两个方面的系统评价。

2. Netting the evidence

该网站（http://www.nettingtheevidence.org.uk）是英国 Sheffield 大学收集与循证医学相关的资源网站，供用户免费使用，是目前收集循证医学相关信息最多的导航网站之一。

3. Medical Matrix

该网站（http://www.medmatrix.org/reg/login.asp）是由美国国家医学图书馆所整理的网站，可以通过其内设的详细分类目录进行分类检索，提供免费试用。

二、循证医学临床数据库

1. CDSR

Cochrane 系统评价资料库（Cochrane Database of Systematic Review，CDSR）包括系统评价全文资料库和研究方案。对已发表的系统评价根据系统评价专业组的要求，CDSR 主要收录由 53 个 Cochrane 系统评价小组制作产生的系统评价和评价计划书（Protocols），提供全文。Cochrane 的系统评价严格遵守制作手册的规定，过程严谨，具有较高的权威性，每个系统均经过同行评议，每月都会发布一定数量的新的系统评价和更新的系统评价。作为 Cochrane Library 数据库的一个重要组成部分，CDSR 被 PubMed 和 Web of Science 收录。该刊 2014 年的影响因子为 6.035。除提供 Cochrane 的系统评价以外，还同时提供非 Cochrane 的系统评价。

2. DARE

Cochrane 文摘数据库（Database of Abstract of Reviews of Effects，DARE）由英国审核传播中心（Centre for Review and Dissemination，CRD）负责，是唯一提供经过质量评价的系统评价的文摘数据库，每条记录都包含该系统评价的摘要和相应的来自于 CRD 针对总体质量的严格评论。该数据库数千个系统评价的文摘范围广泛，主要包括健康问题的干预、诊断试验、公共卫生、健康促进等方面的组织和交付。DARE 是繁忙的临床决策者制定决策时参考的一个重要信息资源，是 CDSR 一个必要的补充。该数据库只提供摘要等信息，不提供全文。

3. CCTR

Cochrane 临床对照试验注册资料库（Cochrane controlled trails register，CCTR）由 Cochrane 协作网临床对照试验注册中心（The Cochrane Central Register of Controlled Clinical Trials，CENTRAL）进行管理，向 Cochrane 协作网系统评价专业组和其他制作系统评价的研究人员提供信息。

4. 临床试验

临床试验（Clinical Trials）（http://www.clinicaltrials.gov）是美国国立医学图书馆的一个网络数据库，收录了包括美国在内的世界上 187 个国家的近 18 万个临床试验数据。为患者及其家属、医疗卫生保健专业人员、科研人员和公众提供各种由公众或私人资助的范围广泛的临床试验的详细内容。

5. NGC

美国国家指南交换中心（National Guiedline Clearinghouse，NGC）（http://www.guideline.gov）由美国卫生研究与质量管理机构、美国医学会和美国卫生规划协会联合制作和管理，是一个获取循证临床实践指南的公共资源。该中心的目的是为医生、其他卫生专业人士、医疗保健提供者、健康计划、整合交付系统等提供一个灵活的、客观和翔实的临床实践指南信息的平台，并以此进一步传播、实施和利用实践指南。

6. Clinical evidence

该数据库（http://www.clinicalevidence.com）由英国医学杂志（BMJ）出版集团创立，是一个专门为循证医学实践设计的在线数据资源平台，提供最新的经同行评议的系统评价和最佳实践指南，主要侧重疾病的预防和治疗，是实践循证医学的金标准。目前平台有 260 个系统评价，涉及 1 万种干预措施。

7. PubMed 及其数据库

PubMed 是全球最大的医学文摘数据库之一，其下设"临床查询"（clinical queries），包括临床研究（clinical study category）查询、系统评价查询及医学遗传学（medical genetics search）查询 3 个方面；在临床研究查询中，可针对病因（etiology）、诊断（diagnosis）、治疗（therapy）、预后（prognosis）和临床预测指导（clinical prediction guides）5 个不同的特殊的方法学，分别从查全（broad）和查准（narrow）两个角度提供检索选择。用户可利用该专题检索获取相应的原始研究文献。但 PubMed

以个案研究和基础研究为主,集中性与针对性不强。

8. Embase 数据库

Embase 数据库(荷兰医学文摘,http://ww.embase.com)拥有较完善的检索系统,其收录药学及药理学记录相对较多,其收录范围涵盖全球 70 多个国家超过 7000 种期刊,每天更新 2000 条记录。

9. 中国生物医学文献数据库(CBM)

中国生物医学文献数据库是中国生物医学文献服务系统中最重要的获取中文医学文献的数据库。收录从 1978 年至今的生物医学期刊、会议论文集、汇编的文献,以文摘格式呈现。检索循证医学的原始研究文献时,可以在限定检索中选择文献类型,包括病例报告、临床试验、随机对照试验、Meta 分析、多中心研究。如果是研究总体设计、方法学和经济学中的随机对照试验,可选择主题词的随机对照检索。

10. ACP Smart Medicine

该数据库(http://smartmedicine.acponline.org)由美国医师学会创立,专为医学专业人员提供快速的医疗循证实践指南。每种疾病都有预防、治疗的推荐评级。

11. ACP 期刊俱乐部

ACP 期刊俱乐部(ACP Journal Club)(http://acpjc.Acponline.org)由美国内科医师学院创立,现为 Annals of Internal Medicine 特刊,每月一期。该刊按照一定标准选择 130 多种临床医学期刊中与内科学有关的研究论文,编制成结构性文摘,编配一段评论性文字,形成特有的循证医学期刊的摘要形式,形成最佳证据。

12. Evidence based Medicine

EBM(http://ebm.bmj.com)期刊范围广泛,标准严格。专家评价侧重研究的有效性和临床的可应用性,并发表针对循证医学研究和循证实践的论文。

三、循证医学教学网

1. 加拿大医疗卫生循证网络

加拿大医疗卫生循证网络(Canadian Centres for Health Evidence)(http://www.cche.net)包含如何实践循证医学的生动实例以及其他一些循证医学相关资源,并提供访问或免费浏览。

2. 美国杜克大学图书馆循证医学中心

美国杜克大学图书馆循证医学中心(Duke University Medical Center Library Online Evidence Based Medicine)(http://www.mclibrary.duke.edu/subject/ebm?Tab = websitesl)列出了包括 Cochrane Collaboration、ACP Journal Club、AHRQ、Bandolier 等 24 个循证医学主要网址介绍及链接,较为全面地介绍网上循证资源。

3. CEBM

循证医学中心网址为 http://www.cebm.net 或 http://www.cebm.utoronto.ca,可免费下载 EBM 学习资料等资源(Centre for Evidence-based medicine,CEBM)。

4. 美国 Rochester 大学医学中心

美国 Rochester 大学医学中心（University of Rochester Medical Center，URMC）（http://www.urmc.rochester.edu/）网站内有不少关于 EBM 的内容，还提供站外的大量高质量 EBM 信息及资源，还可以以分类形式显示。

四、循证医学常用工具

1. Sumsearch2.0

Sumsearch2.0（http://sumsearch.org/）：综合性循证医学搜索引擎，允许用户同时检索多个数据库，主要有 Medline、Cochrane 系统评价摘要数据库（Database of Abstracts of Review of Effects，DARE）和临床实践指南数据库（National Guideline Clearinghouse，NGC）等资源，可对治疗、诊断、预后、病因、不良反应等临床方面进行分类检索。其检索功能强大、文献来源可靠、原文链接方便。

2. Trip

Trip（http://www.tripdatabase.com）：一个查找和利用高质量临床研究证据的工具，除研究证据外，该搜索引擎还提供图像、视频、教育课程、新闻和疾病的基础知识宣传单。检索途径有简单检索、高级检索、PICO 检索和 Trip 快速检索。检索时可一次打开多个数据库，选择性浏览相关内容十分方便。

3. UpToDate

UpToDate（http://www.uptodate.com/home）：由超过 5100 位世界知名医生作者、编辑和同行审稿人采用严格的编辑流程，将最新的医学信息整合到可信的已被证明可改进患者治疗的循证建议中，因此更有助于制定正确的即时诊疗决策。同时该搜索引擎还内置翻译系统，因此能更加快速和准确地研究临床问题。

4. Gopubmed

Gopubmed（http://www.gopubmed.org/web/gopubmed）：由于 PubMed 搜索结果只能按照时间先后或者字顺而不能按照重要性排序，也没有对搜索出的文献做进一步的分析统计，而 Gopubmed 则是对 PubMed 的检索结果进行数据挖掘，并找出潜在的专家和他们的合作者，从而节省时间和资源。

5. Web of Science

Web of Science（http://thomsonreuters.com/web-of-science/）：报道国际各学科核心期刊以及对全球科学论文进行科学计量；收录 22000 种选刊严格、高影响力的学术期刊，12000 种学术会议记录，5000 种学术著作，200 万化学结构，可以帮助我们回溯某一研究的起源与历史，追踪其最新的进展，链接其他相关研究。

第三节 基于PICOS原则的循证医学检索

一、发现和提出临床问题

临床医师主要以两种方式实践循证医学：作为研究者进行研究，尽可能提供高质量证据为临床实践服务；作为应用者，在医疗实践中应尽可能使用高质量证据解决问题。是否能提出一个好问题，并运用准确可靠的方法来回答这个问题，是提高临床诊疗质量和临床研究水平的关键。

1. 一般性问题

一般性问题是关于患者及所患疾病一般知识的问题，包括以下两个方面。

(1) 问题词根（谁、什么、何处、何时、怎样、为何）加动词构成。这些问题一般在临床医师接诊时通过询问病史和体格检查就可得到。例如咳嗽作为一个动词，其相关的问题有谁咳嗽（患者的性别、年龄特征）、咳嗽的性质（颜色、次数）、何时咳嗽、什么原因诱发等。

(2) 一种疾病或疾病的某一方面，如"腹痛的原因是什么""腹痛是不是肠炎"等。

2. 特殊性问题

临床实践中临床医师会针对疾病的病因、诊断、治疗、预后、预防等方面提出需要解决的各种临床问题。

(1) 病因：包括怎样识别疾病的病因及发病的危险因素、发病机制是什么。如对一个糖尿病患者提出的病因可能包括"有无家族遗传因素""与哪些生活习惯有关""影响糖尿病转归的危险因素和保护因素有哪些"等。

(2) 诊断与鉴别诊断：提出的问题主要针对某项检查的准确性、可靠性、安全性、可接受性及费用等。如对于一位呕血患者，为了确定出血部位和原因，是否应该做急诊胃镜检查，就此可提出许多临床问题，如"急诊胃镜检查对上消化道出血的敏感度和特异度如何""急诊胃镜检查对患者带来的风险多大""急诊胃镜检查过程中是否能进行镜下治疗""有没有其他可供选择的诊断措施"等。

(3) 干预措施：提出的问题主要围绕治疗措施的有效性、安全性、临床经济学评价方面。如对于70岁的晚期肺癌患者的治疗将提出"如何选择利大于弊的干预措施？""是选择手术治疗还是放化疗""选择联合手术治疗、放化疗吗""各治疗方案对患者的生存质量有何影响"。

(4) 预后：提出的问题包括对疾病进程和结局的预测及影响预后的因素。如对一名脑卒中伴偏瘫的患者，其家属可能会提出"生活质量会逐渐下降吗""运动功能还能恢复吗""还会发生二次脑卒中吗"等。

二、构建临床问题的要素

临床问题错综复杂，有时要表达一个临床问题可能需要很长一段话，但对于文献检索来说我们不能把一段很长的话全部作为检索词进行检索，在这种情况下，需要利用一定的方法和原则对一个复杂的临床问题进行分析整理，提炼出其最核心的部分。

1995 年，Richardon 等提出 PICO 模型，用于构建一个具体的临床问题，便于更好地制定检索决策、证据的检索和获取。

P（Population/problem）指特定的患者、人群或临床疾病。

I（Intervention/exposure）指干预措施或暴露因素。

C（Comparison/Control）指对照组或另一种可用于比较的干预措施。

O（Outcome）指结局，比如疗效、安全性等。

如问题"对肺癌术后胸椎转移患者，放化疗是否比不治疗效果更好"将该原始问题进行 PICO 要素转换后为：

P：肺癌术后胸椎转移。

I：放化疗。

C：放弃治疗。

O：生存时间。

除典型的 PICO 要素外，为了更精确地检索，也有提出 PICOS 等 5 要素，即在以上基础上增加 S 要素（Study/Setting，研究的涉及类型，比如队列研究、病例对照研究等）。如：三甲医院急性心肌梗死的住院患者预防性使用利多卡因是否可降低高危患者死亡的风险？问题可构建为：

P：急性心肌梗死患者。

I：利多卡因治疗。

C：无利多卡因治疗。

O：死亡。

S：医院类别。

利用 PICO 要素构建临床问题目前在国际上比较通行，然而也有学者认为这种方法并不总适合所有诊断、病因和预后相关问题的构建。不仅如此，目前多数临床试验结果来自欧美国家，其诊疗结果是否适合我们也有待进一步研究证明。PICO 要素构建在未来也许会发生新的变化。

三、基于 PICO 要素的循证搜索

1. 临床案例

患者女，32 岁，左侧乳房肿块，到某三甲医院就诊。经检查，肿块质地较硬，比较固定；行左侧乳腺癌根治术；术后病理结果：浸润性导管癌，3cm×4cm，ER（－），PR（－），Her-2（＋），左腋窝下淋巴结清扫 20 个，12 个见转移。患者问："术后两年复发的机会有多大？还能活多久？"

2. 根据循证医学 PICO 原则，临床问题转换

P：年轻女性，乳腺癌，TNM 分期为 Ⅱa 期。

I：行左侧乳腺癌根治术。

C：未行乳腺癌根治术。
O：复发时间/生存时间。

3. 选择数据库

对干预效果证据的检索首选循证知识库，如 UpToDate、Best Evidence 等数据库，次选非 Summaries 类数据库，如 PubMed 等。本文以免费的 Sumsearch 2.0 和 Trip 循证工具进行说明。

4. 收集关键词，制定检索式

不同的数据库有不同的检索方式，随着技术升级以及用户反馈，数据库会不断更新与完善自己的检索系统，因此为了更有效地使用某个数据库，应该多浏览该数据库自己提供的帮助或搜索技巧，以达到事半功倍的效果。一般说来，首先考虑选择 PICO 中的 P 与 I/C 或二者之一作关键词，初次检索不考虑使用 O 做关键词。

以本文的病例为例，所需的检索词包括：breast cancer、breast neoplasms、breast tumors、mammary neoplasms、mammary carcinoma、invasive ductal carcinoma、breast infiltrating ductal carcinoma、TNM staging Ⅱa period、radical mastectomy、recurrence 等。

5. 检索相关数据库

（1）以 Trip 为例，选择 PICO 界面（如图 8-3-1 所示），依次输入检索词"P：breast infiltrating ductal carcinoma AND TNM staging Ⅱa period；I：radical mastectomy；C：no treatment；O：recurrence"，获得检索结果共计 9 篇（如图 8-3-2 所示），其中 6 篇临床实践指南，1 篇系统评价，2 篇诊断手册。在检索结果的右边还提供了证据类型（Evidence type）和临床领域（Clinical Area）供用户选择。

通过对以上内容进行筛选研读后，得到以下结论：HER2（+）患者癌细胞恶性程度较高，易发生转移；被癌细胞浸润的淋巴结个数≥10 的患者约有 72%~82% 在 5 年内复发。

（2）以 SumSearch 2.0 为例（如图 8-3-3 所示），输入检索式"breast infiltrating ductal carcinoma AND TNM staging Ⅱa period AND radical mastectomy AND recurrence"，获得检索结果（如图 8-3-4 所示）。

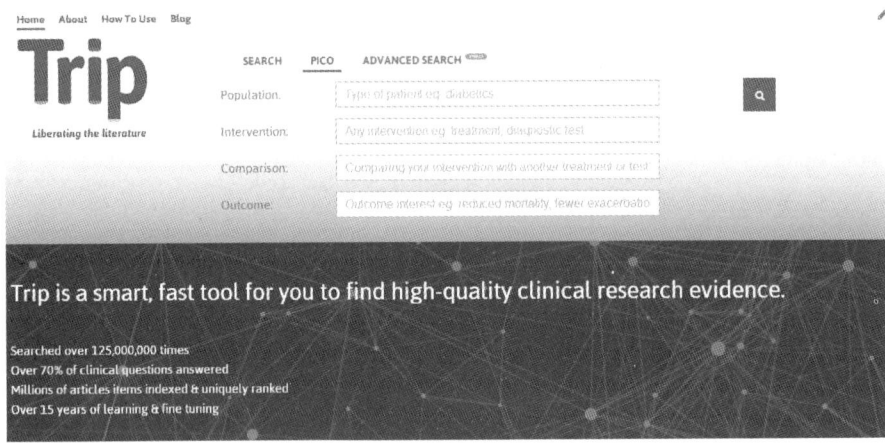

图 8-3-1　Trip PICO 检索界面

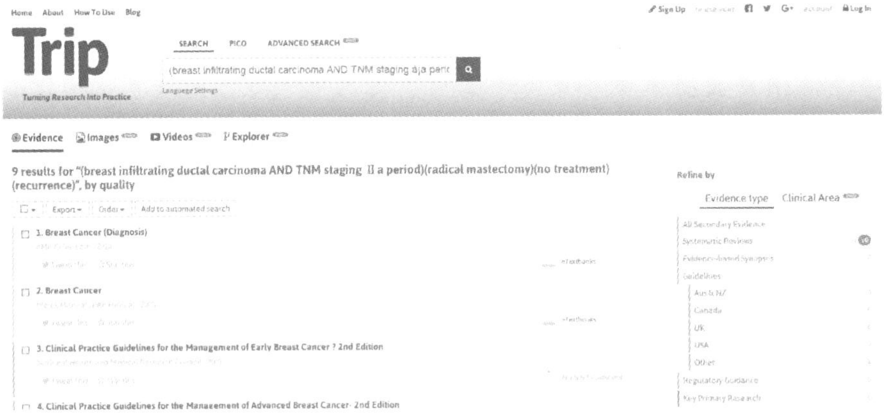

图 8-3-2　Trip 检索结果

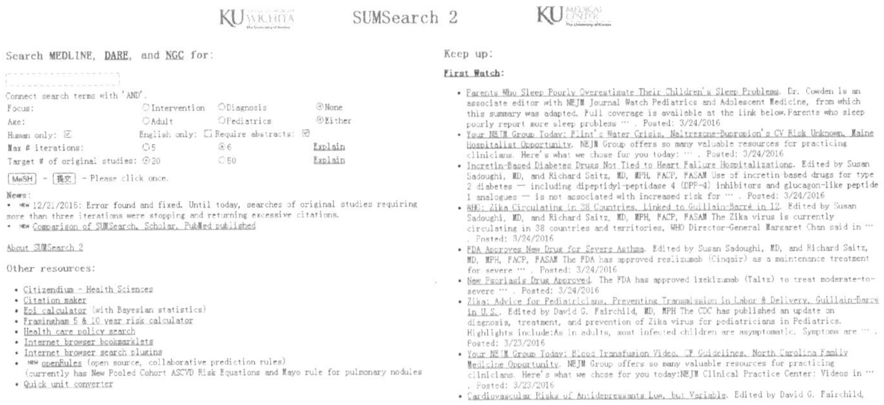

图 8-3-3　SumSearch 2.0 搜索主页

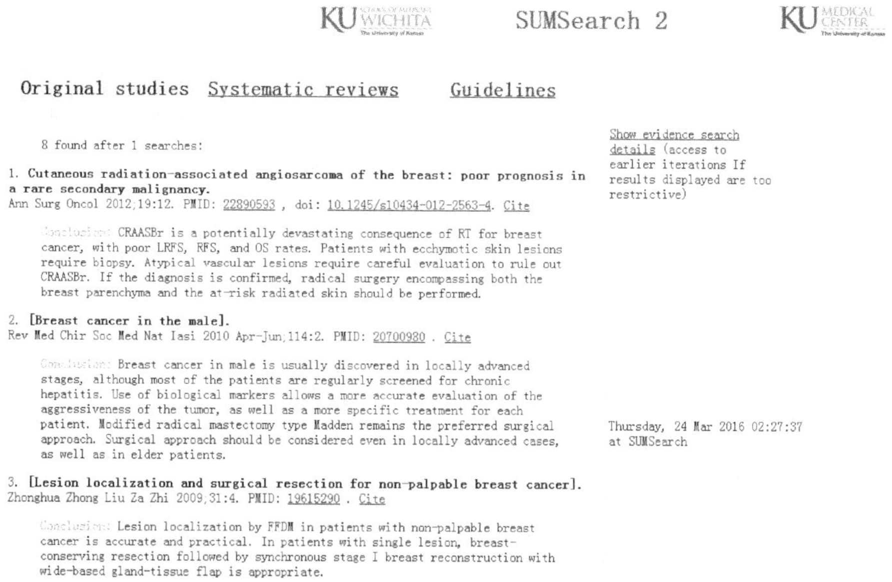
KU WICHITA SUMSearch 2 KU MEDICAL CENTER

Original studies Systematic reviews Guidelines

8 found after 1 searches:

1. **Cutaneous radiation-associated angiosarcoma of the breast: poor prognosis in a rare secondary malignancy.**
Ann Surg Oncol 2012;19:12. PMID: 22890593 , doi: 10.1245/s10434-012-2563-4. Cite

Conclusion: CRAASBr is a potentially devastating consequence of RT for breast cancer, with poor LRFS, RFS, and OS rates. Patients with ecchymotic skin lesions require biopsy. Atypical vascular lesions require careful evaluation to rule out CRAASBr. If the diagnosis is confirmed, radical surgery encompassing both the breast parenchyma and the at-risk radiated skin should be performed.

2. **[Breast cancer in the male].**
Rev Med Chir Soc Med Nat Iasi 2010 Apr-Jun;114:2. PMID: 20700980 . Cite

Conclusion: Breast cancer in male is usually discovered in locally advanced stages, although most of the patients are regularly screened for chronic hepatitis. Use of biological markers allows a more accurate evaluation of the aggressiveness of the tumor, as well as a more specific treatment for each patient. Modified radical mastectomy type Madden remains the preferred surgical approach. Surgical approach should be considered even in locally advanced cases, as well as in elder patients.

3. **[Lesion localization and surgical resection for non-palpable breast cancer].**
Zhonghua Zhong Liu Za Zhi 2009;31:4. PMID: 19615290 . Cite

Conclusion: Lesion localization by FFDM in patients with non-palpable breast cancer is accurate and practical. In patients with single lesion, breast-conserving resection followed by synchronous stage I breast reconstruction with wide-based gland-tissue flap is appropriate.

Show evidence search details (access to earlier iterations If results displayed are too restrictive)

Thursday, 24 Mar 2016 02:27:37 at SUMSearch

图 8—3—4 SumSearch 2.0 搜索结果

原始研究 8 篇，系统评价、临床实践指南为 0。通过对 8 篇原始研究进行筛选后，结果发现 3 篇相关性较高的文献：

Afsharfard A, Mozaffar M, et al. Trends in epidemiology, clinical and histopathological characteristics of breast cancer in Iran: results of a 17 year study. Asian Pac J Cancer Prev. 2013, 14 (11): 6905—11.

Gurleyik G, Gurleyik E, Aker F, et al. Lymphovascular invasion, as a prognostic marker in patients with breast cancer. Acta Chir Belg. 2007, 107 (3): 284—7.

Savran V V. Effectiveness of a modified Madde—type mastectomy in patients with breast cancer of Ⅰ - Ⅱ stage. Lik Sprava. 2004, Oct—Nov (7): 54—8.

经过研读发现，乳腺癌患者年纪越小（<40 岁），发生癌细胞转移的淋巴结数量越多（>9 个），其预后不良，5 年生存率较低。

参考文献

1. 张天嵩等. 实用循证医学方法学［M］. 2 版. 长沙：中南大学出版社，2014.
2. 李幼平. 循证医学［M］. 北京：人民卫生出版社，2014.
3. 陈平，张逸群. 实用生物医学信息检索［M］. 北京：科学出版社，2015.

第九章 检索实例分析

第一节 综合检索分析

面对一个检索课题,一般均应当遵循以下检索步骤:分析课题需求—选择检索工具或系统—确定检索途径和方法—提取主题概念和检索词—实施检索—浏览检索结果(调整检索策略—重新检索)—获取所需信息。在整个检索过程中,应把握好每个步骤,以获取所需要的检索结果。其中分析课题需求、提取检索词、调整检索策略尤为关键。

一、分析课题需求

分析课题时,首先应明确检索目的,包括课题的主题或主要内容、课题涉及的学科范围、所需信息的数量、语种、年代范围、类型等具体指标。

一般来说,检索课题的类型主要包括以下情况:

(1) 寻找针对具体问题的准确答案,或解决问题,或作为论据和引证;

(2) 查找特定文献,根据某一篇文献的线索查找原文,或已知某一作者,查询其所有发表的文章;

(3) 对某一问题做大致的了解,并就问题的一个方面,表述自己的观点撰写小型论文;

(4) 查阅某一专题的前沿和最新资料,了解研究动态、发展趋势;

(5) 对某一课题做全面调查研究,了解该课题的整个发展过程,全面而细致地了解国内外有关的所有出版物的情况,撰写综述或研究报告;

(6) 对某一课题做深入的专题研究,在充分掌握材料和重要研究成果的基础上,提出创新性的具有一定学术水平的观点或论断,撰写研究报告或学术论文。

在以上课题类型中,第(1)、(2)种课题只要正确选择了检索工具和参考资源,便可以一步到位查到所需要的信息,很快达到检索目的。要多使用事实型数据库、参考工具书及搜索引擎等。例如,查药品制备的规范标准,可查找《中华人民共和国药典》;查国内外哪些大学招收护理学专业研究生,可查大学类的机构名录或校方的招生简章资料;查"自动化"一词的概念与含义,可用百科全书、学科术语类解释辞典和相关手册;查钱学森的主要论著和贡献,可用名人录等。

第(3)种类型课题可能只需要浏览一些简短的摘要或者参考几篇概论性文章就可以了。

第（4）～（6）种课题则需要搜罗各种翔实、深入的信息，讲求时效性或系统全面，有时还要求学术品质较高的各类型的参考资料，如学位论文、会议论文、研究报告、重要专著甚至视听资料等。

二、提取检索词

提取检索词是计算机检索的关键，需要从课题的名称及描述语句出发提取出检索词。一般情况下，可以从以下步骤来进行。

（1）切分到词。对课题语句进行切分，即以词为单位划分句子，切分一定要到词为止，同时也要适度，不能因切分而改变语义。

例："胃切除术后的氨基酸吸收情况研究"。

拆分为：胃切除｜术后｜的｜氨基酸｜吸收｜情况｜研究｜。

（2）确定核心词。在一组检索词中，往往只有一个词或少数几个是核心词，是必须使用的关键词，而其他的词是限定这些核心词的。

例："胃切除术后的氨基酸吸收情况研究"。

核心词为：胃切除｜氨基酸。

（3）删除不具有检索意义的虚词及其关键词。不具有检索意义的词有介词、连词、助词、副词等虚词及与课题相关度不大的其他关键词。过分宽泛、过分具体的词均可加以去掉，如展望、发展趋势、现状、近况、应用、利用、作用等。

例："胃切除术后的氨基酸吸收情况研究"。

可去掉的虚词及其关键词：的、情况、研究。

（4）删除存在蕴涵关系的可合并词。如果两个词之间存在相互蕴涵的关系，可酌情去掉其中的一个而保留另一个。

例："解热镇痛药布洛芬的药理学研究"。

布洛芬为一种解热镇痛药，因此，可删除"解热镇痛药"。

（5）补充还原词组。许多名词是经由词组缩略而成，因此，可以采用与缩略相反的操作即补充还原，导出一个词的来源词组，并将来源词组作为原词的同义词，补充进检索式。

例：研制→研制＋研究＊制备。

（6）补充同义词或相关词（同一关系）。

例：AIDS 全称 Acquired Immune Deficiency Syndrome，或叫艾滋病。

维生素 A 亦可称为视黄醇、维他命 A、甲种维生素、Vitamin A。

三、调整检索策略

根据初步检索结果判断，调整检索策略包括检索途径、检索方法，是否扩展检索或限定检索等。

当结果过多过宽则应进行检索细化以缩小检索范围，包括：主题细化，通过浏览结果选择更专指的词或下位词，运用逻辑与、逻辑非、位置算符进行限定，指定检索字段，从年代、地理、语言及文献类型上限制，精确检索，等等。

当结果过少则进行检索扩展，如：对已确定的检索词进行其同义词、相关词、上位词检索，使用截词符，利用检索系统的关联检索、相关关键词检索、引文检索，等等。

四、检索效率案例分析

查全率和查准率是判定检索效果的主要指标，对一个课题项目进行检索，就是要求在取得较高查全率的基础上，保证查准率，同时检索手段必须手检、机检相结合，才能取得较高的检索效率。然而手检和机检，它们所针对的检索工具（或系统）不尽相同，因此所采取的检索策略也有所差异。如果对课题的主题概念把握不好，检索词和检索策略选择不当，也会出现漏检和误检。

1. 主题概念分析有误

【例1】发生在广东省的流感的预防控制和流行病学研究。

【评析】在中国生物医学文献数据库（CBM）中，检索本题中的地理名称"广东省"时，很多用户常常容易使用"地址＝广东省"或"作者单位＝广东省"，导致检索结果的查准率较低。

分析题意，其目的在于检索发生在广东省的该病的文献，而不是指文献作者所在地址在广东省。若从作者单位地址去检索，则检索结果中可能出现有位于广东省的作者写的该病方面的文献，但却不是发生在广东；同时有其他单位的作者写了发生在广东省的相关文献，却没有被检索出来。

为提高这道检索题目的查准率，可以使用CBM数据库的分类检索，选择RZ类地理名称中的"广东省"，或者主题检索使用主题词"广东"。

2. 检索工具有缺陷

【例2】检索中国科学院陈可冀院士2005—2010年发表的论文。

【检索结果】中国生物医学文献数据库收录106篇，维普科技期刊全文数据库收录85篇，清华同方学术期刊网络出版总库收录126篇，万方数据学术期刊数据库收录121篇。

【评析】不同的数据库其收录范围、文献类型等并不一样，各大型数据库很难将某个学科领域的文献收录全面。中国生物医学文献数据库主要收录生物医学学科的期刊论文、会议论文和汇编资料等，而维普、清华同方和万方数据的期刊全文数据库则收录各综合学科领域的期刊论文，但几个数据库之间有重复收录的期刊，也有不同的收录范围，例如万方数据独家获取了中华医学系列的期刊论文版权。鉴于检索工具收录范围可能存在的缺陷性，需要借助多种工具进行查找以保证检索结果的查全率。

【例3】在OCLC系统数据库检索"核磁共振在地学中的应用"。

【检索结果】使用规范的英文主题词"nuclear magnetic resonance"，没有检索结果，使用缩写NMR查出1890篇文献。

【评析】OCLC数据库的语法规则是只对单词检索，不识别带空格的词组。

3. 检索词提取有误。

【例4】检索"医院麻醉性镇痛药应用的发展趋势"方面的文献。

【评析】根据题目提取出其主要概念为麻醉性镇痛药、应用、发展趋势。很多用户常常使用检索式"关键词=麻醉性镇痛药 AND 应用 AND 发展趋势",导致没有检索结果。在此,"发展趋势"实际上是不具检索意义的词,并且一般不作为关键词进行检索。但另一方面,很多综述类文献的题目常常使用发展趋势、研究进展等,因此,也可从文献类型为综述对检索结果进行限定。

【例5】在 PubMed 数据库检索 SARS 的诊断和治疗方面的文献。

【评析】当查找疾病的诊断和治疗方面的文献时,用户常常习惯使用主题检索,这样有利于查准和查全。但在 PubMed 主题检索界面输入 SARS 后,在主题词表中没有出现 SARS 及其对应的主题词,于是很多用户在此放弃主题检索或误用 SARS virus 作为主题词。

其实 SARS 是 Severe acute respiration syndrome 的缩写形式,当主题词表中使用 SARS 检索无果时,应使用其全称进行检索。

【例6】检索"门静脉左右支反位、门静脉位置变异等各种门静脉畸形"的文献。

【评析】本题的主要概念为门静脉左右支反位、门静脉位置变异、门静脉畸形,但仔细分析其逻辑关系发现,门静脉左右支反位、门静脉位置变异均属于门静脉畸形,因此其主要概念即门静脉畸形,可使用主题词检索"主题词=门静脉/畸形"或关键词检索"关键词=门静脉 AND 畸形"。

4. 检索方法和途径选择不当

【例7】检索"教学实验室的管理",如何提高查全率?

【评析】使用维普科技期刊全文数据库,输入"教学 * 实验室 * 管理"检索,得到的文献很少,分析发现该库偏重于收录科技期刊,所指实验室一般是自然科学专业的,很少有教学实验室。故将检索方法改为和分类检索相结合,选择教育类,输入实验室,得到更多结果。

分类检索是一种族性检索方式,善于使用分类检索可以提高查全率,如果遇到难以判定或不易选择检索词的课题,还可先使用分类途径进行浏览。

【例8】检索"脑瘫患儿的护理方面的文献"。

【评析】在维普数据库检索时,根据题意使用检索式为"脑瘫 * 患儿 * 护理"进行检索,得到的结果较少。分析题意,可将关键词"患儿"使用分类检索儿科 R72 代替,关键词"护理"使用分类号 R47 代替,以扩大检索范围,提高查全率。

第二节 学科案例分析

医学具有多学科的特点,可使用的信息资源非常丰富。结合检索工具篇,总结为以下方面:

(1) 印刷版书刊。通过馆藏书目数据库,以医学各学科相关检索词查找,获取书刊信息。

(2) 医学学术文献数据库,提供中外文图书、期刊论文、学位论文、会议论文、专利文献等检索，除了常用综合性数据库如维普、CNKI、万方数据等，PubMed、Sinomed、EMBase等也是医学信息资源检索的必选库。除此之外，一些高校或研究机构还针对某些专科建立了特色数据库，如科技部2000年项目建成中国肿瘤防治数据库、国家九七三项目建成中医方剂学数据库、上海生物信息技术研究中心建立的艾滋病病毒数据库、国家心血管病中心组织建成的心血管外科数据库等。

（3）医学知识数据库，主要提供医学各学科相关知识点的查阅，如维普公司疾病知识总库、上海中医中药数据中心研发的中医疾病数据库等。

（4）专业信息网站，包括政府、学术机构、出版机构网站等。

（5）其他网络信息资源，可使用通用搜索引擎或医学搜索引擎获取。

一、临床医学检索案例分析

临床医学是医学科学中研究疾病的诊断、治疗和预防的各专业学科的总称。它根据病人的临床表现，从整体出发研究疾病的病因、发病机理和病理过程，进而确定诊断，通过治疗和预防以消除疾病、减轻病人痛苦、恢复病人健康，是一门实践性很强的应用科学。

现代临床医学不断发展进步，在临床实践中逐渐形成了许多分科和专业，如传染病科、神经科、心脏科、肾病科、内分泌科、消化科、呼吸科、普外科、肿瘤科、儿科、妇产科、老年病科、急症医学科等。

【例1】中药复方对阿霉素肾病大鼠肾小球足细胞裂隙膜上Nephrin和Podocin分子表达的影响。

【检索目的】学位论文开题查新，检索是否有与该研究项目相同或类似的国内外研究报道。

【题目分析】

该课题的研究内容和目的是通过观察中药复方对阿霉素肾病大鼠模型肾小球足细胞Nephrin和Podocin分子表达和分布的影响，探讨中药复方对肾病综合征的治疗作用和机制，主要涉及临床医学肾内科和中药药理学。

在对课题进行分析时，要了解课题的全貌，明确课题的主要研究内容、所用方法及技术指标，注意尽量避免使用一些无关概念。要检索出这个课题所需的文献资料，必须首先对该课题进行概念分解和检索词提取。

根据题目进行分析，其主题概念有中药复方、阿霉素肾病、大鼠、肾小球足细胞、Nephrin、Podocin、分子表达。而根据其研究目的，本题是为了探讨中药复方对肾病综合征的治疗作用和机制，因此可以使用主题词"肾疾病"和"多柔比星"代替"阿霉素肾病"作为检索词；Nephrin和Podocin是肾小球足细胞裂隙膜上的分子成分，两者的出现即代表分子表达，因此检索词"分子表达"可去除。

【检索工具】

（1）国外文献检索工具：

MEDLINE光盘检索系统、PubMed、EMBase检索系统、Science Direct全文数据库。

(2)国内文献检索工具:

中国生物医学文献数据库(Sinomed)、清华同方CNKI跨库检索平台(期刊全文库、博硕学位论文库、会议论文库)、国家科技成果库、国家科技图书文献中心(NSTL)、中文科技期刊数据库(维普)、万方数字化期刊全文数据库。

(3)生物医学参考书、工具书。

【检索式】

♯1 主题词=复方/治疗应用 OR 中药(Traditional Chinese Medicine)OR 方剂(Prescriptions or formula)

♯2 多柔比星(Doxorubicin)/毒性

♯3 主题词=肾疾病(Kidney Diseases)/化学诱导/中药疗法/病理学

♯4 肾小球足细胞(Podocyte)OR 肾小球/病理学

♯5 Nephrin AND Podocin

【检索策略】

♯1 AND ♯2 AND ♯3 AND ♯4 AND ♯5

【结果分析】

浏览检索结果,并对检索结果中的相关文献进行分析,发现对肾小球上皮细胞蛋白质及分子组成的研究较多,对肾小球滤过膜电荷屏障的研究上也有一定的认识,但对于以下相关问题未能涉及,比如某些分子在足细胞上的具体定位和功能,对这些复杂的蛋白和分子间的相互作用及其相互间的信号传递,等等。综合分析后得出结论,本课题项目具有新颖性,可以进行学位论文开题。

二、护理学检索案例分析

护理学是自然科学、社会科学、人文科学等多学科相互渗透的一门综合性应用学科。从1860年南丁格尔创办第一所护士学校——南丁格尔护士训练学校(Nightingale Training School for Nurses)起,护理学经历了四个阶段:简单的清洁卫生护理、以疾病为中心的护理、以病人为中心的整体护理、以人的健康为中心的护理。护理学通过不断地实践、教育、研究,得到积极充实和完善,逐渐形成了自己特有的理论和实践体系,成为一门独立的学科。

现代护理的工作范围不断扩大,主要涉及以下几个方面:①临床护理,服务对象主要是患者,服务包括基础护理和专科护理,它应用基础理论知识、基本实践技能和基本态度的方法,来满足患者的基本需求。目前可分为内科护理、儿科护理、手术室护理、急诊护理、妇科护理、口腔护理、康复护理等专科。②社区护理,服务对象是个人、家庭和社区,服务时应用公共卫生学的理论,结合护理学的知识和技能,通过提供促进健康、预防疾病、早期诊断、早期治疗和减少残障的服务,提高人群健康水平。③护理管理,应用管理学的理论和方法,对护理工作中的人、财、物进行科学的计划、组织、协调和控制。

【例2】刚毕业的大学生小刘被分配到烧伤科担任护理工作,她想了解一下有关烧伤病人护理的相关知识。

【检索目的】

对临床护理知识点的全面了解。

【题目分析】

烧伤属于外科创伤，包含的下位概念较多，因此首先要了解有关烧伤的学科分类，可通过查询 CBM 数据库的分类表或主题词表来获得所需信息。烧伤分类包括 R826.54（战伤烧伤）、R726.44（小儿烧伤与烫伤）、R644（烧伤及烫伤、灼伤）、R818.74（放射线烧伤）、R647（电烧伤），烧伤的下位概念包括化学烧伤、电烧伤、吸入性烧伤、眼烧伤、晒伤等。因此，在采用不同的方法进行期刊文献检索时要注意对检索词的扩展。同时也可按上述的分类或主题对检索到的文献进行分类，方便学习和知识的积累。

可选用的关键词有烧伤、灼伤、烫伤、晒伤，主题词选用烧伤，护理工作包括临床护理和康复护理。鉴于文献的量可能较大，宜先查询综述性文献。

【检索工具】

(1) 可利用大学图书馆或专业图书馆的 OPAC 系统进行目录查询，或者利用图书网站，查找相关书目。

(2) 查找综述文献可选用的检索工具有 CBM、PubMed、Google Scholar、中文科技期刊数据库、中国学术期刊全文数据库等。

【检索方法】以 CBM 和 PubMed 数据库为例。

CBM 数据库：宜选用主题检索。

表达式：烧伤/全部树/NU（护理缩写）－限定：综述。

PubMed 数据库：可选用主题检索及关键词检索。

表达式："Burns/nursing"［mesh］limits：Review 或 Burns and nursing limits：Review。

【结果分析】

对某个知识点的全面了解，首选工具书（护理手册）或相关专业图书。工具书和图书能提供有关烧伤护理的基础知识，但是对不同种类的烧伤护理论述不深入，还需查找相关综述文献作为补充，最后可就一些更具体的知识点进行文献的查找。对文献的查找宜先查题录数据库，再查询全文数据库，以便全面地掌握相关文献情况。

【例 3】检索护士素质与整体护理开展的相关文献。

【检索目的】

对整体护理进行了解，为护理人员的继续教育提供素材。

【题目分析】

整体护理是以人为中心的现代护理观念，它涉及人的生理、心理、社会、文化、精神等多方面的内容。其包含的内容较为广泛，因此宜采用扩展检索。护士只是在医院里对护理人员的称呼，但是整体护理不只涉及临床护理，还涉及社区护理，因此护理人员也可作为检索对象。素质不属于医学主题词的范畴，只能作为自由词进行检索。

可选用的关键词有护士、护理人员、整体护理、素质、素养等。

【检索工具】

这类文献以期刊文献为主，可选用的数据库有 CBM、PubMed、Google Scholar、中文科技期刊数据库、中国学术期刊全文数据库等。
【检索方法】
CBM 数据库：
主题检索：♯1 护士［扩展全部树］/全部副主题词
　　　　　♯2 护理人员［扩展全部树］/全部副主题词
　　　　　♯3 整体护理［扩展全部树］/全部副主题词
　　　　　♯4（素质 or 素养）and（♯1 or ♯2）and ♯3
关键词检索：♯1 护士 or 护理
　　　　　　♯2 整体护理
　　　　　　♯3 素质 or 素养
　　　　　　♯4 ♯1 and ♯2 and ♯3
PubMed 数据库同上，也可采用这两种方法。
【结果分析】对这类涉及管理、新观念的文献查找，要考虑用关键词进行检索，因其多学科属性，不宜采用分类法。而主题检索又可能会漏掉一些相关文献。

三、药学检索案例分析

药学是涉及药品的生产、检验、流通、使用，以及在研究与开发领域从事鉴定、药物设计、一般药物制剂及临床合理用药等方面工作的学科。

药学分为药剂学、药理学、药物化学和药物分析等分支学科，包括药物制备、质量控制、药物与生物体相互作用、药效学和药物安全性评价等基本方法和技术。

【例 4】治疗动脉硬化的 HDL-C 血管清道夫磷脂脂质体粉剂胶囊的研究。
【题目分析】

涉及的主要概念有动脉硬化和 HDL-C 血管清道夫（磷脂脂质体粉剂胶囊）。HDL-C 血管清道夫是组方药物，主要成分为三七、银杏叶、藏红花等天然中药资源提取物，以动脉软化功能因子为佐剂，调节血脂，并突出升高 HDL-C。因此，对于组方药物的每味药都要作为一个检索点来查找。并且本课题要求查找粉剂磷脂脂质体胶囊。

本课题的检索要求：①HDL-C 血管清道夫组方药物治疗动脉硬化。②药物剂型的研究：粉剂磷脂脂质体胶囊。

【检索工具】
（1）国外文献检索工具：
Medline 或 PubMed 数据库、Embase 数据库、国际药学文摘数据库 IPA、Elsevier 期刊全文数据库。
（2）国内文献检索工具：
Sinomed 中国生物医学文献数据库、中国药学文摘数据库、维普科技期刊全文数据库；中国期刊网全文数据库。

【检索式】
♯1 explode "Arteriosclerosis"/all subheadings（动脉粥样硬化/全部副主题词）
♯2 "Liposomes"/all subheadings（脂质体/全部副主题词）

#3 phospholipid liposome（磷脂脂质体）

#4 "Powders"/all subheadings or "Capsules"/all subheadings（粉剂 or 胶囊/全部副主题词）

#5 powder or flour or capsule（粉剂）

#6 HDL-C or "Lipoproteins-HDL-Cholesterol"/all subheadings（脂蛋白，高密度胆固醇/全部副主题词）

#7 "Panax"/all subheadings（三七/全部副主题词）

#8 "Ginkgo-biloba"/all subheadings（银杏/全部副主题词）

#9 "Picrotoxin"/all subheadings（藏红花/全部副主题词）

检索策略如下：

#1 and #6 and (#7 or #8 or #9)

#1 and (#7 or #8 or #9) and (#2 or #3) and (#4 or #5)

【检索结果】

浏览检索结果：有单味药的治疗动脉硬化的文献报道，同时有液体磷脂脂质体治疗动脉硬化的实验研究的文献报道。反复修改检索策略，直到满意为止。

四、检验医学检索案例分析

医学检验是运用现代物理化学方法、手段进行医学诊断的一门学科，主要研究如何通过实验室技术、医疗仪器设备为临床诊断、治疗提供依据。医学检验分为临床检验与医学实验技术两方面。进入21世纪以来，随着科学技术的迅猛发展，生物化学、免疫学、遗传学、分析化学、生物物理学以及电子技术、计算机、精密分析等学科和技术已向医学检验领域广泛渗透；激光、色谱分析、荧光分析、质谱分析、流式细胞术、DNA扩增技术等许多高科技的技术手段，都已被广泛应用于医学检验。临床检验提供诊断的方法有临床血液学、临床生化、临床微生物学、临床免疫学和临床分子生物学实验诊断等。目前特别是分子生物学检验技术正向更高、更深的方向发展。

【例5】 缺血修饰白蛋白（ischemia modified albumin，IMA）在急性冠状动脉综合征（acute cornary syndrome，ACS）临床诊断中的应用。

【检索目的】

主要了解缺血修饰白蛋白在急性冠状动脉综合征早期诊断中的检测方法。

【题目分析】

急性冠状动脉综合征（acute coronary syndrome，ACS）是临床常见的心脏血管急症，也是造成急性死亡的重要原因。心肌缺血是ACS最常见的发病机制，临床工作中，有相当一部分症状隐匿的患者实际是心肌缺血患者，这些患者的病死率比住院患者高1倍。因此，一种灵敏的心肌缺血标志物成为能在ACS早期可逆阶段检出，从而使急性缺血患者能够及时、正确地诊断和治疗的关键。

缺血修饰白蛋白（ischemia modified albumin，IMA）是人体人血白蛋白在流经缺血组织时产生的，由于组织局部反应性氧化产物增多、酸中毒、细胞膜上各种能量依赖性离子泵破坏等变化，导致白蛋白结构发生改变，与过渡金属的结合能力下降，形成缺血修饰白蛋白。目前 IMA 的检测方法有白蛋白钴结合试验（albumin-cobalt binding，ACB）、比色测定法、免疫化学法、液相色谱法、质谱测定法以及核磁共振法等。

关键词有急性冠状动脉综合征（acute cornary syndrome，ACS）、缺血修饰白蛋白（ischemia modified albumin，IMA）、早期诊断、临床检测、白蛋白钴结合试验、比色测定法、免疫化学法、液相色谱法、质谱测定法、核磁共振法等。

【检索工具】

CBM、PubMed、Google Scholar、FreeMedline、EMBASE 等。

【检索方法】

CBM 数据库：

♯1 主题词=急性冠状动脉综合征/全部副主题词

♯2 缺血修饰白蛋白［智能］OR 主题词=人血白蛋白/代谢

♯3 ♯1 and ♯2

PubMed 数据库：

♯1 Acute Coronary Syndrome/diagnosis［Mesh］

♯2 ischemia modified albumin OR Serum Albumin/metabolism［Mesh］

♯3 ♯1 and ♯2

【结果分析】

急性冠状动脉综合征宜作为主题词进行检索，缺血修饰白蛋白作为新兴词汇可作为自由词进行检索，同时搭配它的上位词保证查全。发表的最早文献从 1995 年开始，近五年来文献量激增，说明该课题是目前的研究热点之一，国内文献又以综述、概述居多，说明国内对该检测新方法的应用研究还较少。

五、公告卫生管理案例分析

【例6】刚参加工作的儿科医学小王，在临床实践工作中接触到存在睡眠障碍患儿，年龄集中在 0~5 岁，她想了解一下 0~5 岁儿童睡眠的影响因素及其他相关知识。

【课题分析】

睡眠对儿童有着促进生长发育的特殊意义，有助于机体多个系统，特别是中枢神经系统的发育成熟。儿童体格发育所必需的生长激素夜间分泌量比白天多，分泌高峰多出现于睡眠启动后的第一个慢波睡眠。所以睡眠不好将可能直接影响儿童体格及智力的发育，甚至会引起一系列行为问题。

本课题的学科分类主要属于疾病类，包含的下位概念较多，因此首先要了解有关"睡眠障碍"的学科分类，可通过查询 CBM 数据库的分类表或主题词表获取。

【检索工具】

（1）可利用图书馆的 OPAC 系统进行目录查询，或者利用图书网站查找相关书目。

（2）查找综述文献可选用的检索工具：中文科技期刊数据库、中国学术期刊全文数据库、CBM、PubMed、Google Scholar。

【检索式】

CBM 数据库：

主题词＝"睡眠障碍/CI/CN/CO/EM/ET/GE/IM/MI/PS/VI/ZB/全部树"－限定：婴儿，新生；婴儿；儿童，学龄前；人类

（注：选择副主题词：病因学＜ET＞，并选择【扩展副主题词】，则选中的副主题词有：化学诱导＜CI＞；先天性＜CN＞；并发症＜CO＞；胚胎学＜EM＞；病因学＜ET＞；遗传学＜GE＞；免疫学＜IM＞；微生物学＜MI＞；寄生虫学＜PS＞；病毒学＜VI＞；中医病机＜ZB＞。）

PubMed 数据库：

（"sleep disorders"[MeSH Terms] OR（"sleep"[All Fields] AND "disorders"[All Fields]）OR "sleep disorders"[All Fields]）AND（"infant"[MeSH Terms] OR "child, preschool"[MeSH Terms]）AND（"infant"[MeSH Terms] OR "child, preschool"[MeSH Terms]）

【结果分析】

对某个知识点进行全面了解，首选相关专业图书。图书能提供有关幼儿睡眠障碍的基础知识，但是对不同影响因素引起的幼儿睡眠障碍论述不深入，还需查找相关文献作为补充，最后可就一些更具体的知识点进行文献的查找。

【例7】2010年7月份以来，南京等地医院陆续收治因食用小龙虾而入院的病人，临床表现为肌肉酸痛并伴血清肌酸磷酸激酶和肌红蛋白升高，部分患者出现酱油色尿，医生诊断为横纹肌溶解症。经过进一步的流行病学调查及专家研究讨论，初步认为此次南京等地出现的少数横纹肌溶解综合征病例与食用小龙虾有关。请就此事件作相关文献调查。

【课题分析】

横纹肌溶解综合征俗称肌肉溶解，横纹肌溶解可使肌肉细胞中的内容物释放到血液中，这些内容物因含有较多的肌红蛋白而使患者表现为肌红蛋白血/尿症，由于肌红蛋白需通过肾脏排出体外，因而重症患者在排出过程中肌红蛋白很容易阻塞肾小管而影响肾功能。通常横纹肌溶解与某些遗传性疾病、肌肉外伤、肌肉缺血性损伤、肌肉运动过度、代谢性疾病、细菌和病毒的感染等有关，其次饮酒、药物或化学毒物也可导致横纹肌溶解。目前我国已报道因食用小龙虾而导致横纹肌溶解的病例，都是在食用小龙虾数小时至十多小时后发病，临床症状为：持续性肌肉疼痛，主要表现为全身性或局部性疼痛（如背、肩、颈部、胸部、下肢、上肢、腰部等），个别病例伴腰痛、乏力、胸闷、呼吸疼痛等症状。病例均无发热、肌肉痉挛、口干、头昏、麻木、意识障碍、肝脾肿大等。临床检验为肌酸磷酸激酶一过性的进行性升高。

小龙虾在我国已有多年的食用历史，食用人群比较广泛，是一种很受欢迎的风味食品。从历史上看，我国曾在2000年报道过北京地区发生6例小龙虾致横纹肌溶解综合征病例。据文献报道，其他国家也有因食用水产品导致横纹肌溶解综合征的病例，从1924年首次发现至今已有90多年的历史。该病在波罗的海地区、地中海地区、美国、巴西均有发生，多与食用水牛鱼、淡水鳕鱼或小龙虾等食品有关，但病例发生数均很少。1924年，国际上首次报道了国外因食用水产品导致的不明原因的横纹肌溶解综合征的病例，因发生在波罗的海沿岸哈夫地区，因而称之为"哈夫病"（Haff Disease），该病怀疑与一种尚未确定的毒素有关。哈夫病的典型临床表现为横纹肌溶解的突然发

作，伴随肌肉触痛、僵硬、酱油尿等。该病发生可能与大量食用水产品及个体因素有关。南京等地报告的横纹肌溶解综合征病例与既往国内外报告的哈夫病在临床表现、实验室检测结果、流行病学特征上高度相似。

本课题的学科分类主要属于疾病类，包含的下位概念较多，因此首先要了解有关"横纹肌溶解"的学科分类，可通过查询 CBM 数据库的分类表或主题词表来获取信息。

【检索工具】

（1）可利用图书馆的 OPAC 系统进行目录查询，或者利用图书网站，查找相关书目。

（2）查找综述文献可选用的检索工具：中文科技期刊数据库、中国学术期刊全文数据库、CBM、PubMed、Google Scholar。

【检索式】

CBM 数据库：

主题词＝"主题词：横纹肌溶解/全部/CI/CN/DI/EH/EM/EP/ET/GE/IM/MI/MO/PA/PC/PS/RA/RI/US/VI/ZB/全部树"

（注：选择副主题词：病因学<ET>，选择【扩展副主题词】，则选中的副主题词有：化学诱导<CI>；先天性<CN>；并发症<CO>；诊断<DI>；人种学<EH>；胚胎学<EM>；病因学<ET>；遗传学<GE>；免疫学<IM>；微生物学<MI>；病理学<PA>；预防和控制<PC>；寄生虫学<PS>；放射摄影术<RA>；放射性核素显像<RI>；超声检查<US>；病毒学<VI>；中医病机<ZB>。）

PubMed 数据库：

检索式：

♯1Foodborne Diseases/diagnosis

♯2Foodborne Diseases/etiology＊

♯3 Rhabdomyolysis/diagnosis

♯4 Rhabdomyolysis/etiology＊

limites：Humans

【结果分析】

对某个知识点的全面了解，首选相关专业图书。图书能提供有关横纹肌溶解的基础知识，但是对具体个案论述不深入，还需查找相关文献作为补充，但未查到与因食用小龙虾而致横纹肌溶解的相关文献，最后可就此事件具体的知识点进行文献的查找。

六、心理学检索案例分析

心理学是一门研究人类的心理现象、精神功能和行为的科学，既是一门理论学科，也是一门应用学科，包括基础心理学与应用心理学两大领域。心理学研究涉及知觉、认知、情绪、人格、行为、人际关系、社会关系等许多领域，也与日常生活的许多领域——家庭、教育、健康、社会等发生关联。心理学一方面尝试用大脑运作来解释个体基本的行为与心理机能，同时，心理学也尝试解释个体心理机能在社会行为与社会动力中的角色；同时它也与神经科学、医学、生物学等科学有关，因为这些科学所探讨的生理作用会影响个体的心智。心理学家从事基础研究的目的是描述、解释、预测和影响行为。应用心理学家还有第五个目的——提高人类生活的质量。这些目标构成了心理学事业的基础。

【例8】查找ADHD儿童反应抑制方面的研究文献。

【检索目的】

查找国内外有关注意力缺陷障碍伴多动儿童的反应抑制研究文献。

【题目分析】

儿童多动症又称注意力缺陷多动症（ADHD），或脑功能轻微失调综合征，是一种常见的儿童行为异常疾病。这类患儿的智力正常或基本正常，但学习、行为及情绪方面有缺陷，主要表现为注意力不集中，注意短暂，活动过多，情绪易冲动，学习成绩普遍较差，在家庭及学校均难与人相处，日常生活中常常使家长和教师感到没有办法。多动症的患病率国外报道在5%～10%之间，国内调查在10%以上，男孩多于女孩，早产儿及剖宫产儿患多动症的概率较高，大约在60%以上。

反应抑制（Reactive Inhibition）是执行功能的一个重要成分，对做出正确行为的决策，以适应任务变化的要求有重要作用。反应抑制通常包括刺激辨别、反应选择、冲突觉察、对反应激活状态的抑制四个主要成分。

关键词：注意力缺陷障碍伴多动（Attention Deficit Disorder with Hyperactivity，ADHD）、反应抑制（Reactive Inhibition）。

【检索工具】

中文文献检索工具：中国生物医学文献数据库（Sinomed）、清华同方CNKI跨库检索平台（期刊全文库、博硕学位论文库、会议论文库）、国家科技成果库、国家科技图书文献中心（NSTL）、中文科技期刊数据库（维普）、万方数字化期刊全文数据库等。

外文文献检索工具：主要数据库包括CogNet（MIT Press）、Mental Measurements Yearbook（EBSCO）、PsycINFO（EBSCO）等，相关数据库包括Journal Citation Reports（Thomson Scientific / ISI）、PubMed、PrimateLit、PsycArticles（EBSCO）、Psychology + Behavior Sciences Collection（EBSCO）、Web of Science（Thomson Scientific / ISI）等。

【检索方法】

CBM数据库：

♯1 主题词：注意力缺陷障碍伴多动/全部树/全部副主题词

♯2 主题词：反应抑制/全部树/全部副主题词

♯3 ♯1 and ♯2

PubMed数据库：

♯1 "Attention Deficit Disorder with Hyperactivity"［Mesh］OR "Attention Deficit Disorder with Hyperactivity"

♯2 "Reactive Inhibition"［Mesh］OR "Reactive Inhibition"

♯3 ♯1 and ♯2

【结果分析】

共检出中文文献 22 篇，外文文献 7 篇。在检索过程中可知，关于注意力缺陷障碍伴多动方面的研究文献较多，但关于注意力缺陷障碍伴多动的反应抵制研究文献较少，未形成研究热点。

七、生物信息学检索案例分析

生物信息学（Bioinformatics）是在生命科学的研究中，以计算机为工具对生物信息进行储存、检索和分析的科学。它是当今生命科学和自然科学的重大前沿领域之一，同时也将是 21 世纪自然科学的核心领域之一。其研究重点主要体现在基因组学（Genomics）和蛋白质组学（Proteomics）两方面，具体说就是从核酸和蛋白质序列出发，分析序列中表达的结构功能的生物信息。

【例 9】甲型流感病毒 H1N1 型（Influenza A virus subtype H1N1），是甲型流感病毒的一种，也是人类最常感染的流感病毒之一，请查找该病毒的基因组序列以及编码该病毒第 7 节段基质蛋白 2 的 RNA 序列（FASTA 格式）。

（1）进入 NCBI 主页（http://www.ncbi.nlm.nih.gov）。

（2）在提问框输入 H1N1 Flu Virus。点击"Search"，得到各个数据库的检索结果（如图 9-3-1 所示）。

（3）点击"Genomes"目录下的"Genome"检索结果，得到有关 H1N1 流感病毒的基因组序列（如图 9-3-2 所示）。

（4）点击"Genomes"目录下的"Nucleotide"检索结果，得到有关 H1N1 流感病毒编码多种蛋白质的核酸序列，在检索结果的第 2 条找到第 7 节段基质蛋白 2 的 RNA 序列（如图 9-3-3 所示），点击下方的"FASTA"，获得其 RNA 的序列结果（如图 9-3-4 所示）。

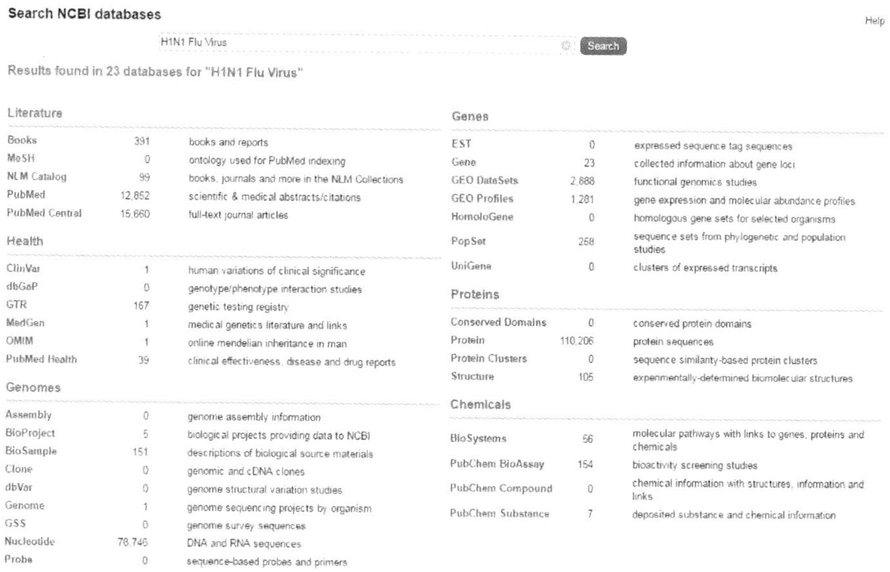

图 9-3-1 H1N1 流感病毒生物信息检索结果

Representative (genome information for reference and representative genomes)

Reference genomes: [see all organisms]
- Influenza A virus (A/New York/392/2004(H3N2))
  Submitter: The NIAID Influenza Genome Sequencing Consortium
  Human Pathogen

Type	Name	RefSeq	INSDC	Size (Kb)	GC%	Protein	Gene
Segment	segment 1	NC_007373.1	CY002071.1	2.34	42.5	1	1
Segment	segment 2	NC_007372.1	CY002070.1	2.34	42.2	2	2
Segment	segment 3	NC_007371.1	CY002069.1	2.23	41.7	2	2
Segment	segment 4	NC_007366.1	CY002064.1	1.76	42.0	1	1
Segment	segment 5	NC_007369.1	CY002067.1	1.57	45.8	1	1
Segment	segment 6	NC_007368.1	CY002066.1	1.47	42.7	1	1
Segment	segment 7	NC_007367.1	CY002065.1	1.03	46.7	2	2
Segment	segment 8	NC_007370.1	CY002068.1	0.89	41.7	2	2

- Influenza A virus (A/Puerto Rico/8/1934(H1N1))
  Submitter: NCBI Genome Project
  Human Pathogen

Type	Name	RefSeq	INSDC	Size (Kb)	GC%	Protein	Gene
Segment	segment 1	NC_002023.1	V00603.1	2.34	43.7	1	1
Segment	segment 2	NC_002021.1	J02151.1	2.34	42.1	2	2
Segment	segment 3	NC_002022.1	V01106.1	2.23	42.0	2	2
Segment	segment 4	NC_002017.1	V01088.1	1.78	41.6	1	1
Segment	segment 5	NC_002019.1	J02147.1	1.57	46.4	1	1
Segment	segment 6	NC_002018.1	J02146.1	1.41	42.7	1	1
Segment	segment 7	NC_002016.1	V01099.1	1.03	47.2	2	2
Segment	segment 8	NC_002020.1	J02150.1	0.89	44.3	2	2

图 9-3-2　H1N1 流感病毒基因组序列检索结果

1. Influenza A virus (A/South Carolina/1/1918(**H1N1**)) strain A/South Carolina/1/18 (**H1N1**) nucleoprotein genes, partial cds
   234 bp linear RNA
   Accession: AH006859.2 GI: 1015576931
   GenBank FASTA Graphics

2. Influenza A virus (A/turkey/Kansas/4880/1980 (**H1N1**)) segment 7 matrix protein 2 (M2) and matrix protein 1 (M1) genes, complete cds
   1,027 bp linear cRNA
   Accession: EU742637.2 GI: 392283751
   GenBank FASTA Graphics

3. Influenza A virus (A/turkey/Kansas/4880/1980 (**H1N1**)) segment 5 nucleocapsid protein (NP) gene, complete cds
   1,565 bp linear cRNA
   Accession: EU742639.3 GI: 570836276
   GenBank FASTA Graphics

4. Influenza A virus (A/turkey/Kansas/4880/1980 (**H1N1**)) segment 8 nonstructural protein 2 (NS2) and nonstructural protein 1 (NS1) genes, complete cds
   865 bp linear cRNA
   Accession: EU742640.2 GI: 367462664
   GenBank FASTA Graphics

图 9-3-3　H1N1 流感病毒核酸序列检索结果

```
FASTA                                                                    Send:

Influenza A virus (A/turkey/Kansas/4880/1980 (H1N1)) segment 7 matrix protein 2
(M2) and matrix protein 1 (M1) genes, complete cds
GenBank: EU742637.2
GenBank   Graphics
>gi|392283751|gb|EU742637.2| Influenza A virus (A/turkey/Kansas/4880/1980 (H1N1)) segment 7 matrix
protein 2 (M2) and matrix protein 1 (M1) genes, complete cds
AGCAAAAGCAGGTAGATGTTTAAAGATGAGCTTCTAACCGAGGTGAGCAATAGTGTTCTCTCTATGGTT
CCGTTCAGGCCCCCTCAAAGCCGAGATAGCGCAGAGACTTGAAGATGTTTTTGCAGGGAAAAACACCGATC
TTGCAGCACTCATGGAATGCTCTAAAGACAAGAACCAATCCTGTCACCTCTGACTAAGGGGATTTTAGGGTT
TGTATTCAGCTCACCGTGCCCAGTGAGCGAGGACTGCAGCGTAGAGCTTTGTCCAGAATGCCCTCAAT
GGGAACGGTGACCCGAACAACATGAACAGCGGTCAAACTGTACAGAAAACTAAAAGAGAAATAGTAT
TCCACGGGGCCAAAGAAGTAGCGCTCAGTTATTCTGCTGGTGCACTTGCCAGTTGCATGGGCCTCATATA
CAACAGAATGGGGACTGTCAACCACTGAGGTGGCATTTGGTCTAGTATGGCAACCTGTGAACAGATTGCT
GATTCCCAGCATCGATCCCATAGACAAATGGTGGCAACCAATCCATTAATCAGAAGCAGCCGAGGAAA
TGGTATTAGCCAGCACAACAGCAAGCCATGGAACAAATGTGGATCAACATGAACAAGCAGCGGAGGC
CATGGAGGTTGCCAGCCAGGCTAGGCAAATGGTACAGGCAATGAGAAGCAATTGGGACTCACCCTAGTTCC
AGCGCTGGTCTAAAAGATGATCTTCTTGAAATTACAGGCCTATCAGAAGCGAATGGGGGTGCAGATGC
AACGATTCAAGTGATCCTCTCGTTGCTGCCGCAAGCATCATTGGGATTTTGCACCTGATATTGTGGATTC
TTGATGCTGTTTTTTCAAATGCATTTACCGTGCTTTAATACAGGTTGAAAAGAGGGGCCTTCTACGGA
AGGAGTGCCGGAGTCTATGAGGGAAGAATATCGGCAGAAACAGCAGAGTGCTGTGGATGTTGACGATGGT
CATTTTGTCAACATAGTGCTAGAGTAAAAAACTACCTTGTTTCTACT
```

图 9-3-4 H1N1 流感病毒第 7 节段基质蛋白 2 的 RNA 序列

八、循证医学检索案例分析

循证医学（Evidence-Based Medicine，EBM）即遵循证据的临床医学。循证医学在仔细采集病史和体格检查基础上，要求临床医师进行有效的文献检索，运用评价临床文献的正规方法，发现最有关和正确的信息，最有效地应用文献即证据，根据证据解决临床问题，制定疾病的预防措施和治疗措施。

循证医学检索工具主要有循证医学出版物、Cochrane 协作网、PubMed 检索系统、循证医学多元搜索引擎、临床实践指南数据库和卫生技术评估网站等（详见第八章第二节）。

【例 10】一位临床医生在工作中遇到了如下的问题："缺血性脑卒中患者采用溶栓疗法是否比传统疗法有更好的预后？"

【题目分析】

缺血性脑卒中是指突然发生的脑组织局部供血动脉血流灌注减少或血流完全中断，停止供血、供氧、供糖等，使该局部脑组织崩解破坏。溶栓疗法是通过导管把药物直接注入梗死的部位来溶解血栓，使闭塞血管再通，缺血脑组织重新得到血流灌注最终恢复其生理功能。采取此治疗方法的前后都要做一次脑血管造影，这本身就又有一定的危险性。

对该临床问题的信息需求进行分析和整理，可分为 PICO 这四个要素："P"表示患者人群（patient 或 population）；"I"表示干预措施（intervention）；"C"表示比较因素（comparison）；"O"表示结果，即干预措施的影响（outcome）。

此课题可分解成：

P：为缺血性脑卒中患者而非出血性脑卒中患者。

I：干预措施是静脉溶栓疗法。

C：对照组为非溶栓疗法。

O：干预措施的影响是比照预后。

【检索工具】

（1）循证医学检索系统 Cochrane 协作网。

（2）PubMed "Clinical Queries" 检索。

（3）循证医学多元搜索引擎 "TRIP Database" 或 "SumSearch"。

【检索式】

对于缺血性脑卒中，可以选择如下的检索词。

（1）主题词的选择。查阅主题词表，发现并没有"缺血性脑卒中"的先组词，我们通过主题词间的组配来表示这一个概念：选择 Stroke（卒中）、Brain Ischemia（脑缺血）和 Thrombolytic Therapy（血栓溶解疗法）。

（2）关键词的选择。

卒中：Stroke *；Apoplexy；Cerebral Stroke *；Cerebrovascular Accident *；Cerebrovascular Apoplexy；Cerebrovascular Stroke *；CVA *（Cerebrovascular Accident）；Brain Vascular Accident *；Acute Stroke *。

脑缺血：Brain Ischemia *；Ischemic Encephalopathie *；Ischemic Encephalopathy；Cerebral Ischemia *。

血栓溶解疗法：Fibrinolytic Therapy；Thrombolysis，Therapeutic。

Cochrane 协作网检索。

在浏览器地址栏输入 http://www.thecochranelibrary.com，进入 Cochrane 协作网主页。点击 "Advanced Search" 进入高级检索页面。

点击 "MeSH Search" 进入 MeSH 检索页面，在检索框内输入 "Stroke" 后点击 "Go To MeSH Trees"，点击 "Stroke" 的链接，勾选 "Explode" 后点击 "View Results"。

返回 MeSH 检索页面，重复以上步骤检索主题词 Brain Ischemia 和 Thrombolytic Therapy。

返回到高级检索界面，点击 "Search History" 按钮，进入到检索历史界面，在 "Search For" 检索框内键入 "♯1 AND ♯2 AND ♯3"，点击 "Go" 按钮。在下方的 "Current Search History" 框里点击♯4选项，跳转到结果界面。

【检索结果1】

从 Cochrane 系统评价资料库获取到2篇全文、2篇技术评估全文、7篇经济评价。

PubMed Clinical Queries 检索：

在浏览器地址栏中输入 http://www.ncbi.nlm.nih.gov/pubmed，进入 PubMed 主页。点击 PubMed Tools 下的 "Clinical Queries" 进入检索页面。

在 Clinical Study Category 下拉框中的 Category 选项中选择 Prognosis，Scope 选项选择 Narrow（查准）。在检索框内键入 Stroke［Mesh］AND "Brain Ischemia"［Mesh］AND "Thrombolytic Therapy"［Mesh］，点击 "Search" 按钮。

【检索结果2】

通过此方式检索到相关文献154篇，文献类型包括系统评价、Meta 分析、临床试验综述、循证医学研究和指南等。

TRIP Database 检索。

在浏览器地址栏输入 http://www.tripdatabase.com/，进入 TRIP Databas 主页。

在检索框内键入（Fibrinolytic OR Thrombolysis）AND Brain Ischemia * AND Stroke *，点击"Search"按钮。

【检索结果 3】

从检索结果页面可以看出，检索到循证提要 43 篇、系统评价 75 篇、指南 41 篇、临床咨询 7 篇、电子书 298 篇，另外还有专利信息等。

【例 11】近年来，河南省信阳等地区相继发现并报告发生被蜱虫叮咬后以发热伴血小板减少为主要表现的临床病例，18 名患者因多脏器损害，救治无效死亡。

2010 年 9 月 8 日，河南省信阳市卫生局疾控专家告诉媒体，正在当地传播的疑似无形体病，目前尚无法从根源上预防。国内有 12 个省份发现疑似无形体病例，这些地区的特点都是山区或水域丰富的地方。

请检索有关防治蜱虫叮咬后导致无形体病的临床实践指南。

【题目分析】

人类埃立克体病是由埃立克体经蜱传播所致的一种自然疫源性疾病。埃立克体是立克次体科中的一个属，主要侵犯白细胞和血小板。临床表现和其他立克次体病类似。

【检索工具】

美国国家指南交换中心循证临床实践指南数据库（http://www.guideline.gov/）。

【检索式】

对于蜱虫选择自由词：ticks

对于无形体病选择自由词：anaplasmosis

检索式：'ticks' and 'anaplasmosis'

在检索框内输入 'ticks' and 'anaplasmosis'，点击检索按钮。

【检索结果】

从检索结果页面可以看出，检索到有关蜱虫叮咬传播无形体疾病的临床实践指南 2 篇，分别是：①美国传染病学会制定的治疗和预防莱姆病、巴贝虫病和人粒细胞无形体病的预防和治疗指南。②对蜱虫传播的立克次病包括无形体病、落基山斑疹热、埃立克体病的诊断和处理指导意见。

九、科技文献检索案例

【例 12】检索"城际高速磁浮列车的紧急制动控制及其应用研究"的资料。

【题目分析】

本课题的学科分类主要属于交通运输中的列车制动装置（U260.35）方面，涉及的知识学科门类比较专业，可以采用"分类号"结合其他限定性关键词的方式进行检索。

该题属自然科学领域一般层次的应用型研究，通常情况下需要首先检索时间跨度为 5 年左右的文献，再视具体情况回溯 5~10 年。信息类型涉及工具书、中外文专利、期刊、学位论文、会议文献等。

【检索工具】

根据检索课题的学科范围和研究的方向性质，确定需要查找的检索工具如下：

（1）可利用图书馆的 OPAC 系统进行目录查询，或者利用图书网站，查找相关书目。

（2）查找综述文献可选用的检索工具：维普中文科技期刊数据库，万方中国科技文献数据库群，万方中国科学技术成果数据库，万方中国学术会议论文数据库，万方中国学位论文数据库，CNKI 中国优秀博硕士学位论文全文数据库，CNKI 中国重要会议论文集全文数据库，CNKI 中国期刊全文数据库，NSTL 中文期刊、中文会议论文、中文学位论文、西文期刊、外文会议论文、外文学位论文、国外科技报告，EBSCOHost，AIP/APS（美国物理所/物理协会）数据库，CSA（剑桥科学文摘数据库），Engineering Village（EI），中国国家知识产权局专利检索，欧洲专利局，美国专利商标局。

【确定检索途径】

本课题最好选用主题（关键词）途径，必要时可结合分类途径，检索方法选用交替法，即时间法与引文法交替进行。

【确定检索词】

首选检索词：城际铁路（intercity railroad）、高速列车（high-speed train）、高速铁路（high-speed railway）、磁浮（maglev、magnetic levitation）、紧急制动（emergency braking）、制动控制（braking control）、涡流制动（Eddy-current brake）。

备选检索词：快速列车（express trains）、有限元（Finite Element Analysis）、距离限值（stance limit）、模糊控制（fuzzy control）、刹车（brake）、制动力学（braking dynamics）。

【拟定检索式】（仅列举部分）

（1）（城际铁路 OR 高速铁路 OR 磁浮）AND（制动力学 OR 紧急制动 OR 涡流制动 OR U260.35）。

（2）（intercity railroad OR high-speed railway OR maglev*）AND（brak* dynamics OR emergency brak* OR Eddy-current brak* OR U260.35）。

【检索实施】

根据不同检索系统的语法规则，对上述检索式作适当的调整，并选择合适的检索字段进行检索，本示例对上述 15 个数据库分别进行了检索，并利用网络搜索引擎（baidu）进行了补充查找；时间跨度均为 15 年。共检索出相关文献 50 余篇，其中密切相关的期刊论文 9 篇、学术会议论文 5 篇、专利文献 5 篇、博硕士论文 5 篇。

【检索效果分析】

高速铁路制动系统的研究，目前仍是国内外相关领域学者研究的一个热点问题。且我国一些高校及研究机构的部分研究成果已经达到或者处于世界先进水平，如浙江大学、西南交通大学等。

但目前类似的研究大多停留在理论层面上，从检索结果看，其具体的应用性研究（如应用于城际高速铁路）较少，因此，此题的社会价值及学术意义显著，具有一定的研究价值。

【例题13】检索国内外是否有关于高分子聚合物调控型丝素蛋白药物释放系统的研究，确认该课题是否具有继续研究的价值。

【题目分析】

课题涉及生物技术、高分子化学、药物化学领域，技术要点要求检索近年来的中外文专利、期刊、学位论文等。最好采用主题途径，可追溯10~15年。

中文关键词：高分子聚合物、聚乙烯醇、壳聚糖、丝素蛋白、调控、药物释放系统、高压静电纺丝、超细纤维。

英文关键词：high molecular /macromolecule, polymer, Polyvinyl alcohols/PVA, chitosan, silk fibroin/fibroin protein, adjusting and controlling /controlled release / delivery system, drug delivery, electrospinning, ultrafine fiber。

【检索工具】

中文科技期刊数据库、中国科学技术成果数据库、中国专利数据库、CAB、欧洲专利数据库等22种国内外主要的数据库，并利用Google进行补充查找。

【检索结果】

检出相关文献50多篇，经筛选列出相关文献14篇。

【检索结论】

（1）5篇相关文献报道丝素蛋白作为药物控制释放材料。

（2）1篇相关文献报道采用高压静电纺丝法，1篇相关文献报道采用高压静电纺丝法的是乙烯－乙烯醇嵌段共聚物。

（3）7篇相关文献报道丝素蛋白高分子聚合物（主要是聚乙烯醇、壳聚糖）复合共混物。

（4）未见丝素蛋白药控系统的高分子聚合物（聚乙烯醇、壳聚糖）研制及应用研究，未见药控系统的高分子聚合物溶胀降解行为研究，未见丝素蛋白超细纤维网体的高压静电纺丝技术，未见药物匀释的药控系统构型设计与制备工艺。

综上所述，在国内外检出文献中，未见与"高分子聚合物调控型丝素蛋白药物释放系统的研究"相关的文献报道。本课题具有研究价值。

十、社科文献检索案例

【例14】随着电子商务的发展，越来越多的人开始接触网络购物，"网购达人"随处可见，甚至有人沉迷于网络购物，无法控制，这已经被认为是一种网络心理疾病。请查找相关学术文献。

【课题分析】

网络成瘾指个体反复过度使用网络导致的一种精神行为障碍，表现为对使用网络产生强烈欲望，突然停止或减少使用时出现烦躁、注意力不集中、睡眠障碍等。按照《网络成瘾诊断标准》，网络成瘾分为网络游戏成瘾、网络色情成瘾、网络关系成瘾、网络信息成瘾、网络交易成瘾5类。标准明确了网络成瘾的诊断和治疗方法。

本课题是对网络交易成瘾方面的研究，学科分类主要属于精神病学与心理学类，包含的下位概念较多，因此首先要了解有关"行为，成瘾"的学科分类，可通过查询

CBM 数据库的分类表或主题词表来获取信息。

【检索工具】

(1) 可利用图书馆的 OPAC 系统进行目录查询，或者利用图书网站，查找相关书目，并查阅中国互联网络信息中心发布的《2009 年中国网络购物市场研究报告》等。

(2) 查找综述文献可选用的检索工具：中文科技期刊数据库、中国学术期刊全文数据库、CBM、PubMed、Google Scholar。

【检索式】

CBM 数据库：主题词＝"行为，强迫/EC/ET/PC/IM/PX/TH/全部树"。

PubMed：Behavior，Addictive/EC/ET/PC/PX/TH。

【结果分析】

对某个知识点的全面了解，首选相关专业图书。图书能提供有关网络成瘾或不良网络行为的基础知识，但是对网购强迫症的典型情况论述不深入，还需查找相关文献作为补充，最后可就一些更具体的知识点进行文献的查找。

十一、PubMed 与 NCBI 检索案例

【例 15】遗传性神经性耳聋是一种常见的常染色体显性遗传疾病，夏家辉院士 1998 年 5 月克隆了人类遗传性神经性耳聋疾病基因（GJB3），相关论文于 1998 年 12 月在 *Nature Genetics* 上发表，实现了我国本土上克隆疾病基因零的突破，在国内外产生了较大的影响，意义重大。现查找夏家辉院士 1998 年发表在 *Nature Genetics* 上的关于人类遗传性神经性耳聋的致病基因－GJB3 的论文，在 GenBank 中查找该基因的原始核酸序列，并利用 NCBI 的 BLAST 工具，对所得的序列与序列号为 AK240246.1 的基因进行相似性比对。

(1) 在浏览器地址栏输入 http://www.ncbi.nlm.nih.gov/pubmed，进入 PubMed 主页。点击 PubMed Tools 下的"Single Citation Matcher"（单引文匹配器）进入检索页面。

在 Single Citation Matcher 中的 Journal 选项中输入 *Nature Genetics*，Date 检索框内输入 1998，Author name 检索框内键入"xia jh"（如图 9－3－5 所示），点击"GO"按钮，跳转到此论文的详细信息页面。

(2) 在得到的结果页面中点击"Publication Types，MeSH Terms，Substances，Secondary Source ID"前面的"＋"号，打开扩展项。可以看到 Secondary Source ID：GENBANK/AF052692 选项，点击该选项链接跳转到此基因的核酸序列报告，其中 ORIGIN 项表示该基因的原始序列。

(3) 在核酸序列报告页面右侧 Analyze this sequence 工具栏中点击"Run BLAST"，跳转后如图 9－3－6 所示。

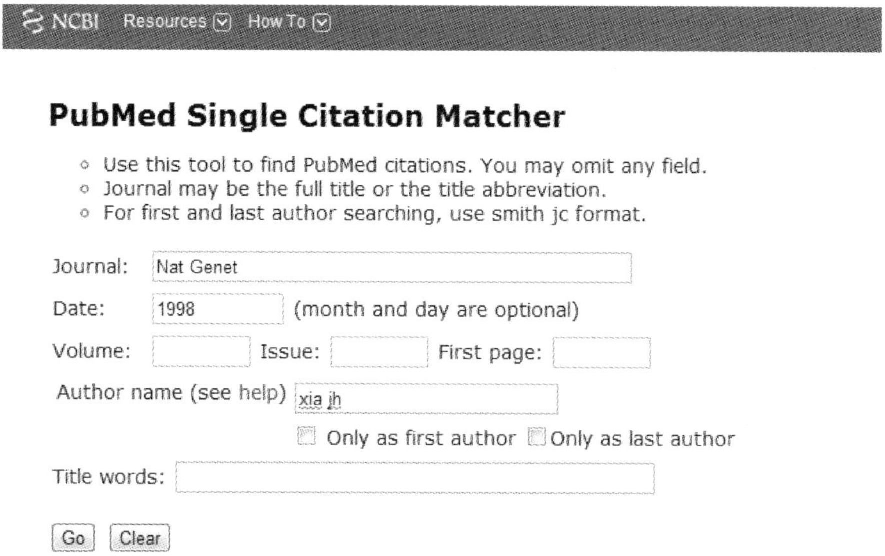

图 9-3-5　PubMed 单引文匹配器检索界面

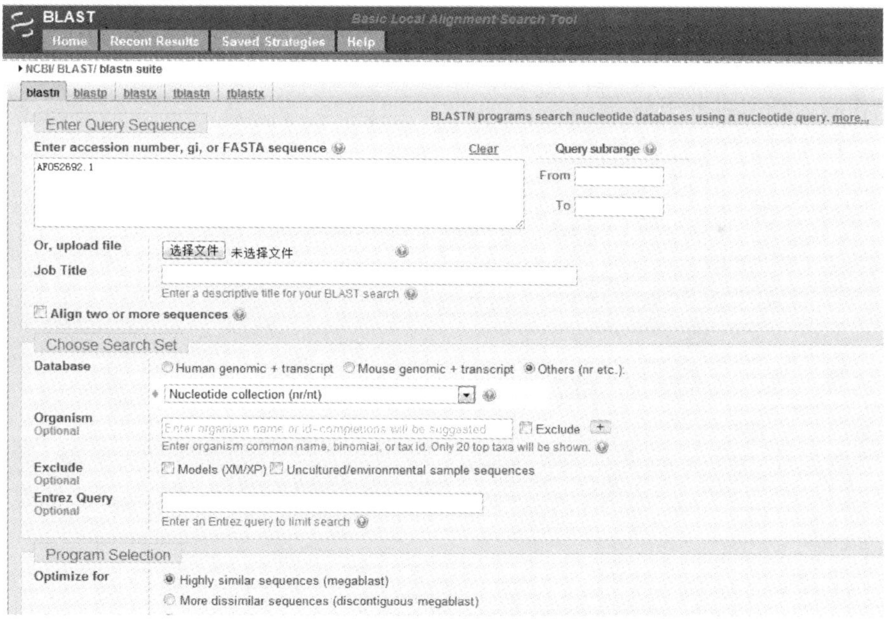

图 9-3-6　基因核酸序列比对分析检索页面

(4) 在 Choose Search Set 下的 Entrez Query 检索框中输入要对比的基因,即 GenBank 序列号 AK240246.1,点击页面最下部的"BLAST"按钮,结果如图 9-3-7 所示。

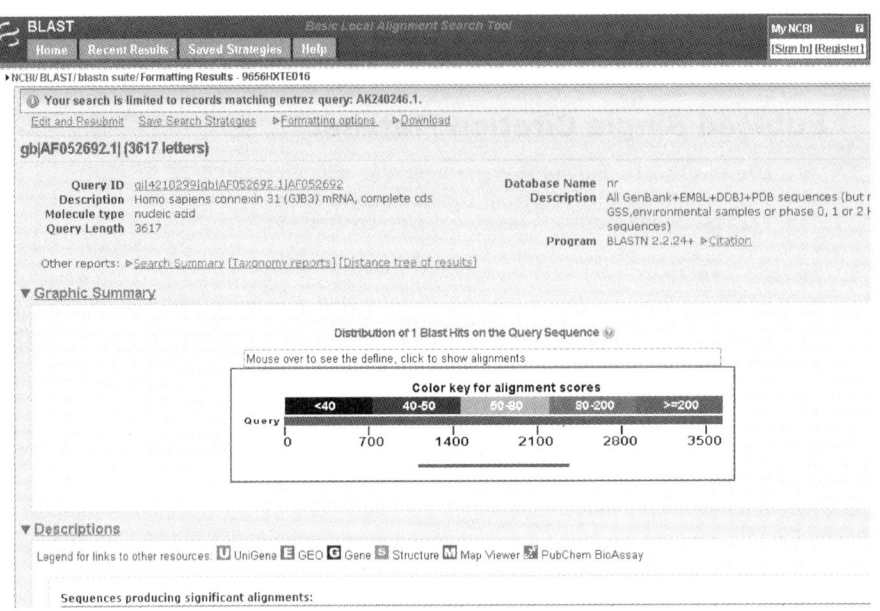

图 9-3-7 基因核酸序列比对分析结果页面

(5) 通过比对可知,AK240246.1 与 BC110640.1 类似,在 1262 个碱基对里面有 1061 个相同,相似百分率为 84%。

第十章 医学文献管理与利用

第一节 文献管理软件

一、文献管理软件概述

由于科学研究的继承性与延续性,医学科研工作者需要不断积累大量的文献资料,这些文献构成研究工作的基础。作者发表研究成果时需要引用参考文献,这些参考文献用于介绍研究的背景,并对研究方法作出说明,对研究成果进行解释或者讨论。研究人员在投稿的时候会遇到不同的期刊要求不同的参考文献引用格式,撰写论文时要按照稿件要求标注引用文献和编排参考文献列表的情况。如何高效率管理这些参考文献信息,并且能够随调随用,已经成为科研工作者面临的问题。文献管理软件为个人的文献信息管理提供了方法。

文献管理软件是一种具有文献检索与整理、引文标注、按格式要求生成参考文献列表等强大功能的软件,可嵌入文字处理软件中使用,还可以直接通过在线数据库下载文献题录并对其进行统计分析。

文献管理软件虽然种类较多,但功能基本相似,主要包括:

(1) 建库:将本地计算机或者远程数据库的参考文献信息导入到自建的资料库中去。

(2) 储存:按照一定的格式存储参考文献,以满足随时调用的需要。

(3) 管理:可以去重、排序、分类组织参考文献等。

(4) 检索:可按照特定的数据字段(题名、作者等)检索资料库。

(5) 输出:按照格式要求对参考文献进行自动标引。

文献管理软件常见的有汤森路透(Thomson Reuters)集团开发的 EndNote、ProQuest 公司开发的 RefWoks、Elsevier 公司开发 Mendeley、免费开源软件 Zotero、中国知网开发的 E-learning 和北京爱琴海公司开发的 NoteExpress。表 10-1-1 对这几款软件进行了简要对比。

表 10-1-1 常用文献管理软件对比

软件	使用授权	特色	不足
EndNote	学生版 113.95 美元/年,通用版 249.95 美元/年 无限制的分组,5GB 在线存储空间,可同步	强大的在线检索功能,支持的导入数据库多	不支持中文数据库在线检索,无笔记功能
RefWoks	个人版 100 美元/年 不限制条目,在线空间,附件限制 100MB,总存储空间 1GB	在线文献管理与分享	不支持中文数据库在线检索
Mendeley	免费用户拥有 2 个组 2GB 在线存储空间 付费用户可以花费 4.99 美元或者 55 美元升级存储空间	PDF 智能识别,资源占用低,速度快	缺少中文期刊样式
Zotero	免费用户拥有无限分组与 300MB 的在线存储空间 可以花费 20 美元升级存储空间	强大的文献抓取与导入功能,资源占用低	在线检索功能缺失,缺少中文期刊样式
E-learning	免费使用 无限分组,无在线存储空间	写作模板与在线投稿平台	在线仅限知网内检索,无法直接导入 PubMed 文献
NoteExpress	学生版 198 美元,个人版 398 美元 无限分组,无在线存储空间	中文数据库在线检索与文献获取,笔记功能与分组	无在线存储与同步功能

二、NoteExpress 文献管理软件的使用

NoteExpress 是目前流行的参考文献管理工具软件,其核心功能是帮助读者在整个科研流程中高效利用电子资源:检索并管理得到的文献摘要、全文;在撰写学术论文、学位论文、专著或报告时,可在正文中的指定位置方便地添加文中注释,然后按照不同的期刊、学位论文格式要求自动生成参考文献索引。

1. 下载与安装

在 www.inoteexpress.com 下载 NoteExpress 的安装程序;个人用户请下载个人版,集团用户请下载所在学校的集团版。下载成功后,双击安装程序,即可完成安装,如在安装过程中遇到防火墙软件或者杀毒软件提示,请选择允许程序的所有操作,最好能将程序加入信任列表。NoteExpress 的主程序界面如图 10-1-1 所示。

第十章 医学文献管理与利用

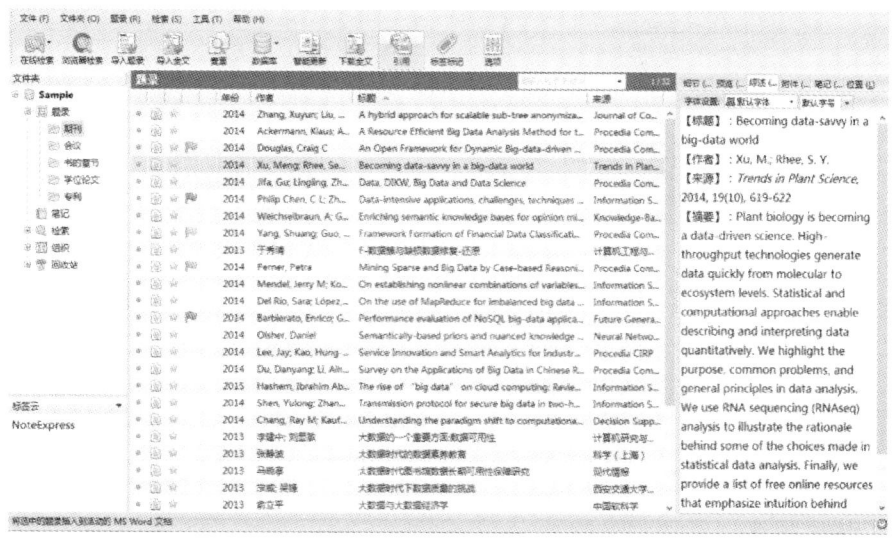

图 10-1-1 NoteExpress 的主程序界面

2. 建立个人数据库

NoteExpress 安装完毕后首次启动会打开自带的示例数据库,该数据库存放在"我的文档"目录下,供新用户练习使用。建议用户正式使用时建立新的数据库,并选择好数据库存放的路径。

新建数据库步骤:

(1) 新建数据库,选择数据库存放位置(请不要将个人数据库建立在系统盘,避免系统崩溃或者系统重装带来的损失)。新建数据库操作如图 10-1-2 所示。

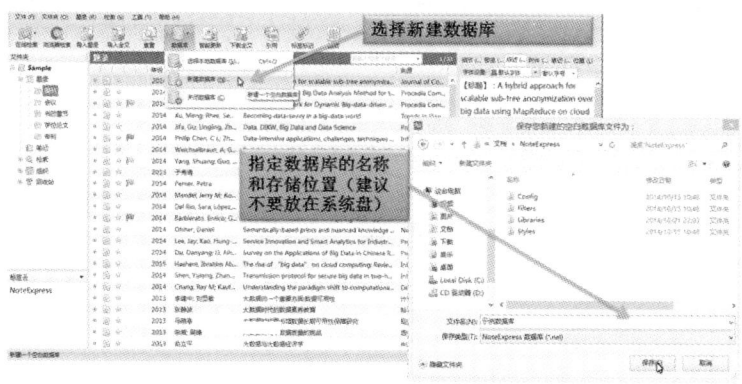

图 10-1-2 新建数据库

(2) 选择附件的保存位置以及附件保存方式。注意:程序会默认在建立数据库的位置建立附件文件夹,如需要将附件存放在别的地方,请自己设置。附件保存位置操作如图 10-1-3 所示。

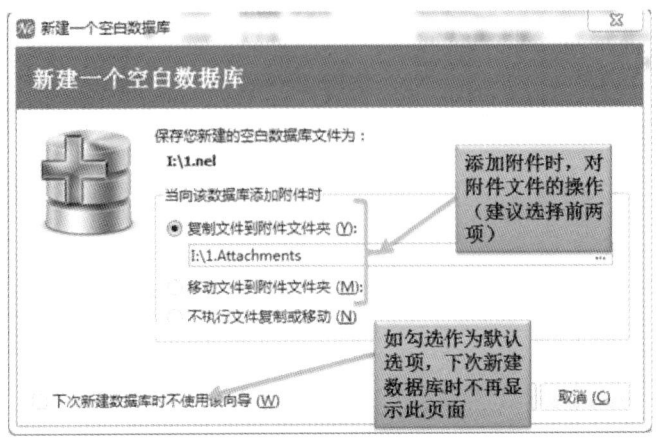

图 10-1-3　选择附件的保存位置

3. 数据收集

NoteExpress 是通过题录（文献、书籍等条目）对文献进行管理的，建立新的题录数据库后，NoteExpress 提供了多种数据的收集方式。

（1）格式化文件导入（以 CNKI 为例）。

在 CNKI 导入页面中选择一种导出格式，本例中采用 NoteExpress 格式导出，将导出文件存放在电脑上。格式化导入操作如图 10-1-4 至 10-1-6 所示。

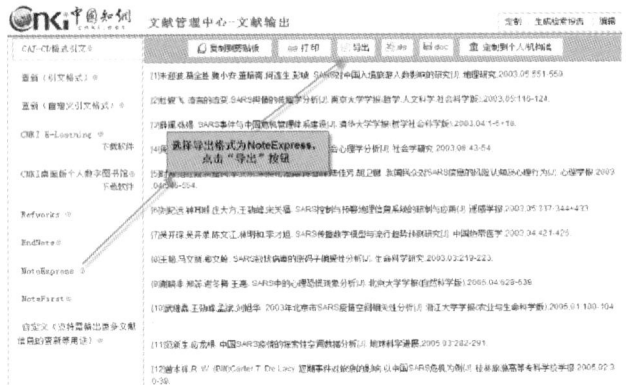

图 10-1-4　格式化导入 1

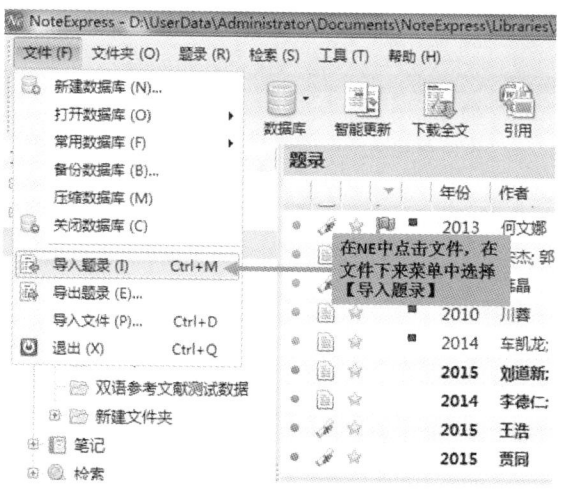

图 10-1-5　格式化导入 2

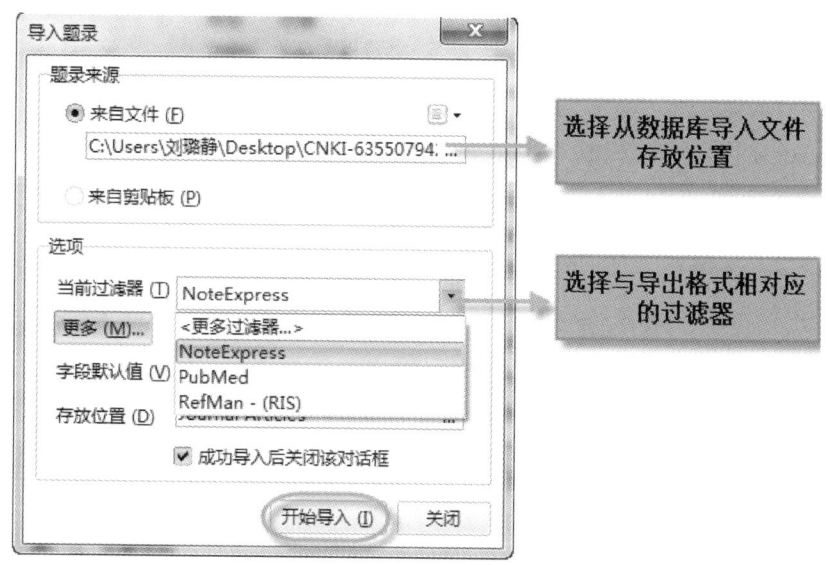

图 10-1-6　格式化导入 3

（2）手工录入。

个别没有固定格式导出的题录或者由于其他原因需要手工编辑的题录，软件也提供相关功能。

在编辑题录时，对于作者、关键词等字段，软件会在您录入时自动查找数据库中相应字段的内容，并根据您的录入进行提示（即自动完成），保证了录入相同内容的准确性，也提高了录入速度。新建题录如图 10-1-7、10-1-8 所示。

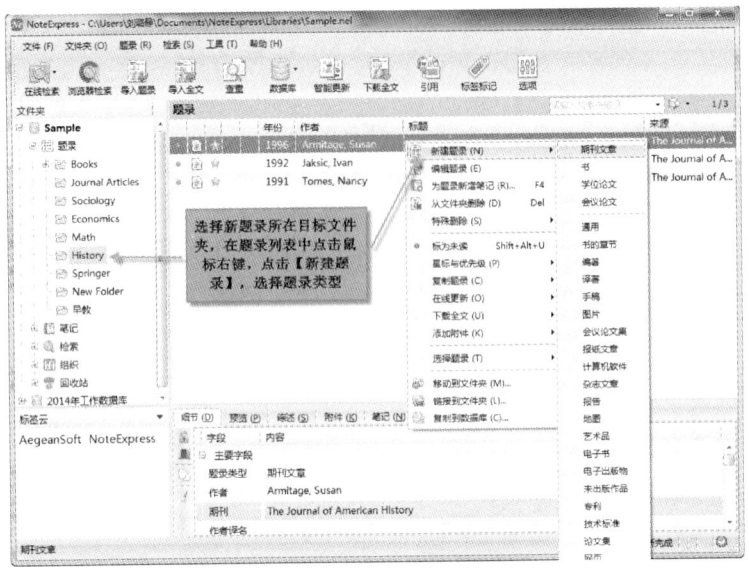

图 10-1-7 新建题录 1

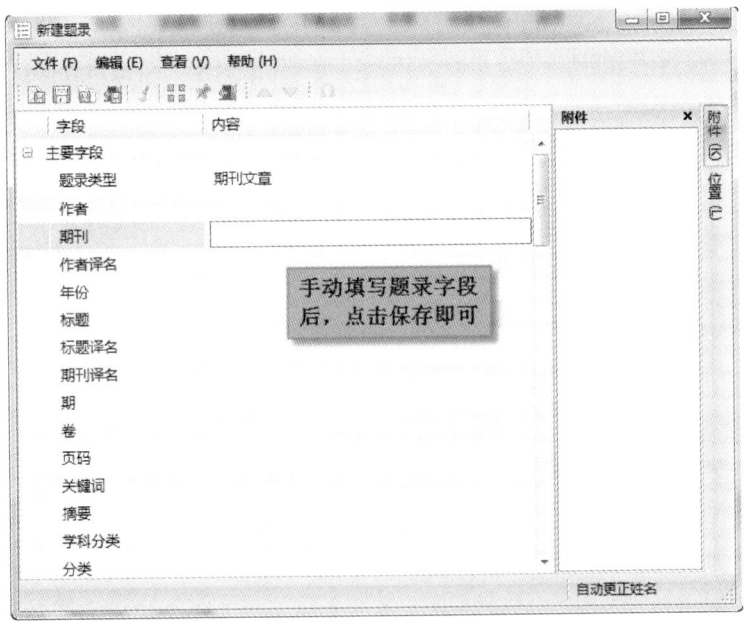

图 10-1-8 新建题录 2

4. 管理

(1) 查找重复题录。

在不同数据库中用相同的检索条件进行检索,或者数据库由几个小数据库合并而成时,都不可避免地出现重复题录。重复题录不仅浪费磁盘空间,也会造成重复阅读等一系列问题,因此,需要数据库查重功能。

通过菜单"检索"→"查找重复题录",或者点击工具栏中的"查重"按钮,启动查重功能。查重操作如图10-1-9所示。

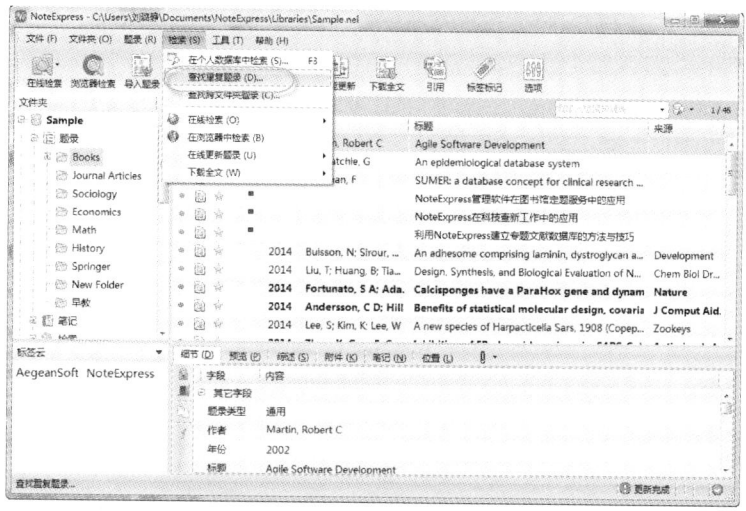

图10-1-9 查重

(2) 附件管理。

NoteExpress提供强大的附件管理功能,支持任意的附件格式(也可添加多个附件),比如常见的PDF、Word、Excel、视频和音频文档等,当然还有文件夹、URL等。这样,文献题录信息就会与全文信息关联在一起。添加了全文附件的题录,就可以在"题录相关信息命令"栏看到一个回形针标志,点击回形针,就可以迅速打开附件。添加附件操作如图10-1-10所示。

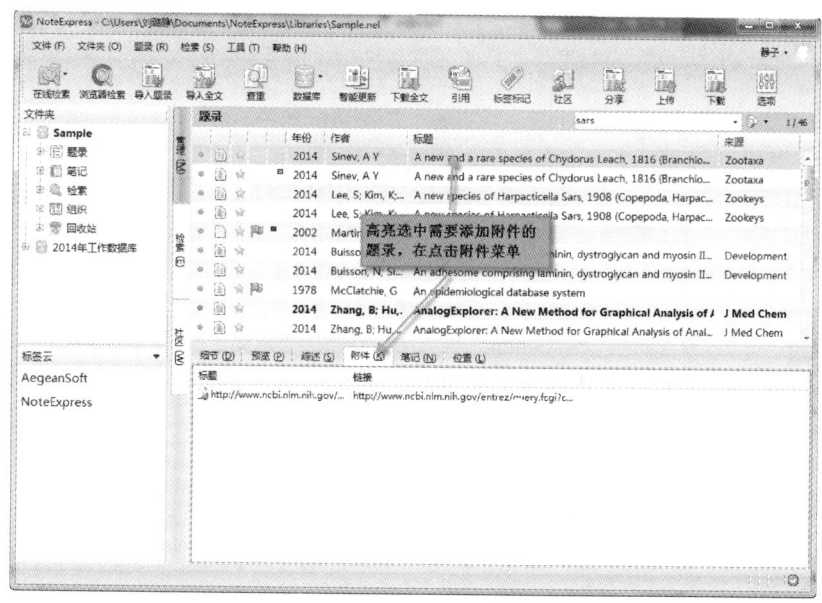

图10-1-10 添加附件

(3) 笔记功能。

快速编辑笔记，支持一条题录多条笔记，支持图片、表格、公式等。笔记功能如图 10-1-11 所示。

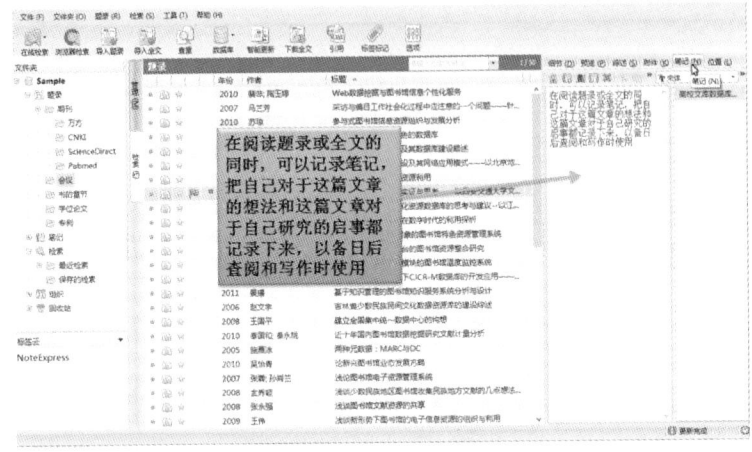

图 10-1-11　笔记功能

(4) 全文下载。

全文下载到本地并与题录自动链接，下载完毕后即可打开阅读全文。

选中需要下载全文的题录（按下 Ctrl 键，鼠标点击选择多个条目），点击工具栏中的"全文下载"按钮，或者点击鼠标右键，选择全文下载。全文下载操作如图 10-1-12 至 10-1-14 所示。

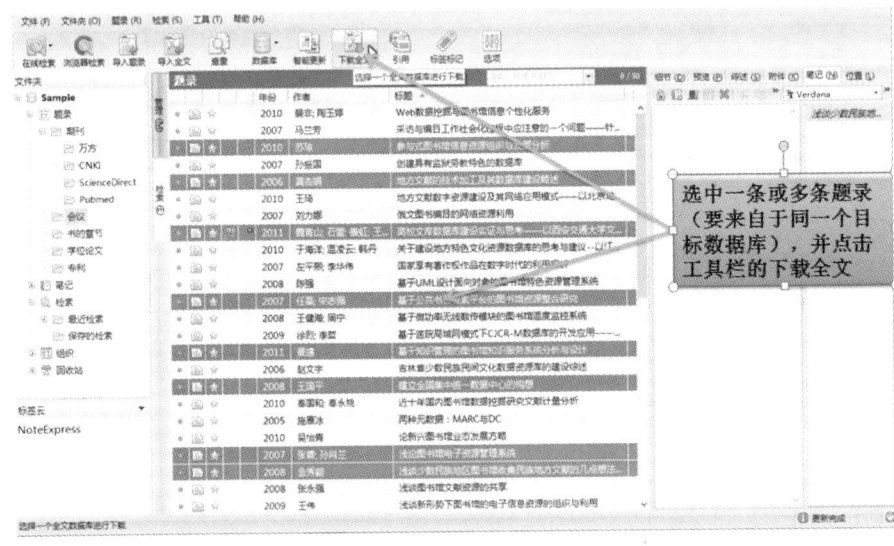

图 10-1-12　全文下载 1

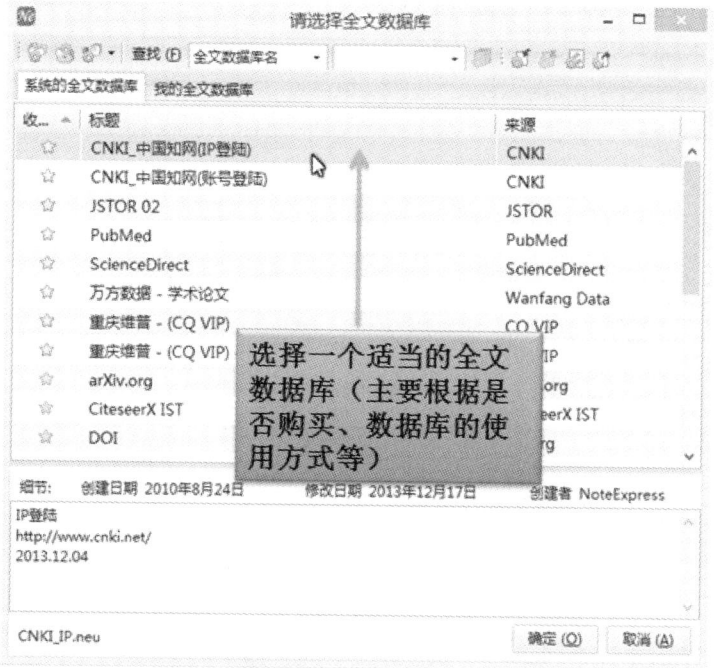

图 10-1-13　全文下载 2

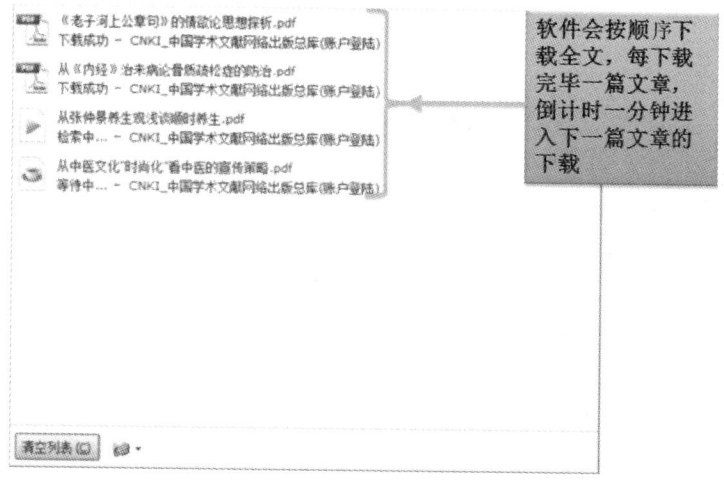

图 10-1-14　全文下载 3

(5) 本地检索。

对于数据库的管理来说，本地检索的意义非常重大，对于拥有庞大数据的用户来说尤其重要。

如图 10-1-15、10-1-16 所示，启动高级检索功能，输入检索条件，设置检索范围，进行检索。

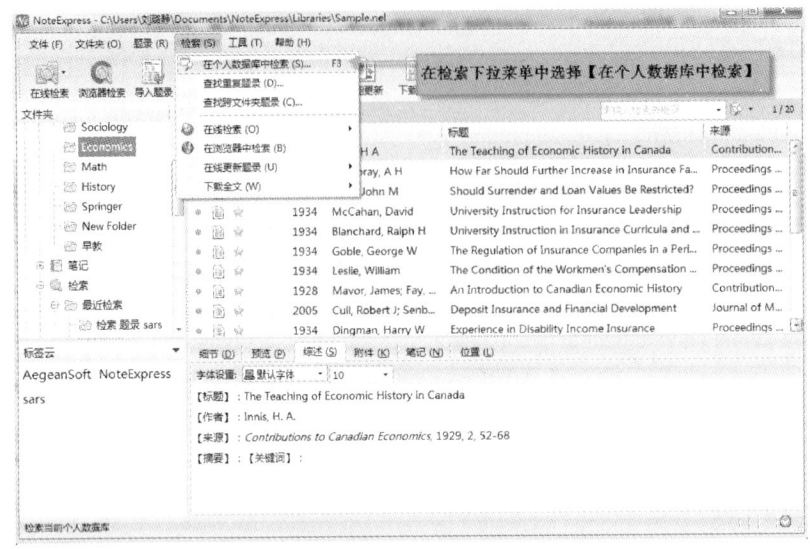

图 10-1-15　高级检索 1

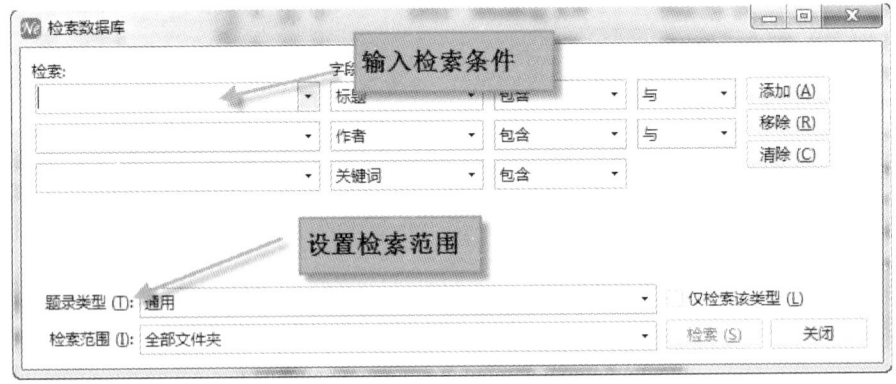

图 10-1-16　高级检索 2

5. 写作应用

对于大多数用户来说，使用管理文献的主要目的便是文章撰写。NoteExpress 内置了多种国内外学术期刊、学位论文和国标的格式规范，通过 NoteExpress 插入文献，然后选择需要的格式进行格式化，可以快速自动地生成参考文献。这样在写文章/论文的过程中，用户便可以从手工编辑与管理文献的繁重工作中解脱出来。而且可以根据需要随时调整参考文献的格式。如果 NoteExpress 没有需要的文献格式，也可以编辑自己需要的格式。写作应用操作如图 10-1-17 所示。

①光标停留在需要插入文中引文处；
②返回主程序，选择插入的引文；
③点击"插入引文"按钮；
④自动生成文中引文以及文末参考文献索引，同时生成校对报告；
⑤如果需要切换到其他格式，点击"格式化"按钮；

⑥选择所需要的样式；
⑦自动生成所选样式的文中引文以及参考文献索引。

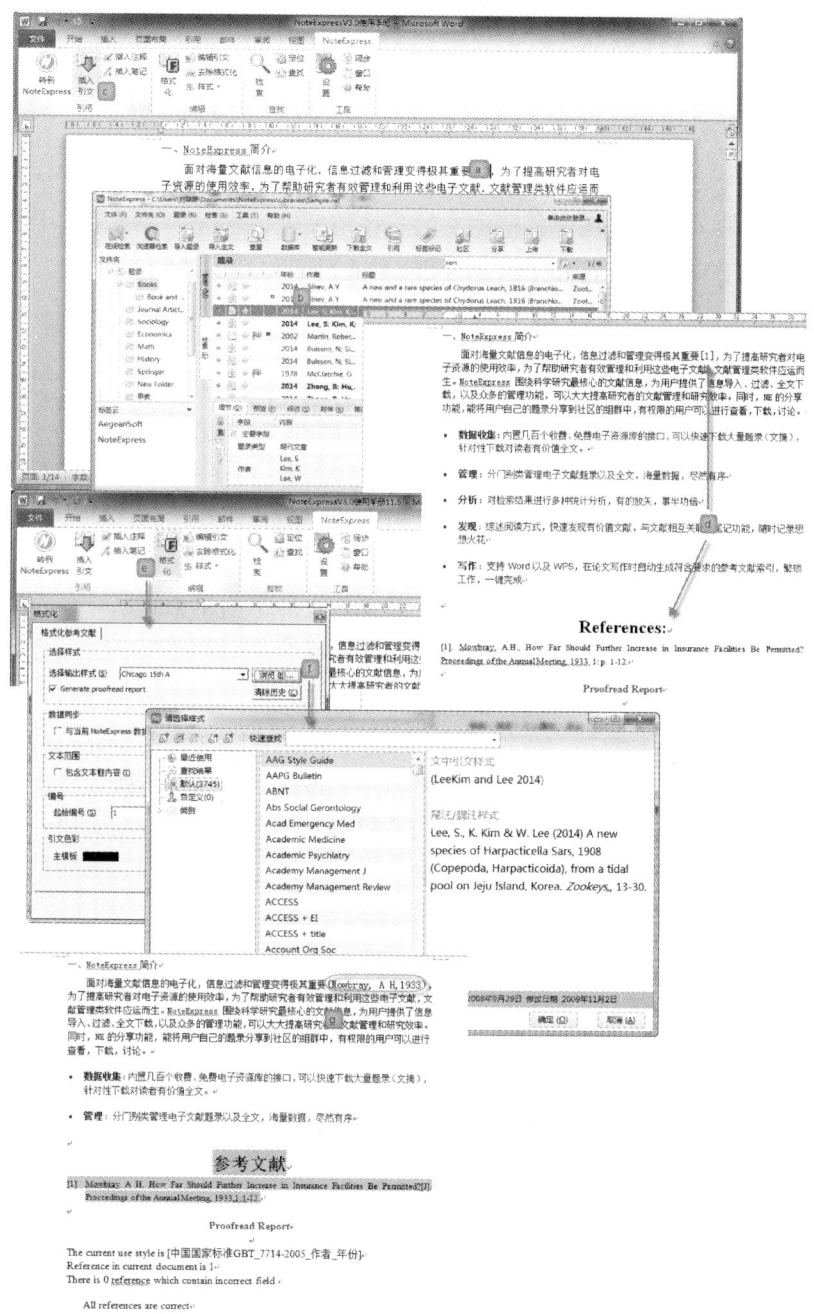

图10-1-17 写作应用

第二节 医学科研论文写作

一、医学科研论文

医学论文是交流和传播医学信息的重要载体，也是医学科学研究的总结，它概括了科学研究的全过程及成果。医学科研论文的写作与发表，是医学科学研究中的最后的重要环节，也是医学科学研究工作的文字体现。

二、医学科研论文的体裁

根据医学研究采用资料的来源，可分为原著与编著两大类。

原著据临床研究性质的不同，又可分为前瞻性研究和回顾性研究。

前瞻性研究亦称为实验性研究。它是研究者按照自己选定的方式方法，以动物或人体为研究对象，应用精密仪器或先进的检验技术为手段，以症状和体征为观察指标的临床实验性研究，是作者应用临床掌握的第一手资料撰写出的论文。

回顾性研究也称临床病例讨论或分析，是就一定数量的单个病例，在经过了一定的观察时间后，对其观察的指标或结果所进行的综合分析。

1. 原著体裁

（1）实验性研究论著包括：各种动物的研究，新技术新方法的研究，某种新药的药理、毒理、药代动力学的实验研究，实验外科手术研究，肿瘤实验研究，疾病病因或病原学实验研究，免疫学实验研究，卫生学实验研究，消毒、灭菌的实验研究等。

（2）临床分析是对临床上某种疾病病例的发病原因、临床表现、发病机理、治疗方法和疗效观察等进行分析、讨论，提出新的意见和建议；或是对一组相同疾病进行分析、对照，寻找共同规律。需要指出的是，作者在选择样本时一定要选择足够数量的、具有代表意义的病例，并且使这些病例的抽样误差尽量缩小。样本统计指标越多，则离总体统计指标越近，抽样误差就越小。因此，统计样本越多，越能较准确地反映客观规律的真实情况。

（3）疗效观察是指应用某种新药、新疗法治疗某种疾病，对治疗效果、不良反应进行观察、分析、研究，包括某一疾病的流行病学调查研究报告、微量元素与疾病的调查研究报告、新的疾病病种的调查研究报告。

（4）病例讨论主要是对某些疑难、复杂、易于误诊误治或某些罕见的疾病，以及发表过少数类似报道但尚未有重复验证的疾病进行的临床报道，以引起大家对这个问题的重视，并通过讨论，提请临床医生吸取经验、接受教训，提高临床分析问题、解决问题、建立正确思维的能力。

（5）技术报告主要是介绍医药卫生工作中的某些新的实用方法、新的技术革新、新的实验程序或器械的改进等。文稿的实用性、技术性、先进性都比较强，对临床的实际工作具有现实的指导意义。

2. 编著体裁

编著是指通过已发表的间接资料，结合自己的研究资料和见解，把许多来源不同、分散、重复的，甚至相互矛盾的材料，按照自己的体系编排成的文稿。编著可以使读者花费较短的时间，了解某一领域或某一专题的发展水平。

在医学图书中编著体裁占的比重较大，例如教科书、参考书、专题书或手册等；而在医学期刊中的体裁主要有专题讲座、专题讨论、文献综述等。

(1) 专题讲座、讨论。

该体裁是围绕某个专题或学科，在大量收集所需情报资料后经综合分析撰写成的一种专题学术论文。这类文稿虽然不全是或不是作者亲自所做的工作，但他可以帮助医药卫生技术人员在短时间内了解医学发展新动向、研究新概貌，以及存在的问题和今后的展望；可以及时传播医学科研和临床实用的新理论、新知识、新技术、新方法，在一定程度上更新医药卫生技术人员传统的理论、知识和技术，改善医药卫生技术人员的知识结构，推动医学科技的进步与发展。

(2) 文献综述。

该体裁主要以某一专题为中心，查阅、收集大量国内外近期的原始医学文献，经过理解、分析、归纳、整理而写出的一种文献综述文章，以反映当前某一领域中某一分支学科或重要专题的历史、现状、最新进展、发展趋势，并做出相应的学术见解和建议等。

三、医学科研论文的基本结构与要求

医学论文尽管内容千差万别，但写作仍有一定模式，多年来已形成了适用模式，一篇完整的医学论文的主体项目应包括：①文题；②作者署名；③摘要；④关键词；⑤引言（由此起才进入论文正文）；⑥材料和方法（或改为临床资料分析）；⑦结果；⑧讨论；⑨参考文献。论著、综述、讲座等一般不宜超过5000字。

1. 文题

读者在决定是否阅读此文时，首先要看文题。因此文题应该具有吸引力，能准确概括论文内容，提纲挈领，点明主题，做到文题与内容相符。

总的要求是简明、醒目、有吸引力、紧扣文章内容。文题在15个汉字以内为宜。因为标题太长，记起来费劲，念起来吃力。如果标题实在太长而又不能省略，可通过副标题方式处理。但标题简短也要适度，太短而令人费解是同样不可取的。

此外，要避免题目空洞和笼统，如"计算和检索"的标题就太大，令人摸不着边际。当前的趋势是，文题不加冗长套语，如"初步探讨""……的观察""一些想法"等一类词完全可以省略。学术性研究论文中应少用疑问性标题，如"有无……""何时……""如何……"等。

文题只是文章的标签，并非具体内容，因而一般不需用完整的句子，不包含主语、谓语、宾语、状语等句子成分。文题多用名词、名词词组或动名词表达，如"药物依赖的治疗及预防"。文题中应避免使用非标准化缩略语。

2. 作者署名

论文作者对内容负责，又作为文献检索中的作者索引供读者查询和联系。

作者署名不宜过多。作者应是：①参与选题和设计、资料分析和解释者；②起草或修改论文中关键性理论或其他主要内容者；③对编辑部的修改意见进行核修，在学术界进行答辩，并最终同意该文发表者。集体署名的文章必须明确负责的关键人物，其他有贡献者可以列入文章最后的致谢部分，作者中如有外国人，应征得本人同意。人名后一般不注明学衔职称。

作者单位地址书写格式通常由小到大，并注明邮编，例（成都医学院，成都，610050）。

3. 摘要

论文摘要是论文的缩影，是全文的高度概括和浓缩，使读者和编辑审稿人一目了然，从而大大节省了他们的阅读时间，能在最短时间内让读者决定是否值得进一步详读全文；对审稿人来说，这是取舍该稿、是否录用的第一步。

摘要必须提纲挈领，言简意赅，字数在 250 个汉字左右。摘要又分报道性和陈述性两种。前者又称资料性摘要，它具备四要素，能指明文章的实质内容。后者又称指示性摘要，指明文献主题范围，多用于实验性或技术性较强的论文，着眼于"目的"要素，摘要应概括论文的主要论点、分析过程和结论。

总之，摘要是全文的精华，不可加进解释和评论；用词精炼，结构严谨，采用第三人称写法，避免使用非通用的缩略语，不用疑问句和感叹句。

4. 关键词

关键词是用以表示论文主题内容的规范名词或者词组（专业术语），目的是为读者提供了解论文全文涉及的主要内容，便于读者检索已发表的相关文章。

目前，绝大部分生物医学期刊要求著者在撰写论文时要列出 3~6 个中英文对照的关键词。且所列关键词尽量与正式出版的主题词表或词典提供的规范词一致，或者采用目前本学科常用专业词或词组作为关键词。可供查阅主题词的工具书有《汉语主题词表》（中国科技情报研究所、北京图书馆编著）、《医学主题词注释字顺表》（中国医学科学院医学情报研究所编著）、《医学名词》（第 1 册、第 2 册、第 3 册，全国自然科学名词审定委员会审定公布，科学出版社出版）。

5. 正文

医学科研论文正文的形式或结构、格式并非千篇一律完全相同，但基本上还是有一个常用的规范或相对固定的格式，即引言、材料和方法、结果、讨论（Introduction, Materials and Methods, Results, and Discussion）。国外取其首字母，简称 IMRAD 格式，国内称之为四段式。

引言或称前言、序言。"引言"二字也可省略，主要是简明介绍论文的目的、背景和理论依据、主要方法、主要成果，阐述论文的价值和意义。引言部分要高度概括，画龙点睛，言简意赅，点明主题。

材料和方法 材料部分包括样品、检测材料、受检者、病例、动物以及搜集到的资料，主要是描述材料的标准化、可靠性、可比性、均衡性及随机性；方法部分包括的内容是测量仪器、测定方法、标本的处理、计算方法等，主要是说明方法的精密度和准确性，临床医学要说明药物的剂量和剂型、用药方法和疗程、疗效的判定标准等。

结果是论文的主体或核心部分。研究中所获得的实验数据、观察结果要与材料和方法中的内容相对应，并经过分析归纳及统计学处理用文字结合统计表、统计图、照片等分别表述出来，要求指标明确、数据准确、内容真实，不允许有任何虚假，结果不能更改或挑选。不论结果是阳性还是阴性，肯定还是否定，符合预期还是不符合预期，都要如实反映，有时与论点相反的结果，恰是重要的发现。

讨论这部分内容主要是从理论上对实验和观察结果进行分析和综合，加以阐明、推理和评价。讨论的内容要从研究结果出发，紧紧围绕研究题目的设想，简明扼要，有的放矢，不要求面面俱到，分量不宜太多。切忌将讨论变成单纯的文献重复，更不允许抄袭他人论著的内容。讨论得当，会使论文增辉。

6. 参考文献

其一般规则是避免使用文摘作为参考文献。如果论文的参考文献已经被采用但尚未发表，就必须注明该参考文献"在出版中"或"将发表"；并且作者应该获得引用这些论文的书面允许及这些论文已被采用的证明后方可使用该论文。如果引用已经投稿但尚未接受发表的文稿内容，则必须从该文稿的来源处获得书面允许，在正文中注明"尚未出版的研究"。

避免引用私人交流信息，除非文献提供了一些不能从公共来源中获得的必要信息，引用私人交流信息还必须在正文中用圆括号注明人名和交流的日期。如果是科学研究的文章，作者引用私人交流信息，必须获得书面允许并求精确。

参考文献的格式主要以美国国家医学图书馆制定的美国国家标准协会（ANSI）标准格式为基础，国内的医学期刊一般采用 GB/T 7714—2005 规定的著录格式。

7. 致谢

对本文研究及论文撰写过程有过贡献或者帮助，但又不足以列入作者的组织或者个人，应该在文末予以致谢。原则上所有致谢必须征得被致谢者的同意。

8. 脚注和附录

脚注和附录是对正文的补充。附录在全文之后，用小字列出，以补充与正文有关的资料、判断结果的详细标准、论文写成后的新进展等。脚注主要注明基金来源、作者工作单位、作者所在城市、邮政编码等。

四、医学科研论文的撰写与投稿

医学论文的撰写一般分为资料的准备、构思、拟定提纲、拟写草稿、修改、投稿等过程。

1. 资料的准备

（1）虽然在课题研究或临床观察之前，已对有关资料和学术动态进行了搜集和分析，但是在撰写科研论文时仍要查阅大量有关文献，以作为对已掌握的文献的补充。搜集资料的目的，是为撰写论文开拓思路，提供理论依据。因此在搜集资料时，应根据论文的需要，把与科研课题有密切关系并要引用的资料做好卡片，注明文献的出处、作者、题目及杂志名称、卷、期、页数、年代等，漏一不可。否则等到文章写好后，注明参考文献时才发现缺少项目，又得重新查找，白白浪费时间。

搜集资料一般分三步：①根据研究课题选择检索工具；②确定检索方法；③查阅原始文献。搜集论文需要的文献资料应特别注意以下几方面的内容：①在方法上沿用前人的，或在前人的基础上加以改进的；②在理论认识上支持本文观点的；③前人研究的结论与自己文章所述不同，需要加以说明的；④前人对本文所研究的问题存在争议和正在探讨的。将这些资料搜集好后，编好序号，以备撰写文章时使用。

（2）对研究材料的准备工作。它包括对材料的取舍和整理，对实验观察数据资料的分析处理，合理选用适当的图、表和照片等。这部分工作有时在试验结果分析时已经完成。

（3）提炼观点，明确结果，提出结论。在上述准备工作完成以后，要根据有关文献资料和实验观察所得的资料，重新核对实验设计中所包含的思想，运用辩证唯物主义的观点，分析一下设计中哪些观点在理论上成立，而在实验中得到证实；哪些观点在实验中没有得到证实或未完全证实，需要修改；哪些现象和指标超出原来设想，而且可能有新的启示，需要进行新的分析。通过对实验材料的分析，提炼出实验材料能说明的观点和能得到的结果，提出结论，使试验材料和理论认识充分结合起来。

通过以上的准备工作，使理论和实践达到充分的统一，从而提高论文的水平。

2. 构思

构思是对整个文章的布局、顺序、层次、段落、内容、观点、材料、怎样开头和结尾的思维，是写文章不可缺少的准备过程。构思时文章的主题中心要明确，用以表现的材料要充分、典型、新颖，结构上要严谨、环环相扣，只有潜心构思，才能思路流畅，写好提纲和文章。

3. 拟定提纲

撰写论文之前，应先拟定提纲作为全文的骨架，使其形成结构，疏通思路。拟定提纲，一方面可帮助作者从全局着眼，明确层次和重点，文章才会写得有条理且结构严谨。另一方面，通过提纲把作者的构思、观点用文字固定下来，做到目标明确、主次分明，随思路的进一步深化，会有新的问题、新的方法和新观点的发现，使原来的构思得到修改和补充完善。提纲是论文的轮廓，应尽量写得详细一些，提纲的拟写多采用标题式和提要式两种。

标题式提纲，以简明的标题形式把文章的内容概括出来，用最简明的词语标示出某部分或某段落的主要内容，这样既简明扼要又便于记忆，是医学科研工作者常用的写作方法。

提要式提纲，是在标题式提纲的基础上更具体、更明确地、提要式地概括出各个层次的基本内容，实际是文章的缩写。

以上两种提纲形式，可根据自己的写作习惯选用，无论选择哪一种，其目的在于启发写作的积极性和创造性。在实际的写作过程中作者应做到既有纲可循，但又不拘泥于提纲，尽可能地拓宽思路，才能写出好的论文。

4. 拟写草稿

拟写草稿就是根据提纲，把要写的内容依次连接起来，把实验数据和资料进行归类分析。它是对论文内容和形式的再创造过程，也是论文写作中最重要的阶段。草稿的拟写方法有多种，实验研究论文的撰写多采用顺序写作法，即按照医学论文的规范体例或提纲顺序阐述自己的观点，分析实验数据。也可采用分段写作法，此种写作法多是作者对论文的中心论点已经明确，或提纲已形成，但对某一层次的内容没有把握或没有考虑成熟，而暂放一下，可先写好已经成熟的段落内容，待内容成熟或进一步实验后再写作其他部分，这样不受顺序的先后限制，采取分段写作，最后依次组合而形成初稿。完成全文后，需进行前后对照检查，使全文风格一致，层次清楚，衔接紧凑，运用这种写法，最好每次完成一个完整的部分。

5. 修改

修改是论文写作中不可缺少的工作。无论是初写者还是经验丰富的作者，在初稿完成后都要经过一番审读、推敲、修改才能定稿。有人认为完成初稿只是完成写作的一半工作。作者把自己的科研成果以论文的形式表达出来，并不是一件容易的事情，搞科研费心事，写作费心事，修改更费心事。修改是对初稿内容的进一步深化和提高，对文字进一步加工和润色，对观点进一步订正。

修改过程中应注意以下几个方面的内容，即文题是否相符，论点是否鲜明，论据是否充分，论证是否严密，布局是否合理，结论是否科学客观，用词是否符合医学术语，文稿是否符合医学论文写作规范或约稿要求，标点符号应用是否正确，有无错别字，等等。有时，由于作者自己的思路有一定的局限性，可能对文章的某些问题认识不足或对初稿的偏爱，一时难以对文稿进行恰当的增补和删减，为了保证质量，还要请内行专家修改或提出意见，这样才能使文章质量更高。

6. 投稿

投稿时应该做好以下工作：选择期刊、浏览期刊栏目、撰写投稿信、选择投稿方式。

（1）选择期刊。

应根据自己论文的性质、内容、水平，以及期刊的专业性质（包括稿源范围、出版周期、发行量及收稿到刊出的时间周期等）来选择期刊。

（2）浏览期刊栏目。

通常根据期刊的名称就能大致确定该专业期刊的专业性质，可以帮助作者考虑自己的论文是否在该期刊的要求范围内。但更重要的是还要查阅该刊的栏目设置是否与所投稿的内容相符，只有两者相对应时，该刊才有可能使用所投稿件。

（3）撰写投稿附信。

投稿附信的内容是向编辑部交代投稿事务和作者的某些要求、说明等对编辑有帮助的信息。附信要简短朴实，不宜对稿件内容作不必要的介绍或评价。

（4）选择投稿方式。

国内外期刊投稿多要求原稿一份，复印件若干。邮寄稿件要用大而结实的信封。照片应用大而结实的硬板保护，以免在邮寄的过程中损坏。目前国内外越来越多的医学期刊，开始接受以电子邮件或者在线投稿的方式向其投稿。

第三节 科研评价

一、评价方法

1. 科技论文评价

科技论文的评价一般可分为定性评价和定量评价，目前定性评价以同行评议为主，定量评价有多种较为成熟的方法，如主成分分析法、H指数法、层次分析法（AHP）、专题组讨论法等。

评价科技论文的文献计量学指标很多，如发文数量、被引频次、高被引论文数、自引数、他引数、基金资助论文数、论文发表期刊的影响因子、不同排序作者对论文的贡献率、论文的合作人数、论文的参考文献数、论文被下载的次数等。综合国内外科技论文评价指标的应用情况，论文数量、被引频次、发表期刊的影响因子是使用最广泛的3个文献计量指标。

2. 临床医学文献评价

一般来说，可以从如下几个方面对临床医学文献的体系内容作总体评价。

（1）选题是否具有科学性与创新性；

（2）研究的目的是否明确；

（3）设计方案是否做了优选，设计方案包括RCT、非随机临床对照试验、队列研究、现况研究、诊断试验评价、病例对照研究、叙述性研究等；

（4）研究对象是否明确，样本数量是否做出了估算；

（5）研究标准/纳入标准/排除标准是否明确；

（6）研究或试验流程是否明确，有无质量控制措施；

（7）衡量指标是否恰当；

（8）统计方法是否正确；

（9）对防止偏倚及保证依从性采取何种措施；

（10）对该论文的总体感受如何。

3. 科研竞争力评价

科学、公正的科研评价既是科学管理的前提，也是科研管理的重要内容。科研评价的目标在于追求卓越、推崇创新，科研评价的核心是学术、思想和创新。科研评价要真正以科研成果的学术价值作为评判的唯一标准。

对个人科研者竞争力的评价，主要关注他的发文量、文章所在期刊的质量、文章被他人引用情况、他在其学科领域的学术影响力、科研成果的创新性和社会价值等指标。在资料查找与科研立题时，一定要关注该主题核心科研任务的研究成果，要了解其研究动态，从而把握该主题在当前的研究热点的研究趋势。

对机构科研竞争力的评价，同样要关注该机构的发文量、文章被引次数、核心作者数量、核心作者的 H 指数、团队专业结构、团队年龄结构、合作者的区域分布、该机构的科研影响力等指标。关注核心科研机构，可以了解学科发展动向、该学科最主要的研究成果、该学科研究的重难点问题，甚至对读者求学、进修等都能获取到很多重要的信息。

二、ESI 基本科学指标数据库

1. ESI 简介

基本科学指标（Essential Science Indicators，简称 ESI）是汤森路透在汇集和分析 Web of Science 核心合集（SCIE/SSCI）所收录的学术文献及其所引用的参考文献的基础上建立起来的分析型数据库，属于事实数值型数据库。ESI 由世界上著名的学术信息出版机构美国科技信息所（ISI，现已并入汤森路透）于 2001 年推出，主要用于文献的评价分析。通过 Essential Science Indicators，研究人员可以系统地、有针对性地分析国际科技文献，从而了解一些著名的科学家、研究机构（或大学）、国家（或区域）和学术期刊在某一学科领域的发展和影响，识别科学和社会科学领域的重要趋势与方向；同时科研管理人员也可以利用该资源找到影响决策分析的基础数据。除提供具体数据图表以外，ESI 还为用户提供了简要的数据分析指导，并为所有图表提供解释性的链接页面。ESI 对全球所有高校及科研机构的 SCIE、SSCI 中近 10 年的论文数据进行统计，按被引频次的高低确定出衡量研究绩效的阈值，分别排出居世界前 1% 的研究机构、科学家、研究论文，居世界前 50% 的国家/地区和期刊，居世界前 0.1% 的热点论文。ESI 针对 22 个专业领域，通过论文数、论文被引频次、论文篇均被引频次、高被引论文、热点论文和前沿论文等 6 大指标，从各个角度对国家/地区科研水平、机构学术声誉、科学家学术影响力以及期刊学术水平进行全面衡量。ESI 数据库通过 IP 地址来控制访问，数据库每两个月更新一次。

2. 检索方法

ESI 由引文排名（Citation Rankings）、高质量论文（Most Cited Papers）、引文分析（Citation Analysis）三大模块组成，在每一模块中都可通过浏览和检索两种方式来获取数据。此外，ESI 数据库还提供了相关注意说明（Notices）、使用教程（Tutorial）和评论（Commentary）等链接。

（1）引文排名（Citation Rankings）：在该模块中，包含针对科学家、研究机构、国家/地区和期刊 4 种引文排名，分别可以选择按照字顺浏览或者检索的方式对发文量、被引频次和平均被引频次等排名情况进行查询，从而依据不同的方式提供被引次数入围前 1% 的作者和机构、前 50% 的国家/地区和期刊的排名情况。

（2）高质量论文（Most Cited Papers），可分别对高被引论文（Highly Cited

Papers）和热点论文（Hot Papers）进行浏览和检索。①Highly Cited Papers（last 10 years）：发表于十年内各学科领域中被引用次数前1%的文章。可以浏览单一学科或者综合所有学科的高被引的论文（BY FIELD），浏览某一科学家、某一研究机构、国家/地区或者期刊的高被引文章（BY NAME），检索高被引文章列表（BY SEARCHING）。②Hot Papers（last 2 years）：发表于两年内最近两个月被引用次数为各学科领域前0.1%的文章。高被引论文和热点论文可通过文章标题词（Title word）、科学家姓名（Scientist）、机构名称（Institution）、国家/地区（Country/Territory）以及刊名（Journal）等进行检索，输入的词或者词组可以用 AND 或者 OR 等逻辑算符组配，各个检索字段之间自动使用 AND 组配。

（3）引文分析（Citation Analysis）中可以查看基线数值（Baselines）和研究前沿（Research Fronts）。基线数值（Baselines）为引文统计数据提供了比较分析的依据。其中，平均引文率（Average Citation Rates）提供了近10年来各学科中每年发表论文的篇均被引次数，百分位（Percentiles）提供了近10年来各学科中每年要达到某个百分点基准所需被引用的次数，领域排名（Field Rankings）提供了近10年来各学科领域中的论文总数、引文总数及总平均被引频次。例如，论文被引次数百分位（Percentiles）中，2010年材料科学进入全球排名前0.01%的阀值为1005，表明该学科发表论文被引次数达到1005以上即进入全球排名前0.01%，以此进一步判断某项研究成果的影响力在学科中的水平。研究前沿（Research Fronts）通过共引关系聚类高被引论文，用以了解新的突破可能出现的领域以及科学家之间的非正式交流的关系。可以进一步按学科（BY FIELD）浏览研究前沿，或查看指定的主题（BY NAME）的研究前沿。

3. 检索结果

检索结果页面分为两部分：结果处理区、结果显示区。

（1）结果处理区显示检索结果的记录数，并可对检索结果的排序方式进行修改，共有三种排序方式：引文数（citations）、出版年（Publication Year）、期刊名称（Journal Title）。

（2）结果显示区是浏览检索结果的区域。选定某篇文献后，可通过该篇文献左上角"Citation"后的图标查看文献的年度引文趋势图（Number of Citations（by year））；点击"Web of Science"按钮，可链接至 Web of Science 了解最新的引文统计和全文链接等信息；点击"Research Front"按钮，可了解与该篇文献相关的学科前沿信息；点击文献来源（Source）、学科领域（Field）等的链接可了解期刊排名情况及该学科的高被引论文情况。

4. 特色功能

（1）追踪学科热点与前沿评论功能区（Commentary）提供了 In-Cites、Special Topics、Science Watch 三个链接。In-Cites 提供了进入科学社区的门户，提供多个学科领域中高被引研究人员、论文、机构、期刊和国家的采访资料等内容；Special Topics 提供了在一些学科领域中取得重大研究进展或者引起特别关注的论文的引文分析和专家意见；Science Watch 则提供了 Thomson Scientific 快讯的相关编辑材料。

（2）在线培训。ESI 数据库提供免费的在线数据库指导培训，另外通过汤森路透的主页 http://www.thomsonscientific.com.cn/producttraining/ESI/可获得在线培训课程及视频。

三、InCites 科研评价参考工具

1. InCites 简介

InCites 是汤森路透集团在汇集和分析 Web of Science（SCIE/SSCI/AHCI）引文数据的基础上建立起来的科研评价参考工具，综合了各种计量指标和 30 年来各学科各年度的全球基准数据。InCites 可以根据需求为报告选择合适的时间范围。InCites 的数据基于 Web of Science（SCIE/SSCI/AHCI）引文数据，在 InCites 里查到感兴趣的作者或论文可以直接链接到后者查看细节。InCites 预置数据模块（Global Comparisons）每年更新一次。

通过 InCites，用户能够实时跟踪机构的研究产出和影响力；将本机构的研究绩效与其他机构以及全球和学科领域的平均水平进行对比；发掘机构内具有学术影响力和发展潜力的研究人员，并监测机构的科研合作活动，以寻求潜在的科研合作机会。

2. 系统登录

InCites 的一些分析功能，需要注册和登录系统才能使用。注册系统时输入自己的常用 E-mail 地址，设定访问密码，填写自己的基本信息并提交表单。使用注册后的用户名和密码即可登录系统。

3. 科研绩效概览（Research Performance Profiles）

以科研机构、作者、主题领域或期刊为单位，提取 Web of Science 论文及引文信息，同时提供高附加值的文献计量学指标进行深入的分析和有效的科研评估。

（1）创建一份用户定制的报告（Create a Custom Report）。

在"Research Performance Profiles"下拉菜单下选择"Create a Custom Report"。首先选择一种报告类型，然后选择报告中包含的科研绩效指标，设定报告分析的时间段，点击"Create Report"，即可创建一份用户定制的报告。可供选择的报告类型包括论文、作者、引用情况、国家、机构、学科领域、关键词和总体表现（summary metrics）等类型的排名。

（2）概览和总体表现（Overview and summary metrics）：可以查看科研绩效的总体表现，包括每年发表的论文数量、引用频次分布、学科优势等类型的综合报表。

（3）论文产出和学术影响力（Productivity and Research Output）：可以查看所有 Web of Science 论文的总体学术影响力情况（包括引用次数排名、影响因子排名等指标），并查看基于这些论文的引用情况的文章类型排名、期刊类型排名、作者及去除自引的作者排名。

（4）合作和研究网络（Collaboration and Research Networks）：可以查看国家和机构的合作情况，包括合作单位、Web of Science 论文发表数量、引用次数等指标的排名情况。

(5) 优势学科领域 (Specialization and Field Strength): 提供按发文数量、引用次数、篇均被引次数、影响因子等指标的优势学科排名。

(6) 趋势和时间序列分析 (Trends and Time Series Analysis): 以时间序列的形式表现每年发表的 Web of Science 论文在下一年及发表至今的引用情况。

(7) 影响力和引用排名 (Impact and Citation Rankings): 提供按引用次数、发表论文数量和篇均被引次数等指标的发文作者、合作机构、国家、年均引用次数、学科、期刊和论文类型的排名。

4. 全球对比分析 (Global Comparisons) ——预制数据 (每年更新)

(1) 国家指标数据 (National Comparisons): 以国家及地区为单位，汇总其论文与引文总数，提供了全球 170 多个国家与若干个地区（亚太（不包括日本）、欧洲共同体、拉丁美洲、中东、北欧、OECD）在各学科领域的综合科研效绩评估指标。

(2) 国家或地区之间的比较数据：选择将要比较的国家和地区，选择某学科领域，设定数据时间段，即可查看国家或地区之间在某学科领域的科研绩效比较数据。

(3) 选择一个国家或地区，设定时间段，可以查看该国家或地区在各学科领域的综合科研绩效评估数据。

5. 机构指标数据 (institutional Comparisons)

以大学或研究机构为单位，汇总其论文与引文总数，提供 40 多个国家 2000 多所大学/研究机构以及大学集合（例如中国的"985"高校和"C9"高校、英国的 Russell Group 和 1994 Group、澳大利亚的 Goupg of 8、德国的 Universities of excellence 等）在各学科领域的论文和引文计量指标在各学科领域的综合研究绩效评估指标。

(1) 机构之间的比较数据：选择将要比较的机构，选择某学科领域，设定数据时间段，即可查看机构之间在某学科领域的科研绩效比较数据。

(2) 选择某一机构，可以查看某时间段内该机构在各学科领域内的综合研究绩效评估指标。

6. 我的文件夹 (Folders)

(1) 保存：可以将 InCites 生成的报表、选项和文件集合保存在我的文件夹中，下次登录 InCites 的时候可以直接查看这些报表。也可以将这些报表以 PDF、XLS、CSV 的格式保存、打印或输出。

(2) 共享：可以将我的文件夹里保存的报表、选项和文件集合共享给机构中的每个人。

四、JCR 期刊引文分析报告

1. JCR 简介

JCR 期刊引文分析报告，包括 JCR Web Science Edition 和 JCR Web Social Science Edition、应用引文分析方法及各种量化指标评价期刊。JCR 能系统地分析自然科学和社会科学领域内各个学科学术期刊的相对重要性。Web of Science 与 JCR on Web 连接在一起，可以帮助研究人员迅速了解科学研究的相对影响，为科研绩效的评价提供一定程度的定量依据。

2. 数据库进入及版本、年份的选择

在 web of Knowledge 平台上选择"其他资源",在相应页面上选择"Journal Citation Reports",即进入数据库。在使用前需选择版本:科技版(JCR Science Edition)或社科版(JCR Social Sciences Edition)以及相应的年份。

3. 浏览

提供四种浏览期刊的方式:

(1) 按学科分类(Subject Category)浏览期刊;

(2) 按出版机构(Publisher)浏览期刊;

(3) 按国家/地区(Country/Territory)浏览期刊;

(4) 浏览所有期刊(all journals)。

4. 检索(Search)

检索特定期刊(Search for a specific journal)可用以下四个字段的任意一种:期刊名全称(Full Journal Title)、期刊名缩写(Abbreviated Journal Title)、期刊名中的单词(Title Word)、ISSN 号(ISSN)。除 ISSN 检索外,其他刊名检索支持通配符"*"(表示任何字符组,包括空字符)。

5. 检索结果的浏览及处理

(1) 检索结果的浏览。

检索结果可按刊名字顺(Journal Title)、总被引次数(Total Cites)、影响因子(Impact Factor)、立即影响指数(Immediacy Index)、论文数(Current Articles)、被引半衰期(Cited Half-Life)等排序。

注:立即影响指数(Immediacy Index)是用某一年中发表的文章在当年被引用次数除以同年发表文章的总数得到的指数,用于评估特定期刊在当年被引用的速度。

被引半衰期(Cited Half-Life)指期刊达到 50% 被引用率所需要的时间。

(2) 检索结果的标记、输出。

①标记记录(Marked Records):可以将记录添加到标记结果列表(Marked List)中,以便今后从"标记结果列表"页面中打印、保存记录。

②输出记录:在标记结果列表中有保存(Save to File)和打印(Format for Print)按钮,可以分别输出文本文档和提供打印页面。

五、F1000 文献学术评价系统

1. F1000 简介

Faculty of 1000(F1000)由英国 Faculty of 1000 公司在 2003 年推出,是一种新型在线研究辅助工具。其原创理念是为了应对生物学及生物医学论文的数量迅速膨胀,通过专家在论文出版后进行阅读、评级、推荐,来进行同行评审与筛选,以达到让科研人员在有限的时间内获得更有价值的文献信息的目的。

F1000 的主要特点：权威、及时而全面的评价体系；不考虑影响因子和期刊的状况，而是根据论文的科学性和应用意义，由各领域的专家直接排序评价，避免了因冷门领域文章影响因子低而被人忽略；已覆盖超过 3500 本生物医学期刊；根据文献的科学属性重新组织文献体系，便于检索。

F1000 数据库包括 F1000 Prime、F1000 Trials、F1000 Research、F1000 Posters 四大板块。

2. F1000 Prime 板块

F1000Prime 主要包含 F1000 Article Recommendations、Rankings、F1000Prime Reports 等几个子板块。

（1）F1000 Article Recommendations：F1000 将生物医学分为 44 个大领域、300 多个子学科，实时跟踪最新的研究论文。专家根据研究的内容，从创新性、重要性、合理性、方法学等方面撰写评论，将从被评论的文章中得到的结论分为假说（Hypothesis）、新发现（New Finding）、争议性发现（Controversial）、新药物靶点（Novel Drug Target）、技术进展（Technical Advance）、重要确认（Important Confirmation）、反驳（Refutation），并从专业人员的角度加以讨论。

（2）F1000 Rankings：被 F1000 评论的论文将被分为 good、very good 和 exceptional 三个等级，对应星级分别为一、二、三颗星。F1000 把每一位评论专家给出的星级进行加和得到 F1000 总星级（total score），如一篇文章被评论者分别评为一颗星（good）和两颗星（very good），那么它的 F1000 总星级（total score）就是：一颗星＋两颗星＝三颗星。

一篇文章的 F1000 总星级越高其排名（ranking）也越高，同时在 Ranking 中还可以根据浏览量对 F1000 收录的论文进行排名。

（3）F1000 Prime Reports 提供独一无二的关于生物学和医学内容的同行评议报告。由 F1000 专家独立或者合作完成，涵盖了生物、医学的最新进展。作为开放获取的资源，F1000 Reports 已被 PubMed、PubMed Central、Scopus、Embase、Global Health 和 CAB Abstracts 收录。

3. F1000 Trials

F1000Trials 是 F1000 推出的一个专门针对临床试验的板块，通过同行对发表在主要医学综合期刊及专科期刊的临床试验及系统综述的筛选，并对筛选出的文章进行分级和评论，帮助我们的临床医生和研究人员找出最值得首先阅读的重要文献。

4. F1000 Research

F1000 Research 是新推出的一本生物医学开放获取的期刊，挑战传统学术出版模式，以更快速的方式在线出版（约一周），采取开放评审的方式，文章评审进度及专家审稿意见向所有人开放。

5. F1000 Posters

F1000 Posters 是一个帮助研究人员及时了解生命科学和医学领域国际会议信息的平台，同时也是通过同行在各种会议上展出的海报了解该领域最新科研动态的知识库。

研究人员发表的论文被 Faculty of 1000 收录并获得推荐是对该论文和研究人员的很高的认可，不但会得到同领域研究者的关注还可以让其他同行了解该领域现在取得的成就。同时，F1000 也是生物学及医学领域的研究人员掌握本学科领域的最新研究进展、发展前沿及重点的辅助工具。

六、GoPubMed

1. GoPubMed 简介

GoPubMed（http://www.gopubmed.com/web/gopubmed/）是一种 PubMed 检索工具，其数据源与美国国立医学图书馆的 PubMed 完全一样，其本身并没有数据库，其原理为将读者检索提问词提交给 PubMed，接收 PubMed 的检索结果，利用 GO（gene ontology，基因本体）和 MESH（医学主题词表）对检索结果进行提炼，利用算法从中提取 GO 术语和 MeSH 主题词，自动生成临时基因本体和医学主题词表，从而对检索结果进行分类，读者可以根据这些分类快速找到自己需要的文献，而不需要对检索到的所有文献进行阅读。

2. GoPubMed 统计分析功能

（1）研究主题：统计发表文献最多的前 20 个主题词或关键词，可以看出主要研究领域、学科主题。

（2）核心著者：统计发表文献最多的前 20 名作者，同时可以直接查看每名作者发表的文献，可以了解本领域的权威研究者，可以重点关注其研究方向，了解该领域的研究重点。

（3）核心期刊：统计发表与检索词语相关文献最多的前 20 种期刊，可以直接查看每种杂志发表的相关文献，通过这些核心期刊检索者可以了解平时需要重点关注哪些期刊。

（4）年代分布：统计 GO 和 MeSH 类目术语对应近 20 年发表文献的年度分布，并用图表的形式进行显示。

（5）著者的城市和国家分布：统计发表与检索词语相关文献最多的前 20 名城市和国家，可以直接查看这些城市和国家发表的相关文献。

（6）国家或地区分布可视地图：可视化地在世界地图上用红点标示发表相关文献的国家和城市，检索者据此可以了解该领域的研究态势，即究竟有哪些国家或哪些城市在进行相关的研究。

第四节　信息道德与学术规范

人类社会进入信息时代，以计算机、通信、网络等为核心的信息技术已经在社会各个领域中得到广泛的应用，信息传播活动已成为最主要的社会活动之一。一方面人们的信息活动为社会创造了巨大的价值，另一方面也带来了诸如计算机犯罪、危害信息安全、侵犯知识产权、计算机病毒、信息垃圾、信息污染、网络黑客、网络迷信等一系列社会问题，这些问题反映了在信息活动中违法行为和道德失范现象严重的现实。

世界各国在信息立法方面已取得一定进展，我国政府也颁布实施了《中华人民共和国计算机信息网络国际联网暂行规定》等相应的法律法规。在加强法律约束的同时，建立信息活动的伦理道德规范，净化信息环境，规范信息行为也具有非常重要和深远的意义。

信息道德是指在信息的采集、加工、存贮、传播和利用等信息活动各个环节中，用来规范其间产生的各种社会关系的道德意识、道德规范和道德行为的总和。它通过社会舆论、传统习俗等，使人们形成一定的信念、价值观和习惯，从而使人们自觉地通过自己的判断规范自己的信息行为。

信息道德作为信息管理的一种手段，与信息政策、信息法律有密切的关系，它们各自从不同的角度实现对信息及信息行为的规范和管理。信息道德以其巨大的约束力在潜移默化中规范人们的信息行为；而在自觉、自发的道德约束无法涉及的领域，以法制手段调节信息活动中的各种关系的信息政策和信息法律则能够发挥充分的作用。

一、信息道德

1. 网络信息安全

互联网的快速发展，极大地改变了人们的生活方式，越来越多的人从互联网上获取信息，各类日常应用（如购物、办公等）的网络化也使得网络成为人们交互的巨大平台。与此同时，网络安全问题也变得越来越重要，一些突发的网络信息安全事件给国家和社会造成了巨大的影响，也给普通互联网用户造成了不可挽回的经济损失。

在最近几年内，发生的网络安全事故很多，如2009年12月18日，全球最大的微博网站twitter被自称是来自伊朗网络部队的黑客攻击，导致主页被篡改；2010年1月，我国最大的搜索引擎百度被黑，导致主页重定向到其他外部服务器上，攻击方式与先前对twitter的攻击非常相似；2010年3月，百度收购的"网址之家"也遭到了黑客的攻击，在其主页上提供的百度搜索引擎，当用户提交搜索服务以后就会定向到谷歌的搜索服务上。

网络信息安全主要是指网络系统的硬件、软件及其系统中的数据受到保护，不因偶然的或者恶意的原因而遭到破坏、更改、泄露，系统连续可靠正常地运行，网络服务不中断，涉及计算机科学、网络技术、通信技术、密码技术、信息安全技术、应用数学、数论、信息论等多种学科。

网络信息安全最根本的就是保证信息安全的基本特征发挥作用，主要具有以下特征：

（1）完整性，指信息在传输、交换、存储和处理过程中保持非修改、非破坏和非丢失的特性，即保持信息原样性，使信息能正确生成、存储、传输，这是最基本的安全特征。

（2）保密性，指信息按给定要求不会泄漏给非授权的个人、实体或过程，或提供其利用的特性，即杜绝有用信息泄漏给非授权个人或实体，强调有用信息只能被授权对象使用的特征。

(3) 可用性，指网络信息可被授权实体正确访问，并按要求能正常使用或在非正常情况下能恢复使用的特征，即在系统运行时能正确存取所需信息，当系统遭受攻击或破坏时，能迅速恢复并能投入使用。可用性是衡量网络信息系统面向用户的一种安全性能。

(4) 不可否认性，指通信双方在信息交互过程中，确信参与者本身，以及参与者所提供的信息的真实同一性，即所有参与者都不可能否认或抵赖本人的真实身份，以及提供信息的原样性和完成的操作与承诺。

(5) 可控性，指对流通在网络系统中的信息传播及具体内容能够实现有效控制的特性，即网络系统中的任何信息要在一定传输范围和存放空间内可控。除了采用常规的传播站点和传播内容监控这种形式外，最典型的如密码的托管政策，当加密算法交由第三方管理时，必须严格按规定可控执行。

信息法律是防范信息犯罪的首要防线，但计算机个人用户也应从多方面注意网络安全：

(1) 杀毒软件、防火墙。防火墙是在两个网络通信时执行的一种访问控制，它能最大限度地阻止网络中的黑客来访问内部网络，防止他们更改、拷贝、毁坏网络上的重要信息。在主机资源占用不多的情况下尽量打开杀毒软件和防火墙，特别是上网的时候，如果发现主机运行状况异常，很有可能是中了病毒或木马，此时应根据这些异常特征，到专业的网络安全公司主页，下载病毒专杀工具。

(2) 做好备份。当系统运行不正常或者不能正常启动时，可选择"系统还原"恢复到以前的设置，可使用 Ghost 软件、还原卡等。

(3) 增强安全意识。网络安全包括物理安全、网络系统安全、信息内容安全、信息基础设施安全、数据安全等，应了解网络安全方面的相关知识，提高安全意识。同时对浏览信息具有一定的鉴别能力，并能对计算机实施一些简单的安全防范措施。

2. 信息资源知识产权

知识产权又称智力财产权、知识所有权，是指人们对脑力劳动创造的智力成果所依法享有的专有权利，主要包括著作权、邻接权、发现权、专利权、发明权和其他专利成果权、商标权。本文以其中几项常见权利为例进行说明。

(1) 著作权，也叫版权，是指自然人、法人或者其他组织对文学、艺术或科学作品依法享有的财产权利和人身权利的总称，分为著作人身权和著作财产权。其中著作人身权包括署名权、发表权、修改权、保持作品完整权，著作财产权包括复制权、发行权、出租权、展览权、表演权、放映权、广播权、信息网络传播权、摄制权、改编权、翻译权和汇编权等。

【案例1】著名豫剧表演艺术家高玉秋，系常香玉亲传大弟子。1980年高玉秋与他人共同整理改编传统豫剧《陈妙常》，并在其中饰演女主角陈妙常。后来，高玉秋不断发现市场上有销售某音像出版社出版的磁带《陈妙常》，但却从没有经过其许可及支付报酬，磁带随意节录，使原剧支离破碎，较之原剧竟少一半。更令她气愤的是，其包装竟公然用其他演员顶替自己。

【分析】高玉秋享有的权利：既是作品的创作者，又是作品的表演者，享有双重著作权利；是戏剧《陈妙常》的表演者，依法应享有表演者权益。

被侵犯的权利：①原告作为著作权人，被侵犯多重权益，具体有：保护作品完整权，许可他人复制、发行作品权。②原告作为表演者，其权益也受到多重侵犯。具体有保护表演形象不受歪曲权，表明表演者身份权，许可他人复制、发行录有其表演的录音录像制品并获得报酬权。

(2) 发现权。法律意义上的发现，是指科学发现，是通过观察、研究、试验或推理，从而以明确的方式得出前人未知的对客观世界固有的事物、规律、特性、现象的认识。科学发现具有给人类认识水平带来根本变化的价值，其内容具有"新颖性"。这种"新颖性"在空间上是"世界范围"，时间上为"前所未有"。

【案例2】7岁患儿小梦艺到上海某医学院邱教授处咨询，初步诊断为"肌营养不良症"；被建议入院神经内科治疗，后被神经内科诊断为"Duchenne型进行性肌营养不良症"；邱教授会诊，对诊断提出质疑，建议做肌肉活组织电镜检查，亲自参与电镜检查；电镜检查的底片和照片被神经内科候医生取走；候医生率先发表《常染色体显性遗传的良性先天性肌营养不良症》一文，并向解放军总后勤部申报科研成果奖，得二等奖。而后，在某学术讨论会上，又提出BCMD病例的发现成果，并称其是国内BCMD病例的第一位发现人。

【分析】根据信息检索结果，可以认定本案涉及的病例系我国首例确诊为BCMD的病例。原告依据所掌握的医学理论知识与临床治疗经验，否定被告的诊断意见，提出与结果相符的诊断方向，并据此提出电镜检查建议，最终确诊的事实，充分说明了原告在我国首例BCMD病症的确诊过程中的主导和决定性的作用。作为国内第一例确诊的BCMD病例，无疑会给我国医学理论研究和实践产生积极的影响，其意义应当予以充分肯定，但若以"发现"的新颖性标准衡量，无法得出此项成果属于"发现"的结论。

(3) 署名权。《中华人民共和国著作权法》规定，合作作品是指两人以上合作创作的作品；没有参加创作的人，不能成为合作作者。《中华人民共和国著作权法实施条例》规定，著作权法所称创作，指直接产生文学、艺术和科学作品的智力劳动。为他人创作进行组织工作，提供咨询意见、物质条件或者进行其他辅助活动，均不视为创作。

二、学术规范

学术规范是指学术活动过程中，尊重知识产权和学术伦理，严禁抄袭剽窃，充分理解、尊重前人及今人已有的相关学术成果，并通过引证、注释等形式加以明确说明，从而在有序的学术对话、学术积累中加以学术创新。

1. 合理使用

合理使用是指在一定的条件下使用受著作权保护的作品，可以不经著作权人的许可，也不必向其支付报酬。

合理使用最直观的考虑，是不允许使用他人的作品时出现阻碍自由思想的表达和思想交流的情形。它最关注的是个人性的使用和非直接为营利的使用。

用户出于个人的研究和学习目的，可以对网络数据库进行以下合理使用：

(1) 检索网络数据库。

(2) 阅读检索结果。

(3) 打印检索结果。

(4) 下载检索结果存储在自己个人计算机上。

(5) 传送检索结果到自己的电子邮件信箱里或者个人存储空间（不对外共享）。

(6) 承担使用单位正常研究生教学任务的授权用户，可以将作为教学参考资料的少量检索结果，下载并组织到供本单位教学使用的课程参考资料包（course pack）中，置于内部网络中的安全计算机上，供选修特定课程的研究生在该课程进行期间通过内部网络进行阅读。

超出合理使用范围的行为主要有：

(1) 恶意下载行为。

对文摘索引数据库中某一时间段、某一学科领域或某一类型的数据记录进行批量下载，对全文数据库中某种期刊（或会议录）或它们中一期或者多期的全部文章进行下载，利用下载工具对网络数据库进行自动检索和批量下载。

【案例3】××大学学生孙××2002年10月1日—4日通过图书馆代理服务器批量下载了著名的西文过刊全文库——JSTOR中的数千篇文献，导致JSTOR立刻封锁该馆的访问权限长达数月，并对此明显的恶意侵权行为委托律师向××图书馆提出法律质询，严重损害了××大学的声誉。对方律师亲自到场监督孙××删除其之前所下载的全部数据。最直接的经济影响：2万余美元庞大的国际通信费用的损失，使得图书馆的代理服务器几乎无以为继。

(2) 恶意传播。

将存储于个人计算机的用于个人研究或学习的资料以公共方式提供给非授权用户使用；把课程参考资料包中的用于特定课程教学的资料以公共方式，提供给非授权用户使用；设置代理服务器为非授权用户提供服务；在使用用户名和口令的情况下，有意将自己的用户名和口令在相关人员中散发或通过公共途径公布。

(3) 谋取利益。

直接利用网络数据库对非授权单位提供系统的服务；直接利用网络数据库进行商业服务或支持商业服务；直接利用网络数据库内容汇编生成二次产品，提供公共或商业服务。

2. 剽窃与引用

(1) 开放获取。

公有领域（Public Domain）是人类的一部分作品与一部分知识的总汇，可以包括文章、艺术品、音乐、科学、发明等。对于领域内的知识财产，任何个人或团体都不具所有权益（所有权益通常由版权或专利体现）。这些知识发明属于公有文化遗产，任何人可以不受限制地使用和加工它们（此处不考虑有关安全、出口等方面的法律）。例如谷歌图书搜索、百度图书搜索中均有大量的公有领域的图书。

创作共用（Creative Commons，简称CC，也称为知识共享）是一种创作的授权方式。其主要宗旨是增加创意作品的流通可及性，作为其他人据以创作及共享的基础，并寻找适当的法律以确保上述理念。如维基百科、分享网站（照片、收藏夹）、协作翻译、开放目录等，把同行评议过的科学论文或学术文献放到互联网上，使用户可以免费获得，而不需考虑版权或注册的限制。

开放获取运动旨在打破学术研究的人为壁垒（不要用于牟利）。开放获取的信息资源类型已经不仅只限于最开始的学术期刊，还包括电子印本（e-Print）、电子图书、学位论文、会议论文、研究报告、专利、标准、多媒体、数据集、工作论文、课程与学习资料等。

（2）剽窃与引用。

对具有著作权的文献，参考、引用时应标明出处。当参考其中的观点或受到启发的文献，可在文章后面列出参考文献或作标注，当引用原文章中的完整的字句一般应该在文章中做标注。

美国现代语言联合会《论文作者手册》对剽窃（或抄袭）的定义是："剽窃是指在你的写作中使用他人的观点或表述而没有恰当地注明出处。……这包括逐字复述、复制他人的写作，或使用不属于你自己的观点而没有给出恰当的引用。"

对论文而言，剽窃有两种：一种是剽窃观点，用了他人的观点而不注明，让人误以为是你自己的观点；一种是剽窃文字，照抄别人的文字表述而没有注明出处和用引号，让人误以为是你自己的表述。

我国《图书期刊保护试行条例实施细则》第十五条明确规定："引用非诗词类作品不得超过2500字或被引用作品的十分之一。""凡引用一人或多人的作品，所引用的总量不得超过本人创作作品总量的十分之一。"

3. 参考文献写法

（1）文中标注方法与写法。

顺序编码制度：这种体系是按在正文中引用的文献出现的先后顺序使用阿拉伯数字连续编码，用方括号括注在文中提及的文献著者或理论系统名的右上角，如"进化论[7]认为……"。如果只提及引用内容而未提及著者，则括注在所引用文字群的右上角，如"根据遗传学原理，可以推论出这种变异是受基因控制的，是可以遗传的[8]"。如果所提及的文献作为文字叙述中的直接说明语时，则应与正文平排，并且每个序号都应加上方括号，如"紫色土壤主要分布在我国西南地区（参见文献［11］、［20］、［32］）"。

作者-出版年制：这种参考文献由著者姓名与出版年代构成。标注方法是在被引用的著者姓名之后用圆括号标注参考文献的出版年代。如"徐道一（1983）认为，生物变革时期与太阳系在银河系的运行轨迹可能有一定联系"。文中只提及所引用的资料内容而未提及著者，则在引文叙述文字之后用圆括号标注著者姓（用汉字姓名的著者要用完整的姓氏和名字）和出版年代，两者之间空一格，不用逗号，如"孟德尔发现了一个很重要的现象，即红、白花豌豆杂交后所结的种子第二年长出的植株的红白花色比例为 3∶1（方宗熙　1962）"。

（2）参考文献编排。

①专著：作者. 书名［M］. 版本. 出版地：出版者，出版年：页码。如果是译文，则应在文献名后加上译者姓名。如：

黑姆斯，等. 生物化学［M］. 王镜岩，等，译. 北京：科学出版社，2000：365.

②论文集：作者. 文章名［C］//论文集编者. 论文集名. 出版地：出版者，出版年：文章的起讫页码.

③刊物：作者. 文章名［J］. 刊物名称，出版年，卷（期，部分）：文章的起讫页码.

④报纸：作者. 文章名［N］. 报纸名称，年－月－日（版面第次）.

若来自网络的报纸，还应列出网址，如：

傅刚，赵秉，李佳路. 大风沙过后的思考［N/OL］. 北京青年报，2005－04－12［2005－07－12］. http：//www.bjyouth.com.cn/Bqb/…….

（3）文献类型和标志代码。

参考文献中常常需要列出文献类型和标识代码，主要代码如表10－4－1所示。

表10－4－1 文献类型主要代码

文献类型	标志代码
普通图书	M
会议录	C
汇编	G
报纸	N
期刊	J
学位论文	D
报告	R
标准	S
专利	P
数据库	DB
计算机程序	CP
电子公告	EB

电子文献载体和标志代码如表10－4－2所示。

表10－4－2 电子文献载体和标志代码

载体类型	标志代码
磁带（magnetic tape）	M
磁盘（disk）	C
光盘（CD－ROM）	G
联机网络（online）	N

参考文献

[1] 张玲嫒，等. 医学论文写作指南［M］. 北京：人民卫生出版社，2005.

[2] 孟庆仁. 实用医学论文写作［M］. 3版. 北京：人民军医出版社，2012.

[3] 殷国荣，杨建一. 医学科研方法与论文写作［M］. 2版. 北京：科学出版社，2009.

[4] 李达，吴军. 医学文献分析管理软件的应用［M］. 北京：人民军医出版社，2009.

[5] 代涛. 医学信息检索与利用［M］. 北京：人民卫生出版社，2010.09.

[6] 罗爱静. 医学文献信息检索［M］. 北京：人民卫生出版社，2010.07.

[7] NoteExpress 帮助［EB/OL］.［2016－07－08］. http://www.inoteexpress.com/wiki/index.php/.

[8] EndNote Training［EB/OL］.［2016－07－09］. http://endnote.com/.

[9] Essential Science Indicators［EB/OL］.［2016－07－09］. https://esi.incites.thomsonreuters.com.

[10] InCites［EB/OL］.［2016－07－11］. http://incites.thomsonreuters.com.

[11] Journal Citation Reports［EB/OL］.［2016－07－12］. https://jcr.incites.thomsonreuters.com.

[12] F1000［EB/OL］.［2016－07－12］. http://f1000.com.

[13] GoPubMed［EB/OL］.［2016－07－13］. http://www.gopubmed.com/web/gopubmed/.

[14] 张士靖. 医学信息素养研究与实践［M］. 武汉：湖北科学技术出版社，2010.09.

[15] 杨萍. 高校学术道德与学术诚信体系建设问题研究［M］. 成都：西南财经大学出版社，2015.10.

[16] 韩冬，傅兵. 文献信息检索与利用［M］. 北京：清华大学出版社，2014.09.

[17] 陈怡婷，等. 医学研究生学术道德规范体系的构建与实践［J］. 学位与研究生教育，2015（7）：35－39.

附录一 《中国图书馆分类法》（第五版）R类简表

R 医药、卫生
R-0 一般理论
 R-01 方针、政策及其阐述
 R-02 医学哲学
 R-05 医学与其他学科的关系
 R-09 医学史
R-1 现状与发展
R-3 医学研究方法
R-33 实验医学、医学实验
R1 预防医学、卫生学
 R11 卫生基础科学
 R12 环境医学、环境卫生
 R13 职业卫生
 R14 放射卫生
 R149 战备卫生
 R15 营养卫生、饮食卫生
 R16 个人卫生
 R169 生殖健康与卫生
 R17 妇幼卫生
 R179 儿童、少年卫生
 R18 流行病学与防疫
 R19 卫生事业管理（保健组织与事业）
R2 中国医学
 R21 中医预防、卫生学
 R22 中医基础理论
 R24 中医临床学
 R25 中医内科学
 R26 中医外科学
 R271 中医妇产科学
 R272 中医儿科学
 R273 中医肿瘤科学

R274 中医骨伤科学

R275 中医皮科科学与性病学

R276 中医五官科学

R277 中医其他学科

R278 中医急症学

R28 中药学

R289 方剂学

R29 中国少数民族医学

R3 基础医学

R31 医用一般科学

R32 人体形态学

R33 人体生理学

〔34〕人体生物化学

〔35〕人体生物物理学

R36 病理学

R37 医学微生物学（病原细菌学、病原微生物学）

R38 医学寄生虫学

R392 医学免疫学

R393 医学分子生物学

R394 医学遗传学

R395 医学心理学、病理心理学

R4 临床医学

R41 临床诊疗问题

R44 诊断学

R45 治疗学

R47 护理学

R48 临终关怀学

R49 康复医学

R499 临床医学的其他分支学科

R5 内科学

R51 传染病

R52 结核病

R53 寄生虫病

R535 人畜共患病

R54 心脏、血管（循环系）疾病

R55 血液及淋巴系疾病

R56 呼吸及胸部疾病

R57 消化系及腹部疾病

R58 内分泌腺疾病及代谢病

R59 全身性疾病

R599 地方病学

R6 外科学

 R602 外科病理学、解剖学

 R604 外科诊断学

 R605 外科治疗学

 R608 外科诊疗器械与用具

 R61 外科手术学

 R62 整形外科学（修复外科学）

 R63 外科感染

 R64 创伤外科学

 R65 外科学各论

 R68 骨科学（运动系疾病、矫形外科学）

 R69 泌尿科学（泌尿生殖系疾病）

R71 妇产科学

 R711 妇科学

 R713 妇科手术

 R714 产科学

 R715 临床优生学

 R717 助产学

 R719 产科手术

R72 儿科学

 R720.5 儿科治疗学

 R722 新生儿、早产儿疾病

 R723 婴儿的营养障碍

 R725 小儿内科学

 R726 小儿外科学

 R729 小儿其他疾病

R73 肿瘤学

 R730 一般性问题

 R732 心血管肿瘤

 R733 造血器及淋巴系肿瘤

 R734 呼吸系肿瘤

 R735 消化系肿瘤

 R736 内分泌腺肿瘤

 R737 泌尿生殖器肿瘤

 R738 运动系肿瘤

R739.4 神经系肿瘤

R739.5 皮肤肿瘤

R739.6 耳鼻咽喉肿瘤

R739.7 眼肿瘤

R739.8 口腔、颌面部肿瘤

R739.9 其他部位肿瘤

R74 神经病学与精神病学

R741 神经病学

R749 精神病学

R75 皮肤病学与性病学

R751 皮肤病学

R759 性病学

R76 耳鼻咽喉科学

R762 耳鼻咽喉外科学

R763 耳鼻咽喉科真菌病

R764 耳科学、耳疾病

R765 鼻科学、鼻疾病

R766 咽科学、咽疾病

R767 喉科学、喉疾病

R768 气管与食管镜学

R77 眼科学

R770.4 眼科诊断学

R771 眼的一般性疾病

R772 眼纤维膜疾病

R773 眼色素层（葡萄膜）疾病

R774 视网膜与视神经疾病

R775 眼压与青光眼

R776 晶状体与玻璃体疾病

R777 眼附属器官疾病

R778 眼屈光学

R779.1 眼损伤与异物

R779.6 眼外科手术

R779.7 小儿眼科学

R779.9 热带眼科学

R78 口腔科学

R780.1 口腔疾病的预防与口腔卫生

R780.2 口腔病理学

R781 口腔内科学

　　　　R782 口腔颌面部外科学
　　　　R783 口腔矫形学、牙科美学
　　　　R787 老年口腔疾病
　　　　R788 儿童口腔疾病
　　R79 外国民族医学
　　R8 特种医学
　　　　R81 放射医学
　　　　R82 军事医学
　　　　R83 航海医学
　　　　R84 潜水医学
　　　　R85 航空航天医学
　　　　R87 运动医学
　　　　R89 法医学
　　R9 药学
　　　　R91 药物基础科学
　　　　R917 药物分析
　　　　R918 药物设计
　　　　R92 药典、药方集（处方集）、药物鉴定
　　　　R93 生药学（天然药物学）
　　　　R94 药剂学
　　　　R95 药事管理
　　　　R96 药理学
　　　　R97 药品
　　　　R99 毒物学（毒理学）

附录二　MeSH 范畴表主要类目（2017）

A. Anatomy（解剖学类）
  A01 Body Regions　　　　　　　　　　身体部位
  A02 Musculoskeletal System　　　　　　肌肉骨骼系统
  A03 Digestive System　　　　　　　　　消化系统
  A04 Respiratory System　　　　　　　　呼吸系统
  A05 Urogenital System　　　　　　　　 泌尿生殖系统
  A06 Endocrine System　　　　　　　　　内分泌系统
  A07 Cardiovascular System　　　　　　　心血管系统
  A08 Nervous System　　　　　　　　　　神经系统
  A09 Sense Organs　　　　　　　　　　　感觉器官
  A10 Tissues　　　　　　　　　　　　　 组织
  A11 Cells　　　　　　　　　　　　　　 细胞
  A12 Fluids and Secretions　　　　　　　体液和分泌物
  A13 Animal Structures　　　　　　　　 动物结构
  A14 Stomatognathic System　　　　　　 口颌系统
  A15 Hemic and Immune Systems　　　　　血液和免疫系统
  A16 Embryonic Structures　　　　　　　胚胎结构
  A17 Integumentary System　　　　　　　皮肤系统
  A18 Plant Structures　　　　　　　　　植物结构
  A19 Fungal Structures　　　　　　　　 真菌结构
  A20 Bacterial Structures　　　　　　　细菌结构
  A21 Viral Structures　　　　　　　　　病毒结构
B. Organisam（有机物类）
  B01 Eukaryota　　　　　　　　　　　　 真核生物
  B02 Archaea　　　　　　　　　　　　　 古细菌
  B03 Bacteria　　　　　　　　　　　　　细菌
  B04 Viruses　　　　　　　　　　　　　 病毒
  B05 Organism Forms　　　　　　　　　　有机物形态
C. Diseases（疾病类）
  C01 Bacterial Infections and Mycoses　　细菌感染和真菌病
  C02 Virus Diseases　　　　　　　　　　 病毒性疾病
  C03 Parasitic Diseases　　　　　　　　 寄生虫病

	C04 Neoplasms	肿瘤
	C05 Musculoskeletal Diseases	肌骨骼疾病
	C06 Digestive System Diseases	消化系统疾病
	C07 Stomatognathic Diseases	口颌疾病
	C08 Respiratory Tract Diseases	呼吸道疾病
	C09 Otorhinolaryngologic Diseases	耳鼻咽喉疾病
	C10 Nervous System Diseases	神经系统疾病
	C11 Eye Diseases	眼疾病
	C12 Male Urogenital Diseases	男性泌尿生殖系统疾病
	C13 Female Urogenital Diseases and Pregnancy Complications	女性泌尿生殖系统疾病与妊娠并发症
	C14 Cardiovascular Diseases	心血管疾病
	C15 Hemic and Lymphatic Diseases	血液和淋巴系统疾病
	C16 Congenital, Hereditary, and Neonatal Diseases and Abnormalities	先天性，遗传性，新生儿疾病和畸形
	C17 Skin and Connective Tissue Diseases	皮肤和结缔组织疾病
	C18 Nutritional and Metabolic Diseases	营养和代谢性疾病
	C19 Endocrine System Diseases	内分泌系统疾病
	C20 Immune System Diseases	免疫系统疾病
	C21 Disorders of Environmental Origin	环境因素诱发疾病
	C22 Animal Diseases	动物疾病
	C23 Pathological Conditions, Signs and Symptoms	病理状态，体征和症状
	C24 Occupational Diseases	职业病
	C25 Chemically-Induced Disorders	化学诱导疾病
	C26 Wounds and Injuries	创伤和损伤
D.	Chemicals and Drugs（化学品与药物类）	
	D01 Inorganic Chemicals	无机化学品
	D02 Organic Chemicals	有机化学品
	D03 Heterocyclic Compounds	杂环化合物
	D04 Polycyclic Compounds	多环化合物
	D05 Macromolecular Substances	大分子物质
	D06 Hormones, Hormone Substitutes, and Hormone Antagonists	激素类，激素替代品和激素拮抗剂
	D08 Enzymes and Coenzymes	酶类和辅酶类
	D09 Carbohydrates	碳水化合物
	D10 Lipids	脂类
	D12 Amino Acids, Peptides, and Proteins	氨基酸类，肽类和蛋白质类
	D13 Nucleic Acids, Nucleotides, and Nucleosides	核酸类，核苷酸类和核苷类

  D20 Complex Mixtures   复合混合物
  D23 Biological Factors   生物因子
  D25 Biomedical and Dental Materials   生物医学和牙科材料
  D26 Pharmaceutical Preparations   药用制剂
  D27 Chemical Actions and Uses   化学作用和用途

E. Analytical, Diagnostic and Therapeutic Techniques and Equipment（分析、诊断与治疗技术与仪器类）
  E01 Diagnosis   诊断
  E02 Therapeutics   治疗学
  E03 Anesthesia and Analgesia   麻醉和镇痛
  E04 Surgical Procedures, Operative   外科手术
  E05 Investigative Techniques   研究技术
  E06 Dentistry   牙科学
  E07 Equipment and Supplies   设备和供应

F. Psychiatry and Psychology（精神病学与心理学类）
  F01 Behavior and Behavior Mechanisms   行为和行为机制
  F02 Psychological Phenomena and Processes   心理现象和过程
  F03 Mental Disorders   精神障碍
  F04 Behavioral Disciplines and Activities   行为学科和活动

G. Phenomena and Processes（现象与过程类）
  G01 Physical Phenomena   物理现象
  G02 Chemical Phenomena   化学现象
  G03 Metabolic Phenomena   代谢现象
  G04 Cell Physiological Phenomena   细胞生理现象
  G05 Genetic Phenomena   遗传现象
  G06 Microbiological Phenomena   微生物学现象
  G07 Physiological Phenomena   生理现象
  G08 Reproductive and Urinary Physiological Phenomena
                   生殖与泌尿系统生理现象
  G09 Circulatory and Respiratory Physiological Phenomena
                   循环系统和呼吸系统生理现象
  G10 Digestive System and Oral Physiological Phenomena
                   消化系统与口腔生理现象
  G11 Musculoskeletal and Neural Physiological Phenomena
                   肌骨骼与神经生理现象
  G12 Immune System Phenomena   免疫系统现象
  G13 Integumentary System Physiological Phenomena
                   皮肤系统生理现象
  G14 Ocular Physiological Phenomena   眼生理现象
  G15 Plant Physiological Phenomena   植物生理现象

  G16 Biological Phenomena   生物学现象
  G17 Mathematical Concepts   数学概念
H. Disciplines and Occupations（领域与职业类）
  H01 Natural Science Disciplines   自然科学学科
  H02 Health Occupations   卫生专业
I. Anthropology, Education, Sociology and Social Phenomena（人类学，教育，社会学与社会现象类）
  I01 Social Sciences   社会科学
  I02 Education   教育
  I03 Human Activities   人类活动
J. Technology, Industry, Agriculture（技术、工业、农业类）
  J01 Technology, Industry, and Agriculture   工艺学，工业和农业
  J02 Food and Beverages   食品和饮料
  J03 Non-Medical Public and Private Facilities

                 非医疗公共和私人设施
K. Humanities（人文科学类）
  K01 Humanities   人文科学
L. Information Science（信息科学类）
  L01 Information Science   信息科学
M. Named Groups（命名组类）
  M01 Persons   人
N. Health Care（卫生保健类）
  N01 Population Characteristics   人口特征
  N02 Health Care Facilities, Manpower, and Services

                 卫生保健设施，人力和服务
  N03 Health Care Economics and Organizations

                 卫生保健经济学和组织
  N04 Health Services Administration   卫生服务管理
  N05 Health Care Quality, Access, and Evaluation

                 卫生保健质量，获取和评价
  N06 Environment and Public Health   环境和公共卫生
V. Publication Characteristics（出版物特征类）
  V01 Publication Components   出版物组分［出版类型］
  V02 Publication Formats   出版物类型［出版类型］
  V03 Study Characteristics   研究类型［出版类型］
  V04 Support of Research   研究资助来源
Z. Geographicals（地理分布类）
  Z01 Geographic Locations   地理位置

附录三 MeSH 副主题词等级表（2017）

analysis   分析
    Blood   血液
    cerebrospinal fluid   脑脊髓液
    isolation & purification   分离提纯
    urine   尿

anatomy & histology   解剖学和组织学
    blood supply   血液供给
    cytology   细胞学
        ultrastructure   超微结构/亚显微结构
    embryology   胚胎学
        abnormalities   畸形
    innervation   神经支配
    pathology   病理学

chemistry   化学
    agonists   激动剂
    analogs & derivatives   类似物和衍生物
    antagonists & inhibitors   拮抗剂和抑制剂
    chemical synthesis   化学合成

diagnosis   诊断
    diagnostic imaging   诊断显像（这个词是 2017 新增的，代替了之前三个副主题词，目前还不知道通用的翻译。diagnostic imaging 也有主题词，SinoMed 对其主题词的翻译是诊断显像。）

etiology   病因学
    chemically induced   化学诱导
    complications   并发症
        secondary   继发性

congenital	先天性
embryology	胚胎学
genetics	遗传学
immunology	免疫学
microbiology	微生物学
virology	病毒学
parasitology	寄生虫学
transmission	传播
organization & administration	组织与管理
economics	经济学
legislation & jurisprudence	立法和法学
manpower	人力
standards	标准
supply & distribution	供应和分配
trends	发展趋势
utilization	利用
pharmacology	药理学
administration & dosage	给药和剂量
adverse effects	副作用
poisoning	中毒
toxicity	毒性
agonists	激动剂
antagonists & inhibitors	拮抗剂和抑制剂
pharmacokinetics	药代动力学
physiology	生理学
genetics	遗传学
growth & development	生长和发育
immunology	免疫学
metabolism	代谢
biosynthesis	生物合成
blood	血液
cerebrospinal fluid	脑脊髓液
deficiency	缺乏
enzymology	酶学
pharmacokinetics	药代动力学

urine	尿
physiopathology	病理生理学
secretion	分泌
statistics & numerical data	统计学和数值数据
epidemiology	流行病学
ethnology	人种学
mortality	死亡率
supply & distribution	供应和分配
utilization	利用
therapeutic use	治疗应用
administration & dosage	投药和剂量
adverse effects	副作用
poisoning	中毒
therapy	治疗
diet therapy	饮食疗法
drug therapy	药物疗法
nursing	护理
prevention & control	预防与控制
radiotherapy	放射疗法
rehabilitation	康复治疗
surgery	外科学
transplantation	移植
classification	分类
drug effects	药物作用
education	教育
ethics	伦理学
history	历史
injuries	损伤

instrumentation	仪器设备
methods	方法
pathogenicity	致病力
psychology	心理学
radiation effects	辐射效应
veterinary	兽医学

附录四 副主题词适用范围说明（2017）

abnormalities（AB）/畸形　与器官组配，表明因为先天性的缺陷而引致的器官形态学的改变；也可用于动物的畸形。

administration & dosage（AD）/给药和剂量　与药品主题词组配，表明剂型、给药途径、用药频次和持续时间、剂量以及这些因素的作用。

adverse effects（AE）/副作用　与药品、化学物质、生物制品、物理制剂以及各种制品主题词组配，当用于诊断、治疗、预防或麻醉目的时表述其正常的剂量或用法。也用于表述各种诊断、治疗、预防、麻醉、外科手术或其他技术操作引起的副作用或并发症。

agonists（AG）/激动剂　与化学物质、药物、内源性物质主题词组配，表明物质或试剂对某一受体具有亲和力或使受体产生内在活性。

analogs & derivatives（AA）/类似物和衍生物　与药品及化学物质主题词组配，表明这些物质具有共同的母体分子（官能团）或相似的电子结构，但其他原子和分子组成不同。用于主题词表中无专指名称的化学物质或化学衍生物质群。

analysis（AN）/分析　用于某种物质或其成分或其代谢产物的鉴定或定量测定；包括对空气、水或其他环境载体的分析，但不包括组织、肿瘤、体液、有机体及植物等物质化学组成的化学分析。这一概念既可用于"分析"的方法学，也可用于"分析"的结果。"blood/血液""cerebrospinal fluid/脑脊髓液""urine/尿"是表示该类目下液体分析的特定副主题词。

anatomy & Histology（AH）/解剖学和组织学　与器官、部位、组织主题词组配，表述其正常的解剖及组织结构；与动物、植物主题词组配，表述其正常的解剖结构。

antagonists & inhibitors（AI）/拮抗剂和抑制剂　与化学物质、药品、内源性物质主题词组配，表明与这些物质在生物效应上有反作用机制的物质和制剂。

biosynthesis（BI）/生物合成　用于表示生物、活体细胞或亚细胞组分钟化学物质的合成。

blood（BL）/血液　用以表明血液中的存在物质或分析血液中的物质；也用于疾病时血液中物质的变化及血液检查。但不包括血清诊断和血清学。血清诊断副主题词用"diagnosis/诊断"表示，血清学则用"immunology/免疫学"表示。

blood supply（BS）/血液供给　用于某个器官或部位的动脉、毛细血管及静脉系统的表述（当此部分没有特定的血管主题词表述时）；也用于表述流经器官的血液。

cerebrospinal fluid（CF）/脑脊髓液　用于表明脑脊髓液内的存在物质或分析脑脊髓液中的物质，也包括用于病理状态下脑脊髓液变化的检查。

chemical synthesis（CS）/化学合成　用于表明体外化学物质的分子制备。在有机体内、活体细胞内或亚细胞成分中化学物质的合成，则用"biosynthesis/生物合成"表示。

chemically induced（CI）/化学诱导　用于表明由内源性或外源性因素引起的生物现象、疾病、综合症状、先天性异常表现或症状。

chemistry（CH）/化学　与化学品、生物或非生物物质主题词组配，用以指明其组成、结构、特征和性质；也用于与器官、组织、肿瘤、体液、有机物和植物主题词组配，表述其化学成分或化学物质含量。若指代物质的化学分析与测定，则用"analysis（AN）/分析"一词；若指代化学合成，则用"chemical synthesis/化学合成"一词；若指代物质的分离和提纯，则用"isolation & purification/分离和提纯"一词。

classification（CL）/分类法　用于分类学、其他系统性或分层结构的分类体系。

complications（CO）/并发症　与疾病主题词组配，表明与疾病同时发生的病症或在疾病发展过程中相继引起的另外的病症，例如共存疾病、并发症或后遗症。

congenital（CN）/先天性　与疾病主题词组配，表明出生时或出生前即存在的疾病。但不包括形态学异常和产伤，该内容分别用"abnormalities/畸形"与"injuries/损伤"表示。

cytology（CY）/细胞学　表明单细胞或多细胞生物的正常细胞形态。

deficiency（DF）/缺乏　与内源性或外源性物质主题词组配，表明某种有机体或生物系统缺乏这种物质或含量低于正常需要量。

Diagnosis/诊断　与疾病主题词组配，用于表示诊断的所有方面，包括检查、鉴别诊断和预后；不包括影像诊断（如造影、闪烁扫描和超声波扫描），该内容用"diagnostic imaging/影像诊断"表述。

diagnostic imaging/诊断显像　用于表述可视化的解剖结构或疾病的诊断，一般用于影像技术中，包括造影、放射性核素显像、热成像、层析成像及超声造影。

diet therapy（DH）/膳食疗法　与疾病主题词组配，表示疾病的饮食与营养调理，这一概念不包括维生素及矿物质的补充，该内容以"drug therapy/药物疗法"来表示。

drug effects（DE）/药物作用　用于表述药物和化学品对器官、部位、组织或机体生理与心理的作用过程。

drug therapy（DT）/药物疗法　与疾病主题词组配，表示通过给予药物、化学品或抗生素来治疗或预防疾病。对于膳食疗法和放射疗法，有其对应的特定副主题词，免疫疗法则用"therapy/治疗"来表示。

economics（EC）/经济学　用于任何主题的经济方面以及财务管理的各个方面，包括资金的增长和提供。

education（ED）/教育　用于表述教育、培训项目和各学科领域的课程，以及个人或团体培训。

embryology（EM）/胚胎学　与器官、部位及动物主题组配，用以说明其在胚胎期或胎儿期的发育，也可与疾病主题词组配，表明胚胎因素导致的出生后疾病。（因此它也是"etiology/病因学"的下位词）

enzymology（EN）/酶学　表示有机体（脊椎动物除外）、器官、组织中的酶以及疾病发展过程中的酶，但不包括酶测试诊断，该内容以"diagnosis/诊断"来表示。

epidemiology（EP）/流行病学　与疾病主题词组配以表示疾病的分布、致病的因素以及在特定人群中疾病的特征；包括发病率、患病率，以及地方性和流行性疾病暴发流行；也包括某一地区和某一特定人群中发病率的调查和评估。也可以与表示地理的主题词组配用来表示疾病流行区域。但不包括死亡，死亡以"mortality/死亡率"表示。

ethics（ES）/伦理学　用于探讨和分析与人类尊严和社会价值相关的技术与活动。

ethnology（EH）/人种学　与疾病主题词组配，说明疾病的人种、文化、人类学和种族学特点；与地理主题词组配，表明某一人群的起源地。

etiology（ET）/病因学　与疾病主题词组配，表明致病因素和发病机制，包括微生物，自然环境、社会环境及个人因素。

genetics（GE）/遗传学　用于遗传机制和有机体的遗传学，也用于正常或病理状态的遗传基础，还可用于内源性化学物质的遗传，并包括生物化学和分子对遗传物质的影响。

growth & development（GD）/生长和发育　与微生物、植物及出生后动物主题词组配，表明其生长和发育；也包括出生后器官及解剖部位的生长和发育。

history（HI）/历史　用于各学科历史，包括其简短的历史要点，但不包括历史个案。

immunology（IM）/免疫学　用于组织、器官、微生物、真菌、病毒和动植物的免疫学研究，包括疾病的免疫学方面，也包括作为抗原和半抗原的化学制剂，但不用于诊断、预防或治疗目的的免疫学操作，该内容分别以"diagnosis/诊断""prevention & control/预防和控制""therapy/治疗"表示。

injure（IN）/损伤　与解剖学、动物和运动主题词组配，表明受到创伤或损伤。但不包括细胞损伤，该内容用"pathology/病理学"表示。

innervation（IR）/神经支配　与器官、部位或组织主题词组配，表明其神经支配。

instrumentation（IS）/仪器和设备　与诊断、治疗、操作、分析技术以及专业或学科主题词组配，表明器械仪器或设备的研制或改进。

isolation & purification（IP）/分离和提纯　与细菌、病毒、真菌、原生动物和蠕虫主题词组配，表明对其纯株的获取；也可表明通过DNA分析、免疫学或其他方法（包括培养技术）以验证或者确定生物的存在；也可与生物及化学物质相关主题词组配，表明对其成分的分离和提纯。

legislation & jurisprudence（LJ）/立法和司法　用于法律、法令、条例或政府规章制度以及法律性争论和法院裁决。

manpower（MA）/人力　用于表明人员需求、提供、分配、招聘和使用的学科与项目。

metabolism（ME）/代谢　与器官、细胞和亚细胞成分、有机体以及疾病主题词组配，表明其生物化学变化及代谢；与化学物质主题词组配，表明其分解代谢的过程（即复杂物质分解成简单分子）；至于合成代谢的过程（即小分子转变成大分子），用

"Biosynthesis/生物合成"，而涉及"酶学""分泌""药代动力学"则用相对应的副主题词。

methods（MT）/方法　用于技术、措施和各种操作方法。

microbiology（MI）/微生物学　与器官、动物和高等植物及疾病主题词组配，表明相关微生物学方面的研究。而对于寄生虫和病毒，则以"parasitology/寄生虫学""virology/病毒学"表示。

mortality（MO）/死亡率　与人类以及家畜疾病主题词组配，用于疾病死亡统计，表示某时期、某地区等具有一定过程的死亡而不是特殊病例中的死亡，特殊病例的死亡用"Fatal outcome/致命结果"来表示。

nursing（NU）/护理　用于表示疾病的护理及护理技术，包括在诊断、治疗和预防操作中护理的作用。

organization & administration（OG）/组织和管理　用于表述行政机构和管理。

parasitology（PS）/寄生虫学　用于表明动物、高等植物、器官及疾病的寄生虫因素。但不用于表述诊断为寄生虫隐性诱导的疾病。

pathogenicity（PY）/致病力　表明对微生物、病毒以及寄生虫引起人、动物及植物疾病的能力的研究。

pathology（PA）/病理学　用于表述病理状态下的器官、组织或细胞结构。

pharmacokinetics（PK）/药代动力学　用于表示外源性化学物质和药物吸收、转化、分布、释放、转运、摄取和代谢的动力学以及代谢的程度与速率。

pharmacology（PD）/药理学　与药品和外源性化学物质主题词组配，表明对活性组织和有机体的影响，也包括对生理和生化过程的加速和抑制，以及其他药理作用机制。

physiology（PH）/生理学　与器官、组织及单细胞或多细胞有机体组配，表明其正常功能；也可与内源性生化物质组配，表明其生理作用。

physiopathology（PP）/病理生理学　与器官和疾病主题词组配，表明疾病状态时的功能障碍。

poisoning（PO）/中毒　用于表述人及动物由于药品、化学物质、工业原料等引起的急、慢性中毒。包括意外的、职业的、自杀的、误用的及环境污染所致的各种中毒。

prevention & control（PC）/预防和控制　与疾病主题词组配，用以表示增强人和动物的抗病力（如预防接种），控制传播媒介，预防和控制自然环境危害因素及社会环境致病因素，其中包括对个人的预防措施。

psychology（PX）/心理学　与非精神性疾病、技术及指定群组等主题词组配，表明其心理的、精神的、心身的、社会心理的、行为的和情绪方面的因素；与精神性疾病主题词组配，表明其心理的方面；与动物主题词组配，表明动物的行为和心理。

radiation effects（RE）/辐射效应　用于表明电离或非电离辐射对有机体、器官、组织及其成分和生理过程产生的影响；也包括辐射对药品和化学品的影响。

radiography（RA）/放射摄影术　定义：与疾病主题词组配，表示电离及非电离辐射的治疗用途，也包括放射性同位素治疗的应用。

radiotherapy（RT）/放射疗法　用于疾病电离和非电离的放射治疗，包括放射性同位素疗法的应用。

Rehabilitation（RH）/康复　　与疾病和外科操作主题词组配，表明个体功能的恢复。

secondary（SC）/继发性　　与肿瘤主题词组配，表明肿瘤转移的继发部位。

secretion（SE）/分泌　　表明由于腺体、组织或器官的完整细胞活动而产生的内源性物质经由细胞膜排出，进入细胞间隙或腺管。

standards（ST）/标准　　包含三个方面：一是与设施、人员以及程序主题词组配，表明对适合的可行性标准的制定、测试或应用；二是指化学品及药品的鉴定，包括质量和效能的鉴定；三是指工业、职业中的卫生和安全标准。

statistics & numerical（SN）/统计学和数值数据　　与非疾病主题词组配，用以表达描述特定数据集或数据组。但不包括人力资源分配及供需，该内容以"manpower/人力"以及"supply & distribution/供应和分配"来表示。

supply & distribution（SD）/供应和分配　　用于物质、设备、工具、药品、健康服务设施等的使用和分配，但不包括工业和其他各行业中的食品供应和水供应。

surgery（SU）/外科学　　在疾病治疗中，用于器官、部位或组织的手术过程，包括激光切除组织。但不包括移植，移植用"transplantation/移植"表示。

therapeutic use（TU）/治疗应用　　与药物、生物制剂及物理制剂主题词组配，表示疾病的预防和治疗，也包括兽医用药。

therapy（TH）/治疗　　表示除药物治疗、饮食治疗、放射治疗及外科治疗外（以上内容有其特定的副主题词）的干预疗法，这一概念也常被用于描述综合性疗法的文章和书籍中。

toxicity（TO）/毒性　　用于药物和化学物质对人和动物的有害作用的实验研究，包括研究其安全界限和关于各种不同剂量用药的反应；也包括接触环境毒物的研究。

transmission（TM）/传播　　用于对疾病传播模式研究的表述。

transplantation（TR）/移植　　用于器官、组织或细胞在同一机体中由一个部位移植到另一个部位，或从同一种属或不同种属的一个机体移植于另一机体。

trends（TD）/发展趋势　　描述研究事物过去、现在和将来的质量及数量的发展变化，不包括对特殊病人疾病发展过程的讨论。

ultrastructure（UL）/超微结构　　与组织、细胞（包括肿瘤）及微生物（微生物显微结构）主题词组配，表明用光学显微镜观察的细微解剖结构。

urine（UR）/尿　　用于表示尿液的含量及成分分析，也包括病理状态下尿液成分变化的检查。

utilization（UT）/利用　　与设备、设施、规划、服务项目及卫生人员主题词组配，以讨论其实际使用情况，通常都附有数据，也包括其过度使用或使用不足的讨论。

veterinary（VE）/兽医学　　与疾病或技术主题词组配，指动物自然发生的疾病或指兽医学中使用的诊断、预防和治疗措施。

virology（VI）/病毒学　　与器官、动物、高等植物或疾病等主题词组配，表明对其病毒学方面的研究。在讨论细菌、立克次体和真菌时，则需要用到"microbiology/微生物学"；讨论寄生虫时，用"parasitology/寄生虫学"表示。

附录五 ICD-10 常用编码表（Version：2016）

Ⅰ Certain infectious and parasitic diseases（A00—B99）

某些传染病和寄生虫病

A00—A09 Intestinal infectious diseases 肠道传染病

A15—A19 Tuberculosis 结核病

A20—A28 Certain zoonotic bacterial diseases 某些动物源性细菌性疾病

A30—A49 Other bacterial diseases 其他细菌性疾病

A50—A64 Infections with a predominantly sexual mode of transmission 主要为性传播模式的感染

A65—A69 Other spirochaetal diseases 其他螺旋体病

A70—A74 Other diseases caused by chlamydiae 由衣原体引起的其他疾病

A75—A79 Rickettsioses 立克次体病

A80—A89 Viral infections of the central nervous system 中枢神经系统的病毒性感染

A90—A99 Arthropod-borne viral fevers and viral haemorrhagic fevers 节肢动物媒介的病毒性发热和病毒性出血热

B00—B09 Viral infections characterized by skin and mucous membrane lesions 特征为皮肤和黏膜损害的病毒性感染

B15—B19 Viral hepatitis 病毒性肝炎

B20—B24 Human immunodeficiency virus［HIV］disease 人类免疫缺陷病毒［HIV］病

B25—B34 Other viral diseases 其他病毒性疾病

B35—B49 Mycoses 真菌病

B50—B64 Protozoal diseases 原虫性疾病

B65—B83 Helminthiases 蠕虫病

B85—B89 Pediculosis, acariasis and other infestations 虱病、螨病和其他病虫侵染

B90—B94 Sequelae of infectious and parasitic diseases 传染病和寄生虫病的后遗症

B95—B98 Bacterial, viral and other infectious agents 细菌，病毒和其他传染病原体

B99—B99 Other infectious diseases 其他传染病

Ⅱ Neoplasms（C00－D48）

肿瘤

C00－C97 Malignantneoplasms 恶性肿瘤

D00－D09 In situneoplasms 原位肿瘤

D10－D36 Benignneoplasms 良性肿瘤

D37－D48 Neoplasms of uncertain or unknown behaviour 动态未定或动态未知的肿瘤

Ⅲ Diseases of the blood and blood－forming organs and certain disorders involving the immune mechanism（D50－D89）

血液及造血器官疾病和涉及免疫机制的某些疾患

D50－D53 Nutritionalanaemias 营养性贫血

D55－D59 Haemolyticanaemias 溶血性贫血

D60－D64 Aplastic and otheranaemias 再生障碍性及其他贫血

D65－D69 Coagulation defects，purpura and other haemorrhagic conditions 凝固缺陷，紫癜和其他出血性情况

D70－D77 Other diseases of blood and blood－forming organs 其他血液和造血器官疾病

D80－D89 Certain disorders involving the immune mechanism 涉及免疫机制的某些疾患

Ⅳ Endocrine，nutritional and metabolic diseases（E00－E90）

内分泌、营养和代谢疾病

E00－E07 Disorders of thyroid gland 甲状腺疾患

E10－E14 Diabetes mellitus 糖尿病

E15－E16 Other disorders of glucose regulation and pancreatic internal secretion 葡萄糖调节和胰腺内分泌的其他疾患

E20－E35 Disorders of other endocrine glands 其他内分泌腺疾患

E40－E46 Malnutrition 营养不良

E50－E64 Other nutritional deficiencies 其他营养缺乏

E65－E68 Obesity and other hyperalimentation 肥胖症和其他营养过度

E70－E90 Metabolic disorders 代谢紊乱

Ⅴ Mental and behavioural disorders（F00－F99）

精神和行为障碍

F00－F09 Organic，including symptomatic，mental disorders 器质性（包括症状性）精神障碍

F10－F19 Mental and behavioural disorders due to psychoactive substance use 使用精神活性物质引起的精神和行为障碍

F20－F29 Schizophrenia, schizotypal and delusional disorders 精神分裂症、分类型障碍和妄想性障碍

F30－F39 Mood [affective] disorders 心境［情感］障碍

F40－F48 Neurotic, stress-related and somatoform disorders 神经症性、应激相关的以及躯体形式的障碍

F50－F59 Behavioural syndromes associated with physiological disturbances and physical factors 与生理紊乱和躯体因素有相关的行为综合征

F60－F69 Disorders of adult personality and behaviour 成人人格和行为障碍

F70－F79 Mental retardation 精神发育迟缓

F80－F89 Disorders of psychological development 心理发育障碍

F90－F98 Behavioural and emotional disorders with onset usually occurring in childhood and adolescence 通常在童年和青少年期发病的行为和情绪障碍

F99－F99 Unspecified mental disorder 未特指的精神障碍

Ⅵ Diseases of the nervous system（G00－G99）

神经系统疾病

G00－G09 Inflammatory diseases of the central nervous system 中枢神经系统炎性疾病

G10－G14 Systemic atrophies primarily affecting the central nervous system 主要影响中枢神经系统的全身性萎缩

G20－G26 Extrapyramidal and movement disorders 锥体束外和运动疾患

G30－G32 Other degenerative diseases of the nervous system 神经系统的其他变性性疾病

G35－G37 Demyelinating diseases of the central nervous system 中枢神经系统的脱髓鞘疾病

G40－G47 Episodic and paroxysmal disorders 发作性和阵发性疾患

G50－G59 Nerve, nerve root and plexus disorders 神经、神经根和神经丛疾患

G60－G64 Polyneuropathies and other disorders of the peripheral nervous system 多神经病和周围神经系统的其他疾患

G70－G73 Diseases of myoneural junction and muscle 肌神经接点和肌肉疾病

G80－G83 Cerebral palsy and other paralytic syndromes 大脑性瘫痪和其他麻痹/瘫痪综合征

G90－G99 Other disorders of the nervous system 神经系统的其他疾患

Ⅶ Diseases of the eye and adnexa（H00－H59）

眼和附器疾病

H00－H06 Disorders of eyelid, lacrimal system and orbit 眼睑、泪器系和眼眶疾患

H10－H13 Disorders of conjunctiva 结膜疾患

H15－H22 Disorders of sclera, cornea, iris and ciliary body 巩膜、角膜、虹膜和睫状体疾患

H25－H28 Disorders of lens 晶状体疾患

H30－H36 Disorders of choroid and retina 脉络膜和视网膜疾患

H40－H42 Glaucoma 青光眼

H43－H45 Disorders of vitreous body and globe 玻璃体和眼球疾患

H46－H48 Disorders of optic nerve and visual pathways 视神经和视路疾患

H49－H52 Disorders of ocular muscles, binocular movement, accommodation and refraction 眼球外肌、双眼运动、调节和屈光疾患

H53－H54 Visual disturbances and blindness 视觉障碍和盲

H55－H59 Other disorders of eye and adnexa 眼和附器的其他疾患

Ⅷ Diseases of the ear and mastoid process（H60－H95）

耳和乳突疾病

H60－H62 Diseases of external ear 外耳疾病

H65－H75 Diseases of middle ear and mastoid 中耳和乳突疾病

H80－H83 Diseases of inner ear 内耳疾病

H90－H95 Other disorders of ear 耳的其他疾患

Ⅸ Diseases of the circulatory system（I00－I99）

循环系统疾病

I00－I02 Acute rheumatic fever 急性风湿热

I05－I09 Chronic rheumatic heart diseases 慢性风湿性心脏病

I10－I15 Hypertensive diseases 高血压病

I20－I25 Ischaemic heart diseases 缺血性心脏病

I26－I28 Pulmonary heart disease and diseases of pulmonary circulation 肺源性心脏病和肺循环疾病

I30－I52 Other forms of heart disease 其他类型的心脏病

I60－I69 Cerebrovascular diseases 脑血管病

I70－I79 Diseases of arteries, arterioles and capillaries 动脉、小动脉和毛细血管疾病

I80－I89 Diseases of veins, lymphatic vessels and lymph nodes, not elsewhere classified 静脉、淋巴管和淋巴结疾病、不可归类在他处者

I95－I99 Other and unspecified disorders of the circulatory system 循环系统其他和未特指的疾患

Ⅹ Diseases of the respiratory system（J00－J99）

呼吸系统疾病

J00－J06 Acute upper respiratory infections 急性上呼吸道感染

J09－J18 Influenza and pneumonia 流行性感冒和肺炎

J20－J22 Other acute lower respiratory infections 其他急性下呼吸道感染

J30－J39 Other diseases of upper respiratory tract 上呼吸道的其他疾病

J40－J47 Chronic lower respiratory diseases 慢性下呼吸道疾病

J60－J70 Lung diseases due to external agents 外部物质引起的肺部疾病

J80－J84 Other respiratory diseases principally affecting the interstitium 主要影响间质的其他呼吸性疾病

J85－J86 Suppurative and necrotic conditions of lower respiratory tract 下呼吸道化脓性和坏死性情况

J90－J94 Other diseases of pleura 胸膜的其他疾病

J95－J99 Other diseases of the respiratory system 呼吸系统的其他疾病

Ⅺ Diseases of the digestive system（K00－K93）

消化系统疾病

K00－K14 Diseases of oral cavity, salivary glands and jaws 口腔、涎腺和颌疾病

K20－K31 Diseases of oesophagus, stomach and duodenum 食管、胃和十二指肠疾病

K35－K38 Diseases of appendix 阑尾疾病

K40－K46 Hernia 疝

K50－K52 Noninfective enteritis and colitis 非感染性小肠炎和结肠炎

K55－K64 Other diseases of intestines 肠的其他疾病

K65－K67 Diseases of peritoneum 腹膜疾病

K70－K77 Diseases of liver 肝疾病

K80－K87 Disorders of gallbladder, biliary tract and pancreas 胆囊、胆道和胰腺疾病

K90－K93 Other diseases of the digestive system 消化系统的其他疾病

Ⅻ Diseases of the skin and subcutaneous tissue（L00－L99）

皮肤和皮下组织疾病

L00－L08 Infections of the skin and subcutaneous tissue 皮肤和皮下组织的感染

L10－L14 Bullous disorders 大疱性疾病

L20－L30 Dermatitis and eczema 皮炎和湿疹

L40－L45 Papulosquamous disorders 丘疹鳞屑性疾患

L50－L54 Urticaria and erythema 荨麻疹和红斑

L55－L59 Radiation-related disorders of the skin and subcutaneous tissue 与辐射有关的皮肤和皮下组织疾患

L60－L75 Disorders of skin appendages 皮肤附件的疾患

L80－L99 Other disorders of the skin and subcutaneous tissue 皮肤和皮下组织的其他疾患

XIII Diseases of the musculoskeletal system and connective tissue（M00－M99）

肌肉骨骼系统和结缔组织疾病

M00－M25 Arthropathies 关节病

M30－M36 Systemic connective tissue disorders 系统性结缔组织疾患

M40－M54 Dorsopathies 背部病

M60－M79 Soft tissue disorders 软组织疾患

M80－M94 Osteopathies and chondropathies 骨病和软骨病

M95－M99 Other disorders of the musculoskeletal system and connective tissue 其他肌肉骨骼系统和结缔组织疾病

XIV Diseases of the genitourinary system（N00－N99）

泌尿生殖系统疾病

N00－N08 Glomerular diseases 肾小球疾病

N10－N16 Renal tubulo-interstitial diseases 肾小管间质疾病

N17－N19 Renal failure 肾衰竭

N20－N23 Urolithiasis 尿石病

N25－N29 Other disorders of kidney and ureter 肾和输尿管的其他疾患

N30－N39 Other diseases of urinary system 泌尿系统的其他疾病

N40－N51 Diseases of male genital organs 男性生殖器官疾病

N60－N64 Disorders of breast 乳房疾患

N70－N77 Inflammatory diseases of female pelvic organs 女性盆腔器官炎性疾病

N80－N98 Noninflammatory disorders of female genital tract 女性生殖道非炎性疾患

N99－N99 Other disorders of the genitourinary system 泌尿生殖系统的其他疾患

XV Pregnancy, childbirth and the puerperium（O00－O99）

妊娠、分娩和产褥期疾病

O00－O08 Pregnancy with abortive outcome 流产结局的妊娠

O10－O16 Oedema, proteinuria and hypertensive disorders in pregnancy, childbirth and the puerperium 妊娠、分娩和产褥期的水肿、蛋白尿和高血压疾患

O20－O29 Other maternal disorders predominantly related to pregnancy 主要与妊娠有关的其他孕产妇疾患

O30－O48 Maternal care related to the fetus and amniotic cavity and possible delivery problems 与胎儿和羊膜腔及可能的分娩问题有关的孕产医疗

O60－O75 Complications of labour and delivery 产程和分娩的并发症

O80－O84 Delivery 分娩

O85－O92 Complications predominantly related to the puerperium 主要与产褥期有关的并发症

O94－O99 Other obstetric conditions, not elsewhere classified 其他产科情况，不可归类在他处者

XVI Certain conditions originating in the perinatal period（P00－P96）

起源于围生期的某些情况

P00－P04 Fetus and newborn affected by maternal factors and by complications of pregnancy, labour and delivery 胎儿和新生儿受母体因素及妊娠、产程和分娩并发症的影响

P05－P08 Disorders related to length of gestation and fetal growth 与妊娠期长短和胎儿生长有关的疾患

P10－P15 Birth trauma 产伤

P20－P29 Respiratory and cardiovascular disorders specific to the perinatal period 特发于围生期的呼吸和心血管疾患

P35－P39 Infections specific to the perinatal period 特发于围生期的感染

P50－P61 Haemorrhagic and haematological disorders of fetus and newborn 胎儿和新生儿出血性和血液学疾患

P70－P74 Transitory endocrine and metabolic disorders specific to fetus and newborn 特发于胎儿和新生儿暂时性内分泌和代谢疾患

P75－P78 Digestive system disorders of fetus and newborn 胎儿和新生儿的消化和系统疾患

P80－P83 Conditions involving the integument and temperature regulation of fetus and newborn 累及胎儿和新生儿体被和体温调节的情况

P90－P96 Other disorders originating in the perinatal period 起源于围生期的其他疾病

XVII Congenital malformations, deformations and chromosomal abnormalities（Q00－Q99）

先天性畸形、变型和染色体异常

Q00－Q07 Congenital malformations of the nervous system 神经系统先天畸形

Q10－Q18 Congenital malformations of eye, ear, face and neck 眼、耳、面和颈部先天性畸形

Q20－Q28 Congenital malformations of the circulatory system 循环系统先天畸形

Q30-Q34 Congenital malformations of the respiratory system 呼吸系统先天畸形

Q35-Q37 Cleft lip and cleft palate 唇裂和腭裂

Q38-Q45 Other congenital malformations of the digestive system 消化系统的其他先天畸形

Q50-Q56 Congenital malformations of genital organs 生殖器官先天性畸形

Q60-Q64 Congenital malformations of the urinary system 泌尿系统先天性畸形

Q65-Q79 Congenital malformations and deformations of the musculoskeletal system 肌肉骨骼系统先天畸形和变形

Q80-Q89 Other congenital malformations 其他先天性畸形

Q90-Q99 Chromosomal abnormalities, not elsewhere classified 染色体异常,不可归类在他处者

XVIII Symptoms, signs and abnormal clinical and laboratory findings, not elsewhere classified (R00-R99)

症状、体征和临床实验室异常所见

R00-R09 Symptoms and signs involving the circulatory and respiratory systems 累及循环和呼吸系统的症状和体征

R10-R19 Symptoms and signs involving the digestive system and abdomen 累及消化系统和腹部的症状和体征

R20-R23 Symptoms and signs involving the skin and subcutaneous tissue 累及皮肤和皮下组织的症状和体征

R25-R29 Symptoms and signs involving the nervous and musculoskeletal systems 累及神经和肌肉骨骼系统的症状和体征

R30-R39 Symptoms and signs involving the urinary system 累及泌尿系统的症状和体征

R40-R46 Symptoms and signs involving cognition, perception, emotional state and behaviour 累及认知、知觉、情绪状态和行为的症状和体征

R47-R49 Symptoms and signs involving speech and voice 累及言语和语音的症状和体征

R50-R69 General symptoms and signs 一般症状和体征

R70-R79 Abnormal findings on examination of blood, without diagnosis 血液检查的异常所见,无诊断者

R80-R82 Abnormal findings on examination of urine, without diagnosis 尿检查的异常所见,无诊断者

R83-R89 Abnormal findings on examination of other body fluids, substances and tissues, without diagnosis 其他体液、体内物质和组织检查的异常所见,无诊断者

R90-R94 Abnormal findings on diagnostic imaging and in function studies, without diagnosis 诊断性影像和功能检查的异常所见,无诊断者

R95—R99 Ill-defined and unknown causes of mortality 原因不明确和原因不知的死亡

XIX Injury, poisoning and certain other consequences of external causes (S00—T98)

损伤、中毒和外因的某些其他后果

S00—S09 Injuries to the head 头部损伤

S10—S19 Injuries to the neck 颈部损伤

S20—S29 Injuries to the thorax 胸部损伤

S30—S39 Injuries to the abdomen, lower back, lumbar spine and pelvis 腹部，下背，腰椎和骨盆损伤

S40—S49 Injuries to the shoulder and upper arm 肩和上臂损伤

S50—S59 Injuries to the elbow and forearm 肘和前臂损伤

S60—S69 Injuries to the wrist and hand 腕和手损伤

S70—S79 Injuries to the hip and thigh 髋和大腿损伤

S80—S89 Injuries to the knee and lower leg 膝和小腿损伤

S90—S99 Injuries to the ankle and foot 踝和足损伤

T00—T07 Injuries involving multiple body regions 累及身体多个部位的损伤

T08—T14 Injuries to unspecified part of trunk, limb or body region 躯干、四肢或身体未特指部位的损伤

T15—T19 Effects of foreign body entering through natural orifice 通过自然口腔进入异物的效应

T20—T32 Burns and corrosions 烧伤和腐蚀伤

T33—T35 Frostbite 冻伤

T36—T50 Poisoning by drugs, medicaments and biological substances 药物、药剂和生物制品中毒

T51—T65 Toxic effects of substances chiefly nonmedicinal as to source 主要为非药物质的毒性效应

T66—T78 Other and unspecified effects of external causes 外因的其他和未特指的效应

T79—T79 Certain early complications of trauma 创伤的某些早期并发症

T80—T88 Complications of surgical and medical care, not elsewhere classified 手术和医疗的并发症，不可归类在他处者

T90—T98 Sequelae of injuries, of poisoning and of other consequences of external causes 损伤、中毒和外因的其他后果的后遗症

XX External causes of morbidity and mortality (V01—Y98)

疾病和死亡的外因

V01—X59 Accidents 运输事故

X60—X84 Intentional self-harm 故意自害

X85—Y09 Assault 暴行

Y10—Y34 Event of undetermined intent 意图不确定的事件

Y35—Y36 Legal intervention and operations of war 依法处置和作战行动

Y40—Y84 Complications of medical and surgical care 医疗和手术的并发症

Y85—Y89 Sequelae of external causes of morbidity and mortality 外因的后遗症导致的疾病和死亡

Y90—Y98 Supplementary factors related to causes of morbidity and mortality classified elsewhere 与分类于他处的疾病和死亡原因有关的补充

XXI Factors influencing health status and contact with health services（Z00—Z99）

影响健康状态与保健机构接触的因素

Z00—Z13 Persons encountering health services for examination and investigation 为检查和调查而与保健机构接触的人

Z20—Z29 Persons with potential health hazards related to communicable diseases 具有与传染病有关的潜在健康危害的人

Z30—Z39 Persons encountering health services in circumstances related to reproduction 与生殖有关的情况而与保健机构接触的人

Z40—Z54 Persons encountering health services for specific procedures and health care 为特殊操作和卫生保健而与保健机构接触的人

Z55—Z65 Persons with potential health hazards related to socioeconomic and psychosocial circumstances 具有与社会经济和心理社会情况有关的潜在健康危害的人

Z70—Z76 Persons encountering health services in other circumstances 因其他情况而与保健机构接触的人

Z80—Z99 Persons with potential health hazards related to family and personal history and certain conditions influencing health status

具有与家族和个人史以及影响健康状态的某些情况有关的潜在健康危害的人

XXII Codes for special purposes（U00—U85）

用于特殊目的的编码

U00—U49 Provisional assignment of new diseases of uncertain etiology or emergency use 对新发生的不明原因疾病的临时安排

U82—U85 Resistance to antimicrobial and antineoplastic drugs 对抗生素产生耐药性的菌株